Economia da Saúde
CONCEITOS E COMPORTAMENTOS

Economia da Saúde
CONCEITOS E COMPORTAMENTOS

4ª Edição • 2019

Pedro Pita Barros

ECONOMIA DA SAÚDE
CONCEITOS E COMPORTAMENTOS
AUTOR
Pedro Pita Barros

EDITOR
EDIÇÕES ALMEDINA, S.A.
Rua Fernandes Tomás, n.ºs 76-80
3000-167 Coimbra
Tel.: 239 851 904 · Fax: 239 851 901
www.almedina.net · editora@almedina.net

Design de colecção: FBA.
Capa: Edições Almedina

PRÉ-IMPRESSÃO
EDIÇÕES ALMEDINA, SA
IMPRESSÃO E ACABAMENTO
.....

setembro, 2019
DEPÓSITO LEGAL
....

Os dados e as opiniões inseridos na presente publicação são da exclusiva responsabilidade do(s) seu(s) autor(es).
Toda a reprodução desta obra, por fotocópia ou outro qualquer processo, sem prévia autorização escrita do Editor, é ilícita e passível de procedimento judicial contra o infrator.

 | GRUPOALMEDINA

BIBLIOTECA NACIONAL DE PORTUGAL – CATALOGAÇÃO NA PUBLICAÇÃO

BARROS, Pedro Pita, 1966-

Economia da saúde : conceitos e comportamentos. - 4ª ed.
– (Olhares sobre a saúde)
ISBN 978-972-40-7571-6

CDU   338

ÍNDICE

NOTA PRÉVIA	9

CAPÍTULO 1. INTRODUÇÃO		13
1.1	A importância do sector da saúde na economia	15
1.2	Análise económica e saúde	25
1.3	O que é diferente no sector da saúde?	26

CAPÍTULO 2. O CRESCIMENTO DAS DESPESAS EM SAÚDE	33

CAPÍTULO 3. SAÚDE E VALOR ECONÓMICO DA VIDA	45

CAPÍTULO 4. SAÚDE E PROCURA DE CUIDADOS DE SAÚDE		57
4.1	A saúde da população	57
4.2	O modelo de Grossman	64
4.3*	O modelo formal	67
4.4	Elementos determinantes do estado de saúde	70
4.5	Estimação de função de produção de saúde	73

CAPÍTULO 5. PROCURA EM EQUILÍBRIO PARCIAL		83
5.1	Estado de saúde e procura	84
5.2	O efeito do tempo de acesso	85
5.3	Copagamento e cobertura de seguro	93
5.4	Efeito rendimento	100
5.5	Exemplo: A procura de serviços de interrupção voluntária da gravidez	101

CAPÍTULO 6. INFORMAÇÃO IMPERFEITA		105
6.1	Falta de informação e monopólio crescente	106
6.2	Assimetrias de informação	110

ECONOMIA DA SAÚDE

CAPÍTULO 7. RELAÇÃO DE AGÊNCIA — 113
7.1 O que é a relação de agência? — 113
7.2* O modelo formal — 122

CAPÍTULO 8. INDUÇÃO DA PROCURA — 123
8.1 Introdução — 123
8.2* O modelo de McGuire e Pauly — 126
8.3 Evidência empírica — 129
8.4 Considerações finais — 134

CAPÍTULO 9. VARIAÇÕES DE PRÁTICA CLÍNICA — 137
9.1 Evidência de variações de prática clínica — 137
9.2 Os efeitos de bem-estar — 143
9.3 Evidência em Portugal — 149
9.4 Conclusão — 152

CAPÍTULO 10. SEGURO NO SECTOR DA SAÚDE — 155
10.1 As funções de uma entidade seguradora — 155
10.2* A procura de seguro — 160
10.3* Procura de seguro e risco moral — 163
    10.3.1 O modelo básico — 164
    10.3.2 Risco moral ex-post — 165
    10.3.3* Risco moral ex-ante — 171
10.4 Reavaliando o custo de bem-estar de seguro excessivo — 174
10.5 Seguro de saúde consistente intertemporalmente — 179
10.6 Seleção adversa — 185
10.7 Saúde gerida – "Managed care" — 191
10.8 Contas poupança saúde — 196

CAPÍTULO 11. FINANCIAMENTO DAS DESPESAS DE SAÚDE — 201
11.1 Sistemas de seguro — 201
11.2 O financiamento no sistema de saúde português — 205
11.3 Evidência empírica: risco moral e os subsistemas — 216

CAPÍTULO 12. PRODUÇÃO DE CUIDADOS DE SAÚDE — 225
12.1 Noções de eficiência — 225
12.2 Substituição entre fatores produtivos — 233
12.3 Economias de escala e de diversificação — 237
12.4 Evidência para Portugal — 241
12.5 Conclusão — 245

ÍNDICE

CAPÍTULO 13. HOSPITAIS 249
13.1 Introdução 249
13.2 A decisão de qualidade e quantidade 251
13.3 O modelo do duplo poder 254
13.4 O sector hospitalar português 254
13.5 As experiências das duas últimas décadas 256
    13.5.1 A experiência da gestão privada em hospital público 257
    13.5.2 Regras de gestão privadas em hospitais públicos 261
    13.5.3 Centros de Responsabilidade Integrados 263
    13.5.4 Os Hospitais EPE (ex-SA) 264
13.6 Propriedade dos hospitais 271
13.7 Parcerias Público-Privado 275

CAPÍTULO 14. PRINCÍPIOS DE SISTEMAS DE PAGAMENTO 285
14.1 Pagamento prospectivo e pagamento por reembolso 285
14.2 Formas contratuais de pagamento aos hospitais 295

CAPÍTULO 15. CUIDADOS DE SAÚDE PRIMÁRIOS 303
15.1 Introdução 303
15.2 Formas de pagamento nos cuidados de saúde primários 304
15.3 Referenciação – evidência para Portugal 310
15.4 As Unidades de Saúde Familiar 311
15.5 Conclusão 313

CAPÍTULO 16. LISTAS DE ESPERA 315
16.1 Introdução 315
16.2 Listas de espera e tempo de espera 315
16.3 Efeitos económicos das listas de espera 319
16.4 Evidência em Portugal: os anos 1999 – 2001 322
16.5 Estudo de um caso: Litotrícia 325
16.6 Os anos mais recentes: o SIGIC 327
16.7 Considerações finais 338

CAPÍTULO 17. SISTEMAS DE AJUSTAMENTO PARA O RISCO 341
17.1 Modelos estatísticos de ajustamento ao risco 341
17.2 Um caso português: Hemodiálise 344
17.3 Desenho de regras 348
17.4* O modelo formal 351

ECONOMIA DA SAÚDE

CAPÍTULO 18. MERCADOS MISTOS — 361
18.1 Introdução — 361
18.2 Regras de copagamento e interação de mercado — 362
18.3 O modelo de negociação de Nash — 372
18.4 Seleção de prestadores — 374
18.5 Com quem negociar? — 375

CAPÍTULO 19. MERCADO DO MEDICAMENTO — 379
19.1 Introdução — 379
19.2 Inovação — 381
19.3 Genéricos — 391
19.4 Sistemas de preços e mecanismos de concorrência — 396
19.5 A regulação dos preços de medicamentos em Portugal — 402
19.6 A liberalização no sector: os medicamentos não sujeitos a receita médica — 406
19.7 Liberalização: a propriedade das farmácias — 408
19.8 O medicamento em ambiente hospitalar — 410
19.9 Considerações finais — 415

CAPÍTULO 20. EQUIDADE — 417
20.1 Introdução — 417
20.2 Necessidade, desigualdade e equidade — 419
20.3 Altruísmo — 423
20.4 Evidência Empírica: Portugal e perspectiva internacional — 425
    20.4.1 Equidade na utilização de cuidados de saúde — 425
    20.4.2 Equidade no financiamento — 429
    20.4.3 Despesas catastróficas em saúde — 434
20.5 Ética e racionamento no acesso a cuidados de saúde — 436

CAPÍTULO 21. ANÁLISE CUSTO-BENEFÍCIO — 439
21.1 Introdução — 439
21.2 QALY como medida de utilidade — 443
21.3 Análise custo – efetividade — 445
21.4 Utilização de estudos de avaliação económica — 453
21.5 Um exemplo: Avaliação económica e SIDA — 453

NOTA PRÉVIA

O sector da saúde ocupa, atualmente, um espaço muito visível na nossa sociedade, seja em termos económicos, sociais ou meramente mediáticos. A análise do sector da saúde e a procura de mecanismos que melhorem o seu funcionamento, satisfazendo da melhor forma as necessidades da população, podem também ser vistas de um ponto de vista económico. Na verdade, tem vindo a crescer o papel da "Economia da Saúde" como instrumento de compreensão, e de intervenção, no campo da saúde e sua organização.

Apesar de já muito se ter escrito sobre economia da saúde, e mesmo sobre aspectos económicos do sector da saúde, é necessário ter uma sistematização do que tem sido a abordagem económica aos problemas do sector da saúde, com uma especial atenção à realidade portuguesa.

É esse o caminho que se começa aqui a traçar, e que constitui uma diferença para os restantes livros de Economia da Saúde que estão atualmente disponíveis. Os livros de texto que apresentam a teoria económica relevante encontram-se, sobretudo, escritos em língua inglesa. Os livros escritos especificamente sobre a realidade portuguesa analisam em geral problemas particulares, e frequentemente não apresentam a teoria económica subjacente. Pretende-se um resultado misto, em que depois da apresentação da teoria económica relevante se apresenta uma ilustração de aplicação à realidade portuguesa, sempre que tal é possível.

Os temas escolhidos e as aplicações usadas refletem, naturalmente, as minhas preferências e interesses dentro da Economia da Saúde. Será, por isso, diferente do que outros escreveriam. Apesar disso, espero que os leitores encontrem aqui uma primeira visão do que é a aplicação da análise económica ao sector da saúde, por um lado, discussão de características do sistema de saúde português, por outro lado, e até, quem sabe, ideias e questões para desenvolvimento de trabalhos futuros.

ECONOMIA DA SAÚDE

Ao contrário do que provavelmente alguns (potenciais) leitores pensariam, um livro de Economia da Saúde não é uma recolha de estatísticas sobre o sector da saúde. No meu entendimento, um livro de Economia da Saúde deve conseguir introduzir o leitor na forma de pensar do economista aplicada aos problemas do sector da saúde. Em particular, é dada primazia à análise do comportamento dos vários agentes presentes no sector.

Pretende-se também fornecer uma visão de quais têm sido, a meu ver, os principais progressos e obstáculos na compreensão do modo de funcionamento do sector. Para alcançar esse objetivo, optou-se deliberadamente por evitar a produção de uma obra enciclopédica. Em alternativa, propõe-se o tratamento de um conjunto de temas habituais em Economia da Saúde, mas que não se procurou que fosse exaustivo em termos temáticos.

A estrutura do livro encontra-se organizada por forma a corresponder a um curso de Economia da Saúde de cerca de 50 horas de aula, se se pretender usá-lo para esse fim. Significa que, por opção, alguns temas são tratados em menor profundidade e que cursos de maior duração poderão facilmente aprofundar vários deles. Outros foram mesmo excluídos, embora sejam feitas pontualmente referências a temas adicionais ao longo do texto. Exemplos de assuntos que não são plenamente desenvolvidos incluem uma descrição mais completa da realidade das instituições sem fins lucrativos na sector da saúde, a discussão da organização e acesso aos mercados de trabalho das diversas categorias de profissionais de saúde, a inovação e seus determinantes, o papel das entidades públicas enquanto certificadoras e reguladoras da qualidade e do sector em geral, a análise detalhada de comportamentos de risco e suas consequências (tabagismo, alcoolismo, dependência de drogas, obesidade, etc.), envelhecimento e cuidados continuados, apenas para referir os aspectos mais importantes.

É igualmente relevante referir que o peso dado a cada assunto decorre também das minhas preferências. Assuntos como a avaliação económica e a equidade, embora focados em capítulos próprios, têm aqui um menor relevo do que seria provavelmente de esperar. A tradição europeia de investigação e discussão desses temas em Economia da Saúde é longa, e o leitor interessado encontrará facilmente várias obras de referência internacional sobre tais temáticas. Optou-se deliberadamente por focar os aspectos de comportamento e interação dos diversos agentes económicos presentes no sector.

Procurou-se que os argumentos e ideias apresentadas possam ser compreendidos por uma audiência geral, apesar de inicialmente se destinar a estudantes de Economia e Gestão. A exposição de conceitos e de problemas de Economia da Saúde parte do princípio de que o leitor terá noções de análise económica ao nível de um curso introdutório. Embora se procure apresentar intuitivamente os principais resultados e conceitos, essa exposição será frequentemente acompanhada de uma definição e demonstração matemática desses resultados. De modo a facilitar a compreensão do estilo adoptado, é apresentada em capítulo auxiliar, em anexo final, uma breve descrição do problema de escolha óptima de um consumidor. O leitor menos familiarizado com a análise económica tem a possibilidade de começar a sua leitura por aí. Não sendo possível, por razões de espaço, apresentar em detalhe todos os conceitos e princípios económicos usados, e usualmente presentes em cursos introdutórios de economia, optou-se por ter apenas este exemplo, encorajando-se o leitor a ir completando o seu conhecimento com a consulta de um livro de texto de introdução à economia, havendo no mercado vários manuais disponíveis para o efeito.

A apresentação de evidência empírica torna-se mais fácil de acompanhar se o leitor estiver familiarizado com conceitos básicos de estatística. Em concreto, pressupõe-se o conhecimento e prática na utilização de conceitos como média e variância de um conjunto de observações, testes de hipóteses e regressão linear múltipla. Recomenda-se a consulta de um livro de estatística ou de um livro de texto introdutório à econometria para um melhor entendimento dos métodos quantitativos empregues nos diversos exemplos e estudos referidos ao longo do texto.

Algumas secções analiticamente mais exigentes, em termos de conhecimentos de cálculo, encontram-se devidamente assinaladas com *, e o texto foi construído de modo a que essas secções possam ser omitidas numa primeira leitura, sem prejuízo da compreensão das ideias fundamentais.

Este livro não teria sido possível sem a contribuição de muitos. A minha família, Sofia, Henrique e Carolina, pelas condições, apoio e carinho que sempre proporcionaram. O Jorge Simões, pelo encorajamento permanente para a criação da primeira edição em 2005, mesmo conhecendo as minhas dúvidas sobre o caminho e o estilo a seguir. Os meus alunos de vários anos, na Faculdade de Economia da Universidade Nova de Lisboa, agora Nova School of Business and Economics, que "suportaram" as aulas e serviram de teste à maioria dos capítulos. A Faculdade de Economia da Universidade Nova de Lisboa, pela liberdade na leccionação, pelo ambiente e por ter apostado na criação de uma disciplina de Economia da Saúde. Todos os profissionais, académicos e não académicos, com quem me cruzei ao longo dos anos e que muito me foram ensinando sobre o sector da saúde e sobre análise económica. O todos eles agradeço o que fui aprendendo.

PEDRO PITA BARROS
Maio de 2005, revisto Julho de 2019

Capítulo 1
Introdução

A Economia da Saúde é vista, em geral, como um ramo aplicado da análise económica, tendo ganho autonomia e projeção nas últimas décadas. Convém, em primeiro lugar, esclarecer o que se entende por economia. Adopta-se aqui a perspectiva constante em qualquer bom livro de introdução à economia: "economia é o estudo da afectação de recursos escassos susceptíveis de usos alternativos a necessidades virtualmente ilimitadas"[1]. A análise económica do sector da saúde procura perceber as escolhas feitas pelos diferentes agentes presentes no sector. Algumas vezes, atreve-se mesmo a tratar do que deveriam ser essas escolhas, o que convencionalmente se chama análise normativa. A aplicação ao contexto do sector da saúde da forma de pensar os problemas e de procurar as soluções presentes na moderna análise económica e aos diferentes mercados e diversos agentes que nele coexistem é o que se entende por Economia da Saúde.

Nesta linha, a Economia da Saúde deve ser encarada como o estudo da afectação de recursos no sector da saúde. Esta é uma visão abrangente, que vai para além de meros aspectos contabilísticos ou de estatística descritiva. Tem sido habitual ligar o início da disciplina de economia da saúde ao artigo de Kenneth Arrow (1963), sobre incerteza e o acesso a cuidados de saúde. Desde essa data até hoje, a Economia da Saúde ganhou projeção quer pela crescente importância do sector em si nas economias desenvolvidas quer pelas suas contribuições para a teoria económica[2]. Como se verá, abarca muitos elementos e problemas diferentes.

---

[1] Para um glossário de termos de economia da saúde, consulte-se Pereira (1993a).
[2] Veja-se o artigo introdutório de Culyer e Newhouse (2000).

Em termos da abrangência de assuntos incluídos na Economia da Saúde, o diagrama de Williams fornece uma arrumação conceptual bastante útil e que permite apreciar a complexa teia de relações económicas que se encontra presente no sector da saúde[3].

FIGURA 1.1: O diagrama de Williams

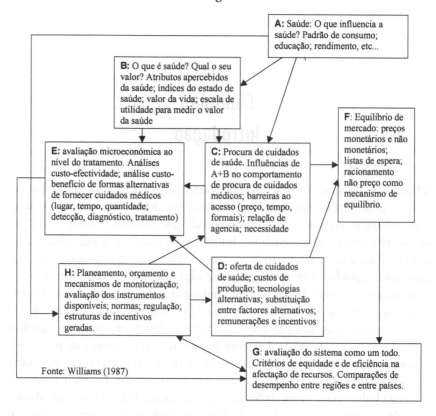

Fonte: Williams (1987)

Este diagrama permite ilustrar os diversos aspetos que serão tratados nos capítulos subsequentes, bem como a forma da sua interligação. A análise do sector começa com a caixa B. Avalia-se aqui o que é saúde, qual o valor da vida e como se tem tentado medir esses conceitos de um modo que seja útil para processos de decisão de utilização de recursos. De seguida, trata-se a procura dos cuidados de saúde, caixa C, e seus determinantes diretos e indiretos (influência da caixa A). A procura de cuidados de saúde (ou de saúde, numa visão mais

---

[3] Consultar Williams (1987) para a versão original ou Culyer e Newhouse (2000) para um versão ligeiramente modificada na apresentação.

geral) decorre da procura de saúde, como se discutirá, mas também de fatores que influenciam a saúde e o seu valor para o indivíduo, como a educação, o nível de rendimento e riqueza, o comportamento individual e hábitos (fumar, beber, praticar desporto,...).

A oferta de cuidados de saúde vem caracterizada na caixa D, onde se tratam situações de relações económicas pouco usuais noutros sectores, de que é exemplo os médicos serem quer fornecedores quer os agentes que transformam a procura de saúde em procura de cuidados de saúde. A interação entre procura e oferta gera equilíbrios (ou desequilíbrios) de mercado e surge na caixa F. Na ausência de preços, em alguns casos, é necessário um outro mecanismo que equilibre o sistema (de que é exemplo típico o tempo de espera). O equilíbrio de mercado não é necessariamente apenas alcançado com flexibilidade de preços monetários.

As restantes caixas referem-se sobretudo à avaliação de desempenho do sistema, a vários níveis (individual, organização e sistema). Pelo conjunto de temas abordados é possível ver a importância que esta área da análise económica tem vindo a ganhar, bem como o potencial que a análise económica tem em termos de contribuição para o conhecimento do modo como funciona o sector e para a formulação de políticas na área da saúde.

Como resultado dessa tendência geral, a Economia da Saúde foi surgindo como uma área autónoma dentro da economia, já que é reconhecido que (1) o sector é suficientemente vasto e complexo nas relações entre os agentes económicos nele intervenientes; (2) a sua importância quantitativa é já grande, não só em despesa realizada como em número de pessoas envolvidas e (3) a análise tradicionalmente usada para outros sectores não é muitas vezes diretamente aplicável, necessitando de ajustamentos por forma a refletir as especificidades do sector (embora frequentemente os conceitos e análise económica sejam aplicáveis a contextos do sector da saúde).

1.1 A importância do sector da saúde na economia

Tem-se assistido a uma cada vez maior importância das despesas em saúde em termos de consumo de recursos, quer em termos globais, quer em termos de despesa pública. Basta constatar o crescimento da despesa em saúde *per capita* ao longo do tempo (para Portugal e em termos médios de outros países da União Europeia) – figura 1.2[4]. Em 2011 verifica-se uma redução do valor de

---

[4] O valor médio referenciado nas figuras 1.2 – 1.8 é a média dos países da União Europeia (a 15, antes dos alargamentos posteriores) para os quais existe informação na base OECD Health Data (2019). São reportados valores médios apenas nos anos em que há informação para todos os países.

ECONOMIA DA SAÚDE

despesa per capita em Portugal, enquanto nos restantes países da União Europeia (a 15) a uma estagnação. A partir de 2013, com a recuperação económica sentida em Portugal e no espaço europeu, volta-se a uma tendência crescente nas despesas em saúde, em termos per capita, quer em Portugal quer na Europa (a 15).

FIGURA 1.2: Crescimento da despesa total em saúde (valores per capita, em USD a PPP)

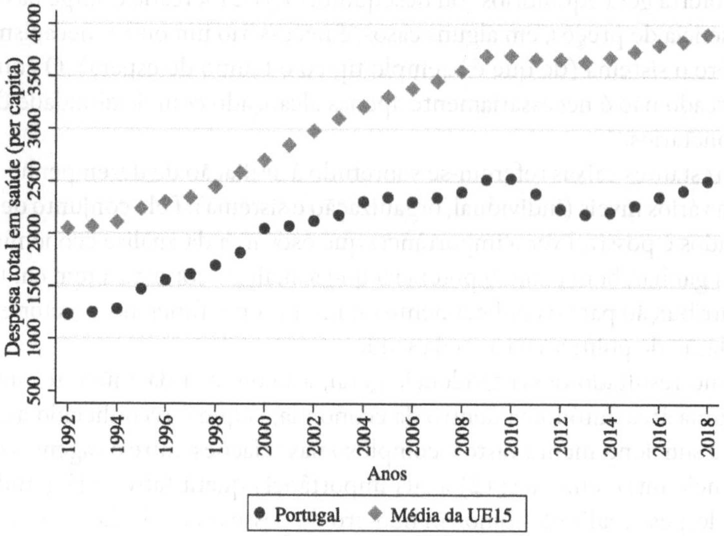

Fonte: OECD Health Data (2019).

Esta evolução traduz-se também num crescimento da despesa em saúde em proporção do PIB (figura 1.3). Há, porém, uma diferença fundamental. Enquanto na evolução em termos *per capita* há, nos últimos anos, um abrandar da despesa em saúde em Portugal, o mesmo não sucede nos restantes países da União Europeia (a 15 membros), contudo quando se observa os valores face ao PIB, o crescimento em Portugal foi mais acelerado até 2011 e ultrapassava o valor médio desse grupo de países de referência. Nos últimos anos verificou-se um decréscimo mais acentuado em Portugal do que nos países europeus de comparação, seguido, nos últimos dois anos, de uma convergência de Portugal para o nível médio europeu, medido pelos países da EU15 (no cálculo da média EU15 utilizam-se os valores do ano mais recente para os países com ausência de informação, com o objetivo de incluir todos os países nesse cálculo).

1. INTRODUÇÃO

Esta evolução coloca em evidência a importância do elemento rendimento do país. As aspirações a ter a mesma despesa *per capita* em cuidados de saúde dos outros países europeus (mais ricos do que Portugal) choca com a capacidade da riqueza nacional em satisfazer essas aspirações. A propósito da evolução dos primeiros anos da década de 2010 em Portugal, não é possível entendê-la sem referência ao período de resgate financeiro internacional da República Portuguesa pela União Europeia, representada pela Comissão Europeia, pelo Banco Central Europeu e pelo Fundo Monetário Internacional, no que ficou conhecido como o período da Troika. Durante este período foram adoptadas várias medidas de contenção de despesa pública em saúde, sobretudo em termos de redução de preços de bens de produtos consumidos (como os medicamentos ou serviços de prestadores privados) e de preços de recursos usados (como salários). Daí que a gradual reposição salarial depois de 2015 tenha como efeito fazer voltar subir a despesa em saúde. Mas efeitos de variações de preços, por via administrativa, sem alterar os recursos físicos disponíveis, alteram a despesa mas não a capacidade do sistema de saúde em satisfazer as necessidades de cuidados de saúde da população. Há por isso, numa análise mais detalhada que se queira fazer, a necessidade de separar efeitos decorrentes de redução de serviços prestados à população e efeitos que resultam da redução de preços.

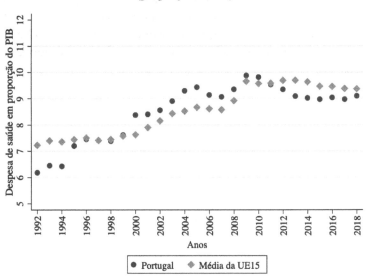

FIGURA 1.3: Crescimento da despesa total em saúde
(proporção do PIB)

Fonte: OECD Health Data (2019).

ECONOMIA DA SAÚDE

Estas duas figuras estão na base de muitas discussões. Quem pretende argumentar que se gasta pouco em saúde por padrões internacionais, utilizará os valores de despesa per capita. Por seu lado, quem pretender evidenciar o contrário, que Portugal gasta demasiado em despesas de saúde, usará os valores em proporção do PIB. Estes últimos refletem mais o esforço relativo que é feito, pois valores de despesa per capita mesmo que ajustados de aspectos de paridade de poder de compra, são mais sensíveis a diferenças de preços e de salários entre países. Como não há uma teoria consensualmente aceite que gere um valor óptimo de despesa em saúde a ser alcançado, seja em termos per capita ou em proporção do PIB, não é lícito retirar destas figuras quanto se deve ou pode gastar em cuidados de saúde em Portugal. Estes valores dão um enquadramento internacional da despesa realizada em Portugal mas não substituem um processo de decisão e escolha a nível nacional sobre quanto e onde se deve gastar em cuidados de saúde. A própria comparação com a média da OCDE (ou da União Europeia ou de qualquer outro grupo de referência em termo de países) não produz grande informação: porque é a média o ponto de referência? Seria mais natural olhar para a despesa dos países que têm o mesmo tipo de sistema de saúde, as mesmas necessidades de cuidados de saúde, etc. As comparações internacionais podem indicar se um país é muito diferente dos restantes, mas dificilmente se pode usar essa comparação para estabelecer objetivos de despesa em saúde (por exemplo).

Um outro elemento frequente na discussão de valores agregados de despesa em cuidados de saúde ao nível do país é a proporção da despesa pública no total das despesas em saúde. Em Portugal, dada a opção por um Serviço Nacional de Saúde público, de cariz universal, essa componente de despesa pública tende a ser elevada.

1. INTRODUÇÃO

FIGURA 1.4: Despesa pública em saúde como proporção do PIB

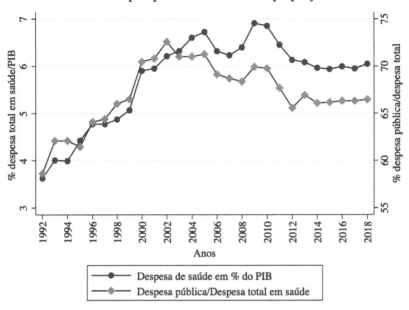

Fonte: OECD Health Data (2019)

Observa-se um crescimento constante do peso do sector público da saúde, seja total seja em termos de esforço público (figura 1.4), sobretudo a partir da década de 90, que contudo parece ter uma reversão a partir de 2003, estando atualmente o peso da despesa pública no total da despesa de saúde próxima de 65%. As despesas, em valor real per capita têm aumentado, refletindo os avanços tecnológicos da medicina, e o volume de recursos que a economia dedica ao sector da saúde têm igualmente crescido a uma velocidade razoável. A despesa pública em saúde, depois de ter estado abaixo dos 55% do total de despesa em saúde durante a década de oitenta, cresceu consideravelmente, em termos relativos e absolutos, nos últimos 25 anos.

Um dos desafios que se coloca à Economia da Saúde é perceber os elementos subjacentes a este crescimento das despesas com a saúde: porquê? Será possível controlar este crescimento? Será desejável controlar este crescimento? Todos os grupos sociais têm beneficiado, ou há uns que beneficiam mais do que outros? Todas estas questões não têm ainda uma resposta clara e geralmente aceite.

Para tentar compreender esta realidade, serão estudados vários aspectos, como a procura e o papel do seguro de saúde, público ou privado, o que é a "produção" de saúde, as relações entre os vários agentes económicos e como influenciam as despesas, etc.

ECONOMIA DA SAÚDE

Igualmente questionado tem sido o verdadeiro valor dos gastos adicionais em saúde. Isto é, será que já se atingiu a situação em que os custos, na margem, de mais cuidados de saúde não têm correspondência em resultados de saúde acrescidos? Ou seja, é mais sempre melhor, quando se fala em maior despesa em cuidados de saúde?

Frequentemente, ocorrem situações em que maior uso de recursos traz benefícios adicionais cada vez menores. Num contexto de possíveis utilizações alternativas dos recursos disponíveis, perceber onde se consegue obter maior benefício torna-se crucial para uma correta utilização desses recursos escassos.

Se é verdade que esta questão começa a ser colocada, é igualmente impressionante observar os ganhos de saúde que foram obtidos no último meio século, como consta nas figuras seguintes.

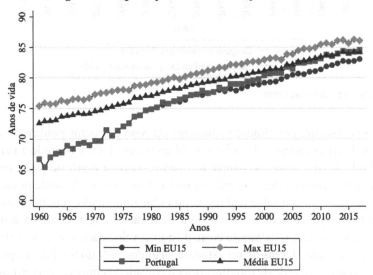

Figura 1.5: Esperança de vida à nascença – Mulheres

Fonte: OECD Health Data (2019)

1. INTRODUÇÃO

FIGURA 1.6: Esperança de vida à nascença – Homens

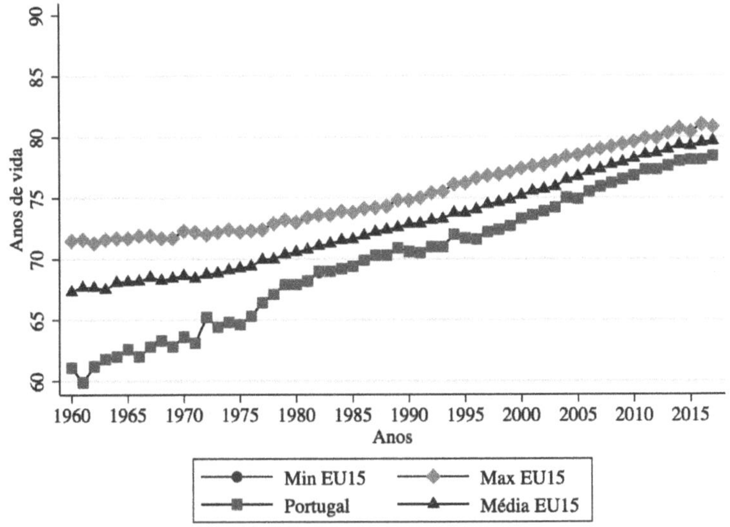

Fonte: OECD Health Data (2019)

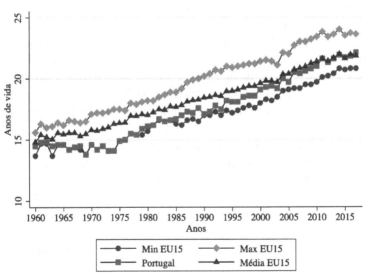

FIGURA 1.7: Esperança de vida aos 65 anos – Mulheres

Fonte: OECD Health Data (2019)

ECONOMIA DA SAÚDE

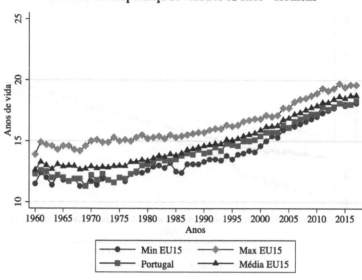

Figura 1.8: Esperança de vida aos 65 anos – Homens

Fonte: OECD Health Data (2019)

Estes valores mostram que em medidas habituais de caracterização do estado de saúde de uma população, Portugal apresentou uma evolução favorável, embora tenha mantido sempre uma posição claramente abaixo da média, sendo mesmo o elemento da União Europeia em pior posição na esperança de vida dos homens. São também evidentes as habituais diferenças entre homens e mulheres. Aliás, as mulheres desde meados da década de 1990 que têm um trajeto de aproximação à média da esperança de vida da UE15.

A esperança de vida à nascença é influenciada por muitos fatores, sendo a contribuição do sector da saúde uma entre várias. Por exemplo, a redução da mortalidade infantil, como se verá adiante, terá sido uma importante contribuição do sector da saúde. Mas, por outro lado, a redução dos acidentes de viação mortais, terá dado contributo igualmente significativo e sem relação com o funcionamento do sector da saúde. Por este motivo, é interessante avaliar os ganhos de longevidade em idades mais avançadas, tendo-se escolhido a esperança de vida aos 65 anos.

Os valores de esperança de vida depois dos 65 anos apresentam o mesmo tipo de padrão de melhoria e aproximação aos valores de referência do grupo EU15. Mais significativo é o fato de mostrarem que o aumento da esperança de vida à nascença não se fez apenas por via inframarginal (isto é, pessoas que viviam relativamente pouco tempo, aumentaram a sua esperança de vida) mas também por aumento da esperança de vida a idades avançadas.

1. INTRODUÇÃO

A esperança de vida, embora seja frequentemente utilizada como resultado de saúde, sobretudo devido à sua facilidade de cálculo, é influenciada por muitos outros fatores, para além dos que são específicos do sector da saúde, como já se referiu. Um conceito que de alguma forma traduz de forma mais próxima o desempenho do sector da saúde é o de mortalidade evitável (anos de vida potenciais perdidos por 100 000 habitantes). Este indicador procura captar a diferença entre a mortalidade que efetivamente se verifica e a mortalidade que existiria na ausência de doença. Quanto menor for esta diferença, melhor será o desempenho do sistema de saúde. Em rigor, a diferença que melhor traduz o desempenho do sistema de saúde é entre a mortalidade observada e a mortalidade que existiria na ausência do sistema de saúde. Contudo, esta última não é observável e é de difícil cálculo. Torna-se mais simples avaliar a evolução da mortalidade evitável como indicador aproximado do desempenho do sistema de saúde. Também por ele se observa uma melhoria do estado de saúde da população em geral (figura 1.9).

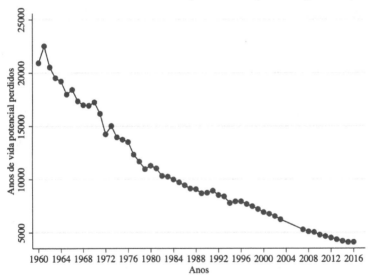

FIGURA 1.9: **Mortalidade Evitável (anos de vida potencial perdidos)**

Fonte: OECD Health Data (2019)

Das figuras anteriores, tornou-se claro que houve quer um aumento das despesas em cuidados de saúde quer uma melhoria dos resultados de saúde, sendo então natural questionar se estes ganhos em saúde compensaram os acréscimos de custos, aspecto que será retomado no Capítulo 3.

ECONOMIA DA SAÚDE

À melhoria dos indicadores agregados do estado de saúde da população nem sempre corresponde uma visão favorável da população quanto ao funcionamento do sistema de saúde. Existem diversos inquéritos realizados sobre a satisfação dos cidadãos com o sistema de saúde português, em geral, e com o Serviço Nacional de Saúde, em particular. Em Lopes e Magalhães (2006) é apresentada informação referente ao Outono de 2006 quanto à satisfação da população portuguesa com os serviços de saúde. Considerando uma escala de 1 (muito mau) a 5 (muito bom), que agrega a escala mais fina usada pelos autores, elaborou-se o quadro resumo seguinte.

QUADRO 1.1: Serviço Nacional de Saúde: Imagem e Satisfação

	Satisfação			
	Centros de saúde (consultas)	Hospitais públicos (internamento)	Hospitais públicos (urgências)	Centros de saúde (urgências)
Muito bom	21%	41%	18%	23%
Bom	29%	29%	27%	29%
Suficiente	32%	16%	30%	27%
Mau	8%	5%	11%	11%
Muito Mau	10%	10%	13%	10%
Observações	406	104	158	132
	Imagem			
	Global do SNS	Centros de saúde	Hospitais públicos (consultas e internamentos)	Hospitais públicos (urgências)
Muito Bom	7%	9%	11%	10%
Bom	24%	23%	28%	24%
Suficiente	38%	35%	34%	34%
Mau	18%	20%	15%	19%
Muito Mau	14%	13%	11%	14%
Observações	1173	1173	1173	1173

Fonte: Lopes e Magalhães (2006)

Há duas grandes regularidades que se retiram dos valores de satisfação e imagem do Serviço Nacional de Saúde. Em primeiro lugar, encontra-se uma diferença considerável entre a satisfação reportada por quem efetivamente recorreu ao Serviço Nacional de Saúde e a imagem do mesmo junto da população (que inclui uma grande maioria de pessoas que não recorreram aos SNS).

A satisfação efetiva é claramente superior à imagem que tem do Serviço Nacional de Saúde quem não necessitou de a ele recorrer. Esta diferença entre satisfação entre quem usou o SNS e a imagem geral pode resultar quer de um enviesamento favorável junto dos utilizadores quer de uma imagem negativa global do SNS, construída à base de casos extremos (mais frequentemente negativos que positivos) que ganharam notoriedade pública.

O segundo aspecto importante é a menor satisfação, em média, com os serviços de urgência (sem grande distinção entre hospitais públicos e centros de saúde), considerados normalmente um dos estrangulamentos do sistema de saúde português, pois o recurso a este tipo de serviços é consideravelmente mais intenso em Portugal do que nos restantes países da OCDE.

Apesar de globalmente a imagem do SNS junto da população não ser muito alta, a maioria dos cidadãos inquiridos apontava para um desejo de evolução dentro do atual SNS e assentava numa percepção de necessidade de alteração da gestão (Lopes e Magalhães, 2006) e não tanto de modificação radical do modelo existente.

Com base nesta informação estatística diversa, é adequado dizer-se que o sector é importante em termos económicos, quer pelos recursos que usa quer pelos resultados (saúde) que gera.

1.2 Análise económica e saúde

Se olharmos com atenção para os intervenientes neste sector observamos que, tal como nos outros sectores de atividade, existem trabalhadores e equipamento produtivo; tal como nos outros sectores, existem preços, explícitos ou implícitos.

Neste sentido, é razoável pensar em aplicar a análise económica habitual. Por outro lado, existem aspectos específicos, que justificam que se dê grande atenção às instituições particulares que existem neste sector, e que não se encontram noutros sectores, bem como às relações profissionais que surgem apenas no sector da saúde. Por exemplo, os hospitais são uma instituição diferente da empresa comum, não só pela natureza das suas funções como pela sua própria organização interna. Outro exemplo é a regulamentação existente em praticamente todas as áreas (licenciamento, preços, qualidade, etc.).

A percepção geral de que o sector da saúde é diferente dos outros leva a presunção, também ela generalizada, de que o raciocínio económico pura e simplesmente não se aplica neste sector. Aliás, é vulgar ouvir-se dizer que "a saúde não tem preço", afirmação que é usualmente acompanhada de uma interrogação do tipo "se o seu pai tiver um ataque de coração, vai discutir o custo da ambulância ou a taxa de moderadora para entrar no hospital?".

ECONOMIA DA SAÚDE

No entanto, a maior parte das decisões relativas à utilização de cuidados de saúde e de saúde não corresponde a esta imagem, que configura uma situação extrema. Pense-se, por exemplo, em consultas de pediatria para os filhos, ou exames de rotina, ou idas ao dentista. Se alguém for todos os meses, ou cada dois meses, ao dentista e este triplicar o preço da consulta, não será razoável pensar que a pessoa em questão altera o seu comportamento para uma consulta por semestre? Se a sua resposta é afirmativa, então está apenas a redescobrir a velha noção de que a procura de um bem ou serviço depende negativamente do seu preço. Aliás, este é mesmo o exemplo mais típico, de uma das principais variáveis económicas de interesse, o preço. Nos modelos tradicionais, o preço é o elemento que permite equilibrar o mercado. No caso da saúde, o preço é, ou não, relevante? Em alguns casos, será relevante a noção de preço não monetário, como no caso das listas de espera, em que há um preço-tempo.

Já foram apresentados dois exemplos, dando cada um deles uma resposta diferente. Esta questão estará sempre presente ao longo da discussão da análise económica do sector. Com este exemplo simples, mostrou-se que o treino de análise económica pode ser bastante útil para compreender o funcionamento do sector da saúde, e que as técnicas e ideias normalmente aplicadas a outros sectores são igualmente susceptíveis de serem aplicadas aqui.

1.3 O que é diferente no sector da saúde?[5]

É natural que cada sector de atividade argumente a sua diferença, e o sector da saúde não escapa a essa discussão. Como em muitas outras áreas de atividade, há aspetos da organização económica e princípios de análise que são gerais e partilhados com outras realidades. Há, porém, vários fatores que tornam o sector da saúde único, em termos de problemas económicos. Embora esses fatores existam igualmente em outros sectores, raramente estão todos presentes simultaneamente. Tal faz com que princípios e resultados de análise económica de outros contextos não devam ser importados de forma leve para o sector da saúde.

Os fatores cruciais de distinção do sector da saúde têm sido identificados como sendo a presença de incerteza, o papel das instituições específicas (nomeadamente, as sem fins lucrativos, privadas com fins lucrativos e públicas) e forte juízos éticos. Vejamos brevemente cada um deles.

Se há algo que exista, persista e envolva o sector da saúde é *incerteza*: incerteza quanto ao momento em que alguém necessita de cuidados de saúde, incerteza quanto ao custo desses cuidados de saúde, incerteza quanto ao estado de

---

[5] Veja-se também Pauly (1988) e Lucena, Gouveia e Barros (1996), sendo esta secção baseada neste último artigo.

saúde, incerteza quanto ao tratamento adequado, incerteza quanto ao efeito de um tratamento, etc.

Arrow (1963) foi o primeiro a argumentar que a incerteza existente no sector da saúde era tal que não surgiriam naturalmente mercados de seguro de saúde para cobrir todos os riscos presentes, tendo-se a partir daí iniciado a discussão das implicações em termos de organizações do sistema de saúde e intervenções desejáveis e possíveis. As distorções ao funcionamento normal do mercado devido à presença de incerteza são suficientemente importantes para levar à necessidade de algum tipo de intervenção pública, seja por atividade direta de organismos públicos seja por regulação das atividades privadas.

O fato de existirem tantos elementos de incerteza justificam um papel importante para os instrumentos de seguro, seja este privado ou social. Na verdade, em geral, existe frequentemente alguma forma de seguro nos sistemas de saúde, que isola, pelo menos, parcialmente o indivíduo de alguma desta incerteza, nomeadamente a incerteza associada com as consequências financeiras da necessidade de cuidados de saúde. Ora, o segurador, público ou privado, é um agente adicional no habitual jogo da procura e oferta de bens e serviços, que torna a análise deste sector diferente da usada noutros contextos.

Adicionalmente, quando se tem um segurador público, de que é exemplo o Estado ou um Serviço Nacional de Saúde, enquanto instrumento de intervenção pública, poderá este segurador público fazer uso do poder de determinar contribuições obrigatórias para organizar o sistema de saúde. Habitualmente, num mercado, uma transação corresponde a um preço pago pela "procura" à "oferta" contra entrega de um determinado bem ou serviço. Com seguro, quem paga o bem ou serviço pode ser uma entidade diferente de quem beneficia desse bem ou serviço. Apenas esta diferença, aparentemente pequena, ocasionará um resultado de afectação de recursos totalmente diferente.

Uma outra consequência da incerteza presente no sector da saúde é a possibilidade de assimetrias de informação entre agentes económicos que têm relações entre si. Assimetria de informação significa simplesmente que uma das partes numa relação económica tem mais informação relevante para o valor dessa relação que a outra parte. Por exemplo, um médico depois da observação do doente tem mais informação do que este sobre as suas necessidades. Ou ainda, a "qualidade/capacidade" do médico é conhecida deste mas não o é pelo doente (pelo menos na mesma medida). O indivíduo segue o conselho do médico quanto ao tratamento a realizar, muitas vezes prestado pelo próprio médico, confiando que este decide com mais informação e tendo como consideração primeira o bem-estar do doente.

Além das implicações da presença de incerteza sobre o comportamento dos agentes económicos e sobre a organização do sector, há que considerar também

ECONOMIA DA SAÚDE

a existência de instituições sem fins lucrativos. Muitas instituições que atuam neste sector não têm como objetivo o lucro, incluindo instituições públicas e instituições privadas. O que os motiva então? Quais as consequências disso? É melhor ou pior do que ter instituições orientadas para o lucro? Quais os seus objetivos e serão estes coincidentes com o interesse geral da sociedade? Será que a mera procura de excedentes económicos, mesmo que para satisfazer outros fins é equivalente à procura de lucro, em termos de decisões económicas?

Dar resposta a estas questões significa que a análise económica se tem de ajustar adequadamente. Apesar disso, vale a pena ressalvar desde já dois aspetos: primeiro, embora vários agentes que atuam no sector da saúde possam não maximizar o lucro, admite-se que são agentes económicos racionais e que têm objetivos que procuram alcançar. A análise económica é perfeitamente compatível com a existência desses outros objetivos. Em segundo lugar, embora formalmente algumas entidades que estão presentes no sector da saúde afirmem que não possuem como objetivo a obtenção de lucro, poderão ter um comportamento em tudo semelhante, desde que em certas atividades procurem obter excedentes financeiros para aplicação noutros fins. Compreender os objetivos das instituições sem fins lucrativos e perceber em que medida a diferença desses objetivos conduz a uma afetação de recursos distinta é um aspeto central do estudo das instituições sem fins lucrativos, e seu papel no sector da saúde.

Por fim, existe um juízo de valor no consumo de serviços de saúde que não se encontra no consumo de outros bens, apesar de receber cuidados de saúde, quando necessário, ser tão vital à sobrevivência humana como a alimentação. A tradução mais clara deste juízo ético é o princípio geralmente aceite de que ninguém deve ser privado de cuidados de saúde em caso de necessidade, independentemente das suas condições financeiras. Os valores éticos têm recebido grande atenção na economia da saúde, com o desenvolvimento de noções como acessibilidade e equidade, e das suas implicações em termos de política bem como os problemas inerentes à sua quantificação.

A conjugação destes fatores e o maior ou menor peso de cada um em situações específicas dita diferentes formas de organização das relações económicas neste sector, e permite uma extensa intervenção das autoridades económicas.

É usual a defesa do livre funcionamento do mercado e da concorrência como base de organização do sistema económico das sociedades modernas, sobretudo desde a derrocada do sistema alternativo, que tem como emblema a queda do "Muro de Berlim". Curiosamente, existem muitas práticas e regras que limitam a livre concorrência neste sector: licenças várias, proibição de publicidade (quem conhece um anúncio de um médico, com o preço por consulta, tal como os bancos fazem com as taxas de juro?), regulação da qualidade (com um acesso à profissão controlado pelos elementos da profissão), regulação do número de prestadores, etc.

1. INTRODUÇÃO

Compreender os fundamentos económicos dessas limitações a um livre funcionamento do mercado é essencial. Por vezes, essas limitações decorrem de questões de eficiência na afetação de recursos (problemas designados genericamente por falhas de mercado), enquanto noutros casos são resultado de pré--juízos de valor.

Em Portugal, tal como noutros países, existe uma intensa participação do Estado no sector, cumprindo papéis diferentes, por vezes até contraditórios. O Estado enquanto segurador recolhe impostos para em troca assumir a responsabilidade financeira das despesas em cuidados de saúde (quer pagando a terceiros o fornecimento desses cuidados de saúde quer fornecendo-os diretamente a quem deles necessita). O Estado prestador fornece e produz inúmeros bens e serviços neste sector (hospitais, centros de saúde, programas de vacinação, etc.). Tem-se ainda o Estado-regulador, que determina a forma de relacionamento que o próprio Estado enquanto segurador (e/ou enquanto prestador) se relaciona com outros agentes económicos do sector. A criação de uma entidade reguladora própria e independente para o sector da saúde, para além dos organismos que procedem a inspeções e licenciamentos técnicos e das instituições de autorregulação (Ordens profissionais), mitiga possíveis conflitos de papéis, mas não é ainda claro que resolva todos os interesses contraditórios, consoante o papel do Estado que se assume como dominante em cada caso.[6]

A presença de fortes externalidades, decorrentes da existência de doenças contagiosas e os problemas de apropriação de valor na produção de informação (por exemplo, sobre a melhor prática clínica a ser seguida), levam a uma intervenção direta do Estado. O Estado regulador emite normas, estabelece regras e leis, que condicionam a atividade de todos os que participam neste sector, seja a população em geral no papel de "consumidor", sejam os prestadores diversos na qualidade de "produtores". Será que estes aspetos só existem no sector da saúde? A resposta é negativa. Muitos outros sectores apresentam problemas semelhantes. Por exemplo, a assimetria de informação também está presente quando levamos um automóvel a um mecânico por estar a fazer um "barulho estranho" no motor. Confia-se na sua opinião de especialista para determinar o que há a fazer face ao nosso desconhecimento específico. O que é verdadeiramente diferente no sector da saúde é a extensão dos problemas e a sua combinação num único sector. Voltando ao mecânico, as implicações éticas de este mecânico fazer uma reparação que não era necessária ou cobrar excessivamente pelo trabalho realizado são vistas pela sociedade de forma muito diferente de o médico prescrever o tratamento errado ou prestar serviços desnecessários. Ora,

---

[6] Uma descrição mais detalhada do funcionamento e organização do sistema de saúde português encontra-se em Barros, Machado e Simões (2011) e Oliveira e Pinto (2005).

ECONOMIA DA SAÚDE

o elemento importante é que este "sentir diferente" no sector da saúde leva a uma organização diferente e a opções diferentes.

Essa preocupação tem sido expressa em diversos documentos. Como ilustração, relembre-se o Artigo 64º da Constituição da República Portuguesa.

(Saúde)

1. Todos têm direito à proteção da saúde e o dever de a defender e promover.
2. O direito à proteção da saúde é realizado:
   a) Através de um serviço nacional de saúde universal e geral e, tendo em conta as condições económicas e sociais dos cidadãos, tendencialmente gratuito;
   b) Pela criação de condições económicas, sociais, culturais e ambientais que garantam, designadamente, a proteção da infância, da juventude e da velhice, e pela melhoria sistemática das condições de vida e de trabalho, bem como pela promoção da cultura física e desportiva, escolar e popular, e ainda pelo desenvolvimento da educação sanitária do povo e de práticas de vida saudável.
3. Para assegurar o direito à proteção da saúde, incumbe prioritariamente ao Estado:
   a) Garantir o acesso a todos os cidadãos, independentemente da sua condição económica, aos cuidados da medicina preventiva, curativa e de reabilitação;
   b) Garantir uma racional e eficiente cobertura de todo o país em recursos humanos e unidades de saúde;
   c) Orientar a sua ação para a socialização dos custos dos cuidados de saúde e medicamentos;
   d) Disciplinar e fiscalizar as formas empresariais e privadas da medicina, articulando-as com o serviço nacional de saúde, por forma a assegurar, nas instituições de saúde públicas e privadas, adequados padrões de eficiência e de qualidade;
   e) Disciplinar e controlar a produção, a distribuição, a comercialização e o uso dos produtos químicos, biológicos e farmacêuticos e outros meios de tratamento e diagnóstico;
   f) Estabelecer políticas de prevenção e tratamento da toxicodependência.
4. O serviço nacional de saúde tem gestão descentralizada e participada.

Este artigo é representativo das preocupações que têm estado presentes na sociedade portuguesa, no que se refere ao sector da saúde. Sem ter a pretensão de exaustividade, vale a pena referir que o sistema de saúde português que atualmente conhecemos teve o seu "nascimento" em 1979, com a criação do Serviço Nacional de Saúde. Este pretendia assegurar o acesso universal, compreensivo e gratuito a cuidados de saúde, sendo o seu financiamento assegurado pela via fiscal. Várias modificações foram sendo feitas, valendo a pena referir que em 1990 surge a Lei de Bases da Saúde, e em 1993 o Estatuto do Serviço Nacional de Saúde (bem como a revisão da Constituição que substituiu o termo "gratuito" por "tendencialmente gratuito" para o que possa ser o contributo direto, no momento de utilização de cuidados de saúde, dos cidadãos).

1. INTRODUÇÃO

Os problemas mais sentidos atualmente são, sem preocupação de ordenar por importância, as listas de espera, o excesso de urgências, a insatisfação de utentes e profissionais, o crescimento da despesa (que se tem revelado extremamente difícil de controlar), e o aparecimento de grupos com necessidades especiais, idosos com múltiplas patologias em número crescente, toxicodependentes, generalização dos transplantes, alcoólicos, doentes com SIDA, e acidentes de viação.

As novidades, em termos de atuação política, com reflexos na organização económica do sector, têm sido várias: apoio ao sector privado, com ou sem fins lucrativos, cuidados "tendencialmente gratuitos", a possibilidade de encorajar seguros de saúde privados (houve mesmo uma proposta de seguro de saúde alternativo para Portugal, em 1993, que não chegou à prática), a possibilidade da gestão de serviços públicos ser feita pelo sector privado (ou numa versão mais suave, a introdução de mecanismos de gestão tipicamente característicos do sector privado em entidades públicas), e a transformação de unidades de prestação de cuidados de saúde em entidades com um funcionamento mais próximo da lógica empresarial.

Todos estes problemas e questões não têm uma solução evidente, nem porventura única. Tal torna ainda mais aliciante a aplicação da análise económica, teórica e empírica, ao sector da saúde.

Exercícios

1.1 É usual afirmar-se que a saúde não tem preço, e consequentemente que a análise económica não se aplica ao sector da saúde. Concorda com esta afirmação? Justifique adequadamente a sua resposta.

1.2 Apresente alguns elementos que tornam especial, do ponto de vista de análise económica, o sector da saúde, relativamente a outros sectores de atividade económica.

Capítulo 2
O crescimento das despesas em saúde

É usual a realização de comparações internacionais das despesas de saúde e dos sistemas de saúde como forma de aferir o desempenho de diferentes sistemas e de diferentes países. Essas comparações procuram encontrar os fatores determinantes das diferenças nas despesas de saúde entre países com níveis de desenvolvimento relativamente similares. Para compreender o porquê destas análises basta comparar a despesa per capita entre os países da OCDE (medida em paridades de poder de compra, para acomodar diferenças de níveis de preços entre países). Encontram-se níveis de despesa bastante distintos, não sendo à primeira vista evidente quais as características dos sistemas de saúde que estão na origem dessas diferenças, nem se essas diferenças em termos de despesa têm correspondência em termos de resultados de saúde das respectivas populações. Um outro motivo para análises a nível agregado é a importância que o sector público tem em praticamente todos os países da OCDE. Como a maioria dos países também tem défice orçamental nas contas do Estado, surgem pressões para conter a despesa pública, e logo a despesa total, em saúde.

As comparações a nível internacional procuram sobretudo perceber que grandes fatores influenciam uma maior ou menor despesa, perceber se a definição global de um sistema de saúde é fundamental para o nível de despesa em saúde de cada país.

A realização de comparações internacionais de sistemas de saúde tem que ultrapassar vários problemas metodológicos. Em primeiro lugar, falta uma base conceptual sólida para as comparações, que são feitas essencialmente com recurso a equações de regressão de natureza bastante *ad-hoc*. Em segundo lugar, há o problema da informação estatística e sua comparabilidade. Apesar dos

ECONOMIA DA SAÚDE

esforços da OCDE em criar uma base de dados internacional (OCDE 2019), subsistem ainda muitas dúvidas sobre o que de fato é captado por cada definição em cada um dos países. Apesar desse esforço, as amostras estatísticas não são muito grandes. O quadro 2.1 apresenta alguns indicadores básicos para o conjunto dos países da OCDE.

QUADRO 2.1: Despesas em saúde (2018)

	Despesa per capita (USD, em PPP)	PIB per Capita (USD, em PPP)	Despesa Pública/ /Despesa Total em Saúde
Austrália	4116	54095	69,27
Áustria	4533	55665	74,75
Bélgica	4150	50470	77,27
Canadá	4502	48262	69,68
Chile	1910	25463	58,31
República Checa	2519	39620	82,51
Dinamarca	4602	55141	84,40
Estónia	1914	35497	75,24
Finlândia	3619	48275	75,22
França	4336	45384	83,41
Alemanha	5144	53823	84,46
Grécia	1900	29555	60,26
Hungria	1905	30643	70,30
Islândia	3897	58154	82,09
Irlanda	4380	82162	73,58
Israel	2504	39871	63,78
Itália	3011	41594	74,23
Japão	4183	42913	84,09
Coreia do Sul	2941	40112	59,77
Letónia	1539	30568	57,40
Lituânia	2067	35100	66,50
Luxemburgo	4389	111063	83,95
México	959	20336	51,48
Holanda	4669	56444	82,12
Nova Zelândia	3511	41202	79,22
Noruega	5687	65831	85,48
Polónia	1838	31345	71,78

	Despesa per capita (USD, em PPP)	PIB per Capita (USD, em PPP)	Despesa Pública/ /Despesa Total em Saúde
Portugal	2505	33011	66,46
República Eslovaca	2028	33941	80,07
Eslovénia	2487	38218	72,93
Espanha	2770	39971	70,47
Suécia	4893	53053	83,89
Suíça	6373	68356	63,70
Turquia	1024	28413	78,03
Reino Unido	3633	45637	77,12
Estados Unidos	9317	62503	84,54

Fonte: OECD Health Data (2019). Valores provisórios para 2018.
Notas: USD-dólares norte americanos; PPP – "Purchasing Power Parities" – Paridades de Poder de Compra

Constata-se, como primeira observação, que existe razoável dispersão nas despesas per capita dos diferentes países da OCDE. Em segundo lugar, é igualmente aparente uma relação positiva entre o nível de rendimento per capita de cada país e a sua despesa (igualmente em termos per capita). Países com uma população com maiores rendimentos gastam também mais em cuidados de saúde. Esta observação recebe significado estatístico olhando-se para quanto das diferenças da despesa per capita em cuidados de saúde são explicadas por diferenças nos níveis de rendimento das populações.

O primeiro grande estudo deste tipo foi apresentado em Newhouse (1977), cobrindo apenas 13 países e usando dados de 1971. A análise de regressão de Newhouse (1977) procurava explicar as despesas em saúde tendo como fator determinante o nível de rendimento. Os resultados obtidos são apresentados no quadro 2.2, onde também se reporta a mesma equação estimada apenas com dados para o ano de 2017, quer para o conjunto de países da OCDE quer para os países da União Europeia. A figura 2.1 ilustra.

ECONOMIA DA SAÚDE

Figura 2.1: Despesa em saúde vs. rendimento (2017)

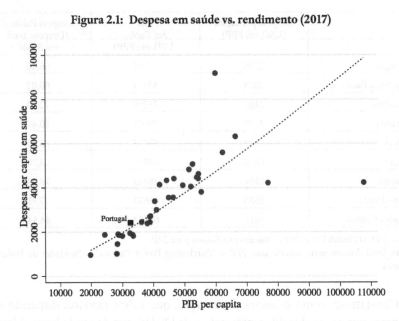

Fonte: Elaboração própria, com base em OECD Health Data (2019).

FIGURA 2.2: Despesa em saúde (%PIB) vs. rendimento (2017)

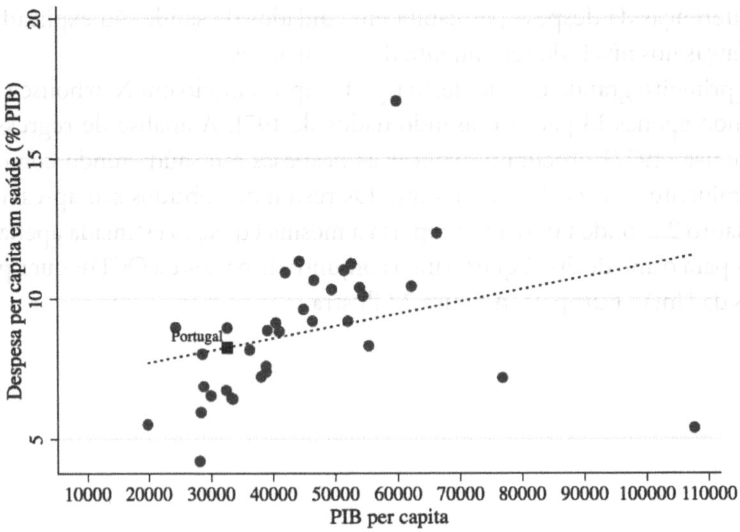

Fonte: Elaboração própria, com base em OECD Health Data (2019).

De acordo com os resultados de Newhouse (1977), o rendimento constitui o principal fator explicativo dos gastos com saúde, em termos agregados e ao nível de um país, e a elasticidade rendimento das despesas com saúde surge como superior à unidade. Estes resultados originaram toda uma série de estudos que os procurou validar e completar. Na maioria dos casos, as estimativas obtidas foram corroborando os resultados iniciais de Newhouse[7].

QUADRO 2.2: **Despesas em saúde e rendimento**

	Variável dependente: despesa em saúde per capita		
	Newhouse (1977)	OECD	UE 15
Constante	-60	-5,37 (-3,81)	1,46 (0,77)
PIB *per capita*	0,079 (11,47)	1,25 (9,29)	0,62 (3,57)
R² ajustado	0,92	0,72	0,46
Ano	1971	2017	2017
Observações	13	36	15

Notas: estatística-*t* entre parêntesis. As duas últimas colunas correspondem a uma estimação com forma funcional log-log. A primeira coluna apresenta a estimação com forma funcional linear original.
Fonte: Cálculos próprios, informação recolhida em OECD Health Data (2019).

A replicação desta equação de Newhouse para o ano de 2017, utilizando uma especificação com as variáveis expressas em logaritmos, dando o coeficiente diretamente a elasticidade despesas de saúde – rendimento, mostra que os valores obtidos em termos de variância explicada são essencialmente idênticos considerando 36 países da OCDE, e é inferior usando apenas os países da União Europeia (a 15). A estas duas definições de amostra também correspondem elasticidades distintas, superior à unidade no caso do conjunto dos países da OCDE e inferior à quando se limita a amostra aos países da União Europeia (a 15)[8].

Com o progressivo desenvolvimento da base de dados da OCDE, foi alargado o âmbito das análise empíricas, usando duas dimensões (tempo e número de países) para aumentar o número de observações estatísticas, testando-se um conjunto mais amplo de hipóteses.

Um dos estudos mais completo nesta linha de análise foi realizado por Gerdtham *et al.* (1998), contemplando 22 países e o período 1971-1990, e incluiu testes de hipóteses sobre os efeitos das características organizacionais dos sistemas de saúde sobre o nível das despesas em saúde.

---

[7] Outros estudos que marcaram estas análises foram Leu (1986), Gerdtham *et al.* (1992) e Gerdtham *et al.* (1998). Veja-se também a revisão destes estudos em Gerdtham e Jonsson (2000).
[8] Ambos os coeficientes das elasticidades são estatisticamente diferentes de zero. Em ambos os casos é rejeitada a hipótese da elasticidade ter valor unitário.

ECONOMIA DA SAÚDE

Os resultados encontrados revelaram-se sensíveis a variações na definição da amostra utilizada e ao conjunto de variáveis incluídas. Adicionalmente, coloca-se a questão estatística de estes modelos empíricos usarem os denominados "efeitos fixos" específicos a cada país. Isto é, inclui-se um fator não especificado de diferenças entre países, que acaba por captar grande parte da variância existente, sem que se possa, de fato, explicitar as forças económicas subjacentes.

O estudo de Gerdtham *et al.* (1998) concluía que a existência de um sistema de referenciação (*gatekeeping*) e o tipo de sistema de saúde tinham um papel relevante na determinação do nível de despesas de saúde. Por sistema de referenciação entende-se uma organização da prestação de cuidados de saúde em que o doente é primeiro observado por um médico de clinica geral, que depois o encaminha (referencia) para prestadores com maior especialização, se for justificado do ponto de vista clínico.

Em termos de impacto do tipo de sistema de saúde, um sistema de reembolso público parece ser menos dispendioso que as alternativas de integração vertical pública e de sistema contratual (sendo estas duas essencialmente similares em termos de impacto na despesa global).

Os países considerados como tendo sistema de reembolso nessa análise foram: Austrália, Bélgica, França, Itália (até 1978), Japão, Luxemburgo, Suíça e Estados Unidos. Os países identificados com o modelo de integração vertical foram: Dinamarca, Finlândia, Grécia (desde 1983), Islândia, Irlanda, Itália (desde 1979), Nova Zelândia, Noruega, Portugal (desde 1978), Espanha (desde 1984), Suécia e Reino Unido. Finalmente, os países com sistema de contrato público foram: Áustria, Canadá, Alemanha, Grécia (até 1982), Países Baixos, Portugal (até 1977), Espanha (até 1983) e Turquia.

No que respeita à existência de um sistema de referenciação, o estudo encontra um efeito robusto: os países que utilizam esse sistema têm menores despesas. Curiosamente, um dos aspetos que mais atenção recebe em termos mediáticos, o envelhecimento da população, não apresentou uma relação estatística significativa com o crescimento das despesas em cuidados de saúde.

Estas análises em níveis só respondem, porém, a certo de tipo de questões. Não se pode delas inferir que determinado sistema de saúde tenha maior ou menor capacidade de conter gastos. Uma determinada organização do sistema de saúde pode ter assegurado no passado um menor nível global de despesa mas apresentar uma taxa de crescimento dos gastos superior. Há uma diferença conceptual entre encontrar-se uma relação entre os níveis de despesa num determinado momento do tempo e características do sistema de saúde e uma eventual relação entre o crescimento da despesa e essas mesmas características.

A figura 2.2 ilustra o argumento. Uma análise entre $T0$ e $T1$ diria que o sistema de saúde A assegura uma menor despesa global que o sistema de saúde B.

Porém uma observação mais cuidada também revela que a taxa de crescimento dos gastos é superior no sistema de saúde A. Há, assim, efeitos dinâmicos que não são integralmente capturados pela análise de dados de painel tradicional. O estudo de Barros (1998) trata deste problema diretamente, estimando o mesmo tipo de relações, mas em taxas de crescimento. A análise da despesa em saúde em níveis permite avaliar que fatores se encontram associados com maior (ou menor) despesa num determinado momento do tempo.

FIGURA 2.2: **Nível de despesa vs. crescimento da despesa**

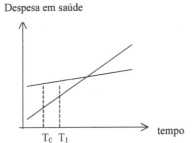

Fonte: Elaboração própria.

A análise de taxas de crescimento indica que sistemas favorecem um maior (ou menor) crescimento da despesa em saúde. Barros (1998) testa várias hipóteses: *a)* os países que gastam relativamente mais em saúde também apresentam um menor ritmo de crescimento. A disseminação do conhecimento e tecnologia na área da medicina sugerem uma tendência global para despesas per capita similares. Caso assim seja, devia-se observar uma taxa de crescimento das despesas em saúde superior nos países que à partida apresentam uma menor despesa per capita; *b)* efeito positivo do crescimento do rendimento (aproximado pelo crescimento do PIB); *c)* diferentes sistemas de organização do sector (seguindo a classificação da OCDE); *d)* existência de um sistema de referenciação baseado na atuação dos médicos de família; *e)* efeito do envelhecimento. Tem sido muito divulgada a ideia do envelhecimento da população acarretar um maior volume de gastos com as despesas em cuidados de saúde. Contudo, os estudos empíricos não têm confirmado essa conjetura. É, por isso, adequado testar também aqui esse aspeto; *f)* efeito do peso do sector público, dado que as despesas públicas e privadas em saúde podem não ser perfeitamente substituíveis entre si.

A análise é feita com base em taxas de crescimento ao longo de uma década para evitar variações de curto prazo, capturando unicamente as tendências de longo prazo. A amostra incluiu 24 países da OCDE.

Os resultados obtidos, veja-se o quadro 2.3, indicam a presença de um efeito de convergência nas despesas per capita em saúde. Há, aparentemente, um

ECONOMIA DA SAÚDE

menor crescimento da despesa durante a década de 80, embora a não significância das variáveis associadas com o tipo de sistema de saúde, com a existência de referenciação, com o peso do sector público ou com o envelhecimento da população, deixe este efeito por explicar. Para averiguar se estes resultados dependiam da base de dados usada, foi estimada uma relação em níveis, para confronto com as regressões desta natureza tipicamente estimadas. Verificou-se que os resultados obtidos nessas relações em níveis eram compatíveis com os existentes na literatura. Os estudos realizados desde então não alteram de forma significativa a direção dos principais resultados.

QUADRO 2.3: Crescimento da despesa

	Taxa de crescimento	Nível de despesa
Constante	7,62	63,33
	(6,45)	(0,65)
PIB	0,62	0,108
	(3,69)	(24,70)
PR	—	-12,55
		(-2,82)
PI	—	—
GK	—	—
IDADE65	—	—
PUB	—	-6,18
		(-4,75)
D8090	-0,89	—
	(-1,86)	
D7080	—	—
TE_T	-0,096	—
	(-4,34)	
TE_T^2	0,037	—
	(2,96)	
	0,704	0,880
Observ.	65	89

Notas. 1. A estimação em níveis usou apenas os dados referentes aos anos de 1960, 1970, 1980 e 1990. 2. PR – sistema de reembolso, PI – sistema integrado; 3. GK – existência de mecanismo de referenciação; IDADE65 – proporção da população com mais de 65 anos; PUB – peso do sector público no total; D8090 e D7080 – dummies para cada década; TET (e ao quadrado) – valor inicial das despesas em saúde.
Fonte: Barros (1998)

2. O CRESCIMENTO DAS DESPESAS EM SAÚDE

A análise de regressão não é a única forma de olhar para os elementos determinantes da despesa em saúde e do seu crescimento. O trabalho de Newhouse (1992) procura desagregar o crescimento da despesa em saúde em várias componentes. A abordagem consiste em estimar, usando informação proveniente de diversas fontes, qual o crescimento da despesa em saúde que pode ser atribuída a um fator específico. A parte que não consegue atribuir a um fator concreto é identificada como devida a progresso tecnológico (que é obtido, assim, por diferença). O ponto de partida é o do crescimento da despesa médica per capita (nos Estados Unidos) a um ritmo de 4% ao ano, durante meio século (desde a Segunda Guerra Mundial até ao início da década de noventa). Ou seja, em cinquenta anos, a despesa em saúde cresceu 780%. Vejamos qual a estimativa para a contribuição de cada efeito, segundo esta metodologia.

No que se refere ao envelhecimento da população, se apenas a estrutura da população se alterar, mantendo a despesa média em saúde por doente constante, obtém-se o aumento da despesa em saúde decorrente da evolução demográfica. As contas realizadas por Newhouse (1992) indicam um acréscimo de despesa na ordem dos 15%.

Para a componente de aumento da cobertura de seguro, o argumento básico para este efeito determinar um aumento da despesa em cuidados de saúde é bastante simples.[9] A presença de seguro diminui o preço pago pelo consumidor no momento de consumo e como tal tende a aumentar a procura de cuidados de saúde. Estudos para os Estados Unidos indicam que a passagem de uma comparticipação de 33% para cobertura total (preço zero pago pelo consumidor) causaria, no máximo, um aumento de 40 a 50% na procura. Como se passou de uma taxa média de comparticipação de 27% para 67%, a estimativa resulta num aumento de 50% da despesa (ainda bastante longe dos quase 800% observados).

Mais importante é o aumento do rendimento real, pois usando uma elasticidade procura preço próxima da unidade, a contribuição deste fator terá sido cerca de 180%.

É ainda incluído um efeito atribuído à indução de procura. Por este termo entende-se a situação em que a existência de maior número de profissionais de saúde leva a um aumento da procura de serviços médicos[10]. Não havendo evidência forte e consistente sobre a magnitude deste efeito, Newhouse considera-o como pouco relevante quantitativamente.

Outro efeito potencial é devido a diferenciais de produtividade dos fatores. Este argumento é conhecido como a doença de Baumol. A ideia crucial por detrás da doença de Baumol é a de que alguns sectores da economia, que usam

---

[9] Esta questão será abordada noutro capítulo.
[10] Este assunto será tratado com maior detalhe em capítulo posterior.

ECONOMIA DA SAÚDE

intensivamente trabalho, caracterizam-se por um tipo de progresso tecnológico que não poupa a utilização de trabalho. São sectores com um menor crescimento da produtividade. O modelo de Baumol parte do pressuposto da existência de sectores que evoluem a diferentes ritmos em termos de crescimento da produtividade. Os sectores de produção mais trabalho intensivos têm maior dificuldade em sustentar ritmos elevados de crescimento da produtividade. Com livre mobilidade de trabalhadores entre diferentes sectores de atividade para o mesmo nível de qualificações, não poderão existir diferenças salariais relevantes entre sectores. Daqui resulta que os custos salariais por unidade produzida no sector com baixo crescimento da produtividade crescem face ao sector com elevado crescimento da produtividade. Ou seja, no sector com baixo crescimento da produtividade, os salários aumentaram mais do que esse incremento na produtividade. Se os preços forem determinados como uma margem relativamente aos custos, também crescerão mais rapidamente no sector com uma menor produtividade. Se, adicionalmente, a elasticidade procura preço for baixa no sector com menor taxa de crescimento da produtividade (uma hipótese plausível no caso da saúde), então uma proporção maior do emprego terá lugar nesse sector e também uma fração crescente do PIB nominal será destinada a esse sector.

O exemplo apresentado por Baumol (1993) é a necessidade de tanto hoje como há duzentos anos precisarmos de quatro músicos para tocar um quarteto de cordas de Mozart. No caso da saúde, um médico não vê hoje três vezes mais doentes em 20 minutos do que o fazia há 20 ou 30 anos. Há um crescimento muito baixo desta produtividade. Estando o sector da saúde incluído nas atividades afetadas por esta doença de Baumol, será inevitável o aumento do preço relativo dos bens e serviços de saúde, e o aumento da sua importância no PIB. Tomando como indicador a inflação relativa do sector da saúde face ao índice de preços no consumidor, ocorreu um aumento claro do preço relativo dos bens e serviços médicos, sugerindo que talvez haja algum efeito deste tipo. Contudo, Newhouse argumenta que a diferença de produtividades não será assim tão grande que faça com que este efeito seja dominante. Trabalhos mais recentes têm procurado avaliar a importância desta explicação para o crescimento dos gastos em saúde, sendo que tem sido encontrado um impacto positivo e significativo do preço relativo de cuidados de saúde no crescimento da despesa em cuidados de saúde (medido em termos reais)[11].

Somando todos estes fatores, Newhouse considera que não chegarão a 50% do total de crescimento das despesas com cuidados de saúde. Os restantes 50%

---

[11] Vejam-se, entre outros, Roberts (1999), Okunade *et al.* (2004) e Hartwig (2007).

2. O CRESCIMENTO DAS DESPESAS EM SAÚDE

são por ele atribuídos à evolução do progresso tecnológico, com o aparecimento de novas terapêuticas e tecnologias, que são mais caras que a geração precedente.

Para Portugal, sabemos muito pouco, uma vez que não existe uma análise completa deste tipo. Num cálculo simples, Lucena, Gouveia e Barros (1995) estimaram um aumento médio da despesa em saúde atribuível ao envelhecimento da população de 2,4%, enquanto o aumento das despesas reais foi de 34%. Ou seja, na melhor das hipóteses o envelhecimento foi responsável por 7% do aumento das despesas com cuidados de saúde em Portugal. Ainda nesse documento é igualmente apresentada uma estimativa para o efeito da doença de Baumol. Esse cálculo apontava para que em 2011 a despesa em cuidados de saúde viesse a ser cerca de 9,6% do PIB. Olhando para os números atuais, à volta dos 10,2% em 2011, vemos que esta previsão simples foi ultrapassada. Pelo menos, esta será uma explicação a ter um conta para o crescimento da despesa de saúde em Portugal.

Admita-se que a elasticidade rendimento da procura de cuidados de saúde é unitária (ou seja, que apenas pelo crescimento do rendimento se manteria constante o peso da despesa em saúde no PIB). Tomando como valor de partida a despesa em saúde como proporção do PIB em 2018, 9,1%, e admitindo uma taxa de crescimento da produtividade média da economia de 1,7% em taxa média anual, se houvesse um crescimento nulo da produtividade na área da saúde (hipótese extrema, mas útil para efeitos de construção do exemplo), o preço relativo da saúde cresceria 40% nos próximos 20 anos ($1,40=1,017^{20}$). Este valor aplicado à percentagem do PIB dedicado à saúde dá uma previsão de 12,74%. Por outro lado, se a quase estagnação do crescimento da produtividade na economia portuguesa (0,7% ao ano, por exemplo) se mantiver, então este efeito será bastante menor, ficando-se a previsão do aumento das despesas em saúde causado pela evolução do preço relativo em 10,46% do PIB. Mais do que a certeza do valor obtido por estas contas, resulta daqui uma ilustração da potencial importância da doença de Baumol como fator explicativo do crescimento das despesas em cuidados de saúde.

Concluindo, os efeitos estatisticamente significativos, e robustos no sentido de presentes em diversos estudos, são: (a) um impacto positivo do rendimento per capita, com uma elasticidade procura-rendimento próxima da unidade; (b) efeitos não significativos da estrutura etária (nomeadamente, ausência de impacto relevante do envelhecimento); (c) o uso de um sistema de referenciação baseado nos cuidados de saúde primários encontra-se associado com uma menor despesa global em saúde (embora pareça que esta característica não contribui para uma menor taxa de crescimento da despesa); (d) um sistema de reembolso encontra-se associado com um menor nível de despesa.

ECONOMIA DA SAÚDE

Já o papel da dimensão do sector público e de outros fatores, como o número de médicos, limites orçamentais, sistemas de remuneração de profissionais, etc., apesar de apresentarem os sinais esperados têm um carácter mais incerto quanto à sua significância estatística, uma vez que e encontram baseados em apenas um ou dois estudos.

O envelhecimento da população é um dos fatores frequentemente associada nas discussões públicas, ao crescimento das despesas em saúde é o envelhecimento da população. Contudo, existe uma grande diferença entre a perceção comum do envelhecimento da população ser uma importante fonte de aumento de custos com a saúde e a evidência existente e sistematizada.

Exercícios

2.1 Explique porque a comparação de níveis de despesa em saúde entre países, num dado ano, pode ser enganadora quanto aos fatores que motivam o crescimento dessas despesas em saúde.

2.2 Explique brevemente em que consiste a "doença de Baumol".

2.3 O envelhecimento da população tem sido frequentemente considerado um dos principais fatores de crescimento das despesas em cuidados de saúde. No entanto, vários estudos académicos têm demonstrado que este é um efeito que tem sido sobre-estimado nas discussões sobre o crescimento das despesas em cuidados de saúde. Explique porque a visão comum e a evidência académica apresentam esta divergência.

Capítulo 3
Saúde e valor económico da vida

A quantificação do valor da saúde é um dos aspetos onde a intervenção dos economistas se revela mais polémica, pois envolve frequentemente a quantificação do valor económico da vida humana e da qualidade dessa vida. Antes de analisar o valor económico da vida, e da saúde, por acréscimo, é adequado definir o que se entende por saúde. Existem várias propostas para uma definição do que é saúde, embora a mais consensual seja a da Organização Mundial de Saúde (OMS):

Saúde é um um estado de completo bem-estar físico, mental e social e não apenas a mera ausência de doença ou enfermidade
Constituição da Organização Mundial de Saúde

Esta definição é bastante abrangente, envolvendo também aspetos socioeconómicos, para além da saúde física e mental. A ideia subjacente a esta definição é definir saúde como algo dando a oportunidade a um indivíduo de ter uma vida social e economicamente produtiva. Daí a menção não apenas à componente de bem-estar físico e mental mas também a inclusão da componente de interação e bem-estar social. Esta definição de saúde tem o mérito de colocar em evidência que ter saúde não é apenas ausência de doença. Contudo tem sido apontado que se adotada literalmente significa que dificilmente uma pessoa terá saúde. Face às dificuldades de operacionalização desta definição da OMS, uma outra proposta é definir saúde como "o estado físico e mental de uma pessoa que lhe permite a capacidade de realizar os seus objetivos de vida, dadas as condições habituais ou geralmente aceites de vida".

ECONOMIA DA SAÚDE

Quando se fala em valor da vida (ou da saúde), é normal encontrar afirmações como a de "a vida não tem preço", ou que "a saúde é um valor sem preço". Um exemplo é dado pela seguinte citação:

"A saúde e a vida têm valor infinito, é o que se costuma dizer embora seja talvez difícil de o assumir em todas as suas consequências. (...) Em Economia o valor de um bem é o seu custo de substituição. Em Saúde, a vida e a saúde têm um valor infinito, para o próprio e para os seus próximos, isto é, numa óptica personalizada. Mas numa óptica populacional o custo de substituição de uma vida é nulo." [Alexandre de Sousa Pinto, p. 9 In *Fórum de Economia da Saúde*, Departamento de Clínica Geral e Instituto Superior de Estudos Empresariais da Universidade do Porto.]

O elemento central desta afirmação, mesmo que não se concorde integralmente com o seu teor, está no reconhecer de uma diferença crucial entre o que é a visão de um caso individualizado e a visão no contexto de uma população.

A forma como a análise económica ultrapassou o dilema ético de atribuir um valor à vida humana foi simples, embora não completamente isento de críticas. Adotou o conceito de valor de uma vida estatística. Este conceito baseia-se na seguinte ideia: o objetivo principal da prestação de cuidados de saúde é a melhoria da saúde humana. Normalmente, essa melhoria significa um menor risco de mortalidade e, em média, menos dias passados em situação de doença. Se se estiver a pensar em aplicações de recursos económicos a fins alternativos, interessa saber qual o valor da redução desse risco, em termos do número de vidas salvas, não se conhecendo à partida qual será a vida salva. Ou seja, a proposta é adotar uma perspetiva mais abrangente, olhando para o evitar da perda de vidas humanas no contexto de uma população, em lugar de quantificar o valor de uma vida individual.

A inexistência de mercado para a vida justifica a necessidade de mecanismos de avaliação, nomeadamente para a adoção de novas tecnologias, incluindo nesta designação os novos medicamentos, ou alternativas terapêuticas em geral. Também programas oficiais de intervenção na área da saúde, como o Plano Nacional de Saúde, falam em "ganhos de saúde", pelo que se torna necessário medir o que são e quanto valem. O conceito de vida estatística permite operacionalizar essa avaliação.

Há várias formas de valorizar uma vida estatística. Uma dessas formas utiliza a seguinte lógica: qual é o prémio de salário que uma pessoa está disposta a aceitar como compensação de ter um emprego de maior risco? Usando este prémio de risco, e dados sobre o risco adicional do emprego, pode-se inferir o valor dado por este trabalhador a uma vida estatística.

Um exemplo famoso de aplicação deste princípio é o trabalho de Moore e Viscusi (1990). A abordagem tradicional é fazer uma regressão de uma medida de salário de diferentes empregos nas características da pessoa (idade, sexo, educação, anos de experiência, etc.) e nas características do emprego (tais como o número de acidentes não mortais por 1000 trabalhadores, o número de acidentes mortais por 1000 trabalhadores, etc.). No estudo de Moore e Viscusi, a variável dependente na regressão é o logaritmo natural da taxa de salário. A equação estimada apresentou os resultados constantes do quadro 3.1.

Os valores encontrados, em termos de sinal e magnitude, estão de acordo com o que é habitual ser encontrado em Economia do Trabalho (para os Estados Unidos). Os salários aumentam com o nível de experiência, mas a uma taxa decrescente, aumentam com a educação e com o fato de se estar sindicalizado, e são menores se o trabalhador apresenta problemas de saúde, é trabalhador manual ou é mulher.

QUADRO 3.1: **Valor da vida – alterações marginais de risco**

	ln$w$	desvio-padrão
Experiência	0,028	0,003
Experiência^2	-0,0006	0,0008
Sexo	-0,288	0,024
Educação	0,044	0,004
Baixo nível de saúde	-0,079	0,032
Trabalhador manual	-0,064	0,021
Sindicalizado	0,182	0,020
Risco de morte	0,00747	0,0023
Taxa de substituição ponderada	-0,00805	0,004
R^2 ajustado	0,335	
Valor de uma vida (em USD)	5 407 750	

Fonte: Moore and Viscusi (1990).

O valor da vida é calculado do seguinte modo: o coeficiente da variável risco de morte dá uma estimativa de quanto o trabalhador exige de prémio de salário se o seu emprego passar a ter uma maior probabilidade de morte (passar, por exemplo, de 3 para 4 mortes por cada 100 000 trabalhadores).

A segunda variável de risco, "taxa de substituição ponderada", é uma estimativa da fração do salário líquido perdido que se espera ser substituída por mecanismos sociais de proteção. O termo "valor esperado" reflete aqui as probabilidades de se ter um acidente que não se revela mortal.

ECONOMIA DA SAÚDE

Se o risco de morte aumentar de 1 por cada 100 000 trabalhadores, o (logaritmo) do salário deverá aumentar em 0,00747. Há contudo que incluir também o efeito da taxa de substituição, pelo que o salário diminuirá de 0,00805 multiplicado pela taxa de substituição (o indivíduo não precisa de receber compensação tão grande via salário em caso de acidente não mortal que dê direito a subsídio social). O valor médio da taxa de substituição é de 0,544. O efeito conjunto das duas componentes, risco de morte e taxa de substituição de benefícios, leva a que o prémio de salário seja 0,0030908 (= 0,00747-0,00805 × 0,544).

Por outro lado, a variação do logaritmo do salário é equivalente, para pequenas variações, à taxa de crescimento de salário exigida. Multiplicando pelo valor do salário médio, 7,01 USD, dá um valor 0,02167 USD por hora. Os autores consideram então um ano de 2000 horas, o que resulta num aumento de 43,33 USD para cada trabalhador de forma a compensar o risco acrescido. Como para poupar em média uma vida temos que ter 100 000 trabalhadores, o valor de compensação global exigido é dado por 100 000 × 43,33 = 4,3 milhões de dólares (a preços de 1981). Atualizando para 1988, Moore e Viscusi encontram o valor 5,408 milhões de dólares. Para ter em conta a incerteza das estimativas dos coeficientes, bastava repetir os cálculos substituindo o valor do coeficiente por limites inferiores e superiores de intervalos de confiança.

Outros métodos de avaliação do valor de uma vida estatística baseiam-se em inquéritos sobre a disposição a pagar por reduções de risco. Inquirindo sobre a disposição a pagar em diversas condições, obtém-se uma estimativa do valor médio que a sociedade estará disposta a pagar para evitar um risco, e por um método similar ao descrito anteriormente, calcula-se o valor de uma vida estatística.

Considere-se uma redução de risco em que o número de mortes prematuras num ano diminui de um por cada 100 000 pessoas de uma determinada população. Se cada elemento dessa população estiver disposto a pagar a para obter essa redução de risco, significa que por cada morte evitada existem 100 000 pessoas dispostas a pagar, em termos agregados, $a \times 100\ 000$.

Este é o valor atribuído a evitar-se uma morte prematura. Em termos formais, seja p_0 a probabilidade de sobrevivência na situação inicial, seja X o consumo de bens ou serviços pelo consumidor, seja H_0 o seu estado de saúde inicial e seja $U(X;H_0)$ a função de utilidade de um indivíduo representativo. A sua utilidade esperada é:

$$p_0 U(X;H_0) + (1 - p_0)U(X;0) \tag{3.1}$$

sendo $U(X;0)$ a utilidade no caso de morte. Proponha-se agora uma nova situação $p_1 > p_0$ e pergunte-se que valor Y está um indivíduo disposto a aceitar tal que a situação inicial lhe dê a mesma utilidade esperada que a segunda:

$$p_0 U(X;H_0) + (1 - p_0)U(X;0) = p_1 U(X - Y;H_0) + (1 - p_1)U(X - Y;0)$$

Tomando uma aproximação de primeira ordem ao termo do lado direito desta expressão:

$$p_1 U(X - Y;H_0) + (1 - p_1)U(X - Y;H_0) \approx$$

$$\approx p_1 U(X;H_0) + (1 - p_1)U(X;0) + Y(-p_1 U'(X;H_0) - (1 - p_1)U'(X;0))$$

Logo,

$$Y = (p_1 - p_0)\frac{U(X;H_0) - U(X;0)}{p_1 U'(X;H_0) + (1 - p_1)U'(X;0)} \tag{3.2}$$

O numerador da expressão contém o acréscimo de utilidade associado ao ganho de uma vida, e o denominador representa o valor marginal esperado de uma unidade adicional de consumo/rendimento (transformando assim o valor de utilidade para unidades monetárias).

Definindo o valor de uma vida estatística, L, como o ganho de utilidade (expresso em unidades monetárias),

$$L\,\Delta p = Y \text{ ou } L = Y/\Delta p \tag{3.3}$$

O valor de uma vida estatística é resultante de uma avaliação de alterações do risco e não da avaliação da vida de uma pessoa específica, evitando assim todos os problemas inerentes a dar valor a uma pessoa concreta. Existem várias tentativas de estimar o valor da vida por esta abordagem. Johanesson, Johansson e O'Connor (1996) colocam a fasquia nos 7,4 a 8,9 milhões de dólares. Viscusi e Aldi (2003), numa revisão de vários estudos, apontam para 6,6 milhões de dólares. Hakes e Viscusi (2004) usando informação sobre utilização de cintos de segurança, obtêm uma estimativa entre 2,2 e 7,9 milhões de dólares. Na União Europeia, em 2000, a DG Ambiente usava como valor de vida estatística um valor médio de 1,4 milhões de euros, e um valor máximo de 3,5 milhões de euros.

Ao longo dos anos, foi-se fazendo uma "experiência em aula", pedindo a alunos de diversos cursos que respondam de forma anónima a uma pergunta simples:

"Os acidentes de viação são uma das principais causas de morte em Portugal. Uma medida possível para reduzir o risco de mortalidade em acidentes de viação consiste em equipar o veículo com sistemas de segurança, como airbags.

ECONOMIA DA SAÚDE

Suponha que foi criado um novo equipamento de segurança. O equipamento permite a redução do risco de morte em 5 vidas por 100 000 habitantes. O novo equipamento exige um plano de manutenção anual por forma a garantir o seu perfeito funcionamento.

Qual o valor de manutenção anual pelo qual está disposto a adquirir o equipamento: [de 0 a 5000 euros]".

As respostas tiveram o padrão apresentado no quadro 3.2.

QUADRO 3.2: Valor de uma vida estatística

Ano	Obs.	Estrangeiros	Mulheres/ Homens	Idade média	Valor da vida
2003	43	10	22/21	21,3	8,24M€
2005	42	1	19/23	21,3	7,57M€
2006	27	11	13/14	22,7	8,22M€
2008	13	5	6/7	23,3	13,62M€
2009	28	15	15/13	23,8	11,57M€
2010	49	6	25/24	21,8	10,89M€
2011	34	15	15/19	22,6	14,24M€
2012	19	10	12/7	22,4	9,36M€
2013	26	16	9/17	22,9	14,57M€
2014	37	10	19/18	23,30	11,21M€
2015	12	6	6/6	22,5	16,00M€
2016	15	8	10/5	22,73	5,00M€
2018	46	13	25/21	23,71	13,63M€

Fonte: Elaboração própria.

Mais importante que o valor exato é a ordem de grandeza das estimativas obtidas, que mesmo num contexto específico não está muito longe dos valores encontrados em estudos com maior detalhe e profundidade.

O conceito de vida estatística concentra a atenção numa entidade abstracta, tornando anónima a "vida" de que se está a falar, e como tal evita o dilema de valorização de cada vida em concreto. Contudo, em cada caso clínico, o médico defronta-se com decisões que envolvem essa valorização da vida numa ótica mais individual. Frequentemente, são decisões de vida ou morte, com diferença no estado de saúde da pessoa envolvida. Mas muitas vezes, os médicos têm pela frente situações de ganhos marginais no estado de saúde. Em qualquer dos

3. SAÚDE E VALOR ECONÓMICO DA VIDA

casos, uma característica comum é a presença de incerteza quanto ao resultado final (numas situações mais do que noutras, naturalmente).

Existem ainda outras técnicas para estimar o valor de uma vida humana, que não recorrem à ideia de vida estatística. Uma dessas técnicas é conhecida como técnica do capital humano, e procura avaliar o valor atualizado dos rendimentos futuros de uma pessoa. Este método teve grande peso sobretudo devido à sua utilização pelos tribunais. Em geral, tem-se vindo a reconhecer as grandes limitações deste tipo de abordagem, nomeadamente questionando-se a exclusão de atividades não remuneradas, ou para as quais não existe um mercado bem definido, bem como a representatividade dos rendimentos futuros como medida da disponibilidade a pagar para evitar a situações de mortalidade acrescida (certa ou incerta). Além disso, em termos de medidas de prevenção, este método torna-se menos útil. Estando em causa o evitar-se uma morte prematura e não se conhecendo à partida quem irá beneficiar dessa medida, o método do capital humano terá que se basear nos rendimentos médios, ou nos rendimentos de um indivíduo médio.

Há também uma proposta de avaliar os ganhos de longevidade através do "consumo" adicional proporcionado. Essa valorização assenta em diversas hipóteses e parâmetros, encontrando-se a metodologia descrita em Becker, Philipson e Soares (2005). Mas tem como fundamento a valorização do consumo possibilitado pelo rendimento médio do país, ponderado pela probabilidade de sobrevivência em cada idade. Procura-se encontrar o valor monetário que é equivalente a ter maior longevidade em termos de mais possibilidades de consumo atual. Nas contas realizadas, os autores incluem também Portugal. Através do consumo de bens e serviços disponibilizados na economia, as pessoas retiram "satisfação", para a qual é possível obter um equivalente monetário (que é distinto do preço desses bens e serviços. Uma maior longevidade permite usufruir dessa "satisfação" por anos adicionais, constituindo assim uma outra medida do valor de longevidade adicional. Os valores para Portugal encontram-se no quadro 3.3.

ECONOMIA DA SAÚDE

Quadro 3.3: Longevidade e crescimento económico (Portugal)

	1965	1995	Taxa de crescimento	Taxa de crescimento de rendimento equivalente
PIB per capita (USD)	2567	7798	203,8%	
Esperança de vida à nascença	64	74	15,1%	298,3%

Fonte: Becker, Philipson e Soares (2005).

Os valores obtidos indicam que os ganhos de longevidade acrescentam valor económico substancial à evolução ocorrida nos 30 anos entre 1965 e 1995, de dimensões da mesma ordem de grandeza de crescimento do PIB.

Vejamos, agora, em mais detalhe as características desta abordagem. Defina-se por $V(Y,S)$ o valor da utilidade usufruída ao longo da vida por um indivíduo que tem um rendimento global Y e uma função de sobrevivência $S(t)$. A função de sobrevivência indica para cada momento t a probabilidade de o indivíduo estar vivo. Em cada período, o indivíduo usufrui um consumo $c(t)$ que gera um nível de satisfação (utilidade) $u(c(t))$. O rendimento global Y não é mais do que o valor atualizado dos rendimentos esperados em cada momento t, $y(t)$, sendo que o valor esperado se refere à probabilidade de o indivíduo estar vivo. Os valores futuros são descontados a uma taxa r. A função $V(Y,S)$ resulta então de

$$V(Y,S) = \max_{\{c(t)\}} \int_0^\infty \exp(-rt)S(t)u(c(t))dt$$

$$\text{s.a. } \int_0^\infty \exp(-rt)S(t)y(t)dt = \int_0^\infty \exp(-rt)S(t)c(t)dt$$

(3.4)

A restrição orçamental implica que o consumo ao longo da vida tem que igualar o rendimento ao longo da vida. A função de sobrevivência define o padrão de longevidade, sendo que para valores de t superiores ao máximo sustentável, $S(t)=0$.

O aumento da longevidade pode dever-se quer a um aumento da idade máxima atingível quer a um aumento da probabilidade de sobrevivência a diferentes idades.

O usual indicador de esperança de vida à nascença é definido neste contexto como

$$EV = \int_0^\infty S(t)tdt$$

(3.5)

A alteração do padrão de mortalidade implica a passagem de um perfil de probabilidade de sobrevivência S para S'. O crescimento da economia implica a passagem de um rendimento Y' para um rendimento $Y'+W$. A valorização do novo perfil de mortalidade, em termos monetários, realiza-se recorrendo à noção de rendimento equivalente. É dada pela resposta à seguinte questão: qual o valor de rendimento que um indivíduo estaria disposto a receber para ter o padrão de mortalidade inicial S ao longo da sua vida, em lugar do novo padrão de mortalidade S'?

Usando a utilidade ao longo da vida anteriormente definida, pretende-se encontrar um valor W tal que

$$V(Y',S') = V(Y'+W,S) \tag{3.6}$$

Para obter uma estimativa de W, Becker *et al.* (2005) recorrem a um conjunto de hipóteses simplificadoras. Admitem a existência de um indivíduo representativo que recebe o rendimento médio *per capita* em todos os anos da sua vida. Este indivíduo representativo tem também a função sobrevivência da população do país, avaliada de acordo com a probabilidade de sobrevivência em cada idade, para um determinado ano.

Estas duas hipóteses simplificadoras permitem escrever

$$V(Y,S') = u(y) \times A(S), A(S) = \int_0^\infty \exp(-rt)S(t)dt \tag{3.7}$$

A expressão que determina o valor monetário da alteração de longevidade pode então ser escrito como

$$u(Y'+W)A(S) = u(Y')A(S') \tag{3.8}$$

Tal como muitas outras medidas, este valor W não incorpora aspectos relevantes, como o valor do tempo de lazer, o valor da produção familiar ou o valor do consumo de bens e serviços para os quais não há mercado. Ainda assim, é um indicador que é útil para ter uma noção quantitativa da magnitude dos ganhos de longevidade, tendo como comparação o crescimento do PIB.

Para calcular este valor W é necessário ter uma função de utilidade concreta. A expressão considerada é

$$u(c) = \frac{c^{1-\frac{1}{\theta}}}{1-\frac{1}{\theta}} + \alpha \tag{3.9}$$

ECONOMIA DA SAÚDE

Utilizando esta função e invertendo-se a igualdade (3.8), obtém-se

$$W = \left[Y'^{1-\frac{1}{\theta}} \frac{A(S')}{A(S)} + \alpha \left(1 - \frac{1}{\theta} \right) \left(\frac{A(S')}{A(S)} - 1 \right) \right]^{\frac{\theta}{\theta-1}} - Y' \qquad (3.10)$$

Torna-se agora necessário conhecer os parâmetros que irão alimentar o modelo de Becker *et al.* (2005). Sejam,

$$\varepsilon = \frac{u'c}{u} = 0,346$$

$$\theta = 1,25$$

e c igual ao valor do PIB *per capita*. Destes valores e considerando uma utilidade com valor zero para o nível de consumo $\bar{c}$ que torna o indivíduo indiferente entre estar vivo, ou não, obtém-se

$$\alpha = \bar{c}^{1-\frac{1}{\theta}} \left(\frac{1}{\varepsilon} - \frac{\theta}{\theta - 1} \right) \qquad (3.11)$$

Para uma taxa de desconto relevante (por exemplo, 5%), $A(S)$ e $A(S')$ dependem da caracterização da probabilidade de sobreviver até à idade de t anos, $S(t)$.

Esta caracterização pode ser realizada a partir das estatísticas usualmente disponíveis sobre mortalidade da seguinte forma. Seja d_i o número de óbitos ocorridos na classe etária i. Seja n_i o número de indivíduos na classe etária i. A probabilidade de um membro da população chegar à classe etária seguinte é:

$$p_i = 1 - \frac{d_i}{n_i} \qquad (3.12)$$

A probabilidade de chegar à idade t é dada pela probabilidade de ter sobrevivido em cada um dos períodos prévios:

$$S(t) = \prod_{i=0}^{t-1} p_i \qquad (3.13)$$

Utilizando esta metodologia, aplicada às regiões de Portugal Continental, no período 1996-2004, com os necessários ajustamentos para a existência de classes etárias, Garcia, Manaia e Fernandes (2007) obtiveram os valores constantes do quadro 3.4.

3. SAÚDE E VALOR ECONÓMICO DA VIDA

QUADRO 3.4: Valor de ganhos de longevidade nas regiões de Portugal Continental.

	1996 $A(S)$	2004 $A(S')$	EV 2004	PIB pc (€) 2004	W	W^a	W/PIB pc (%)
Norte	27,50	28,22	78,10	10 071	786	1 405	7,80
Centro	27,44	28,50	78,20	10 725	828	1 390	7,72
Lisboa VT	27,15	28,03	78,00	17 999	1 749	1 749	9,72
Alentejo	27,08	28,00	77,40	11 604	1 189	1 845	10,25
Algarve	27,27	27,79	77,30	12 876	726	1 015	5,64
Continente	27,33	28,11	78,00	12 629	1 083	1 544	8,58

Fonte: Garcia, Manaia e Fernandes (2007).
Notas: a – mantendo o PIB *per capita* igual em todas as regiões, sendo o valor considerado idêntico ao da região de Lisboa e Vale do Tejo.

Dos cálculos realizados, torna-se visível que houve evoluções regionais distintas, sendo que há uma maior dispersão em 2004 face a 1996 (avaliada com base no rácio desvio-padrão face ao valor médio). Em termos absolutos, a região que maior progresso registou no valor monetário da longevidade foi Lisboa e Vale do Tejo, resultado do seu PIB *per capita* consideravelmente mais elevado que o das restantes regiões continentais. No entanto, em termos relativos, a região do Alentejo regista o maior crescimento, como se pode também ver quando se avaliam os ganhos de longevidade ao mesmo rendimento *per capita* em todas as regiões (penúltima coluna). A região que menos evoluiu for o Algarve. É de realçar que o ganho de longevidade, como percentagem do PIB *per capita* de 2004, é sempre superior a 5%, e excede os 8% para Portugal Continental. Comparando com o crescimento do PIB *per capita* no mesmo período, que foi de cerca de 19,5%, conclui-se que o valor do acréscimo de longevidade corresponde a cerca de 40% do crescimento do PIB *per capita* (em termos reais).

Uma das grandes áreas de aplicação da valorização da vida humana é a análise custo-benefício, a qual será tratada em capítulo posterior. A grande utilidade estas medidas de quantificação económica da vida humana surge no auxílio à tomada de decisão em medidas de prevenção e/ou decisões de aceitação de novas tecnologias (interpretadas de forma abrangente, incluindo medicamentos).

Não se espera, por outro lado, que em cada decisão de tratamento se faça um julgamento muito aturado sobre o valor da vida humana, nem tal seria, provavelmente, aceitável em termos sociais. Por exemplo, um indivíduo ser tratado mais rapidamente do que outro devido a um maior valor da sua vida, calculado pelo método do capital humano.

55

ECONOMIA DA SAÚDE

Embora a quantificação económica do valor da vida humana seja possível e permita a sua comparação entre indivíduos, há juízos éticos no contexto da sociedade que obstam a essa comparação e hierarquização do valor de vida entre diferente indivíduos. A utilização destas quantificações ocorre, então, em situações de "anonimato" – avaliações genéricas no contexto de uma população precisa e previamente conhecida.

O valor da vida, operacionalizado pelo conceito de vida estatística, permite sobretudo valorizar intervenções de saúde de base populacional. Serve também de ponto de partida para definir o valor de um ano de vida, por exemplo, dividindo o valor de uma vida estatística pela esperança média de vida na população. Contextos específicos têm motivado variantes na definição do valor de um ano de vida, em que o elemento fundamental é a construção de um auxiliar à decisão pela valorização dos benefícios de intervenções que melhorem a saúde da população ou de um seu subgrupo.

O conceito de vida estatística não procura dar uma resposta universal ao que é o valor de cada vida humana e sim dar elementos para um processo de decisão que nunca será simples ou isento de polémica.

Exercícios

3.1 Explique o conceito de "valor de uma vida estatística".

3.2 Qual a utilidade do conceito de "vida estatística"?

3.3 Quais os problemas associados com o método do capital humano para definição do valor da vida?

Capítulo 4
Saúde e procura de cuidados de saúde

4.1 A saúde da população
Em Economia da Saúde, a produção de saúde é uma preocupação natural. A análise económica de "produção" baseia-se na noção de função de produção, vista como uma relação entre fatores produtivos usados e produto/resultado final obtido.

O que se sabe então sobre a função de produção da saúde? Talvez um pouco surpreendentemente, os ganhos em saúde dos últimos dois séculos foram devidos a outros fatores que não os estritamente médicos: higiene, instrução, educação, condições económicas para uma melhor nutrição, etc.

Porém, atualmente, a prestação de cuidados de saúde tem uma maior importância do que no passado, pelo menos em termos de visibilidade pública. Generalizou-se, por outro lado, a noção de que a contribuição, na margem, dos cuidados de saúde para a melhoria do estado de saúde de uma população é já pequena, embora a contribuição total possa ser bastante relevante.

Em linguagem económica, a função de produção atingiu, devido à presença de rendimentos marginais decrescentes, um ponto em que pequenos incrementos no estado de saúde das populações (olhadas em termos agregados e não individuais) são difíceis de alcançar sem o empenho de recursos consideráveis.[12]

---

[12] Claro que a nível individual, a situação é bastante diferente, já que uma intervenção médica poderá, consoante o seu teor, induzir alterações discretas importantes na qualidade de vida ou na probabilidade de sobrevivência de um indivíduo.

ECONOMIA DA SAÚDE

Há inclusivamente quem defenda que se estará já a experimentar rendimentos marginais negativos: fazer mais, dar mais cuidados de saúde provoca uma diminuição do estado de saúde nalgumas circunstâncias. O primeiro argumento de suporte a esta visão tem como base aspectos fisiológicos – há sempre um risco (incerteza no tratamento) de conduzir a um pior estado de saúde. Se os efeitos marginais positivos se aproximam de zero, então, em termos médios, esse efeito de risco tenderá a dominar. O segundo argumento apoia-se em alterações de comportamento das pessoas – pelo fato de saberem que há acesso mais fácil a cuidados de saúde e a mais cuidados de saúde (em quantidade e diversidade), acabam por adoptar menos cuidados com a sua saúde. Daqui resultaria um menor estado de saúde global da população. Contudo, não se possui ainda um conhecimento científico suficientemente sólido para dar validade a estes dois argumentos, que permanecem como conjecturas. Em qualquer caso, a existência de rendimentos marginais decrescentes das despesas em saúde não tem sido contradita empiricamente, independentemente da controvérsia sobre a existência, ou não, de uma zona de rendimentos marginais negativos.

Para se tratar de forma adequada estas questões é essencial relacionar o estado de saúde de uma população com as despesas médicas que são realizadas, o que leva ao problema central de como medir a saúde. Uma boa medida devia capturar os aspectos relevantes do estado de saúde de uma pessoa, e fazê-lo de forma precisa, mesmo quando agregada (para se avaliar a saúde de uma população). Por exemplo, taxas de mortalidade são fáceis de medir, mas não consideram aspectos importantes, como a dor e qualidade de vida. Outros indicadores têm sido usados em alternativa, como taxas de morbilidade (taxa de incidência de doença numa população), mortalidade infantil, dias de incapacidade, ou mesmo medidas como pressão arterial, nível de colesterol, etc.

Foram, inclusivamente, propostas medidas de qualidade de vida passíveis de serem interpretadas como índices de utilidade. Estão neste caso os anos de vida ajustados pela qualidade de vida – AVAQ (QALY – *quality adjusted life years*), em termos agregados, analisados em mais detalhe no capítulo 21.

A percepção de rendimentos marginais decrescentes no consumo de cuidados de saúde é corroborada por diversos estudos. Um dos estudos mais interessantes é o *RAND Health Insurance Experiment*,[13] que permitiu o contraste empírico, em ambiente relativamente controlado, nomeadamente no que diz respeito à cobertura por seguro, do comportamento dos indivíduos face à necessidade de cuidados de saúde. Nessa experiência, as famílias envolvidas receberam, de forma aleatória, um plano de seguro de saúde privado. Foram atribuídos

[13] Para uma descrição detalhada, consulte-se Newhouse (1993).

vários planos de seguro de saúde, que diferiam no montante de comparticipação nas despesas de saúde que era exigido à família.[14]

Verificou-se que as famílias com planos mais generosos gastavam cerca de 40% mais em cuidados de saúde, mas não apresentavam diferenças significativas no estado de saúde. Ou seja, o consumo adicional de que usufruíram não se traduziu em ganhos de saúde – aparentemente, esses consumos encontravam-se já na região de rendimentos marginais essencialmente nulos na produção de saúde (ou positivos, mas de muito baixa magnitude).

A importância deste resultado da *RAND Health Insurance Experiment* decorre de, por construção da experiência, se evitar um problema de simultaneidade comum a estas análises: quem procura contratos de seguro de saúde mais generosos é usualmente quem antecipa maiores despesas de saúde, tipicamente associadas com pior saúde.[15] Com a atribuição aleatória de contratos de seguro de saúde, evita-se este problema na interpretação dos resultados.

Vejamos agora o que se sabe sobre a realidade portuguesa na produção de saúde, em termos agregados. Como ilustração dos progressos na área da saúde, as Figuras 4.1 e 4.2 mostram a evolução da mortalidade infantil e o aumento da difusão na vacinação de crianças, estando atualmente a aproximar-se dos cem por cento.

Em ambos os casos nota-se de forma clara a existência de rendimentos marginais decrescentes. Para a vacinação, o limite óbvio é a vacinação completa (100%). Mas mais relevante do que isso, os progressos alcançados nos últimos anos são menos significativos, em termos de magnitude, dos conseguidos nos primeiros anos. O mesmo tipo de efeito é visível nos números de mortalidade infantil, em que os ganhos face ao ano anterior vão sendo progressivamente menores.

Há, porém, que ter um certo cuidado nesta interpretação – os menores efeitos marginais podem ser decorrentes de uma menor utilização de recursos, e não das características de "produção" de saúde. Ou seja, a explicação alternativa a rendimentos marginais decrescentes é de menor utilização de recursos no sector da saúde. Se menos fatores produtivos forem utilizados, ou se os acréscimos nos fatores usados forem menores, então os acréscimos em termos de ganhos de saúde também deverão ser menores. Para avaliar da importância desta potencial explicação, apresentam-se na Figura 4.3 as evoluções de alguns dos fatores produtivos mais significativos na área da saúde.

---

[14] Naturalmente, existiam limites, correspondentes a situações de risco catastrófico do ponto de vista individual, que limitavam o risco financeiro suportado pela família, além do pagamento de um valor monetário pelo envolvimento de cada agregado familiar na experiência.

[15] Voltar-se-á a este tema noutro capítulo.

ECONOMIA DA SAÚDE

As três categorias de recursos consideradas apresentam um crescimento sustentado, que não parece estar de modo algum a abrandar. Apenas o número de camas por 1000 habitantes exibe um padrão decrescente. Mas esse efeito de diminuição de capacidade resulta das alterações tecnológicas, e não de uma restrição à utilização de fatores produtivos. Olhando para dois procedimentos cirúrgicos relativamente comuns mas de exigência técnica, transplantes renais e hepáticos, encontra-se um crescimento rápido em ambos, com uma aparente estabilização no caso das cirurgias de cataratas (figura 4.4).

FIGURA 4.1: Mortalidade infantil

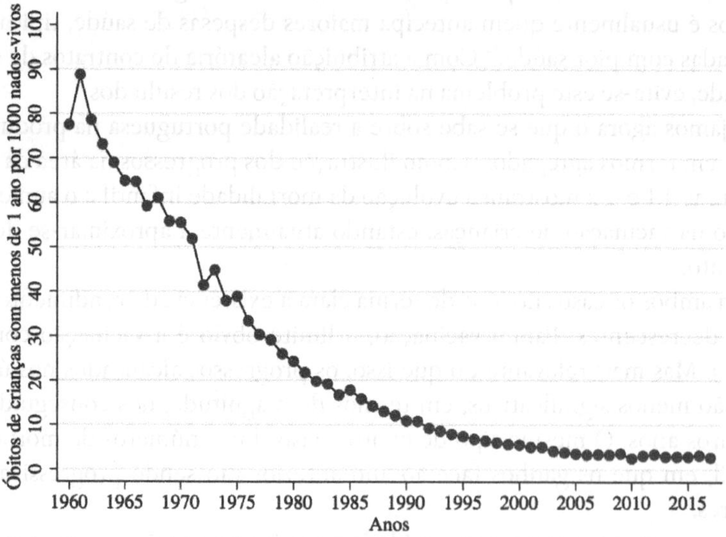

Fonte: OECD Health Data (2019).

Figura 4.2: Vacinação
a) Difteria, Tétano e Tosse Convulsa

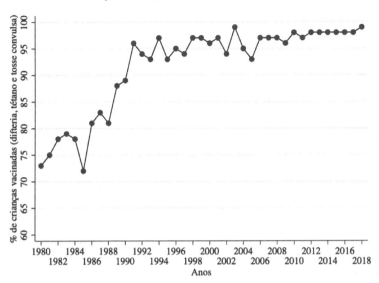

b) Gripe (pessoas com 65 anos ou mais)

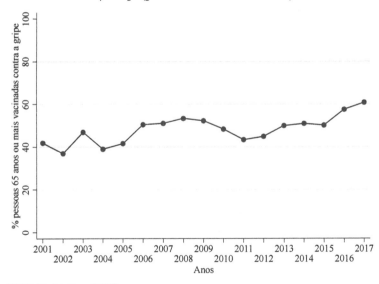

Fonte: OECD Health Data (2019).

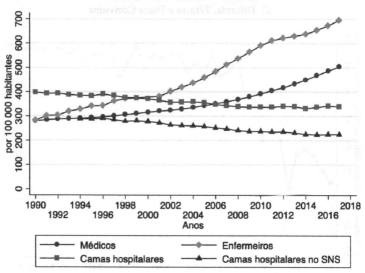

Figura 4.3: Recursos usados

Fonte: OECD Health Data (2019).

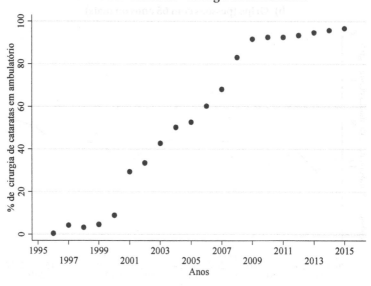

Figura 4.4: Cataratas – cirurgia de ambulatório

Fonte: OECD Health Data (2019).

Apesar da diminuição do número de camas por habitante, a taxa de ocupação tem-se mantido relativamente constante, ou quando muito com uma ligeira

4. SAÚDE E PROCURA DE CUIDADOS DE SAÚDE

tendência decrescente, e a taxa de internamento tem tido um crescimento acentuado. Ora, se a diminuição do número de camas por 100 000 habitantes resultasse numa escassez deste recurso a taxa de ocupação deveria ter aumentado. A evolução da medicina tem levado a um cada vez menor tempo de hospitalização, o que permite reduzir algum volume de recursos em internamento sem prejudicar o volume de produção. Assume aqui especial importância a difusão da cirurgia de ambulatório e a criação do hospital de dia (figura 4.4 para o caso das cataratas, como exemplo). Esta última atividade, se avaliada pelo número de admissões a episódios de hospitalização, tem vindo a crescer de forma sustentada.

Tomando em conjunto estas diversas informações, verificamos que apesar de se usarem cada vez mais recursos no sector, as limitações induzidas pelos rendimentos marginais decrescentes são claras – os ganhos em termos de saúde da população não têm melhorado ao mesmo ritmo de crescimento dos recursos empregues no sector. Note-se que foram apenas usados indicadores físicos de recursos, e não despesa já que esta última incluiria também um elemento preço importante.

Significam estes resultados que estão resolvidos os problemas de saúde da população portuguesa? A resposta é negativa, pois é sobejamente conhecida a insatisfação da população portuguesa com o sistema de saúde português, bem como as preocupações e discussões causadas pela existência de listas de espera e de dificuldades no acesso a cuidados de saúde.

Os problemas de organização e de capacidade de resposta que existam no atual sistema de saúde não invalidam os grandes progressos ocorridos na segunda metade do século passado. Contudo, mesmo em termos de produção de saúde, são visíveis novos problemas. Tomando cinco das mais faladas causas de morte em Portugal (globalmente, são cerca de 60% do total, tendo já sido perto de 3/4 do total de causas de morte em Portugal), constata-se que houve a capacidade de controlar a mortalidade devida a doenças dos sistemas respiratório e digestivo. Em contrapartida, os casos de cancro,[16] acidentes cerebrovasculares e de ataque cardíaco têm crescido acentuadamente, colocando novos desafios, em termos de produção de saúde, ao sistema de saúde português.

---

[16] Mais exactamente, por cancro entende-se um conjunto de mais de 100 doenças que têm em comum o crescimento desordenado (maligno) de células que invadem os tecidos e órgãos, podendo espalhar-se (metástase) para outras regiões do corpo. Dividindo-se rapidamente, estas células tendem a ser muito agressivas e incontroláveis, determinando a formação de tumores (acúmulo de células cancerosas) ou neoplasias malignas (crescimento novo, proliferação autónoma desordenada de células de um tecido, que persiste mesmo após cessação do estímulo que a iniciou).

ECONOMIA DA SAÚDE

Sumariando, existiram grandes ganhos em termos de saúde da população portuguesa no último meio século. Tal como noutros países não será possível atribuir a um único fator essa evolução, já que muitos aspectos, incluindo os económicos (aumento do rendimento disponível, nomeadamente), contribuem para esses resultados. Há, no entanto, uma outra característica dos números apresentados que resulta clara: em termos agregados, está-se a atingir uma situação de rendimentos marginais de saúde quase nulos na produção de saúde numa óptica populacional. Isto significa que para um ganho modesto em termos de saúde é necessário um elevado gasto em termos de recursos na sua produção. Também significa que se de um ponto de vista de saúde individual têm existido progressos que permitem uma maior sobrevivência e com uma maior qualidade de vida, no agregado essas situações diluem-se de alguma forma num conjunto de utilizações de recursos com reduzido, ou mesmo nulo, efeito marginal em termos de saúde.

De um ponto de vista económico, resulta daqui a importância de se avaliar com grande rigor que recursos devem ser aplicados na produção de saúde, em lugar de os usar em aplicações alternativas (que além do mais podem contribuir tanto ou mais que cuidados de saúde para a saúde das populações, sendo o exemplo mais corrente o investimento na qualidade do ambiente). A consequência lógica da função produção (agregada) de saúde exibir rendimentos marginais decrescentes, e de se estar num nível elevado de produção, é o desenvolvimento de técnicas de avaliação económica de tecnologias de saúde e de conceitos como priorização na prestação de cuidados de saúde.

Mas se em termos agregados não se encontram grandes efeitos de aumentos nos fatores produtivos disponibilizados para a produção de saúde, a nível individual, da saúde de cada cidadão, a situação será bastante diferente para algumas pessoas. Por exemplo, o receptor de um transplante tem, em geral, um benefício muito grande em termos de saúde. Obviamente, podemos também encontrar exemplos de prestação de cuidados de saúde em que não se verifica qualquer benefício objetivo em termos de saúde para a pessoa em tratamento. A análise do que se passa a nível agregado não nos deve fazer esquecer o que se passa a nível individual, e será tratada no próximo capítulo.

4.2 O modelo de Grossman

Até este momento, a análise focou em aspectos globais, agregados, e sobretudo de cariz empírico e quantitativo. É agora a altura de passar ao estudo do comportamento individual. Em particular, interessa descrever a procura de saúde e de cuidados de saúde como resultado de um processo de escolha individual. Na apresentação dessa descrição, a referência essencial é Michael Grossman e o modelo por ele apresentado (e posteriormente desenvolvido em várias direções por diversos autores).

Os trabalhos seminais de Grossman remontam ao início da década de setenta.[17] Os elementos inovadores introduzidos por Grossman, e que ainda hoje perduram, foram: a) tratar a saúde como um stock, análogo ao stock de capital humano; b) considerar a saúde como um processo de produção conjunto, requerendo contribuição quer do indivíduo (nomeadamente através do uso de tempo) quer de consumo de bens e serviços apropriados, denominados cuidados de saúde.

Da aplicação destes dois princípios surgem alguns resultados importantes. Em primeiro lugar, os cuidados de saúde são um produto intermédio, um fator produtivo adquirido pela pessoa para produzir saúde. Contudo, para produzir saúde não basta adquirir cuidados de saúde. O outro fator produtivo essencial é o tempo dedicado pela pessoa a essa produção. A função de produção de saúde individual depende, potencialmente, de outros fatores como a educação e a idade, por exemplo. Pessoas com maior nível de educação (maior escolaridade) produzem investimento em saúde de forma mais eficiente. Também a idade pode afectar a capacidade de produção de saúde. A sua inclusão como fator influenciador da produção de saúde acomoda a ideia de que pessoas de diferente idade terão capacidades distintas de produzir saúde, para os mesmos recursos usados. É, naturalmente, possível incluir outros fatores que se acredite influenciarem a função produção de saúde.

Em segundo lugar, sendo a saúde um stock, terá uma duração plurianual. A saúde produzida em cada período é vista como um investimento no stock de saúde. O stock de saúde está também sujeito a depreciação em cada período, sendo que a taxa de depreciação diferirá de pessoa para pessoa. O caso mais evidente é a taxa de depreciação do stock de saúde ser crescente com a idade da pessoa. Frequentemente, esta taxa de depreciação terá uma natureza estocástica – a depreciação no stock de saúde será inesperada, pois os episódios de doença não são totalmente antecipáveis (sendo a exceção as denominadas doenças crónicas, naturalmente).

Finalmente, em terceiro lugar, a formulação de Grossman trata a saúde como bem de consumo e como bem de investimento. A saúde é um bem de consumo na medida em que dá satisfação e é um bem de investimento porque aumentando o stock de saúde diminui os dias de incapacidade, permitindo um maior nível de rendimento via maior tempo dedicado a trabalho (e logo de consumo de bens e serviços) e também maior tempo de lazer.

---

[17] Grossman (1972a) e Grossman (1972b).

ECONOMIA DA SAÚDE

Nas suas escolhas, o indivíduo defronta uma restrição de recursos – o tempo disponível. Esse tempo disponível tem que ser distribuído por várias atividades: trabalho, para obter rendimento; tempo para produção de saúde; tempo de lazer (ou de produção de consumo de outros bens) e o tempo perdido devido à falta de saúde.

Se um indivíduo estiver doente, a sua dotação de dias de trabalho é menor do que se tiver saúde e tem também que dedicar tempo de trabalho para obter rendimento para comprar bens intermédios para a produção de saúde e do bem puro de consumo. A saúde é um bem que produz dias saudáveis (diminui dias de doença), possivelmente com rendimentos marginais decrescentes. A escolha de produção de saúde é igualmente uma escolha económica de afectação de recursos. Além da escolha do tempo dedicado à produção de cuidados de saúde, o indivíduo tem que determinar quanto adquirir de cuidados de saúde, decisão que depende do seu rendimento e dos preços dos vários bens e serviços disponíveis, sejam para essa produção de saúde sejam para lazer e consumo. O rendimento depende, parcialmente ou totalmente, do tempo de trabalho, remetendo para uma interligação entre a restrição orçamental na decisão de aquisição de bens e serviços e a restrição do recurso tempo disponível.

Finalmente, se o stock de saúde descer abaixo de um valor mínimo, o indivíduo morre. O modelo de Grossman pressupõe um conjunto de decisões simultâneas para o indivíduo: (a) afectar o tempo entre trabalho e lazer; (b) dividir o tempo restante de lazer na produção de saúde e do bem de consumo puro; (c) dividir o rendimento gerado entre bens intermédios para a produção de saúde e do bem de consumo puro; (d) investir em saúde para o período seguinte.

Antes de passar à exploração formal do modelo de Grossman, é útil fazer a analogia com a usual escolha entre rendimento e lazer. Face a um determinado salário oferecido por tempo de trabalho, o indivíduo, dadas as suas preferências, faz a escolha do tempo que dedica ao trabalho e tempo que dedica ao lazer (que aqui surge como tempo usado na produção de consumo, conjuntamente com os bens e serviços de consumo adquiridos com o produto do trabalho). O que muda no modelo de Grossman face ao modelo habitual de escolha entre rendimento e lazer? Com o investimento em saúde, o indivíduo altera o número de dias saudáveis no período seguinte, isto é, faz-se a endogeneização do tempo máximo disponível para o indivíduo dedicar a lazer ou a trabalho. A restrição total de tempo disponível num período é afectada pelas decisões do indivíduo relativamente ao seu stock de saúde. Esta característica significa que o investimento em saúde aumenta o rendimento potencial. É, assim, claro que um indivíduo pode estar disposto a investir em saúde, mesmo se o único valor é o aumento da capacidade de obter rendimento futuro.

4. SAÚDE E PROCURA DE CUIDADOS DE SAÚDE

É esta particularidade que torna a análise da procura de saúde, e de cuidados de saúde enquanto produto intermédio, distinta da teoria do consumidor tradicional da análise económica.

4.3* O modelo formal

Formalmente, a produção de saúde (ou melhor de investimento em saúde) usa tempo, T_S, e outros fatores produtivos adquiridos no mercado (serviços médicos, medicamentos, etc.), M, de acordo com uma função de produção de saúde $H(.)$, representada por:

$$H = H(M, T_S; E, I) \tag{4.1}$$

A variável E corresponde a educação e pretende transmitir a ideia de que a produtividade na produção do investimento em saúde depende do nível de educação. A variável I representa a idade do indivíduo e, tal como a educação, é uma variável suscetível de afetar a forma como o indivíduo transforma o consumo de cuidados de saúde e de tempo em saúde.

Formalmente, admite-se que mais educação permite alcançar melhor saúde ($\partial H/\partial E > 0$) e leva a maior incremento de saúde quando se aumenta o tempo dedicado à produção de saúde ($\partial^2 H/\partial T_S\, \partial E > 0$) ou a consumo de cuidados de saúde ($\partial^2 H/\partial M\partial E > 0$). Estes efeitos ocorrem com rendimentos marginais decrescentes.

O efeito idade, por seu lado, considera que idades mais avançadas levam a menor capacidade de produção de saúde para os mesmos recursos usados ($\partial H/\partial I < 0$). Mais idade também implica que acréscimos de recursos usados na produção de saúde têm menor efeito adicional ($\partial^2 H/\partial T_S\, \partial I > 0$ e $\partial^2 H/\partial M\partial I < 0$).

A função de produção de saúde é um conceito que procura traduzir como diferentes fatores contribuem para a formação do estado de saúde do indivíduo. Como a saúde não é, em si mesma, um bem transacionável, com um mercado onde se compra e se vende saúde, gerar mais ou menos saúde decorre das características desta função de produção de saúde e do contributo que para ela dão diferentes fatores. Por simplificação, consideraram-se apenas dois fatores: tempo dedicado e cuidados de saúde, com uma definição abrangente do que incluem. Consoante o problema de escolha (decisão de utilização de recursos) que se pretenda analisar podem ser incluídos mais fatores relevantes ou fazer uma distinção entre vários tipos de cuidados de saúde.

Considere-se que um indivíduo além de produzir saúde usa também tempo, T_C, e outros bens, X, para produzir um bem puro de consumo, C. A produção deste bem de consumo pode ser condicional a características do indivíduo. Inclui-se na expressão seguinte apenas a educação, admitindo-se que mais edu-

ECONOMIA DA SAÚDE

cação aumenta a quantidade de bem de consumo produzida e consumida e o efeito marginal de cada um dos fatores produtivos (isto é, admite-se $\partial C/\partial E > 0$, $\partial^2 C/\partial X \partial E > 0$ e $\partial^2 C/\partial T_C \partial E > 0$).

$$C = C(X, T_C; E) \tag{4.2}$$

A utilidade do indivíduo, U, resulta unicamente do consumo de outros bens e do seu stock de saúde. Em particular, admite-se, para simplificação da exposição, que as preferências dos indivíduos não dependem diretamente do tempo de incapacidade devido a doença nem do tempo de trabalho:[18]

$$U = U(C, H) \tag{4.3}$$

Embora o modelo de Grossman descreva as escolhas dos consumidores num horizonte intertemporal, a representação num único período ajuda a evidenciar o carácter dual do investimento em saúde e de bem de consumo da produção de saúde. O problema de escolha a ser resolvido pelo consumidor é:

$$\begin{aligned}
&\max_{\{T_H, T_C, T_D, T_W, X, M\}} U(C, H) \\
&s.a. \quad C = C(X, T_C; E) \\
&\qquad H = H(M, T_H; E, I) \\
&\qquad T_C + T_H + T_W + T_D = T^* \\
&\qquad w T_W = pX + M \\
&\qquad T_D = f(H)
\end{aligned} \tag{4.4}$$

sendo T_D o tempo perdido devido à falta de saúde (tempo de doença), T_W o tempo de trabalho, T^* o tempo total disponível do indivíduo, p o preço (relativo) dos bens de consumo,[19] e finalmente $f(.)$ é a função dos dias de incapacidade, que depende da produção de saúde do indivíduo. A função objetivo é definida apenas em termos de utilidade obtida a partir do bem de consumo, C, e do estado de saúde, H. Uma versão mais geral inclui a desutilidade dos dias de doença e a desutilidade do esforço de trabalho. Os principais efeitos e a "mecânica" do modelo de Grossman podem ser, contudo, exemplificados nesta versão mais simples.

As duas primeiras restrições correspondem às funções de produção do bem consumo e do bem saúde, respectivamente. A terceira restrição corresponde à restrição do recurso de tempo disponível. A quarta restrição é a restrição orça-

---

[18] Essas hipóteses podem ser facilmente incluídas, a custo de uma representação menos clara do problema defrontado pelo indivíduo.

[19] O preço de cuidados de saúde foi normalizado para a unidade.

mental, em que o valor do rendimento (do trabalho apenas, neste exemplo) é usado para adquirir bens e serviços para produção de saúde, M. A quinta restrição estabelece a relação entre estado de saúde e dias de doença.

Efetuando as substituições apropriadas, o problema pode ser reescrito como:

$$\max_{\{T_H, T_C, X, M\}} U(C, H)$$
$$s.a. \quad C = C(X, T_C; E)$$
$$H = H(M, T_S; E, I)$$
$$wT^* = wf(H) + wT_H + wT_C + pX + M$$
(4.5)

As três restrições deste problema definem um conjunto de possibilidades de produção de bens de consumo e de saúde. A caracterização da fronteira desse conjunto de possibilidades de produção é dada por:

$$\max_{\{T_C, T_H, T_D, X, M\}} U(X, T_C; E)$$
$$H(M, T_H; E, I) = H^*$$
$$M + pX + wT_H + wT_C + wf(H) = wT^*$$
(4.6)

onde variando H^* se vai originando diversos pontos da fronteira de possibilidades de produção.

É necessário que o estado de saúde exceda um limiar mínimo, $H > H_{min}$, para que o indivíduo tenha capacidade de ganhar rendimento e tempo para produzir o bem de consumo. Se H descer abaixo de H_{min} não há dias saudáveis para produzir o bem de consumo.

Quando o nível de saúde é ainda baixo (pouco acima de H_{min}) temos um movimento em que o uso de mais tempo para produzir saúde permite obter mais rendimento, mas também menos dias de incapacidade, e logo mais bens para produzir quer mais saúde quer mais bem de consumo.

Contudo, a partir de certa altura, para produzir mais saúde o custo em termos de tempo não é compensado pelo aumento de dias de saúde disponíveis para trabalho, pelo que se torna necessário sacrificar consumo para obter saúde. Impondo preferências $U(C, H)$ sobre este conjunto de possibilidades, determina-se o ponto ótimo de produção, o que por sua vez determina a procura de cuidados de saúde (e de outros bens intermédios).

Se a saúde for apenas um bem de investimento, sem qualquer valor como bem de consumo, o ponto escolhido maximiza o bem de consumo. Se a saúde também tiver aspetos de bem de consumo, o mais natural é o ponto ótimo ser tal que o indivíduo sacrifica algum consumo relativamente ao máximo possível para obter saúde adicional. Alterações nas funções de produção de consumo e de saúde alteram o conjunto de possibilidades de produção.

ECONOMIA DA SAÚDE

Em termos inter-temporais, e fazendo a analogia com o caso de um só período:[20]

$$\max_{(\{T_w(t),\, T_C(t),\, T_H(t),\, T_D(t)\})} \quad \sum_t \beta^t\, U(C(t), H(t))$$

$$s.a. \quad H(t) = \delta(I)H(t-1) + \Delta(t)$$
$$\Delta(t) = \Delta(M(t), T_H(t); E)$$
$$C(t) = C(X(t), T_C(t); E) \tag{4.7}$$
$$T^* = T_w(t) + T_D(t) + T_H(t) + T_c(t)$$
$$T_D(t) = f(H(t-1))$$
$$wT_w(t) = p(t)X(t) + M(t)$$

onde Δ representa o investimento em saúde (a função H na representação de um período), β é um factor de desconto intertemporal e δ é a taxa de depreciação do stock de saúde.

A realização de exercícios de estática comparada nas soluções dos problemas (5.6) (ou (5.7)) permite identificar um conjunto de implicações do modelo de Grossman, detalhadas na próxima secção.

4.4 Elementos determinantes do estado de saúde

O modelo de Grossman tem implicações interessantes em termos de efeito de vários fatores sobre a procura de saúde e de cuidados de saúde. Vejamos alguns dos efeitos mais importantes.

Iniciando a análise pelo efeito da idade, neste quadro conceptual, a morte de um indivíduo é determinada endogenamente pela escolha de valores tais que o estado de saúde desce abaixo de um limiar mínimo de sobrevivência. Esta escolha depende crucialmente do modo como a taxa de depreciação do stock de saúde evolui com a idade do indivíduo. Em particular, faz sentido pensar que a saúde de pessoas idosas se deteriora mais rapidamente que a saúde dos jovens. A aceleração desta taxa de depreciação com a idade fará com que a idades suficientemente elevadas o estado de saúde se torne inferior ao limiar de sobrevivência.

Esta conclusão não é inconsistente com a observação de que os idosos compram um volume maior de serviços médicos. Como o stock de saúde se deprecia mais rapidamente, o investimento bruto realizado tenderá também a ser maior. Ou seja, os idosos terão uma maior procura de cuidados de saúde, uma caracte-

---

[20] Incluindo agora na função de utilidade individual, o custo em termos de utilidade de se estar doente e do esforço de trabalho.

4. SAÚDE E PROCURA DE CUIDADOS DE SAÚDE

rística observada na prática, mesmo que acabem por ter menor stock de saúde, outra regularidade frequentemente observada.

Esta depreciação do stock de saúde de cada pessoa está também sujeita a choques imprevisto, aleatórios. Assim, um acidente num indivíduo provoca uma deterioração inesperada no seu stock de saúde, levando à necessidade de um maior investimento em cuidados de saúde e em tempo para recuperar o nível de saúde anterior. Em casos mais graves, o choque altera também o máximo stock de saúde que é possível alcançar, independentemente do investimento em cuidados de saúde e tempo que seja feito (caso das incapacidades permanentes). Resumindo, um aumento da idade, pelo efeito via taxa de depreciação do stock de saúde, deverá levar a menor saúde e a maior procura de cuidados de saúde em equilíbrio.

Uma subida no salário leva a um aumento do stock de saúde. Para o consumo de bens intermédios anterior à subida do salário, o indivíduo pode agora ter mais tempo livre e, consequentemente, investir mais na produção de saúde e do bem de consumo. Com a possibilidade de ajustar a sua escolha entre rendimento e lazer, irá diminuir um pouco o seu esforço de trabalho, e terá mesmo assim mais rendimento e lazer para afectar à produção dos dois bens. Ou seja, deve-se esperar que os indivíduos com maiores taxas de salário tenham maior stock de saúde, o que para igual taxa de depreciação implica em equilíbrio uma maior procura de cuidados de saúde. O modelo de Grossman estabelece então que os indivíduos com maior rendimento tenham também maior stock de saúde, consumindo maiores cuidados de saúde, tudo o resto constante[21].

A educação é vista como um fator que aumenta a eficiência com que um indivíduo produz investimentos em saúde e o bem de consumo puro. Daqui resulta que um indivíduo com maior educação irá escolher um stock de saúde mais elevado. Para igual taxa de depreciação do stock de saúde, isto significa uma maior procura de cuidados de saúde por parte de indivíduos com maior educação. Este efeito explica a correlação amplamente observada entre estado de saúde e nível de educação. Um outro argumento apresentado para um maior procura de cuidados de saúde por parte de indivíduos com mais educação baseia-se numa maior facilidade em reconhecer os benefícios da saúde. Este efeito direto sobre a procura é conceptualmente diferente do anterior, embora na prática seja difícil de distinguir entre os dois efeitos. Não deixa de ser importante reconhecer que ambos existem.

---

[21] É adequado referir que há evidência empírica mostrando que os indivíduos de menores rendimentos procuram e utilizam relativamente mais cuidados de saúde. Significa essa observação empírica que existem outros fatores, para alem do rendimento, que afectam a procura de cuidados de saúde, nomeadamente fatores que afectem (aumentem) a taxa de depreciação do stock de saúde.

O modelo de procura de saúde e de cuidados de saúde baseado na escolha individual proposto por Grossman é o referencial teórico mais significativo para a descrição da procura de saúde, uma vez que introduz vários conceitos relevantes. A saúde é considerada como um bem produzido por cada indivíduo, usando tempo e bens e serviços adquiridos no mercado.

Coloca-se em evidência que a procura de cuidados de saúde é uma procura derivada, em que o objetivo último é a procura de saúde. A procura de cuidados de saúde é então influenciada por todos os efeitos que afectam a procura de saúde (preferências, salários, idade, educação, etc.). Os benefícios de saúde resultam de diversos canais: uma pessoa sente-se melhor se estiver de boa saúde (efeito consumo); perde-se menos dias na condição de doente, logo pode trabalhar mais (efeito sobre a restrição de tempo disponível); e maior produtividade por unidade de tempo trabalhada, logo ganha mais (efeito produtividade).

A escolha do nível de saúde, e logo do nível de cuidados de saúde, tal como descrita pelo modelo de Grossman, está a tomar como exógenos todos os preços (dos bens e serviços intermédios e do salário). Neste sentido, coloca a análise num contexto semelhante ao da teoria do consumidor tradicional. Tal como na teoria do consumidor, deduz-se o impacto de variações no preço relativo de cuidados de saúde face a outros bens na procura de cuidados de saúde, obtendo-se o efeito previsível de um maior preço de cuidados de saúde originar uma menor procura dos mesmos.

Em geral esta teoria de procura faz mesmo sentido? Por exemplo, ninguém procura ter duas apendicites como resposta a uma diminuição do preço da operação. Uma vez que muita da procura de cuidados de saúde são episódios únicos, fará sentido pensar que o preço tem qualquer papel? Repare-se que neste modelo de Grossman, a variação do preço de cuidados de saúde tem influência sobre a procura de cuidados de saúde, logo sobre a produção de saúde.

Existem duas respostas possíveis as estas perguntas. Por um lado, nem tudo em cuidados de saúde são episódios únicos, e como se verá adiante, existe empiricamente alguma sensibilidade da procura ao preço. Por outro lado, a segunda questão confunde também o que se pode designar por ajustamento intensivo e ajustamento extensivo. Em relação à maior parte dos bens, pensa-se em termos de ajustamento intensivo: para um preço mais baixo, cada consumidor consome mais do bem. Um exemplo são as visitas ao médico. Mas existe também a noção de ajustamento extensivo: o indivíduo consome apenas 0 ou 1 unidades do bem, mas quando o preço baixa há mais indivíduos a consumir, pelo que a curva de procura agregada é sensível ao preço. Um exemplo é o arranjo de um dente: ninguém irá extrair mais de uma vez o mesmo dente, mas se o preço baixar mais gente irá ao dentista e com maior frequência.

Embora seja certamente possível encontrar exemplos em que não se aplica o modelo de Grossman, este fornece um quadro conceptual útil para a análise económica do sector da saúde.

4.5 Um exemplo de função de produção de saúde

O modelo de Grossman introduziu a ideia de que os indivíduos produzem saúde, e que a procura de cuidados de saúde é derivada dessa procura de saúde. A literatura de economia da saúde apresenta várias tentativas de estimação desta função de produção de saúde e identificação dos elementos que a afectam. Um exemplo desses estudos é o trabalho de Kenkel (1995). Esse estudo usa uma especificação econométrica para avaliar a importância dos estilos de vida para a produção de saúde. Em particular, foca na importância de três aspectos: (a) tomar pequeno-almoço; (b) fumar; e (c) fazer exercício de forma regular.

Estudos anteriores identificaram sete fatores propiciadores ou associados a um melhor estado de saúde:[22] manter o peso correto; não comer entre refeições; não fumar; ter atividade física regular; não beber álcool (ou fazê-lo moderadamente); tomar o pequeno-almoço regularmente; dormir 7 a 8 horas regularmente (há custos em termos de saúde para dormir pouco e para dormir em excesso).

O estudo de Kenkel (1995) pretende reavaliar a importância destes fatores, usando para a análise a noção de função de produção de saúde: o indivíduo combina fatores produtivos numa função de produção que gera saúde. Os sete fatores identificados funcionam como fatores produtivos (sendo que alguns podem reduzir a saúde, como o consumo de tabaco).

Uma das medidas de saúde utilizada foi o estado de saúde auto-reportado, e como fatores produtivos considerou as variáveis definidas no Quadro 4.1. A utilização do estado de saúde auto-reportado como medida de saúde não é isenta de criticas. Sendo um indicador sumário e subjetivo do estado de saúde é, apesar das limitações, um indicador habitual.

---

[22] Veja-se Belloc e Breslow (1972), Breslow e Enstrom (1980), Camacho e Wiley (1980) e Schoenborn (1986).

ECONOMIA DA SAÚDE

Quadro 4.1: Variáveis no estudo de produção de saúde de Kenkel (1995)

Variável	Definição
Pequeno-almoço	se regular, às vezes ou raramente (omitida na estimação)
Comer entre refeições	se regular, às vezes ou raramente (omitida na estimação)
Consumo de tabaco	número de cigarros por dia
Exercício físico	minutos de exercício nas duas últimas semanas
Consumo de álcool	elevado ou moderado
Tempo de sono	pouco ou muito
Presença de stress	muito, moderado, pouco ou inexistente (omitida na estimação)
Condições crónicas	existência de problemas cardíacos e diabetes
Condição socioeconómica	idade, nível de escolaridade, raça, sexo

Fonte: Kenkel (1995)

A função de produção tendo como base o estado de saúde é estimada por um modelo probit ordenado.[23] Este modelo admite que o estado de saúde é capturado por uma variável latente, não observável, que depende dos vários fatores enunciados.

Sempre que o estado de saúde, medido por esse índice latente, é muito elevado, acima de um determinado limiar, o indivíduo reporta um estado de saúde muito bom. Abaixo desse limiar, mas um índice de saúde latente superior a um outro limiar, o estado de saúde reportado será bom, e assim sucessivamente. Definindo os limiares como sendo representados pelos parâmetros μ_i e sendo o estado de saúde latente dado por

$$H^* = X\beta + \varepsilon \tag{4.8}$$

em que X é uma matriz contendo as observações referentes a fatores determinantes do estado de saúde, β é o vector de parâmetros que caracterizam o impacto dos fatores e ε um termo aleatório, as respostas estão representadas graficamente na figura 4.5 (normalizou-se, sem perda de generalidade, o primeiro limiar em zero).

---

[23] Mais detalhes sobre o modelo probit ordenado encontram-se em Long (1997), por exemplo.

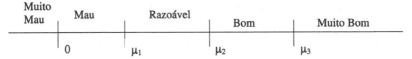

FIGURA 4.5: O estado de saúde latente e respostas

Fonte: Elaboração própria.

O estado de saúde auto-reportado é, então, uma aproximação ao estado de saúde latente e o problema a tratar é o de inferir, das respostas obtidas, a relação com os fatores (X) que determinam o estado de saúde.

Como as pessoas tiveram que autoavaliar a sua saúde, os resultados dessa pergunta são codificados como:

Y_{5i} = 1 se escolhe dizer saúde = muito bom; Y_{5i} = 0 nos outros casos;
Y_{4i} = 1 se escolhe dizer saúde = bom; Y_{4i} = 0 nos outros casos;
Y_{3i} = 1 se escolhe dizer saúde = razoável; Y_{3i} = 0 nos outros casos;
Y_{2i} = 1 se escolhe dizer saúde = mau; Y_{2i} = 0 nos outros casos;
Y_{1i} = 1 se escolhe dizer saúde = muito mau; Y_{1i} = 0 nos outros casos

em que *i* representa o indivíduo inquirido. O modelo de estimação escreve-se, então, em termos da variável latente representativa do estado de saúde, como:

Y_{5i} = 1 se $H^* > \mu_3$
Y_{4i} = 1 se $\mu_3 \geq H^* > \mu_2$
Y_{3i} = 1 se $\mu_2 \geq H^* > \mu_1$
Y_{2i} = 1 se $\mu_1 \geq H^* > 0$
Y_{1i} = 1 se $0 \geq H^*$

Do processo de estimação resulta que podemos fixar um valor arbitrário absoluto para um dos limites (μ_0) sem perda de generalidade. Esta possibilidade decorre de o índice de saúde latente não ter à priori unidades definidas. Tecnicamente, os parâmetros podem ser estimados a menos de um fator de proporcionalidade, pelo que se normaliza o desvio padrão para a unidade. Esta característica resulta de multiplicando tudo por um mesmo valor as probabilidades de ocorrência de cada caso observável não se alterarem.

A partir desta caracterização é possível determinar para cada observação, a probabilidade de se ter um estado de saúde muito bom:

$$\Pr[\text{Muito Bom}] = \Pr[X\beta + \varepsilon > \mu_3] \qquad (4.9)$$

Admitindo uma forma funcional normal, $\Phi(.)$, para a distribuição da variável aleatória ε, esta probabilidade é $1 - \Phi(\mu_3 - X\beta)$. Construindo de forma análoga as probabilidades de a resposta dada estar contida em cada um dos

ECONOMIA DA SAÚDE

outros intervalos, é possível construir a função de verosimilhança da amostra. As estimativas dos parâmetros β e μ_i são obtidas pela maximização desta função de verosimilhança.

Os resultados encontrados são apresentados no quadro 4.2. Não se pode comparar os coeficientes das regressões para homens e mulheres uma vez que a respectiva escala poderá ser distinta, pois cada uma das regressões envolve uma normalização para zero do primeiro ponto de corte na variável latente, que poderá ser distinto entre homens e mulheres. São estatisticamente significativos (isto é, distintos de zero do ponto de vista estatístico) os efeitos associados com: a) peso, sendo que o peso excessivo acarreta menor estado de saúde; b) consumo de tabaco, em que um maior consumo de tabaco implica pior saúde; c) a realização de exercício regular leva a melhor estado de saúde; d) o consumo de álcool, onde beber muito é prejudicial à saúde, mas beber um pouco é melhor que não beber nada. As pessoas que bebem pouco reportam melhor saúde que as que nada bebem. Note-se que por motivos do método estatístico utilizado estes coeficientes têm que ser interpretados como diferenças face a um indivíduo de referência, que é tomado como sendo não bebedor de álcool. O efeito é mais forte e significativo nas mulheres, já que para os homens embora apresente os mesmos sinais, os coeficientes estimados não são estatisticamente significativos;[24] e) dormir pouco, que surge como prejudicial à saúde (o referencial é dormir normalmente); f) as pessoas com mais stress têm em média pior estado de saúde auto-reportado (face aos que não possuem stress); g) a presença de condições crónicas implica perda de qualidade de vida, e um nível de saúde mais baixo; h) quanto maior o nível de escolaridade, tudo o resto constante, maior o nível de saúde; e, por fim, i) o estado de saúde piora com o aumento da idade.

Globalmente, todos estes efeitos são consistentes com as previsões do modelo de Grossman.

---

[24] Uma vez que a metodologia mede as diferenças entre grupos, a escolha do indivíduo de referência não afecta os resultados e as implicações da análise.

4. SAÚDE E PROCURA DE CUIDADOS DE SAÚDE

QUADRO 4.2: Função de produção de saúde, estimativas de Kenkel (1995)

	Estado de saúde	
	Mulheres	Homens
Pequeno-almoço regular	0,0068 (0,32)	0,0187 (0,74)
Pequeno-almoço às vezes	-0,0396 (1,56)	-0,0246 (0,83)
Peso	-0,5446 (13,69)	-0,2914 (4,62)
Come frequentemente nos intervalos das refeições	-0,0116 (0,57)	-0,0265 (0,10)
Come algumas vezes nos intervalos das refeições	0,0010 (0,05)	-0,0384 (1,50)
consumo de tabaco	-0,0849 (9,89)	-0,0898 (11,36)
Exercício físico	0,0948 (9,99)	0,0594 (9,40)
Consumo elevado de álcool	-0,1926 (3,64)	-0,0117 (0,52)
Consumo baixo de álcool	0,0834 (8,60)	0,1373 (2,30)
dorme pouco	-0,1241 (6,18)	-0,0989 (4,13)
dorme muito	-0,1882 (7,96)	-0,3392 (7,71)
stress elevado	-0,4515 (19,03)	-0,0322 (8,88)
stress moderado	-0,2742 (11,94)	-0,1297 (4,78)
pouco stress	-0,1654 (6,90)	-0,0578 (2,04)
problemas cardíacos	-0,6343 (24,23)	-0,7699 (21,67)
diabetes	-0,5879 (14,16)	-0,5624 (10,77)
ataque cardíaco no passado	-0,4434 (7,87)	-0,5445 (8,58)
negro	-0,3915 (17,27)	-0,2784 (9,57)
hispânico	-0,1323 (3,79)	-0,0809 (1,88)
Idade	-1,2735 (24,43)	-1,5393 (22,86)
Escolaridade	0,9051(29,55)	0,8615 (26,42)
μ_1	0,9502 (47,80)	0,8259 (35,92)
μ_2	1,9578 (88,61)	1,7485 (66,87)
μ_3	2,8020 (120,77)	2,5789 (93,75)
constante	2,6658 (36,75)	2,3866 (25,54)

Nota: valor absoluto das estatísticas-t de significância individual entre parêntesis.
Fonte: Tabela 2 em Kenkel (1995).

Para além da significância estatística, é interessante ver o significado "económico" dos coeficientes obtidos. Kenkel faz, por esse motivo, uma comparação com o efeito associado à idade: se o indivíduo deixasse de realizar a prática

ECONOMIA DA SAÚDE

associada com uma determinada variável, quanto teria que variar a idade para manter o indicador de saúde constante? Algebricamente, tendo como ponto de partida uma relação para o estado de saúde latente dada por:

$$H = AX + \alpha_1 x + \alpha_2 y \qquad (4.10)$$

procurar os valores de variação de x, dx, e de y, dy, tais que $dH = \alpha_1 dx + \alpha_2 dy = 0$ de onde resulta $dy = -\alpha_1 / \alpha_2 dx$.

Tome-se y como a idade e x como a variável cujo comportamento se pretende influenciar. Como a idade está divida por 100,

$$dy = -(\alpha_1 \times 100) / \alpha_2 dx \qquad (4.11)$$

tendo o cuidado de colocar dx nas unidades certas. Vejamos alguns exemplos.

Considere-se as mulheres que fumam 20 cigarros/dia e que deixam de o fazer,[25] então $\alpha_1 = 0,0849$ e $\alpha_2 = -1,2735$, a variação é $dx = -2$ pelo que $dy = -0,0849/ (-1,2735) \times 100 \times (-2) = 13,3$.

Outro tipo de questão relevante é saber se uma mudança no estilo de vida tem possibilidade de induzir uma alteração significativa no indicador de saúde. Sabemos que os limites do índice latente de saúde são $\mu_0 = 0$; $\mu_1 = 0,9502$; $\mu_2 = 1,9578$; $\mu_3 = 2,8020$. Tomemos novamente as mulheres, que fumam em média 5,05 cigarros: o efeito de deixarem de fumar é de -0,48287. No caso de deixarem de ter stress a partir de uma situação de pouco stress, o ganho no índice latente é de 0,0375. Nestes dois exemplos, apenas as mulheres com índices de saúde próximos dos limites μ_i poderão ter uma alteração visível, via inquérito deste tipo, no seu estado de saúde.

Para Portugal, os dados do 4º Inquérito Nacional de Saúde permitem fazer uma análise similar à de Kenkel (1995), aplicada à realidade portuguesa, podendo os coeficientes ser interpretados de forma análoga. De acordo com os resultados no quadro 4.3, as mulheres têm melhor estado de saúde que os homens mas essa diferença reduz-se com a idade, e para idades mais avançadas inverte-se (embora se possa argumentar que os homens em pior condição de saúde morrem mais cedo, pelo que se terá um efeito de seleção presente). A idade apresenta um efeito decrescente, excepto para idades muito avançadas, em que novamente um efeito de sobrevivência dos mais saudáveis poderá estar presente (relembre-se que o indicador usado é a saúde auto-reportada). A figura 4.6 ilustra.

---

[25] O consumo de tabaco foi definido em múltiplos de 10 cigarros.

4. SAÚDE E PROCURA DE CUIDADOS DE SAÚDE

Quadro 4.3: Exemplo de função de produção, aplicada a Portugal

	Coeficiente	Estatística-t
Homem[0]/Mulher [1]	0,203	2,97
Idade	-0,045	-11,97
Idade (ao quadrado)/100	0,024	7,04
Solteiro	-0,120	-2,20
Casado	-0,073	-1,62
Viúvo	0,013	0,22
Escolaridade	0,057	17,58
IMC	0,035	2,47
IMC (ao quadrado)/100	-0077	-3,13
Fumador diário	0,006	0,21
Fumador ocasional	0,005	0,06
Dias da semana em que bebe vinho	0,032	8,12
Número de refeições diárias	0,040	1,27
Toma comprimidos para dormir	-0,528	-18,63
Come fora do horário normal das refeições	0,001	0,03
Idade x sexo	-0,004	-3,26
Rendimento do agregado familiar per capita	0,234	10,75
Cobertura apenas pelo SNS	-0,137	-6,45
Diabetes	-0,354	-11,08
Asma	-0,402	-10,39
Hipertensão	-0,209	-9,06
μ_1	-2,930	
μ_2	-1,890	
μ_3	-0,296	
μ_4	1,242	

Fonte: Elaboração própria, com base no Inquérito Nacional de Saúde 2005/2006

FIGURA 4.6: Efeito da idade no estado de saúde (variável latente)

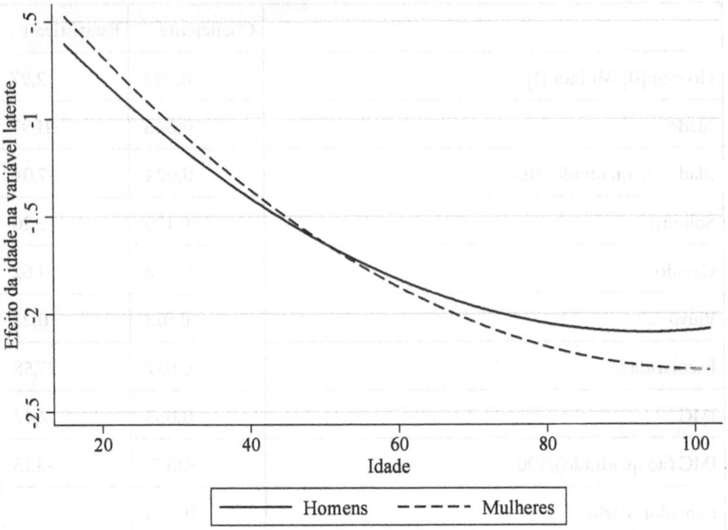

Fonte: Elaboração própria.

Do mesmo modo, é possível traçar outros efeitos, como o do Índice de Massa Corporal (IMC) (figura 4.7).

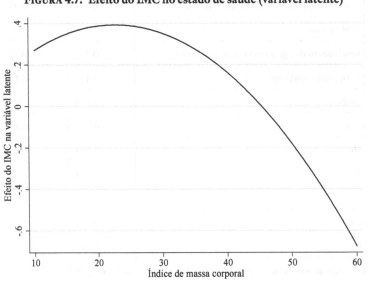

FIGURA 4.7: Efeito do IMC no estado de saúde (variável latente)

Fonte: Elaboração própria.

4. SAÚDE E PROCURA DE CUIDADOS DE SAÚDE

Outros resultados esperados são o peso associado com a carga de doenças crónicas, como a diabetes, a asma e a hipertensão arterial. A educação como esperado tem um efeito positivo no estado de saúde latente, que não pode ser atribuído à capacidade de pessoas mais educadas conseguirem ter melhores empregos, uma vez que a variável rendimento também se encontra incluída entre o conjunto de regressores.

O modelo de Grossman foi desenvolvido em várias direções. As principais contribuições (sem preocupação de exaustividade) são devidas a Muurinen (1982), Wolfe (1985), Wagstaff (1986), Erlich e Chuma (1990), Ried (1998), Eisenring (1999) e Jacobson (2000). Nem sempre a evidência empírica tem corroborado todas as implicações testáveis do modelo de Grossman[26].

Exercícios

4.1 Qual a relevância do conceito de rendimentos marginais decrescentes para a análise macroeconómica do sector da saúde.

4.2 Porque se considera que a procura de cuidados de saúde é uma procura derivada?

4.3 Considera que os cuidados de saúde são um bem de consumo ou um bem de investimento? Justifique a sua resposta.

4.4 Numa versão simplificada do modelo de Grossman, mostre qual o impacto de herdar um pagamento fixo por período no nível de saúde e na procura de cuidados de saúde.

4.5 Qual o impacto, no modelo de Grossman, de um aumento do imposto sobre o rendimento na saúde da população e na procura de cuidados de saúde.

4.6 O modelo de Grossman num dos seus principais resultados estabelece que pessoas mais ricas terão também um stock de saúde mais elevado, e procurarão maior volume de cuidados de saúde, tudo o resto constante. Como reconcilia esta implicação com a observação empírica de que as populações mais pobres procuram e usam mais cuidados de saúde?

---

[26] Veja-se a recensão disponível em Zweifel, Breyer e Kifmann (2009).

Capítulo 5
Procura de cuidados de saúde em equilíbrio parcial

No capítulo anterior, discutiram-se os fatores fundamentais que afectam a procura de cuidados de saúde, que é uma procura derivada, como se pretendeu evidenciar. Com base no processo de maximização de utilidade sujeita a um conjunto de possibilidades de consumo, é possível determinar uma curva de procura de cuidados de saúde. Esta curva de procura tem semelhanças com a tradicional curva de procura negativamente inclinada da teoria do consumidor, mas também exibe diferenças importantes.

Embora seja habitual o ditado de que a saúde não tem preço, a estimação de funções procura permite evidenciar que as pessoas, enquanto consumidoras de cuidados de saúde, também reagem aos incentivos económicos ditados pelos preços, tal como na generalidade dos sectores. De modo similar à análise microeconómica habitual, existem outros fatores para além do preço que afectam a procura, e que quando variam originam deslocações da curva de procura de cuidados de saúde.

Uma curva de procura por um determinado tipo de cuidados de saúde pode ser sensível ao preço porque a preços mais baixos mais indivíduos procuram utilizar esses cuidados de saúde e/ou porque a preços mais baixos cada pessoa procura maior quantidade desse bem ou serviço.

Três fatores de influência são particularmente relevantes no caso de procura de cuidados de saúde, quer porque são específicos a este sector quer pela sua importância económica e para a política económica na área da saúde. Esses fatores são: o tempo, o grau de cobertura de seguro e o rendimento. Por outro lado, o próprio estado de saúde do indivíduo leva a maior ou menor consumo de cuidados de saúde, para um mesmo preço e mantendo todos os outros fatores

ECONOMIA DA SAÚDE

de influência sobre a procura constantes. O efeito destes vários fatores sobre a procura de cuidados de saúde é tratado nas secções que se seguem.

5.1 Estado de saúde e procura

A abordagem tradicional consiste na aplicação do habitual modelo com dois bens, cuidados de saúde consumidos e outros bens, permitindo avaliar o efeito de seguros de saúde e de diferenças no estado de saúde do indivíduo.

Considere-se então dois bens: um bem compósito de todos os produtos da economia, para além de cuidados de saúde, representado por X, e o bem cuidados de saúde, por exemplo, visitas anuais ao médico, representado por M. Dada uma restrição orçamental, o equilíbrio correspondente à escolha óptima do consumidor encontra-se representado na figura 5.1.[27]

Uma das implicações do modelo de Grossman é a procura de cuidados de saúde ser uma procura derivada. Entre outras coisas, depende do estado de saúde inicial. Ou seja, as preferências individuais sobre consumo e cuidados de saúde dependem da ocorrência, ou não, de episódios de doença.

Neste diagrama simples (figura 5.1), incluem-se essas considerações, admitindo curvas de indiferença condicionais ao estado de saúde do indivíduo. Suponha-se que A é o ponto óptimo do consumidor quando este tem um elevado stock de saúde. Como se altera este equilíbrio se o consumidor registar um episódio de doença (menor stock de saúde)? Em princípio, é razoável pressupor que para um indivíduo com menor saúde haja uma maior predisposição a pagar por uma visita adicional ao médico. Isto é, partindo do ponto A, para obter um certo aumento de cuidados de saúde, M, um indivíduo doente está disposto a sacrificar mais de outros consumos, X, do que um indivíduo saudável, implicando uma estrutura de preferências distinta (condicional ao estado de saúde) e levando a que o ponto A não seja uma escolha óptima de afectação de recursos para uma pessoa com um episódio de doença.

Isto é, a taxa marginal de substituição entre visitas ao médico e outros bens é diferente consoante o estado de saúde. Isto significa que o ponto óptimo de um indivíduo com menor stock de saúde será algo como o ponto B, mesmo que o rendimento e os preços não sofram qualquer alteração (em termos relativos). De resto, os elementos tradicionais que afectam a procura, como preço relativo, rendimento e preferências, também se encontram presentes. Aumentos de rendimento geram aumentos da procura de cuidados de saúde. Aumentos do preço de cuidados de saúde originam menor procura de cuidados de saúde.

---

[27] De acordo com o modelo de Grossman na sua versão a vários períodos, a restrição orçamental é determinada pelo stock de saúde do período anterior e pela escolha rendimento-lazer. Ignora-se, para simplificar a exposição, esta última escolha.

5. PROCURA DE CUIDADOS DE SAÚDE EM EQUILÍBRIO PARCIAL

Por seu lado, um aumento do preço de outros bens e serviços, X, pode levar a um aumento ou a uma diminuição da procura de cuidados de saúde. Por efeito de substituição, como os cuidados de saúde se tornam relativamente mais baratos, a sua procura deveria aumentar. Por efeito de rendimento, como há um menor poder aquisitivo, a procura de todos os bens deverá reduzir-se. O efeito líquido sobre a procura de cuidados de saúde dependerá da força relativo do efeito rendimento face ao efeito de substituição.

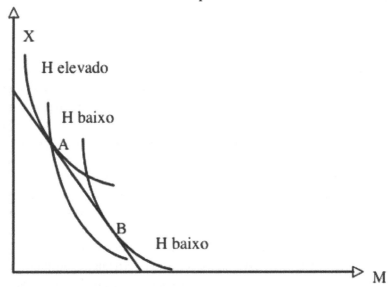

FIGURA 5.1: Escolha óptima do consumidor

Fonte: Elaboração própria.

5.2 O efeito do tempo de acesso

Argumentou-se anteriormente, no contexto do modelo de Grossman, que o tempo é um elemento importante da procura de saúde: é necessário consumir tempo e cuidados de saúde para produzir saúde. Havendo um custo de oportunidade do tempo, uma análise que olhe apenas para os custos monetários dos cuidados de saúde ignora uma parte substancial dos custos económicos associados com um determinado nível de procura de saúde. Por vezes, este custo do tempo é visível e sentido pelo indivíduo. Pense-se numa mulher a dias que ganha à hora. Se for ao médico e gastar uma manhã na sala de espera tem um claro custo de oportunidade do tempo (4 horas de trabalho a 5 euros = 20 euros). Outras vezes, o custo de oportunidade do tempo está lá, mas é menos visível para o consumidor. Um trabalhador, por exemplo, deixa de produzir durante uma tarde para ir ao médico. O custo de oportunidade é a produção

ECONOMIA DA SAÚDE

não realizada, e que pode ser suportada pelo trabalhador (desconto no ordenado) ou não (a empresa paga o ordenado mesmo não tendo a contribuição do trabalhador durante o tempo de ida ao médico).

Também pode acontecer que o trabalhador compense o tempo de trabalho perdido noutra altura, mas nesse caso está a diminuir o seu tempo de lazer, que tem igualmente um custo de oportunidade. Assim, o custo de oportunidade do tempo perdido na produção de saúde a partir de certo volume de cuidados de saúde faz parte do preço global pago pelo consumidor. Aumentos do tempo de espera devem, por isso, reduzir o consumo de cuidados de saúde.

Os estudos empíricos centrais sobre os efeitos do tempo enquanto preço que afecta a procura de cuidados de saúde são devidos a Acton (1975, 1976) e indicam elasticidades procura-tempo de -0.958 para consultas externas e de -0.252 para consultas num médico privado. Estes resultados indicam que o tempo de acesso a cuidados de saúde, teoricamente relevante segundo o modelo de Grossman, tem efeitos reais sobre a procura e no sentido previsto pela teoria.

Para Portugal, não existe um estudo equivalente aos de Acton. Os trabalhos mais próximos olham para o efeito distância, que pode ser encarado como uma aproximação ao fator tempo de deslocação: quanto maior a distância ao prestador maior o tempo usado na "produção de saúde". O estudo de Santana (1996) apresenta valores de utilização de serviços hospitalares, relacionando-os com a distância percorrida pelo consumidor (doente) até ao prestador (hospital). Para a definição da variável dependente, existem várias alternativas, sendo a grande distinção entre medidas físicas e medidas monetárias.

Os exemplos mais óbvios são admissões para internamento hospitalar e consultas externas, como medidas físicas; e despesas em cuidados de saúde, como medida monetárias. Um importante problema, difícil de resolver, é a distinção entre preço, quantidade e qualidade nas medidas monetárias. Mas também as medidas físicas apresentam problemas: cinco dias de internamento para observação e exames não é a mesma coisa que cinco dias de internamento para uma intervenção de neurocirurgia. Diferenças nas populações estudadas e nas fontes de dados originam igualmente diferenças nas elasticidades medidas.

O estudo da Santana (1996) utiliza medidas físicas e procura avaliar se há uma diminuição da utilização com a distância da residência habitual do doente ao hospital (mais exatamente, usa-se uma aproximação dessa distância). Utiliza dados de um inquérito realizado nos Hospitais da Universidade de Coimbra, com 3597 utilizadores nas consultas externas e 5242 utilizadores nas urgências, agrupados por concelho. É também relevante para os resultados do estudo referir que Coimbra concentra serviços médicos disponibilizados a toda a região Centro, o que permite suficiente diversidade nas situações de localização dos

5. PROCURA DE CUIDADOS DE SAÚDE EM EQUILÍBRIO PARCIAL

utilizadores dos serviços do hospital para detectar efeitos associados a diferentes distâncias.

Os resultados obtidos por regressão indicam que o aumento da distância influencia negativamente a utilização. No entanto, o efeito é apenas significativo para distâncias até aos 50 km. A regressão é do tipo:

$$y = a + b \log x \tag{5.1}$$

em que y é a utilização dividida pela população residente (medida em número de eventos por 10 000 habitantes), x é a distância (em km) entre o local da residência (sede do concelho) e o hospital. Os principais resultados são resumidos no quadro 5.1.[28]

QUADRO 5.1: **Distância e utilização de cuidados de saúde**

	Variável dependente: eventos por 10 000 habitantes			
	Serviço de urgência		Primeiras consultas externas	
	até 50 Km	mais de 50 Km	até 50 Km	mais de 50 Km
Constante	467,98	85,425	240,44	76,235
$\log(x)$	-281,06	-37,820	-132,47	-32,888
R^2	0,703	0,264	0,442	0,213

Fonte: Santana (1996).

O fato de as urgências serem mais claramente desincentivadas pela distância parece à primeira vista um resultado contraintuitivo. Seria de esperar que os casos mais graves fossem menos sensíveis ao fator preço, seja este explícito ou implícito. E claramente associa-se um menor fator de gravidade às consultas externas que são programadas com antecedência. A aparente contradição é resolvida se pensarmos que existem diversos tipos de urgências. Há, no serviço de urgência, casos de tratamento banais, que são facilmente satisfeitos noutros pontos do sistema de saúde, tal como existem verdadeiros casos de emergência (conjectura-se que serão os primeiros a serem desincentivados pela distância).

É igualmente interessante apreciar o efeito económico associado. Se a distância passar dos 20 para os 30 Km, $dx/x = 0,5$, o número de consultas baixa no

---

[28] Tecnicamente, os resultados foram obtidos através de estimadores de mínimos quadrados ordinários. Esta técnica de estimação poderá ser questionável na aplicação em causa, uma vez que é conhecido que a variável dependente não pode assumir valores negativos. Porém, não parece que a utilização de outras técnicas venha invalidar a principal inferência obtida.

ECONOMIA DA SAÚDE

que se pode considerar um efeito muito significativo. Em termos de elasticidade procura – distância,

$$\frac{dx}{dy}\frac{y}{x} = \frac{\alpha_1}{x}\frac{x}{y} = \frac{\alpha_1}{y} \approx -4 \qquad (5.2)$$

no caso de utilização de urgências, por parte da população que está a distância até 50 Km (ou seja, um aumento na distância de 10% dita uma redução na utilização de 40%). Este é um valor muito elevado. Mesmo para a utilização dos consumidores a mais de 50 Km de distância, a elasticidade será aproximadamente -2, novamente relativamente elevada.

Estas estimativas não controlam para os efeitos de um conjunto de outras variáveis susceptíveis de influenciar a procura, e logo a utilização dos serviços, como são o caso do rendimento, a idade e o sexo, a presença de condições crónicas, etc.

No entanto, é razoável pensar que nem toda a variação explicada pela distância será capturada por estas outras variáveis. A conclusão preliminar é a de que também em Portugal o tempo de acesso a cuidados de saúde faz parte do preço pago e afecta a procura. Em linha com estes resultados encontra-se a análise de Oliveira (2004), onde é elaborado um modelo de utilização de cuidados hospitalares, em que a procura de serviços de um hospital por parte da população depende da distância a que esta se encontra do hospital. Da análise empírica resulta que populações que se encontrem a uma maior distância do hospital apresentam uma menor probabilidade de utilização.

Como elemento final, repare-se que a análise do efeito do tempo será diferente nos casos em que o tempo de acesso é globalmente pequeno, como o tempo de viagem até ao prestador ou o tempo passado numa sala à espera de consulta, e nos casos em que esse tempo de espera é longo (meses ou anos para uma intervenção cirúrgica).

Nesta última situação, temos as listas de espera que possuem características e problemas próprios e uma interação especial com o lado da oferta de cuidados de saúde. Serão, por esse motivo, objeto de análise mais aprofundada num outro capítulo.

Num trabalho mais recente, Lourenço (2007) apresenta uma estimativa do impacto do tempo de espera na utilização de cuidados de saúde, tendo como base o tempo de espera até ser atendido no dia da consulta, para consultas em centros de saúde do Serviço Nacional de Saúde. Como medida de utilização de cuidados de saúde, Lourenço (2007) usa o número de consultas num ano, informação resultante do Inquérito Europep 2003/2004. Através da estimação de um modelo de classes latentes, que procura distinguir diferentes grupos de utentes, classificados como utilizadores intensivos e utilizadores pouco frequentes.

5. PROCURA DE CUIDADOS DE SAÚDE EM EQUILÍBRIO PARCIAL

Os utentes classificados como pouco frequentes apresentam uma menor intensidade de visitas quando há atrasos (padronizando para as características individuais dos doentes). Situação distinta é a apresentada pelos utilizadores mais intensivos, já que estes aparentam não ter menor recurso ao centro de saúde mesmo que haja uma espera relativamente prolongada no dia da consulta. É igualmente produzida evidência de que doentes com emprego apresentam uma maior resposta, em termos de utilização face a atrasos na realização da consulta, consequência de terem um custo de oportunidade do tempo de espera mais elevado.

Contudo, quando o tempo de espera é avaliado pela totalidade do tempo despendido com a consulta, incluindo o tempo da deslocação e o tempo da consulta, para além do tempo de espera pela consulta no centro de saúde), não se encontra qualquer sensibilidade na utilização de cuidados de saúde face ao tempo. Lourenço (2007) interpreta estes resultados como sendo decorrentes de um grupo de utilizadores eventualmente mais sensível ao preço – tempo da utilização de cuidados de saúde optar pelo recurso a consultas no sector privado (embora pagando mais em termos de preço monetário do que recorrendo aos centros de saúde do Serviço Nacional de Saúde), ou utilizando uma eventual cobertura adicional (de subsistema de saúde ou de seguro de saúde) que permita um acesso por via diferente ao médico (seja em consultório privado, ou eventualmente do próprio subsistema de saúde se este tiver uma estrutura que inclua a prestação de cuidados de saúde).

De acordo com os princípios da teoria económica, o consumo de diferentes elementos que contribuam para o estado de saúde estará relacionado com o seu "preço relativo". A implicação deste princípio é que se cidadãos semelhantes enfrentarem "preços relativos" diferentes, então o seu consumo de cuidados de saúde terá também uma composição distinta, mesmo que o seu nível de rendimento seja semelhante.

Entre outras implicações, os princípios económicos anteriormente descritos ajudam a interpretar as comparações de consumo de medicamentos e de consultas per capita entre diferentes regiões do país.

Em concreto, devemos esperar que nas zonas onde o acesso a consultas médicas tem um custo de deslocação mais elevado, haja uma maior utilização do medicamento, em termos relativos. Ou seja, o consumo per capita de medicamentos deverá ser maior nas regiões com populações mais afastadas geograficamente dos equipamentos de saúde, tudo o resto constante. Uma outra forma de apresentar esta implicação é a de que as regiões com maior dispersão geográfica deverão ter um maior rácio consumo de medicamentos por consulta realizada. Contudo, é necessário também ter em conta outros fatores relevantes para estas comparações. Por exemplo, a existência de uma população mais idosa também

ECONOMIA DA SAÚDE

se encontra normalmente associada a um maior consumo de medicamentos. Um maior nível de rendimento do agregado familiar, tudo o resto constante, também favorece um maior consumo de medicamentos. Mas igualmente a existência de condições crónicas determina uma maior necessidade de recurso à terapêutica medicamentosa, em média.

Como forma de avaliar a potencial importância deste aspecto económico, o custo relativo de utilização de medicamentos face a consultas, comparam-se duas regiões: Lisboa e Vale do Tejo e Alentejo, sendo que em média há uma maior densidade populacional e de equipamentos na primeira destas regiões. Utilizando a informação do Inquérito Nacional de Saúde 2005/2006, avalia-se a probabilidade de consumo de medicamentos e o número de consultas, ao nível individual, tendo em atenção os outros fatores potencialmente determinantes do recurso a cuidados de saúde.

QUADRO 5.2: Consumo de medicamentos e de consultas por região

	% da população que consome medicamentos	Número de consultas médio per capita	Estado de saúde	% hipertensos	% diabéticos	% doentes com asma
LVT	45,68%	1,24	3,43	23,77%	7,01%	5,41%
Alentejo	47,80%	1,05	3,30	25,40%	8,64%	4,44%

Fonte: Cálculos próprios, a partir do 4º Inquérito Nacional de Saúde.
Nota: estado de saúde de 1 (muito mau) a 5 (muito bom).

A consideração desses outros fatores leva à estimação de um modelo probit para a probabilidade de consumo de medicamentos e de um modelo de contagem (binomial negativa) para o número de consultas. De acordo com o exposto, espera-se que no Alentejo haja um maior consumo, em média, de medicamentos e um menor consumo, em média, de consultas para idêntica necessidade. Em termos das estimativas produzidas, tal significa um coeficiente positivo associado com a região do Alentejo (face à região de Lisboa e Vale do Tejo) na probabilidade de consumir medicamentos e um coeficiente negativo quanto ao número de consultas. Metodologicamente, a análise normaliza para outras características da população que também influenciam a procura de cuidados de saúde.

Os resultados (com base no Inquérito Nacional de Saúde) mostram que o número esperado de consultas no Alentejo, tudo o resto constante, é menor que nas restantes regiões do Continente, e a probabilidade de consumir medicamentos no Alentejo, tudo o resto constante, é maior que nas restantes regiões do Continente. Por seu lado, o estado de saúde (auto-reportado) da população

5. PROCURA DE CUIDADOS DE SAÚDE EM EQUILÍBRIO PARCIAL

é semelhante ao de Lisboa e Vale do Tejo e Algarve, e superior ao do Centro e do Norte.

Este modo de olhar as estatísticas existentes tem importantes implicações para a definição das políticas de saúde. Se se olhar apenas para as consultas, haverá a tentação de dizer que existem poucos recursos consumidos no Alentejo, reflexo de necessidades de saúde não satisfeitas da população.

No entanto, se se olhar unicamente para o consumo de medicamentos, vemos que este é mais elevado no Alentejo, mesmo depois de considerarmos uma população padronizada. Este maior consumo poderá ser visto como excesso e desperdício de recursos. Mas então estamos a ter uma visão contraditória do que se passa em termos de consumo de recursos.

As considerações económicas anteriores, em termos de custos relativos de cada uma das opções de tratamento (em sentido muito amplo), permitem reconciliar as duas observações, num argumento consistente de ajustamento às condições específicas da região (neste caso, maior dispersão geográfica da população, que aumenta o "preço relativo" das consultas face à utilização de terapêuticas baseadas no medicamento). Esta forma de interpretar os números disponíveis sai reforçada quando se analisa o estado de saúde das populações. Uma vez concretizada a padronização, não há diferenças significativas entre o Alentejo e a região de Lisboa e Vale do Tejo.

Significa que para as mesmas características individuais há opções terapêuticas distintas, que implicitamente acomodam os diferentes "preços relativos" das alternativas, mesmo que o resultado final em estado de saúde seja essencialmente idêntico. Em termos técnicos, como os preços relativos dos diversos tipos de cuidados de saúde são distintos, escolhem-se diferentes pontos da função de produção de saúde. A importância prática desta forma de olhar os números é maior do que parece à primeira vista.

Numa avaliação de desempenho de cada uma das regiões de saúde seria fácil identificar como indicadores relevantes o número de consultas per capita e o consumo de medicamentos (também per capita). Ignorando os aspetos de preços relativos seria fácil dizer que se em ambas as regiões o estado de saúde auto--reportado da população não é estatisticamente diferente entre si, então deveria estabelecer-se como objetivo o valor mais baixo de cada um dos indicadores. Só que fazê-lo pode simplesmente tornar inviável alcançar o estado de saúde atualmente alcançado. Dito de outro modo, procurar estabelecer padrões de eficiência ignorando os conceitos económicos de função de produção de saúde, preços relativos das opções terapêuticas e escolhas ótimas associadas leva a objetivos inconsistentes. No final, ou não se respeitam os objetivos de utilização de recursos, ou não se alcança o melhor estado de saúde da população que é possível com os recursos disponíveis. Note-se que neste exemplo, a noção de

ECONOMIA DA SAÚDE

preço relativo inclui o custo de deslocação (pelo menos, em termos de tempo dedicado) que é suportado pelo cidadão.

Estes aspectos são facilmente ilustráveis utilizando a análise gráfica. Tomem-se como fixos todos os outros fatores (para simplificar a apresentação dos argumentos via gráficos) excepto dois tipos de cuidados de saúde: consultas presenciais e consumo de medicamentos sujeitos a receita médica.

As consultas presenciais implicam um custo para o doente que inclui o valor monetário que tenha de pagar pela consulta, o valor monetário associado com a deslocação para ter a consulta e o valor do tempo despendido na deslocação para a consulta (incluindo o tempo da consulta propriamente dito). O consumo de medicamentos tem principalmente o custo do que o cidadão paga pelo mesmo, adicionado do custo de deslocação à farmácia.

Traduzindo os vários "preços" e recursos disponíveis numa única restrição de delimitação das possibilidades de escolha. tem-se uma situação como a figura 5.2, em que se alcança um nível de saúde H_0 com um volume de consultas presenciais C_0 e um consumo de medicamentos M_0. Considere-se agora uma situação alternativa em que o "preço" das consultas é mais baixo por implicar uma deslocação física menos demorada, e logo com menores custos, do cidadão. Face a esses novos preços relativos, para atingir o mesmo estado de saúde H_0, a combinação ótima dos dois tipos de cuidados de saúde é (C_1, M_1). Com a redução do "preço relativo" das consultas presenciais, aumenta-se a utilização destas e reduz-se a utilização de medicamentos.

FIGURA 5.2: Escolha óptima e indicadores sumários

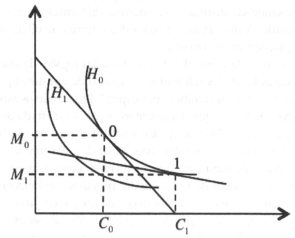

Fonte: Elaboração própria

Uma análise indicador a indicador poderia levar ao objetivo de conseguir um nível de consultas per capita C_1 e um consumo de medicamentos M_0. São os valores mais baixos na comparação das duas situações. Contudo, ao estabelecer esses objetivos desta maneira, ignora-se o papel da função de produção saúde. Se esses objetivos forem cumpridos, o nível de saúde H_0 não é alcançável, ficando-se por $H_1 < H_0$.

Note-se ainda que procurar estabelecer como padrão o que ocorre num caso, digamos (C_0, M_0), impõe custos totais superiores na outra situação, ainda que se alcance o mesmo nível de saúde H_0. Esta análise ilustra a relevância de adaptação das opções de utilização de recursos aos respetivos preços relativos, acomodando diferenças entre regiões que sejam resultado de diferentes preços relativos, por exemplo.

A aplicação da teoria económica tem, então, um importante impacto na forma como devemos interpretar as variações observadas no consumo per capita de medicamentos e de consultas entre regiões.

5.3 Copagamento e cobertura de seguro

A presença de seguro também tem um importante papel na determinação da procura de cuidados de saúde pois reduz, no momento de consumo, o preço que o utilizador de cuidados de saúde tem de pagar.

Em primeiro lugar, há que estabelecer alguma terminologia técnica. Defina-se cosseguro como a percentagem do preço pago pelo indivíduo, e defina-se copagamento como o valor pago pelo doente. Por exemplo, se P é o preço dos cuidados de saúde e s é a taxa de cosseguro, o copagamento realizado pelo indivíduo é sP. Os remanescentes $(1-s)P$ são pagos pela entidade, pública ou privada, que assumiu a responsabilidade de seguro.

ECONOMIA DA SAÚDE

FIGURA 5.3: Efeito de copagamento e utilização de cuidados de saúde

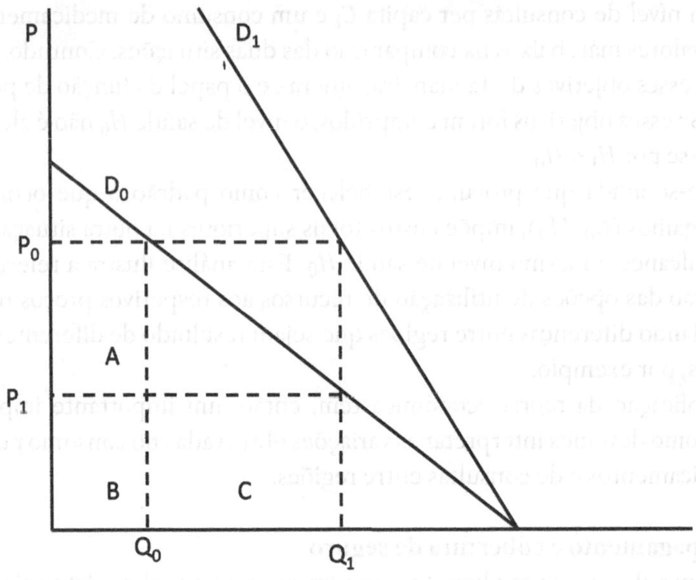

Fonte: Elaboração própria.

A primeira questão interessante a responder é: qual o efeito do cosseguro na procura de cuidados de saúde? A resposta é simples: reduz o preço pago pelo utilizador no momento do consumo, pelo que estimula a procura (este efeito é usualmente designado por risco moral no consumo de cuidados de saúde). A figura 5.3 ilustra a situação. Seja D_0 a curva de procura (entendida como habitualmente como a disposição a pagar por cada unidade marginal de consumo de cuidados de saúde). Para um preço inicial P_0 há um consumo Q_0 de cuidados de saúde. A introdução de um seguro que paga $(1\text{-}s)$ do preço leva a que o indivíduo pague um preço inferior, $P_1 = s\,P_0$, aumentando a sua procura para Q_1. O prestador recebe P_0, pelo que a procura que lhe é dirigida aumentou (passando a ser representada pela linha D_1).

São várias as implicações deste efeito. Por exemplo, se a procura tiver uma elasticidade ao preço superior à unidade, uma diminuição da percentagem do custo total pago pelo consumidor leva a um maior pagamento deste. Apesar do preço pago pelo cidadão se reduzir, como consome proporcionalmente mais cuidados de saúde, o copagamento total que faz aumenta por efeito quantidade. Claro que se a elasticidade for nula, não há qualquer alteração na quantidade de serviços médicos procurados e o valor pago diretamente pelo consumidor é menor. O impacto de variações na taxa de cosseguro no pagamento realizado depende crucialmente da elasticidade procura-preço. O efeito sobre o consumo de cuidados de saúde e sobre os pagamentos totais realizados pelo consumidor devido a diferentes condições de seguro não pode ser desligada da elasticidade preço da procura de cuidados de saúde. Formalmente, o copagamento é:

$$CP = s\, P\, Q(s\, P)$$

em que $Q(s\, P)$ reconhece que a quantidade procurada Q depende do preço líquido pago pelo indivíduo, sP. Diferenciando totalmente, obtém-se que o efeito de uma alteração na taxa de cosseguro s se traduz num impacto em termos de pagamento CP dado por:

$$dCP/ds = P\,(1-e)\,Q;\ e = -\,sP/Q\ dQ/d(sP)$$

Para $e > 1$, vem que uma redução do valor da taxa de cosseguro induz um acréscimo nos custos pagos pelo indivíduo. A existência de cosseguro torna a curva de procura menos sensível ao preço, pois o consumidor não tem que suportar na íntegra alterações no preço. Mas para $e < 1$, uma redução da taxa de cosseguro leva a que o copagamento seja menor. A redução da taxa de cosseguro, para uma mesma quantidade procurada de cuidados de saúde, irá traduzir-se em menor copagamento. Mas como o preço pago pelo consumidor se altera, a sua redução pode originar um aumento na procura de cuidados de saúde, que gera um aumento do valor de copagamento. O aumento na quantidade procurada não é suficientemente forte para fazer com que o valor final pago pelo indivíduo seja maior do que inicialmente ocorria.

Para além dos efeitos sobre a procura individual de cuidados de saúde, decorrente de uma taxa de cosseguro baixa, existe um efeito de mercado: para fornecer a quantidade adicional de cuidados de saúde, os prestadores poderão exigir um preço superior, o que é traduzido por uma curva de oferta de cuidados de saúde como a linha S na figura 5.4.

ECONOMIA DA SAÚDE

Figura 5.4: Efeitos de mercado da existência de cosseguro

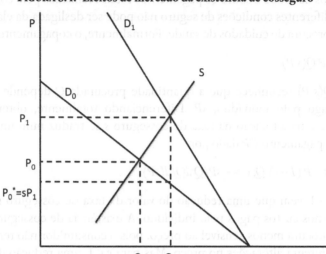

Fonte: Elaboração própria.

Neste sentido, uma menor taxa de cosseguro (ou seja, uma menor participação percentual no pagamento pelo indivíduo no momento de consumo) implica preços de equilíbrio superiores para os serviços prestados. Passando de uma situação sem cosseguro (P_0, Q_0) a uma situação em que o indivíduo paga apenas uma fração $S < 1$ do preço, a procura dirigida ao prestador aumenta, passando de D_0 para D_1. O novo preço será P_1, mais elevado que o preço anterior P_0, embora o indivíduo pague apenas $P_0 = sP_1$, por uma maior quantidade de cuidados de saúde $Q_1 < Q_0$.

Há um efeito adicional, associado com o seguro, que será analisado mais tarde e que atua no sentido contrário: o pagamento de um prémio de seguro. O prémio de seguro age, neste contexto, como um efeito rendimento, que deve diminuir a intensidade da procura de cuidados de saúde.

Dada a importância da análise empírica da sensibilidade da procura de cuidados de saúde ao preço, existem várias estimativas desta elasticidade. Em termos de resultados empíricos, os estudos que existem são sobretudo para os Estados Unidos, e quase nada se sabe para Portugal[29]. As elasticidades procura-preço têm sido calculadas para diferentes tipos de procura e para diferentes níveis de agregação. É de esperar que quanto maior o nível de agregação com que se faz a

---

[29] A discussão baseia-se nos quadros 8.2 e 8.3 de Folland, Goodman and Stano (2004). Para uma revisão mais profunda das diferentes estimativas da elasticidade procura – preço de cuidados de saúde, vejam-se Cutler e Zeckhauser (2000) e Zweifel e Manning (2000).

5. PROCURA DE CUIDADOS DE SAÚDE EM EQUILÍBRIO PARCIAL

análise menor seja a elasticidade estimada. Ou seja, a elasticidade procura-preço de um serviço será menor que a elasticidade procura-preço da procura dirigida a um prestador concreto desse serviço (desde que este não seja monopolista): quando o prestador varia o seu preço, há efeitos de desvio da procura de outros prestadores pertencendo ao mesmo mercado (que fornecem o mesmo tipo de serviços ou produtos) – a alteração da procura dirigida a este prestador tende a ser maior que a alteração de procura total no mercado.

As estimativas obtidas para a procura de consultas médicas indicam uma procura de mercado relativamente inelástica: uma variação de 1% no preço gera uma alteração de sinal contrário na procura menos que proporcional (os valores vão desde de cerca de 0,10 até cerca de 0,40 – ou seja, um aumento do preço de 1% gera um decréscimo na procura de consultas médicas de 0,4%). No caso da procura de serviços hospitalares, as elasticidades estimadas também apresentam valores próximos destes (entre 0,06 e 0,63). Em termos de elasticidades de procuras individuais, as estimativas para procura de consultas médicas apresentam valores claramente superiores aos anteriores, sendo agora obtidas elasticidades da ordem de 3 – neste caso, um aumento de 1% no preço gera uma diminuição da procura de 3%. O confronto com as estimativas agregadas sugere que dentro das suas necessidades de saúde, que levam a uma procura relativamente inelástica, os doentes manifestam disponibilidade para mudarem de médico face a alterações unilaterais nos preços cobrados.

Os valores encontrados parecem confirmar esta visão. Estas elasticidades preço ao nível do prestador dão alguma informação acerca do grau de concorrência no mercado. Para a avaliação empírica do efeito do seguro na procura de cuidados de saúde, a análise mais relevante é a *RAND Health Insurance Experiment*. A *RAND Corporation* iniciou em 1974 uma experiência controlada. Foram atribuídas famílias a planos de seguro diferentes de forma aleatória, em seis localidades dos Estados Unidos. Os planos de seguro têm diferentes níveis de taxas de cosseguro, que vão de zero a 95%, com um nível máximo de despesa, acima do qual beneficiam de seguro completo. As famílias receberam um pagamento como forma de assegurar que nenhuma teria uma diminuição do seu rendimento em resultado da experiência (existindo um valor máximo de despesa das famílias, para fornecer seguro contra eventos catastróficos). As despesas e utilização de cuidados de saúde das famílias foram seguidas por períodos de 3 a 5 anos. A amostra inclui despesas anuais de todos os participantes com anos completos. As despesas médicas incluem todas as despesas com saúde, com exceção de medicina dentária e consultas externas de saúde mental.

Na análise econométrica realizada com os dados recolhidos consideraram-se três grupos de variáveis: o plano de seguro de saúde, o estado de saúde (medido

ECONOMIA DA SAÚDE

antes do início do programa) e variáveis económicas e sociodemográficas. O número de participantes em cada plano de seguro é indicado no quadro 5.3.

O estado de saúde é medido por índices de saúde, pela presença de condições crónicas e por incapacidades permanentes. As variáveis económicas e sociodemográficas incluídas são a idade, sexo, raça, rendimento do agregado familiar e dimensão do agregado familiar. A utilização de métodos econométricos nesta amostra tem que ser realizada com algum cuidado, pois a distribuição das despesas de saúde é em geral muito assimétrica (poucas pessoas utilizam muito, a maior parte das pessoas usa muito pouco).

Nos dados usados, entre um terço a um sexto das pessoas não apresenta qualquer despesa de saúde e há um número pequeno de indivíduos que consome muitos recursos. É usado um sistema de quatro equações para avaliar a procura de cuidados de saúde. Os resultados obtidos quanto ao papel da cobertura de seguro são reportados no quadro 5.3.

A primeira observação a reter é que diferenças na taxa de copagamento induzem padrões de consumo de cuidados de saúde bastante diferentes. Por exemplo, as despesas médias em saúde no grupo com 95% de copagamento (isto é, pagam quase na totalidade os cuidados consumidos) é cerca de 70% do consumo dos indivíduos que têm cobertura total. Isto é, a participação nos custos de tratamento leva a uma redução no consumo que não é irrelevante. Há claramente uma elasticidade procura – preço que não é nula. Newhouse (1993) também reporta a análise do impacto de comparticipações em serviços médicos específicos.

QUADRO 5.3: Utilização de cuidados de saúde e seguro

	Probabilidade média de usar		Despesas médicas médias per capita (1991 USD)	nº de observações
	Cuidados de saúde	Cuidados hospitalares		
Cobertura total	86,7	10,4	1019	6822
25%	78,8	8,83	826	4065
50%	74,3	8,31	764	1401
95%	68,0	7,75	700	3727
Franquia	72,6	9,52*	817	4175

Nota: O plano de franquia corresponde a um copagamento de 95% para cuidados de saúde não hospitalares e cobertura total para episódios de internamento hospitalar, com limite de 150 dólares por pessoa ou 450 dólares por família.
*– não é significativamente diferente de cobertura total
Fonte: Newhouse (1993), Table 3.3

5. PROCURA DE CUIDADOS DE SAÚDE EM EQUILÍBRIO PARCIAL

QUADRO 5.4: Utilização de serviços de urgência

	Despesas	Probabilidade de uso	Visitas por 1000 pessoas
Cobertura total	100 = 42 Dólares	100 = 0,22	100 = 304
25%	86	85*	79*
50%	90	92	82
95%	70*	70*	65*
Franquia	82	81	80*

* – estatisticamente diferente de cobertura total.
Fonte: Table 5.1 em Newhouse (1993).

A principal conclusão é que a presença de copagamentos afecta a utilização de serviços médicos de forma similar, independentemente do serviço médico considerado (aplicação de antibióticos, hospitalização, meios de diagnóstico). A presença de copagamentos diminui o esforço de prevenção, que mesmo com cobertura total é subóptimo.

Apenas no caso de urgências hospitalares se verifica algum efeito diferencial de acordo com o tipo de serviço. O quadro 5.4 apresenta esses resultados. Os efeitos dos copagamentos nas despesas anuais podem ser decompostos em efeito na decisão de usar ou não o serviço, e em efeito no montante de serviços usados dado que decidiu recorrer a serviços de urgência.

QUADRO 5.5: Consumo de medicamentos

	Despesas em medicamentos		Receitas per capita		Consultas per capita (índice)
	em 1991 USD	índice	Número	índice	
Cobertura total	82	100	5,4	100	100
25%	63	76*	4,4	82*	73
50%	49	60*	4,3	80*	67
95%	46	57*	3,6	67*	60
Franquia	60	73*	4,3	79	66

* – estatisticamente diferente da cobertura total.
Fonte: Table 5.13 em Newhouse (1993).

Conclui-se que a maior fatia do efeito total é devida à decisão de usar cuidados de saúde, ou não (comparar a primeira com a segunda coluna de resultados). Se a despesa média por utilização se mantiver constante entre os diferentes planos (sinónimo de uso semelhante dado que se decidiu recorrer ao serviço de

ECONOMIA DA SAÚDE

urgência), então a proporção relativa de despesa deverá ser semelhante à probabilidade relativa de uso, o que sucede nos valores obtidos.

No caso do plano de franquia, como o recurso a serviços hospitalares é gratuito e inclui os casos de urgência, seria de esperar que não apresentasse diferenças face ao plano de cobertura total. A interpretação dada em Newhouse (1993) às diferenças encontradas é a falta de informação que os consumidores teriam quanto à cobertura total no caso de episódios de urgência. A análise em Newhouse (1993) prossegue procurando avaliar se a redução de procura de serviços de urgência ocorreu proporcionalmente mais nos casos menos graves, ou não. A conclusão encontrada é a de que a redução de consumo ocorre nas situações menos graves, e para os casos menos urgentes encontra-se quase completamente concentrada na passagem de cobertura total para um copagamento de 25%. A contenção do consumo é obtida passando da cobertura total para um pagamento positivo, mas acréscimos desse pagamento têm um efeito relativamente pequeno.

Nas situações mais urgentes, há um efeito cada vez maior de redução de consumo quanto maior for a taxa de copagamento. Considere-se um exemplo final deste estudo, o consumo de medicamentos, reportado no quadro 5.5. A variação na despesa com medicamentos segue o padrão esperado, e em particular parece associado sobretudo com o número de consultas (e não com a despesa em medicamentos por consulta). Esta conclusão é retirada pelo fato de a despesa em medicamentos ter uma maior variabilidade que o número de receitas. Outro resultado encontrado, que corrobora esta interpretação, é o não existirem diferenças significativas no custo em medicamentos por receita entre os diferentes planos de saúde. Também neste caso se encontra um efeito claro associado com o nível de comparticipação.

A conclusão importante deste estudo é o cosseguro ter um efeito considerável no nível das despesas médicas – indo de 95% até gratuito, as despesas médicas aumentam em cerca de 50%. Deste estudo experimental sai a grande conclusão de que os preços e a taxa de cosseguro são elementos que influenciam de forma importante a procura de cuidados de saúde. Retira-se ainda a maior importância de acesso gratuito versus não gratuito, com menor efeito cumulativo a partir do momento em que se faz alguma pagamento.

5.4 Efeito rendimento

Outro fator presumivelmente importante na determinação da procura é o rendimento. É usualmente esperado que, tudo o resto constante, um aumento de rendimento leve igualmente a um aumento do consumo de cuidados de saúde. Em geral, as estimativas obtidas em estudos de dados agregados, e comparando entre países, indicam elasticidades rendimento próximas da unidade, como

5. PROCURA DE CUIDADOS DE SAÚDE EM EQUILÍBRIO PARCIAL

anteriormente se discutiu. Porém, nos estudos em que se utilizam dados seccionais referentes a um país, usando como unidade de observação o comportamento individual, em geral, as magnitudes são bastante menores. Embora os cuidados de saúde sejam um bem normal (mais rendimento induz um acréscimo de consumo), a resposta é relativamente pequena. De acordo com estes resultados, os cuidados de saúde, a nível individual, são um bem necessário, o que está de acordo com a intuição económica.

Estes resultados não são, porém, necessariamente contraditórios com os estuos agregados. Suponham-se dois países, um rico e um pobre, que fornecem cuidados de saúde gratuitos aos seus cidadãos, independentemente do seu rendimento individual. Neste caso, as elasticidades rendimento dentro de cada país serão pequenas se não mesmo nulas, a procura é pouco sensível ao rendimento dos indivíduos pois não é a capacidade de pagamento que determina a procura de cuidados de saúde. No entanto, basta o país rico oferecer maiores quantidades, tecnologia mais avançada, maior qualidade, etc., para que seja encontrada uma elasticidade rendimento entre países significativa.[30]

5.5 Exemplo: A procura de serviços de interrupção voluntária da gravidez

Um dos tópicos mais controversos na sociedade portuguesa num passado recente foi a discussão sobre a lei da interrupção voluntária da gravidez (aborto). Em discussão estiveram essencialmente argumentos de ordem moral e de escolha livre por parte das mulheres.

Curiosamente, este mercado, a procura de serviços de aborto, foi estudado nos Estados Unidos por Medoff (1988), de acordo com a metodologia que se tem vindo a apresentar. Este autor usou dados de 1980 para diferentes estados dos Estados Unidos, numa tentativa de medir a procura de serviços de aborto. A análise reflete variações entre estados. O aborto é uma prática legal nos Estados Unidos e existe um mercado onde há clínicas que prestam este tipo de serviços.

A intenção do estudo é determinar empiricamente que variáveis influenciam a procura de serviços de aborto. É estimada uma equação procura que tem como variável dependente o número de abortos por 1000 grávidas entre os 15 e os 45 anos, A.

As variáveis explicativas são o preço médio de um aborto (p), o rendimento médio (Y), a percentagem de mulheres solteiras (SOL), a taxa de participação no mercado de trabalho (percentagem de mulheres que trabalham – $TRAB$). São incluídas variáveis de controle para outras características: uma variável dicotómica para os estados do Oeste (supostamente mais liberais nesta matéria)

---

[30] O problema de como organizar o financiamento destes crescentes gastos em cuidados de saúde é tratado noutro capítulo.

ECONOMIA DA SAÚDE

(W), uma variável dicotómica para os estados em que há subsídio público ao aborto (M) e a percentagem de católicos em cada estado (CAT), como reflexo da pressão antiaborto da igreja católica.

Em termos de sinais esperados, a expectativa é que as mulheres solteiras sejam mais propensas a procurar aborto, tal como as mulheres que trabalham (neste caso, devido ao maior custo de oportunidade do seu tempo). Espera-se igualmente que o subsídio às atividades de aborto origine uma maior procura e que nos estados mais liberais, em termos de comportamento e atitude dos cidadãos, seja também maior o recurso à interrupção voluntária da gravidez. Os resultados obtidos são apresentados no quadro 5.6.

QUADRO 5.6: Procura de serviços de aborto

Variável	Coeficiente	estatística t
Constante	-207,780	1,42
p	-0,94	3,22
y	0.031	3,31
SOL	4,195	1,74
TRAB	4,45	2,57
W	18,29	1,74
CAT	1,207	1,50
M	43,77	2,12

Fonte: Medoff (1988).

De um modo geral, estes resultados e a sua significância estatística sugerem que a teoria da procura também tem relevância explicativa neste mercado. As mulheres que trabalham procuram mais serviços de aborto. Relativamente às mulheres solteiras, o efeito também parece positivo, mas ainda se encontra nos limites da significância estatística. A variável de diferença regional é significativa e positiva. A religião parece não ter qualquer papel.

Já a existência de subsídio estimula o uso destes serviços (e no prazo de um ano, está-se a falar, em geral, de ajustamentos na margem extensiva – mais mulheres a procurar serviços de aborto e não uma procura repetida da mesma pessoa).

O sinal positivo do rendimento, embora de acordo com a teoria da procura tradicional, parece contradizer a noção de que são as famílias mais pobres as que mais recorrem a estes serviços (pelo menos, nos Estados Unidos). O autor também calcula a elasticidade preço e elasticidade rendimento no ponto médio da amostra, obtendo como valores -0,81 e 0,79, respectivamente. Destas estimativas retiram-se algumas conclusões provocatórias. Prevê que se o aborto for

5. PROCURA DE CUIDADOS DE SAÚDE EM EQUILÍBRIO PARCIAL

proibido, e se o preço for 50% mais elevado no "mercado negro", então a taxa de aborto desceria apenas 40%.

Naturalmente, existem outras considerações, nomeadamente de segurança clínica, no caso de abortos clandestinos. Os números ilustram, porém, que os aspectos económicos têm um papel importante nesta discussão.

A baixa elasticidade preço significa também que as muitas mulheres estão dispostas a ter um aumento substancial no preço para poderem realizar um aborto (acima do preço atual). O aborto ilegal implica uma importante transferência de rendas para os prestadores deste serviço, e não é completamente eliminado pela proibição, embora seja argumentável que o decréscimo de procura será maior que o previsto pela curva de procura estimada, uma vez que há um efeito de deslocação da procura motivado pelas condições clínicas de realização do aborto, que não se encontra explicitado.

Em termos de discussão para Portugal, que podemos dizer? Sobre a metodologia adoptada, há uma variável importante, a educação, que tem que ser contemplada. Por outro lado, a liberalização do aborto no SNS, a preço nulo, levará com certeza a um excesso de abortos, isto é, haverá uma banalização do aborto, com efeitos negativos sobre cuidados de planeamento familiar. Este efeito não tem associado qualquer juízo ético, é apenas uma constatação do ponto de vista de eficiência económica – em casos de quase indiferença, por parte da mulher, o fato de ter preço nulo poderá levar à interrupção voluntária da gravidez. A existência de barreiras não monetárias (como a obrigatoriedade de realizar consultas de planeamento familiar, por exemplo) podem ter um efeito semelhante ao de um preço.

A manutenção da ilegalidade do aborto (excepto em determinadas condições médicas) significaria um preço substancialmente mais elevado no mercado face ao que existiria se o aborto for legal (para já não falar na "qualidade"/condições em que normalmente a atividade clandestina se realiza). Mais, se a procura é inelástica, os médicos que desenvolvem a atividade ilegalmente ganham globalmente mais do que se for legal.

Em termos de efeitos económicos, a liberalização do aborto conduz a um acréscimo da procura deste tipo de serviços. Por outro lado, essa liberalização implica uma acentuada diminuição do rendimento dos prestadores de aborto clandestino. O balanço final não é dado pela análise económica, mas esta informa sobre os prováveis efeitos associados a mudanças de regime.

É evidente que há igualmente uma forte componente ideológica e moral no debate sobre as condições em que é permitida, ou não, a interrupção voluntária da gravidez. Não se questionam aqui os valores éticos esgrimidos pelos diferentes grupos da sociedade. Pretende-se unicamente ilustrar que há efeitos econó-

ECONOMIA DA SAÚDE

micos que podem ser identificados, mensurados e contribuírem para uma maior clarificação de todos os aspectos envolvidos.

Uma avaliação da alterações legislativas ocorridas neste campo em Portugal obrigam a conhecer o que se alterou em termos de procura nas unidades do Serviço Nacional de Saúde e o que sucedeu na prestação ilegal de serviços de aborto.

Exercícios

5.1 Apresente, numa análise de equilíbrio parcial, os efeitos associados com um aumento da taxa de cosseguro (diminuição na fração do preço que é pago pelo indivíduo no momento de consumo de cuidados de saúde).

5.2 Explique a importância da "Rand Health Insurance Experiment" para o nosso conhecimento sobre o sector da saúde.

5.3 É usualmente afirmado que a existência de seguro de saúde leva a uma utilização excessiva de cuidados de saúde. Explique o argumento subjacente à afirmação.

Capítulo 6
Informação imperfeita

A teoria da procura tradicional adaptada ao sector da saúde, tal como foi tratada até este momento, manteve sempre a hipótese de que os indivíduos estão completamente informados sobre os preços, as quantidades, as relações entre os fatores produtivos de saúde e os resultados de saúde obtidos. Isto é, o enquadramento usado admitiu sempre que havia informação perfeita. No entanto, embora a hipótese possa ser justificável em alguns contextos, um entendimento mais completo do funcionamento do sector da saúde exige uma análise dos problemas de informação que existem neste mercado, nomeadamente situações de incerteza, de assimetria de informação e de relações de agência.

A incerteza existe a vários níveis, nomeadamente sobre o momento e montante em que ocorrerá a necessidade de cuidados de saúde, e motiva, por parte dos consumidores, a procura de seguro. Este aspecto será tratado noutro capítulo. Por outro lado, a incerteza existente sobre o processo produtivo em si não deve ser negligenciada, quer do ponto de vista da falta de informação dos consumidores sobre as características dos prestadores, quer do ponto de vista da falta de informação dos prestadores sobre os resultados das suas decisões (dando origem a variações de prática clínica).

As diferenças de informação também podem ser exploradas estrategicamente numa relação pela parte que tem melhor informação. Dizemos que existe *assimetria de informação* quando uma das partes envolvidas numa qualquer transação tem informação melhor que a outra parte sobre alguma variável (ou variáveis) que é relevante para o valor económico da relação.

Uma relação de agência surge quando devido à falta de informação, um conjunto de agentes económicos opta por *delegar* noutros a tomada de decisões.

ECONOMIA DA SAÚDE

No caso da saúde, há mesmo imposições legais de delegação de decisão. Por exemplo, há medicamentos que só podem ser adquiridos por prescrição dos mesmos. Dada a importância dos problemas de informação, vamos analisar vários exemplos de distorções provocadas por este tipo de problemas. Como é natural, existirão relações em que a questão da assimetria informacional é mais relevante do que noutras. Por outro lado, nalguns casos os mercados podem funcionar razoavelmente bem, mesmo na presença de alguma assimetria de informação. Não devemos nem ignorar os problemas derivados de assimetrias de informação nem devemos sucumbir à tentação de os sobre-estimar.

A percepção de que os problemas de informação são susceptíveis de introduzir ineficiências levou a diversos tipos de intervenção (certificações, restrições éticas, a relação médico-doente, etc.), pelo que interessa conhecer os seus fundamentos.

Em suma, a existência de incerteza tem efeitos por si só no comportamento dos consumidores e nas decisões dos prestadores (efeitos sobre a prática médica). A incerteza tem também efeitos por gerar situações de assimetria de informação. As assimetrias de informação resultam em diversos problemas (seleção adversa, risco moral e relação de agência/delegação de decisões) e que permitem o uso estratégico de informação. Alguns destes aspectos, como a procura de seguro, o risco moral e tentativas de solução dos problemas de seleção adversa serão tratados noutros capítulos.

6.1 Falta de informação e monopólio crescente

Antes de passar a uma análise mais detalhada de como os problemas de informação afectam relações (económicas) entre diversos intervenientes no mercado de saúde, é útil discutir aspectos como a falta de informação (ou incerteza) afecta a procura de cuidados de saúde e o equilíbrio de mercado.

A este respeito, as especificidades do sector da saúde levam a consequências distintas das que antecipamos para outros mercados. Um dos resultados importantes é que a falta de informação sobre os preços e qualidade dos prestadores pode levar a que a entrada de mais prestadores (aumento de concorrência) dê origem a preços mais elevados e não a preços mais baixos, como seria previsto pela teoria económica habitual, argumento que foi inicialmente apresentado por Satterthwaite (1979) e objeto de análise empírica em Pauly e Satterthwaite (1981).

A falta de informação dos consumidores sobre os prestadores de cuidados de saúde leva a que estes se baseiem no conselho de amigos e na informação que conseguem recolher quando têm que escolher um prestador de cuidados de saúde. Os cuidados de saúde têm a característica de serem um bem de reputação. Um bem de reputação caracteriza-se por o produto vendido por cada

6. INFORMAÇÃO IMPERFEITA

empresa (neste caso, cada prestador de cuidados de saúde) ser diferenciado e a escolha de que prestador usar ser baseada em informação prestada por amigos, familiares, associações, etc.

O trabalho teórico de Satterthwaite (1979) mostrou que se uma indústria caracterizada por concorrência monopolística vende um bem de reputação, então um aumento do número de empresas (médicos) leva a um aumento do preço de mercado, e não a uma diminuição como a teoria tradicional prevê.

Correspondendo os médicos à "empresa" enquanto entidade prestadora de serviços, o produto é diferenciado pois o serviço prestado, embora vá satisfazer a mesma necessidade básica, é diferente no local, estilo e competência técnica de médico para médico. Por outro lado, normalmente os médicos estabelecem um preço por consulta e existe normalmente um número razoável de médicos para que se possa eliminar considerações de interação oligopolista (se houver coordenação entre os médicos, por exemplo, através da Ordem dos Médicos, então o modelo adequado será de monopólio).

No contexto de cuidados de saúde, deste modelo decorrem duas implicações e uma conclusão. A primeira implicação é a de que se o número de médicos numa determinada comunidade (mercado geográfico) aumenta, então a informação dos cidadãos acerca de cada médico diminui. A procura de um novo médico torna-se mais custosa (mais incerta). A segunda implicação é que se a procura de um novo médico se torna mais difícil, os consumidores tornam-se menos sensíveis ao preço. A procura dirigida a cada médico torna-se menos elástica.

Juntando estas duas implicações, conclui-se que um aumento no número de médicos (ou a variação de qualquer outro fator que torne a procura de um outro médico mais custosa) pode levar a um aumento no preço dos serviços médicos. A menor informação possuída pelos consumidores dará a cada médico um maior poder de mercado.

O elemento importante desta análise é o primeiro resultado, e que levou a que esta teoria seja habitualmente denominada de "monopólio crescente". O efeito decorre unicamente da falta de informação e da magnitude dessa falta de informação. Este modelo é capaz de oferecer uma explicação para a observação de os preços serem mais elevados em cidades grandes do que em cidades pequenas, para o que fosse uma igual intensidade de procura de cuidados de saúde.

Em contraponto a este argumento, a presença de consumidores informados é capaz de exercer uma disciplina concorrencial suficientemente forte para se recuperarem os efeitos económicos tradicionais.

Vejamos uma apresentação breve e simples do mecanismo do argumento do monopólio crescente, através de uma situação hipotética estilizada. Considere--se que em cada semana, cada membro da população tem um encontro casual

ECONOMIA DA SAÚDE

com outro membro da população. Nesse encontro podem trocar informação entre si sobre médicos. Cada pessoa ouve e incorpora a informação recebida, que mantém em memória durante algum tempo (ao fim de algumas semanas, a informação torna-se mais difusa e acaba mesmo por desaparecer). Esta troca de informação significa que o stock de conhecimento de uma pessoa se altera após cada contato com outro membro da população.

Tome-se o indivíduo i que vai ao médico 1, sabendo-se que existem M médicos no total. Seja $q^i(t)$ o seu conhecimento acerca dos outros médicos existentes no momento t, $q^i(t) = (q_2^i(t), \ldots, q_M^i(t))$.

Um valor de $q^i(t) = 0$ significa ausência de informação, e mais conhecimento é traduzido por um maior valor de $q^i(t)$. Em cada período, o stock de conhecimento é atualizado, havendo a perda de informação mais antiga mas ganhando-se a informação decorrente do contato mais recente:

$$q^i(t) = \max\{q^i(t-1) - \delta, 0\} + \mu \tag{6.1}$$

em que δ é a informação perdida e μ é a nova informação adquirida. Uma vez que cada indivíduo se encontra aleatoriamente com outros que possuem diferente informação, o valor esperado de nova informação em cada período é $1/M$ para cada médico. Um indivíduo, em cada encontro que tem, revela informação de acordo com uma regra simples: a) fornece informação sobre o seu médico (o que adiciona 1 à informação que a outra pessoa tem); b) fornece informação sobre outros médicos desde que $q^i(t) \geq \eta$. Ou seja, apenas transmite informação sobre médicos que não consultou se tiver um conjunto de informação sobre eles suficientemente amplo.

Consoante o número de médicos, M, aumenta, o número de informações que excedem o limiar critico de conhecimento para que a informação seja transmitida diminui, pelo que menos informação é transmitida. Torna-se menos frequente a mudança de médico.

O modelo de monopólio crescente não é o único a ter este tipo de previsão. Um outro modelo de estabelecimento de preços pelos médicos, que teve alguma popularidade, é o modelo de "rendimento alvo". Na sua formulação mais simples, o modelo de rendimento alvo especifica que como os médicos pretendem alcançar um determinado nível de rendimento, quando a oferta de médicos numa determinada área geográfica aumenta, os médicos evitam a diminuição dos seus níveis de rendimento através da alteração da sua prática, criando procura adicional para os seus serviços e aumentam os seus preços, por forma a recuperar o seu nível de rendimento[31].

---

[31] A teoria do rendimento alvo será tratada explicitamente no próximo capítulo, sendo um caso particular de uma formulação mais geral.

6. INFORMAÇÃO IMPERFEITA

Quer esta teoria do rendimento alvo, quer a teoria do monopólio crescente preveem um aumento do preço se houver um aumento da oferta de médicos. No entanto, o modo de funcionamento do mercado é radicalmente diferente em cada uma das teorias. No modelo de rendimento alvo os consumidores são completamente passivos. No modelo de monopólio crescente, os consumidores têm um papel activo de procura de serviços médicos, sendo limitados pelos custos de procura de informação.

Esta característica é usada por Pauly e Satterthwaite (1981) para distinguir empiricamente os dois modelos, dado que a inclusão de variáveis relacionadas com a atitude activa de procura de informação pelos consumidores deve ser significativa segundo a teoria do monopólio crescente mas não segundo a teoria do rendimento alvo.

A análise empírica de Pauly e Satterthwaite (1981) é feita através de uma regressão do preço médio de cuidados de saúde primários em vários conjuntos de variáveis: variáveis de informação, como a densidade de médicos por área geográfica, facilidade de transporte, "estabilidade social" – uma medida de contatos alargados; número de médicos per capita, como medida da oferta de médicos; salário na indústria, como aproximação ao custo de oportunidade da oferta; variáveis de procura e outras variáveis de controle de efeitos adicionais.

Os resultados sem incluir as variáveis de informação dariam suporte à ideia de rendimento alvo, já que o número de médicos per capita se encontra positivamente correlacionada com o preço médio. Contudo, as variáveis de informação são estatisticamente significativas, o que favorece, segundo os autores, a interpretação de monopólio crescente face à teoria do rendimento alvo.

Este modelo não é imune a críticas. Primeiro, se a variável de informação relevante fosse o preço, não deve ser mais dispendioso obter essa informação sobre, digamos, 15 médicos, quer hajam 30 ou 300 médicos na cidade (bastariam 15 telefonemas). Assim, este tipo de modelo será provavelmente mais relevante para a recolha de informação sobre a qualidade. Mas mesmo aqui podemos expressar dúvidas.

Há ainda uma outra explicação para a observação referida de comparação de custos com cuidados de saúde entre áreas geográficas: em cidades em que os consumidores atribuem um valor relativamente elevado ao tempo, os médicos estabelecem uma prática clínica com pouco tempo de espera e preços elevados. Empiricamente, esta hipótese alternativa seria testável incluindo uma medida do salário médio da população residente em cada cidade. Esta explicação, baseada numa procura de cuidados de saúde menos sensível ao preço devido ao elevado custo de oportunidade em termos de tempos dos utilizadores desses serviços, não depende da existência de custos de procura de informação sobre médicos.

Não se tem ainda uma resposta completamente satisfatória sobre se a falta de informação dos consumidores diminui a concorrência neste mercado, se essa

ECONOMIA DA SAÚDE

falta de informação é suficientemente importante para que se inverta o resultado habitual de que um aumento de concorrência diminui os preços, e de como é que os consumidores obtêm e usam informação.

6.2 Assimetrias de informação

O principal problema decorrente da presença de assimetrias de informação, que uma das partes da relação tem, à partida, mais informação sobre a relação, é o de desaparecimento parcial ou total de mercados. Esta implicação da assimetria de informação sobre o equilíbrio de mercado foi inicialmente apontada por Akerlof (1970), num artigo que deu origem a toda a literatura sobre problemas de informação e comportamento estratégico dos agentes económicos. Por esse motivo, é instrutivo analisar o problema de seleção adversa tal como Akerlof inicialmente o colocou.

De uma forma relativamente simples, Akerlof (1970) ilustrou como transações mutuamente vantajosas deixam de ocorrer no mercado, sendo mesmo que em alguns casos o mercado pode desaparecer apenas pelo uso de vantagens informacionais numa relação. Ora, se há transações mutuamente vantajosas que não ocorrem e que seriam realizadas num contexto de perfeita informação, então a assimetria de informação gera problemas de eficiência e distorções no funcionamento da economia.

O argumento de Akerlof é desenvolvido usando o exemplo do mercado de automóveis usados. O elemento fundamental é a assimetria de informação sobre a qualidade (o estado de conservação e funcionamento) dos automóveis vendidos. Esta qualidade é conhecida pelo vendedor, mas não pelo comprador. Se todos os automóveis tivessem uma qualidade facilmente reconhecível, haveria um preço para os automóveis de baixa qualidade e um preço para os automóveis de alta qualidade. Informação perfeita significa segmentação de mercados com preços distintos em cada um.

Contudo, quando essa diferença de qualidade não é percetível para o comprador, a diferença de preços não existirá. Sabendo que o comprador não tem capacidade de distinguir a qualidade do automóvel antes da aquisição, o vendedor de um automóvel de baixa qualidade tem todo o interesse em também estabelecer um preço elevado. Mas se todos os automóveis tiverem preço elevado, os compradores sabem que tanto lhes pode sair um automóvel de baixa qualidade como de elevada qualidade. Logo, a sua disponibilidade a pagar não será a mesma do que a existente quando há certeza do automóvel ser de elevada qualidade. Logo, o preço terá de ser inferior ao de um automóvel de qualidade elevada para compensar a incerteza sobre a qualidade. Mas nesse caso, os vendedores de automóveis de qualidade elevada, para um preço intermédio, preferem não vender. Permanecem então no mercado apenas os automóveis de baixa qualidade, pelo

6. INFORMAÇÃO IMPERFEITA

que o preço de equilíbrio terá novamente que descer. Apenas automóveis usados de baixa qualidade serão transaccionados. O segmento de mercado associado com os automóveis de elevada qualidade desaparece. Há transações mutuamente vantajosas que não se realizam.

Substituindo a qualidade do automóvel pela qualidade dos cuidados de saúde prestados, conhecida pelo prestador mas não pelo cidadão, temos um problema em tudo similar. Um outro exemplo comum é a realização de seguro de saúde, em que neste caso é o cidadão que conhece melhor os seus riscos de saúde face à companhia de seguros.

Tem sido argumentado que este resultado de desaparecimento (de parte) do mercado privado de seguro de saúde terá ocorrido nos Estados Unidos, para determinadas coberturas, afectando sobretudo os idosos, uma vez que o conhecimento sobre necessidade de cuidados de saúde se torna mais relevante. Aqui a resposta do mercado foi recusar cobertura a pessoas acima de uma determinada idade, o que motivou a criação de um programa público a nível federal de apoio de cuidados de saúde aos idosos, o Medicare. Também noutros países onde existe uma forte presença de seguro privado se observa esta dificuldade da população mais idosa em obter contratos de seguro. É neste grupo etário que o problema de assimetria de informação tem provavelmente mais possibilidades de ocorrer.

É importante fazer aqui duas observações. Em primeiro lugar, o resultado de destruição de parte (ou totalidade) do mercado deriva da assimetria de informação e não apenas da falta de informação. Para ver que assim é, considere-se que cada cidadão individual também não sabe quais as suas despesas médicas esperadas. Apenas conhece que ocorrerão com determinada probabilidade num certo intervalo de valores possíveis. Neste caso, todos os cidadãos estarão dispostos a realizar seguro para o valor de prémio de seguro que a companhia oferece. Note-se ainda que os problemas de existência de equilíbrio de mercado e de ineficiência global desse equilíbrio resultam das decisões racionais dos consumidores e não de qualquer prática comercial (das companhias de seguro). Neste contexto, admitiu-se que as companhias de seguros se comportam concorrencialmente e estabelecem prémios de seguro iguais ao valor esperado dos pagamentos que terão de realizar.

Decorre daqui que este não é um problema que a mera emissão de regulamentação consiga resolver, uma vez que não há comportamento abusivo, qualquer que seja o sentido dado, por parte das companhias de seguros. A eliminação do problema pode apenas ser feita com regulamentação que retire ao indivíduo a liberdade de contratar, ou não, seguro: terá de fazer um seguro obrigatório. Contudo, essa obrigação, sem mais, transfere grande poder de mercado para as companhias de seguro. E ou se tem a convicção que estas se

ECONOMIA DA SAÚDE

comportam de modo verdadeiramente concorrencial, ou ter-se-á uma situação potencial de preços excessivos para o serviço de seguro prestado. Devido a esse receio tem sido frequentemente interpretado este tipo de situação como exigindo um seguro público, fornecido pelo Estado.

A segunda observação é uma questão meramente técnica. Está-se a basear todo o argumento em torno do princípio de que o consumidor reage ao valor esperado das despesas de saúde esperadas. Isto significa que ele é neutro ao risco, implicando que não há lugar para a realização de seguro desde que os custos administrativos sejam estritamente positivos. No entanto, o argumento generaliza-se facilmente a um contexto de agentes avessos ao risco (e neste caso o mercado de seguro privado não desaparece, mas reduz-se).

A presença de seleção adversa e desaparecimento parcial do mercado de seguro privado implica ineficiências na afectação de recursos numa economia. A distorção ao mercado está em que os indivíduos com melhores características de risco têm uma perda de bem-estar, pois o mercado não lhes permite obter seguro a preço adequado ao seu risco. Há um subsídio cruzado que os leva a sair do mercado, ou fazer menor cobertura de seguro do que aquela que seria eficiente. De modo inverso, os indivíduos com maior risco (maior probabilidade de doença e/ou maior despesa) recebem um subsídio implícito e tenderão a realizar cobertura de seguro acima do nível eficiente.

Finalmente, deve-se referir que o mecanismo de seleção adversa não está confinado ao mercado privado de seguro de saúde, existindo outros exemplos na área da saúde onde o mesmo mecanismo tem potencial para surgir: o médico (o prestador) está mais bem informado que o doente acerca das necessidades deste; o hospital tem melhor conhecimento sobre os seus custos que qualquer entidade terceira responsável pelo pagamento do tratamento dado aos consumidores.

Exercícios

6.1 Em que consiste a teoria do monopólio crescente? Quais são os seus elementos fundamentais?

6.2 Quais são as implicações da teoria do monopólio crescente para a análise do sector da saúde?

6.3 Se tivesse que testar a teoria do monopólio crescente, como o faria? Descreva sucintamente os passos fundamentais para esse teste, bem como as principais dificuldades que antecipa poderem ocorrer.

6.4 Apresente o argumento de Akerlof pelo qual a assimetria de informação pode levar ao desaparecimento de transações que são mutuamente vantajosas para os agentes do mercado que nelas participariam.

Capítulo 7
Relação de Agência

7.1 O que é a relação de agência?

Uma das implicações das assimetrias de informação no sector da saúde é a denominada relação de agência. Em termos simples, a relação de agência não é mais do que a delegação de decisões por parte de um agente num outro agente económico que possui mais informação. No sector da saúde, o exemplo mais frequente desta relação é dado pela delegação no médico sobre o tratamento a ser seguido em caso de doença. Um médico tem o papel não só de realizar o diagnóstico como de definir o tratamento (se algum), pois possui uma maior capacidade de obter e processar informação sobre a condição clínica do indivíduo.

Ora, tendo o médico interesse próprio no resultado da relação, poderão surgir tensões de relacionamento com origem em fatores económicos. A organização desta relação de delegação de decisões é uma questão relevante em economia da saúde, sobretudo no que toca às suas propriedades económicas.

Deve-se ressaltar aqui que o termo relação de agência entrou no léxico do sector da saúde, em Portugal, também como sinónimo da forma de garantir, no processo de decisão de afectação de recursos no sector, a consideração dos interesses da população, a denominada função agência. De certa forma, o que se pretende assegurar com essa "função de agência" é que haja um agente no processo decisório e de planeamento que tenha como objetivo a representação dos interesses e necessidades da população.

Aqui, mais do que o aspecto formal dessa representação, interessa discutir quais os mecanismos económicos que funcionam melhor num contexto de delegação de decisões, que distorções surgem e que instrumentos puramente de desenho das relações económicas estão disponíveis.

ECONOMIA DA SAÚDE

A existência de uma delegação de decisões entre digamos, doente e médico, só tem consequências em termos de uma diferente afectação de recursos, quando estas duas partes da relação tem interesses divergentes, quando não mesmo antagónicos.

Se os interesses de uma e outra parte diferirem, a decisão que é tomada pelo médico, o lado mais informado da relação e com poder de decisão, pode não ser exatamente igual aquela que seria escolhida pelo doente caso tivesse a mesma informação e o mesmo conhecimento do médico. Esta diferença potencial tem consequências sobre o modo como se quererá, eventualmente, estabelecer a transação financeira associada a esta relação.

Suponhamos que o estado de saúde do doente pode ser melhorado mais ou menos rapidamente, consoante o empenho e o esforço que o médico faça (quer seja pelo tempo dedicado, pela atenção dada ao caso, pelo estudo complementar que fez da situação específica, etc...).

O resultado final, em termos do estado de saúde do doente, depende da conjunção de dois aspectos: o esforço do médico (as suas decisões) e elementos puramente aleatórios, não controlados pelo médico ou pelo doente. Comparemos agora como o esforço do médico é, ou não, influenciado pela forma como a componente económica da relação é especificada. Como primeira situação, considera-se que o médico recebe um salário fixo, independente de qualquer resultado observável. Admitindo que o desempenho de maior nível de esforço tem custos, como com salário fixo um maior esforço não se traduz em maior benefício próprio, então o interesse do médico será o de realizar o menor esforço possível.

Em alternativa, tome-se agora uma situação em que o médico recebe um pagamento maior quanto maior for a melhoria no estado de saúde do doente. Nestas circunstâncias, um maior esforço já se reveste de benefício, na componente económica, para o médico, que tem então interesse em desenvolver maior esforço do que quando recebe um salário fixo. Como o estado de saúde final do doente depende da conjugação de elementos aleatórios e do esforço do médico, a remuneração deste não será constante, sendo esse um custo a ser assumido pelo médico para ter maior receita económica e a ser imposto por quem organiza esta relação na sua vertente económica como modo de obter um maior esforço do médico.

Esta versão simples de uma relação económica presente no sector da saúde ilustra um princípio geral. Num contexto de delegação de decisões, o desenho do sistema de pagamento afecta de forma relevante as decisões dos agentes económicos. A forma de influenciar as decisões dos agentes económicos consiste na introdução de risco no pagamento que é feito. Esse risco é inevitável pois ao procurar-se premiar um melhor desempenho que resulte de um maior esforço,

7. RELAÇÃO DE AGÊNCIA

o pagamento realizado dependerá também dos fatores aleatórios que influenciam o resultado. A existência de incerteza é também crucial. Na ausência de qualquer incerteza ou assimetria de informação bastaria anunciar um salário a ser pago e o nível de esforço correspondente a ser realizado.

Justificam-se aqui duas notas adicionais. O argumento apresentado permanece válido mesmo que se esteja na presença de um médico que valorize a melhoria do estado do doente per si. Basta que o médico não tome como de valor negativo o pagamento que recebe para que exista alguma divergência de interesses na relação de agência. A segunda nota é que apesar de ter sido o exemplo da relação médico-doente, o mesmo argumento é aplicável a muitas outras relações, não só as que envolvem os profissionais de saúde e os doentes, mas também entre gestores e médicos, entre administrações de saúde (Ministério da Saúde, por exemplo) e gestores das unidades de saúde, dentro da unidade de prestação de cuidados de saúde, entre o gestor e o profissional de saúde, etc.

A literatura económica deste tipo de relações económicas, em contexto de incerteza, encontra-se já profusamente desenvolvida em diversas direções: diferentes motivos para divergência de interesses, múltiplas tarefas a serem desempenhadas por quem decide, existência de vários agentes decisores que se completam ou substituem, um mesmo decisor ter que responder perante vários agentes que nele delegam decisões, para nomear os mais importantes.

Na terminologia anglo-saxónica, a parte que delega é o "principal" e a outra parte, a que toma a decisão, é o "agent". Os termos portugueses são mandatário e mandante, respectivamente, embora se tenha vulgarizado a adaptação da terminologia inglesa, principal e agente.

O motivo para que exista delegação de decisões é que o doente reconhece que está relativamente pouco informado sobre as decisões mais apropriadas a serem tomadas e que é melhor ter um outro agente económico, mais bem informado, a decidir. Neste sentido, a motivação para relações de agência e assimetria de informação são aspectos bastante relacionados. Frequentemente esta relação entre médico e doente é estabelecida de forma voluntária. Em sistemas de proteção contra o risco em que o financiador impõe uma organização da prestação de cuidados de saúde baseada num primeiro contato com um especialista de medicina geral e familiar, a existência da relação não será integralmente voluntária.

As diversas análises procuram discutir os efeitos de existirem desvios à situação de médico como agente perfeito, e das condições para que esse desvio não exista (ou não tenha efeitos sobre as decisões tomadas).

O primeiro passo é o de definição do que é um agente perfeito. Culyer (1989) apresentou a seguinte proposta:

> "Um médico é um agente perfeito se realizar a mesma escolha que o doente teria selecionado se tivesse toda a informação que o médico possui à sua disposição."

ECONOMIA DA SAÚDE

Esta definição aproxima-se bastante do código de ética dos médicos, embora este último foque normalmente de forma mais acentuada nos aspectos médicos. É uma forma de procurar resolver os conflitos de interesses que possam surgir entre as preferências do médico e as do doente. Parte do código ético dos profissionais de saúde é, na verdade, uma resposta de autorregulação à tensão latente de uma relação médico-doente, em que o primeiro pelo seu conhecimento e treino específico adquiriu uma vantagem informacional que poderia ser tentado a usar em benefício próprio.

Para ilustrar este argumento, relembre-se o Juramento de Hipócrates (itálico adicionado):

> Juro por Apolo, o médico, por Esculápio, por Higeia e por Panaceia, tomando por testemunhas todos os deuses e todas as deusas, que cumprirei com todas as minhas posses e conforme o meu saber o seguinte juramento:
>
> Considerar e amar como a meus pais aquele que me ensinou esta arte; viver com ele e, se necessário for, repartir com ele os meus bens; olhar pelos seus filhos como se fossem meus irmãos e ensinar-lhes esta arte, se o pretenderem, sem receber qualquer pagamento ou promessa escrita; ensinar aos seus filhos, aos filhos do mestre que me ensinou e a todos os discípulos que se inscrevam e que concordem com as regras da profissão, mas só a estes, todos os preceitos e conhecimentos; *prescrever aos doentes, segundo as minhas possibilidades e o meu saber, o regime conveniente e nunca prejudicar ninguém*; não receitar drogas perigosas para agradar a quem quer que seja nem lhe dar conselhos que possam causar a sua morte; não dar às mulheres meios de abortarem; conservar a pureza da minha vida e da minha profissão; não fazer operações para tirar pedras, mesmo nos enfermos em quem a doença seja manifesta, e deixar esta operação aos especialistas nessa arte; *em todas as casas a que eu for, entrar somente para benefício dos meus doentes*, evitando qualquer prejuízo intencional ou qualquer sedução, bem como, em especial, os prazeres do amor com mulheres ou com homens, quer sejam livres ou escravos; manter secreto e nunca revelar aos outros tudo o que possa vir a saber no exercício da minha profissão, fora da minha profissão, ou na convivência diária com as pessoas e que não deva ser divulgado. Se eu mantiver e observar este juramento com fidelidade, que eu possa ter alegria em viver e praticar a minha arte, respeitado por todos os homens em todos os tempos; mas se eu me desviar dele ou o violar, que me suceda o contrário.

O aspecto central é a criação de um enquadramento mental para a atividade do médico em prol dos doentes. Há, desde a criação deste juramento, uma preocupação em aproximar o médico de um "agente perfeito do doente".

Esta preocupação só necessita de ser explicitada se na sua ausência resultar um comportamento distinto da classe médica (em geral), revelando pois que existe esta tensão latente na relação médico – doente.

7.2* O modelo formal

A hipótese de relação de agência perfeita, conveniente nalgumas circunstâncias, nem sempre será verdadeira. Vale assim a pena explicitar a distorção associada com uma relação de agência imperfeita e quais as suas implicações para a forma óptima de pagamento (aos médicos, no exemplo da relação médico--doente).

Seja s o estado de saúde de um indivíduo, medido em unidades monetárias. Este estado de saúde será maior ou menor conforme o esforço do médico, por um lado, e consoante a concretização de elementos puramente aleatórios, por outro lado. A incerteza sobre o estado de saúde s é caracterizada por uma função densidade de probabilidade $f(s; e)$, em que um maior esforço e do médico gera uma distribuição de resultados de saúde mais favorável. O médico recebe um salário w, que pode depender, ou não, do estado de saúde realizado para o doente, $w(s)$. O doente tem como função objetivo a utilidade esperada (nível de saúde, líquido do pagamento que realiza):[32]

$$V = \int_{\underline{s}}^{\bar{s}} (s - w(s)) f(s;e) ds \qquad (7.1)$$

O médico tem como objetivo a maximização da sua utilidade e do bem-estar do doente. A utilidade do médico é obtida do consumo de bens e serviços possibilitado elo rendimento recebido e é representada por $u(w(s))$. Se o médico receber um pagamento diferente consoante o estado de saúde do doente, também as suas possibilidades de consumo serão distintas. O médico atribui um peso β à sua utilidade e um peso $(1 - \beta)$ ao bem-estar do doente.

$$U(e) = \beta \int_{\underline{s}}^{\bar{s}} u(w(s)) f(s;e) ds - c(e) + (1 - \beta) \int_{\underline{s}}^{\bar{s}} s \, f(s;e) ds \qquad (7.2)$$

O problema do médico enquanto agente perfeito ocorre para $\beta = 0$, e resulta numa escolha socialmente óptima. A escolha socialmente óptima é dada pela maximização do excedente social:

---

[32] Em lugar do doente, pode-se pensar num Serviço Nacional de Saúde que se assume como agente perfeito dos seus cidadãos face aos prestadores de cuidados de saúde.

ECONOMIA DA SAÚDE

$$\max_e SV = \int_{\underline{s}}^{\overline{s}} s\, f(s;e)\, ds - c(e) \tag{7.3}$$

tendo como condição de primeira ordem caracterizadora dessa escolha óptima:

$$\int_{\underline{s}}^{\overline{s}} s\, f_e{}'(s;e)\, ds - c'(e) = 0 \tag{7.4}$$

O salário, sendo, uma transferência, não afecta essa escolha (embora para o nível de bem-estar global não seja indiferente o salário que se estabelece se existirem considerações distributivas). Considere-se agora o caso em que $\beta > 0$, sendo o salário fixo, $w(s) = w$, para qualquer s. O problema do médico é então:

$$\max_e U(e) = \beta\, u(w) - c(e) + (1 - \beta) \int_{\underline{s}}^{\overline{s}} s\, f(s;e)\, ds \tag{7.5}$$

A condição de primeira ordem associada a este problema é dada por:

$$\frac{\partial U}{\partial e} = -c'(e) + (1 - \beta) \int_{\underline{s}}^{\overline{s}} s \frac{\partial f}{\partial e}\, ds = 0 \tag{7.6}$$

Da análise desta condição, conclui-se que há uma escolha sub-óptima de esforço. Para $\beta = 1$, até se teria o menor esforço possível. O salário do médico seria o mesmo, qualquer que fosse o resultado de saúde, e caso não desse qualquer importância aos ganhos de saúde dos doentes, escolheria o esforço mínimo. Logo, há aqui uma distorção clara pelo fato de o médico não ser um agente perfeito da sociedade.

A questão seguinte é "não sendo um médico um agente perfeito, será que um salário fixo é a melhor forma de pagamento ao médico?" O problema do doente no estabelecimento de pagamento ao médico é:

$$\max_{\{e,w(s)\}} \int_{\underline{s}}^{\overline{s}} (s - w(s)) f(s;e)\, ds$$

$$s.a.\ \beta \int_{\underline{s}}^{\overline{s}} u(w(s)) f(s;e)\, ds - c(e) + (1 - \beta) \int_{\underline{s}}^{\overline{s}} s\, f(s;e)\, ds \geq 0 \tag{7.7}$$

$$-c'(e) + (1 - \beta) \int_{\underline{s}}^{\overline{s}} s\, f_e{}'(s;e)\, ds + \beta \int_{\underline{s}}^{\overline{s}} u(w(s)) f_e{}'(s;e)\, ds = 0$$

Sejam λ_1 e λ_2 os multiplicadores de Lagrange associados com a primeira restrição e com a segunda restrição, respectivamente. A primeira restrição garante que o médico está disposto a fornecer o serviço (a participar na relação): a utilidade esperada de aderir ao sistema é maior que a alternativa (cujo valor foi normalizado para zero). A segunda restrição reflete o fato de que o médico só escolhe um determinado nível de esforço se for óptimo fazê-lo, dado o esquema salarial. Esta restrição estabelece que não é possível levar o agente a realizar um nível de esforço que ele não considere óptimo em pelo menos uma circunstância. Dito de outro modo, a definição do sistema de pagamento tem que assumir que o agente (o médico, neste caso) irá escolher de forma óptima o seu nível de esforço esta restrição é então:

$$e \in \arg\max_e U(e) \tag{7.8}$$

Em determinadas condições teóricas, representa-se esta escolha óptima pelos valores da variável relevante (e) que satisfazem a condição de primeira ordem, dando origem à condição:[33]

$$-c'(e)+(1-\beta)\int_{\underline{s}}^{\bar{s}} s\, f_e'(s;e)ds + \beta\int_{\underline{s}}^{\bar{s}} u(w(s))f_e'(s;e)ds = 0 \tag{7.9}$$

Retomando o problema de definição do sistema de pagamento, as respectivas condições de primeira ordem para se definir um ponto máximo da função incluem:

$$\int_{\underline{s}}^{\bar{s}}(s-w)f_e'ds + \lambda_1(\beta\int_{\underline{s}}^{\bar{s}} u(w(s))f_e'ds - c'(e)+(1-\beta)\int_{\underline{s}}^{\bar{s}} sf_e'ds) +$$

$$+ \lambda_2(-c''(e)+(1-\beta)\int_{\underline{s}}^{\bar{s}} sf_{ee}''ds) = 0 \tag{7.10}$$

$$-f(s;e) + \lambda_1\beta u'(w(s))f(s;e) + \lambda_2\beta u'(w(s))f_e'(e;s) = 0$$

Sob a hipótese de se ter uma solução interior, a primeira expressão reflete a decisão sobre o nível de esforço que se pretende induzir ao agente e a segunda expressão reflete a escolha do salário para cada estado de saúde do doente que venha a ser observado. O salário afeta a função objetivo na definição do sistema de pagamento por duas vias. Primeiro, é um pagamento do "principal" e como tal conta negativamente para este. Segundo, um maior salário aumenta a utili-

---

[33] Esta abordagem é válida em determinadas condições (Grossman e Hart, 1983).

ECONOMIA DA SAÚDE

dade do agente (o médico), tornando mais fácil satisfazer a sua restrição de participação, o que permite exigir um maior nível de esforço ao agente. Esta segunda condição pode ser escrita como:

$$\frac{1}{u'(w(s))} = \lambda_1\beta + \lambda_2\beta\frac{f_e'(s;e)}{f(s;e)} \qquad (7.11)$$

e apenas se $\lambda_2 = 0$ se tem salário fixo como solução óptima, pois nesse caso $1/u'(w(s)) = \lambda_1\beta$, sendo o segundo termo constante também o será a utilidade marginal. A utilidade marginal é constante apenas quando o salário recebido pelo médico não varia com o estado de saúde do doente, s. Se $\lambda_2 \neq 0$, então o valor de salário em cada estado de saúde depende de qual estado de saúde resulta. O valor do salário depende igualmente de f_e'/f ser uma função crescente em s, ou não. Se o for, então w é também crescente em s, isto é, o salário depende positivamente do estado de saúde gerado (para $\lambda_2 > 0$). Uma outra condição em que é óptimo um pagamento fixo, independente do estado de saúde, ocorre para $f_e' = 0$. Isto é, se o desenvolvimento de maior esforço não tiver qualquer impacto no estado de saúde final.

Depois de visto este caso genérico, é legítima a questão de porque é que os médicos não são pagos com base nas melhorias do estado de saúde do doente. Ou de outro modo, porque não se paga aos prestadores de cuidados de saúde apenas se o doente ficar curado?

À primeira vista, este pagamento condicional alinharia no mesmo sentido os interesses do médico e do doente. Mas, se analisarmos bem a situação, existe igualmente um problema de assimetria de informação inverso se for o doente a expressar o seu bem-estar e com isso determinar o pagamento que tem que realizar ao prestador. Para evitar realizar pagamentos, o doente tenderia a sub-reportar o estado de saúde alcançado em consequência do tratamento recebido.

Uma característica usualmente observada é os doentes estabelecerem uma relação de longo prazo com o médico e pagarem ao médico com base num valor por ato médico (por exemplo, uma consulta). Tal como discutido, este modo de pagamento é susceptível de criar um conflito de interesses entre o médico e o indivíduo. Porque é então um sistema de remuneração tão vulgar? Dranove e White (1987) explicaram a racionalidade deste modo de pagamento com base num argumento de informação. Uma relação continuada entre o médico e o doente fornece informação adicional ao médico sobre a história clínica do doente e permite ao doente controlar melhor a atividade do médico (e exercer uma "penalização" – mudança do médico).

7. RELAÇÃO DE AGÊNCIA

Os anos mais recentes viram ser desenvolvidos esforços para a construção de sistemas de pagamento dos prestadores de cuidados de saúde baseados no seu desempenho. Um elemento central desse esforço tem sido a criação de indicadores de desempenho que sejam relativamente fáceis de calcular e de interpretar para que possam ancorar sistemas de pagamento. Estes indicadores têm sido sobretudo relacionados com a qualidade dos cuidados de saúde prestados em termos de resultados para os doentes.[34] Em lugar de um pagamento de valor fixo aos prestadores de cuidados de saúde, estes recebem mais se apresentarem um resultado de melhor qualidade.

Procura-se dessa forma induzir um maior esforço na procura de eficiência (o que no modelo acima se designou por "e").

A análise empírica desenvolvida tem-se centrado na questão de saber se com pagamentos variáveis os resultados para os doentes são sistematicamente melhores. Esta é uma forma indireta de avaliar o efeito sobre o nível de esforço desenvolvido pelo prestador de cuidados de saúde. Contudo, a ausência de identificação de um efeito positivo, em termos de resultados, não esclarece se tal é devido a um efeitos negligenciável do esforço sobre os resultados ou se é devido à ausência de reação do prestador em termos de esforço face ao pagamento variável. O pagamento de acordo com o desempenho se estruturado dentro de uma relação com delegação aproxima estes princípios sobre o mecanismo ótimo de pagamento, aplicando-se tanto a agentes individuais (médicos, por exemplo), como coletivos (hospitais, por exemplo). O mesmo tipo de princípios e ideias é aplicado quando se estruturam sistemas de pagamento que procuram induzir maior eficiência, sendo que nesse caso a variável de interesse para o principal será o custo total em lugar do estado de saúde, como se verá, embora a mecânica de comportamento económico venha a ser essencialmente o mesmo.

Um aspeto importante na definição de sistemas de pagamento por desempenho é se estes devem ser definidos ao nível do hospital ou ao nível do serviço (ou mesmo, serem pagamentos individuais e não para grupos de profissionais). Não existe ainda uma literatura conclusiva sobre esta questão. Alguns estudos apontam para que seja melhor o pagamento ser direcionado para o serviço do que para o hospital, o que se perde em menor coordenação central ganha-se em influenciar de forma mais direta quem determina o desempenho. Kristensen et al. (2013) reporta uma diferença de 5 pontos percentuais na medida de desempenho que usaram (proporção de processos atribuídos a um gestor de caso, que tanto pode ser um médico como um enfermeiro) quando se dirige o incentivo

---

[34] A literatura internacional pode ser facilmente encontrada sob a designação de "pay for performance", abreviada por vezes pelo acrónimo P4P.

ECONOMIA DA SAÚDE

para o serviço hospitalar em lugar de o atribuir ao hospital, que terá depois de o fazer chegar aos serviços relevantes.

O pagamento por desempenho tem os seus processos e dificuldades. Cashin et al. (2014) mencionam quatro elementos centrais – definição dos objetivos, definição das métricas a utilizar, definição da estrutura de remuneração do desempenho e definição do tipo de remuneração. Os dois últimos aspetos são especialmente complexos, uma vez que se pode querer remunerar o nível alcançado, o progresso realizado e/ou a posição relativa conseguida. A estrutura da remuneração também exige detalhe – é definida como prémio (adicional se o objetivo for alcançado) ou como penalização (redução se o objetivo não for conseguido), foca-se apenas em aspetos monetários ou considera aspetos não monetários (e os aspetos não monetários podem na verdade ser formas disfarçadas de valores monetários, se substituírem despesa cujas verbas ficam livres para outros fins).

Para se ter uma noção das implicações destas escolhas sobre o modelo de pagamento por desempenho, note-se que pagar pelo nível alcançado gera o problema de eventualmente desanimar quem ainda está muito longe desse nível, e não introduzir grandes incentivos a quem já o conseguia antes do mecanismo de pagamento por desempenho. Mas premiar apenas o progresso, significa que quem está em pior situação inicialmente tem maior margem para melhorar. Pode até levar a quem tem melhor desempenho receber menos do que quem tem pior e melhorou, apenas porque quem já conseguia ter um bom desempenho pode não ter margem de progressão. Por fim, definir em termos relativos, coloca a questão de muitos se esforçarem e poucos receberem, o que podendo ser benefício do ponto de vista de quem paga, poderá gerar insatisfação. Serão as condições especificas de cada caso a ditar qual o melhor formato para o mecanismo de pagamento por desempenho.

Exercícios

7.1 Explique o que entende por "relação de agência".

7.2 Quais as implicações da sua existência para a especificação de estruturas de pagamento a entidades prestadoras de cuidados de saúde?

7.3 O que significa dizer-se que o médico atua como um "agente perfeito" do doente?

7.4 "É, em geral, óptimo ter-se um sistema de pagamento a prestadores de cuidados de saúde, quando se está na presença de uma relação de agência, em que é estabelecido um salário fixo". Comente a afirmação.

Capítulo 8
Indução da procura

8.1 Introdução

Um dos aspectos mais controversos em Economia da Saúde é o conceito de indução de procura por parte da oferta. Em termos simples, procura-se captar a noção de que, devido à sua melhor informação e conhecimento, os profissionais de saúde, nomeadamente os decisores clínicos, têm a capacidade de artificialmente criar procura para os seus serviços – uma consulta adicional, uma intervenção cirúrgica que não é estritamente necessária, mais um teste de diagnóstico, etc.

Sendo certo que o médico (ou, em geral, o profissional de saúde que determine algum tipo de tratamento face a um individuo com menor informação) tem, em várias circunstâncias, a capacidade de gerar essa procura adicional, haverá alguma limitação natural a essa indução e terão os aspectos económicos algum papel?

A capacidade dos profissionais de saúde em gerarem a sua própria procura tem sido um dos aspectos mais polémicos em Economia da Saúde. O ponto de partida da análise científica foi determinado pela observação de dados revelando que ao aumento do número de profissionais de saúde numa área não correspondia o efeito esperado, segundo a teoria económica tradicional, de uma redução do preço. Ocorria, isso sim, um maior volume de serviços prestados. O ajustamento a um aumento da oferta não envolvia uma redução de preço e um aumento da quantidade dos serviços prestados. Apenas o efeito de aumento de quantidade estava presente.

Os trabalhos iniciais sobre indução da procura são devidos a Shain e Roemer (1959) e Roemer (1961), que encontraram uma forte correlação entre a disponi-

ECONOMIA DA SAÚDE

bilidade de camas de hospital e a sua utilização, sendo sugerida a interpretação de que se um hospital tinha a cama vazia tenderia a preenchê-la. Esta correlação por si só não é muito importante, uma vez que é justificável pela teoria habitual: uma maior procura gera uma maior utilização, o que cria a necessidade de maior capacidade. O que tornou diferente a situação foi o ter surgido como resposta a um aumento da oferta.

A tentativa de reconciliar esta observação com a teoria económica, que face a um aumento da oferta prevê simultaneamente uma diminuição do preço de equilíbrio e um acréscimo da quantidade de serviços e cuidados prestados, levou a várias propostas de explicação.

Uma dessas alternativas baseia-se unicamente em aspectos económicos, também presentes em outros mercados: rigidez nominal à descida dos preços, nomeadamente quando estes correspondem essencialmente a salários. A indução de procura pela oferta surge então como a forma de resolver o desequilíbrio entre oferta e procura, para o preço inicialmente em vigor no mercado. Contudo, deixa por explicar a rigidez nominal a descidas de preços.

Uma versão deste argumento, ajustando-o de algum modo para as especificidades do sector da saúde, é o denominado modelo de rendimento-alvo (Rice, 1983). A ideia base é os médicos terem como objetivo alcançarem um determinado nível de rendimento com a sua atividade. As suas receitas são dadas como habitualmente pelo produto da quantidade de serviços que prestam pelo preço respectivo. Se este rendimento, por um choque exógeno, fica abaixo do valor desejado, então os médicos promoverão a sua recuperação para o seu nível inicial. Tal é feito aumentando a quantidade dos serviços que prestam.

Apesar de aparentemente simples e convincente, esta explicação para a existência de indução da procura não sobrevive a um exame mais atento: baseando-se na ideia de rendimento-alvo, o que leva à determinação do nível de rendimento que o médico pretende alcançar? O que impede os profissionais de saúde de induzirem sempre o máximo de procura pelos seus serviços?

Estas questões levaram à inclusão explícita de argumentos éticos como elemento limitador da indução da procura (Evans, 1974). Dranove (1988) argumentou, por outro lado, que um processo de reputação pode ser suficiente para impedir a indução, pelo menos a níveis importantes. A ideia é que os médicos que induzam muito a procura serão punidos no futuro por uma menor procura. Claro que esta explicação atribui aos doentes a capacidade de reconhecer a utilização excessiva de recursos, em que excessiva significa que o benefício marginal é inferior ao custo marginal do tratamento prescrito. Mas se assim é, os doentes têm mais informação do que a usualmente parece ser admitida quando se refere a possibilidade de indução de procura pela oferta. No entanto, a sugestão de que

8. INDUÇÃO DA PROCURA

uma relação repetida médico – doente gera limitações à indução de procura tem algum apelo intuitivo.

Note-se também que a preocupação com a indução da procura é apenas relevante quando a variação da atividade leva a uma alteração do rendimento.

As implicações de política económica na área da saúde decorrentes da existência de indução de procura pelos prestadores de cuidados de saúde são importantes, já que podem implicar a necessidade de regulação do mercado. Por exemplo, é por vezes argumentado que médicos que possuam equipamentos de diagnóstico têm maior propensão a pedir testes do que médicos independentes, uma vez que terão rendimento adicional ao prescrever e depois prestar o serviço ao doente. A ser verdadeira essa situação, justificaria o impedimento legal de os médicos serem detentores de equipamento de diagnóstico para o qual remetessem doentes.

Um exemplo dessa inclusão explícita de custos éticos de indução de procura em modelos de análise económica é dado pelo modelo de McGuire e Pauly (1991): o médico tem em consideração que uma maior indução da procura tem benefícios em termos de rendimento, mas possui custos éticos associados diretamente com essa indução e custos em termos de tempo de lazer derivados de mais serviços exigirem mais tempo de trabalho. Com base nestes elementos, e num enquadramento relativamente simples, os autores mostram que o modelo de rendimento alvo surge como um caso particular e que há barreiras naturais à expansão do fenómeno de indução da procura. Na verdade, mesmo na ausência de limitações de ordem ética, apenas o efeito indireto através do tempo de trabalho basta para criar um travão à indução de procura no modelo de McGuire e Pauly (1991). Adicionalmente, a resposta a uma diminuição do preço de cuidados de saúde tanto pode ser um aumento da indução de procura, como uma sua diminuição.

Não há, assim, um argumento conclusivo sobre a existência, ou não, de indução de procura e até em termos de implicações empíricas é necessário algum cuidado.

As características que permitem o exercício de indução da procura remetem de forma quase direta para problemas de informação, nomeadamente de assimetria de informação entre o médico e o doente. É, assim, natural que sejam desenvolvidas análises das motivações para a existência de indução da procura com base em problemas informacionais. Um trabalho nesta linha é devido a Calcott (1999). O aspecto interessante desse estudo é a consideração explícita das decisões dos doentes. Em particular, se estes últimos anteciparem a prática de indução de procura por parte do médico (ou do profissional de saúde relevante) irão limitar voluntariamente a sua procura de cuidados de saúde, como

ECONOMIA DA SAÚDE

forma de evitar essa indução. Este efeito dá origem a um outro conceito, o de autorrestrição da procura ("impeded demand").

8.2* O modelo de McGuire e Pauly

A tentativa de explicar porque é que os médicos têm um determinado rendimento alvo levou Evans (1974) a apresentar a ideia de que o médico tem uma desutilidade pelo fato de induzir procura. Assim, um médico ao decidir a quantidade de indução de procura que realiza tem em conta o benefício marginal (maior rendimento) mas também um custo marginal (menor utilidade). O trabalho de McGuire e Pauly (1991) formaliza esta ideia, apresentando um modelo de comportamento médico que tem um custo de utilidade na realização de indução de procura. Este modelo incorpora como casos limite a ausência de indução e o modelo de rendimento alvo.

O modelo considera um médico que vende um único serviço a um preço fixado administrativamente. O médico tem como argumentos da sua função de utilidade consumo, lazer e desutilidade de indução de procura. Formalmente,

$$U = U(P; L; I) = U_1(P) + U_2(L) + U_3(I) \tag{8.1}$$

em que P é o rendimento do médico (consumo de bens), L é o tempo de lazer e I o esforço de indução de procura. A utilidade é tanto maior quanto mais elevado for o rendimento ($U'_1 > 0$) e o lazer ($U'_2 > 0$) e quanto menor for a indução ($U'_3 > 0$).[35] O rendimento do médico é determinado por

$$P = mX(I) \tag{8.2}$$

em X é a procura de serviços médicos e m o seu preço. A procura de serviços prestados pelo médico é aqui dependente apenas do nível de indução de procura escolhido pelo médico, para simplificação da apresentação do argumento. A restrição de tempo disponível é dada por

$$L = 24 - tX(I) \tag{8.3}$$

sendo t o tempo dedicado a satisfazer cada unidade de procura. O problema da escolha do médico é:

$$\max_I U = U_1(mX(I)) + U_2(24 - tX(I)) + U_3(I) \tag{8.4}$$

---

[35] Admite-se igualmente que os efeitos marginais são decrescentes, $U_i'' < 0, i=1,2,3$.

A escolha óptima é definida pela condição de primeira ordem:

$$\partial U / \partial I = U'_1 mX'(I) + U'_3 - tX'(I)U'_2 = 0 \tag{8.5}$$

Ou

$$U'_1 mX'(I) = -U'_3 + tX'(I)U'_2 \tag{8.6}$$

O lado direito corresponde ao custo marginal de indução de procura e o lado esquerdo corresponde ao benefício marginal dessa indução. É interessante agora analisar o efeito de uma variação do preço no nível de indução de procura. Diferenciando totalmente a condição de primeira ordem,

$$\frac{\partial^2 U}{\partial I^2} dI + \frac{\partial^2 U}{\partial I \partial m} dm = 0 \tag{8.7}$$

De onde resulta

$$\frac{dI}{dm} = -\frac{\partial^2 U / \partial I \partial m}{\partial^2 U / \partial I^2} \tag{8.8}$$

Como o termo em denominador é negativo, pelas condições de segunda ordem do problema de maximização do médico, o sentido da variação da indução depende do sinal do termo em numerador.

$$\frac{\partial^2 U}{\partial I \partial m} = U''_1 X'(I) mX(I) + U'_1 X'(I) \overset{>}{\underset{<}{}} 0 \tag{8.9}$$

O primeiro termo é negativo e o segundo positivo, resultando uma expressão de sinal ambíguo. Em termos económicos, o efeito de uma diminuição do preço cria incentivos contraditórios ao médico: por um lado, fica com menos rendimento por unidade de procura, pelo que passa a ter menos interesse em induzir procura; por outro lado, a utilidade marginal do rendimento é maior para menor rendimento, pelo que a contribuição de um aumento de rendimento provocado por um acréscimo de indução é mais importante. Em geral, o sinal do efeito não pode ser determinado à priori. Não é possível determinar se a quantidade procurada (e o montante de indução associado) aumenta ou diminui em resposta a uma variação no preço m.

Note-se que a procura aqui depende apenas do montante de indução de procura e não do preço, o que pode ser uma boa aproximação no caso de uma componente importante de seguro.

ECONOMIA DA SAÚDE

Para se ter o resultado previsto pela teoria de indução da procura, se U''_1 for elevado em valor absoluto (muito negativo), o termo negativo na expressão (8.9) domina e uma diminuição do preço motiva uma maior indução de procura. Por outro lado, se $U''_1 = 0$, então uma redução no preço diminui a indução de procura (e a quantidade de serviços).

Este modelo simples mostra que é possível que a indução de procura seja limitada, mesmo que o médico não tenha um objetivo de rendimento alvo. A indução é limitada por duas forças: a desutilidade marginal crescente da indução de procura e a desutilidade marginal crescente do montante de trabalho dedicado a satisfazer a procura. O modelo de rendimento alvo é obtido como caso particular desta formalização para U''_1 a tender para $-\infty$, caso em que $\partial I/\partial m = -X/X'(I)m$. A hipótese de rendimento alvo significa que o médico quer manter o seu rendimento constante.

$$\frac{\partial m X(I)}{\partial m} = 0 \tag{8.10}$$

Ora,

$$\frac{\partial m X(I)}{dm} = m \frac{\partial X}{\partial I} \frac{\partial I}{\partial m} + X(I) = 0 \tag{8.11}$$

em que se processa a substituição de $\partial I/\partial m$ pelo valor obtido quando U'_1 tende para menos infinito. Este modelo especifica também as condições em que uma diminuição no preço aumenta a quantidade oferecida, bastando para isso substituir $P = mX(I)$ na expressão (8.9).

$$- U''_1/U''_1 P > 1 \tag{8.12}$$

Se o efeito rendimento for suficientemente elevado, uma diminuição do preço motiva uma maior indução e logo uma maior quantidade de serviços.

O modelo de McGuire e Pauly, embora útil na compreensão de como as várias teorias de indução se podem encaixar, tem algumas fragilidades. O mais evidente é que os mesmos resultados podem ser gerados para $U_2(I) = 0$. Bastam os custos de desutilidade do esforço de trabalhar. Para além deste efeito via desutilidade, tem sido sugerido que existem limites naturais à capacidade de indução da procura, que não se encontram reflectidas no modelo (implicitamente assumindo que esses limites não foram atingidos).

8.3 Evidência empírica

O primeiro problema defrontado pela análise empírica é metodológico. Existe uma grande dificuldade em obter uma estimativa do efeito de indução por problemas de identificação de efeitos. É necessário distinguir entre movimentos ao longo da curva da procura derivados de alteração da oferta, de movimentos da curva de procura. Estas dificuldades não têm impedido o aparecimento de tentativas de avaliar a importância real da indução de procura.

Gruber e Owings (1996) procuram testar a hipótese de indução de procura com base no pressuposto de que face a choques negativos na procura, os médicos exploram a sua relação de agência com os doentes através da provisão de cuidados de saúde desnecessários, como forma de compensar a diminuição do rendimento.

Usam para o teste empírico os resultados de uma alteração exógena no ambiente de procura – a diminuição da taxa de fertilidade nos Estados Unidos e o seu efeito nas decisões de obstetras e ginecologistas. Estes autores argumentam que a diminuição de 13,5% na taxa de fertilidade levou a que fosse usada mais vezes a técnica de cesariana em vez de parto normal, pois o primeiro origina maior pagamento. Em concreto, uma diminuição de 10% na taxa de fertilidade está associada a um aumento de 0,97% na percentagem de partos por cesariana.

Este efeito é evidência de que os incentivos financeiros tiveram um papel importante na substituição de partos normais por partos por cesariana. Por outro lado, nem todo o aumento, ou sequer a maior parte, do uso da técnica de cesariana é explicada por estes aspectos financeiros.

Em maior detalhe, o ponto de partida do estudo é um pagamento (em dólares de 1989) por cesariana de 2053 dólares e por parto normal de 1492 dólares. O parto por cesariana também leva menos tempo que um parto normal, embora obrigue a uma maior permanência no hospital. A implicação natural do modelo de indução de procura é a de que a diminuição na taxa de nascimentos levará a uma maior adopção do procedimento que origina um maior pagamento para o médico.

O modelo de McGuire e Pauly (1991) pode ser facilmente adaptado a este contexto. Defina-se a utilidade do médico como:

$$U = U(P; I) \tag{8.13}$$

em que P é o rendimento líquido associado com o serviço prestado e I é a indução de procura. Mais rendimento gera mais utilidade a uma taxa decrescente $(U_P^{'} > 0,\ U_{PP}^{''} < 0)$ e maior indução leva a menor utilidade a uma taxa crescente $(U_I^{'} < 0;\ U_{II}^{''} < 0)$. O seu rendimento líquido é dado por:

ECONOMIA DA SAÚDE

$$P = pn\,N + pc\,C \qquad (8.14)$$

sendo pn e pc os preços/remunerações associadas com cada tipo de parto, natural e cesariana, respectivamente.

A indução de procura realizada é representada por

$$I = Bi \qquad (8.15)$$

sendo B o número de nascimentos (fora do controle do médico) e i a indução traduzida em nascimento por cesariana. A procura de partos por cesariana, C, e de partos normais, N, são dadas por

$$C = Ba(i)$$
$$N = B(1 - a(i))$$

sendo $a(i)$ a percentagem de partos por cesariana. O problema de escolha do médico é representado por:

$$\max_i U(pnB(1 - a(i)) + pcBa(i); Bi) \qquad (8.16)$$

A condição de primeira ordem deste problema de maximização origina:

$$U'_P(pc - pn)c'(i) + U'_i = 0 \qquad (8.17)$$

Determinando, o efeito de alteração em B no nível de indução:

$$di/dB = (\partial^2 U/\partial i \partial B)/(-\partial^2 U/\partial i^2 \qquad (8.18)$$

O sinal desta expressão é o mesmo de

$$(pc - pn)a'(i)U^{PP}[pn(1 - a(i)) + pca(i)] + iU_{11} < 0 \qquad (8.19)$$

pelo que $\partial i/\partial B < 0$ e $\partial a(i)/\partial B < 0$. Ou seja, uma diminuição no número de nascimentos tem como consequência um aumento da indução de cesarianas.

A regressão usada foi da forma:

$$CSEC = f(\beta_0 + \beta_1 X + \beta_2 PREV + \beta_3 Z + \beta_4 LOBKID + \beta_{5j}D_j + \beta_{6i}D_i) \qquad (8.20)$$

em que $CSEC$ é uma variável que toma o valor 1 se foi realizada cesariana, 0 de outro modo, X são características demográficas, $PREV$ uma variável que descreve se o parto anterior da mesma pessoa foi cesariana (e espera-se que o respectivo coeficiente tenha valor positivo), Z são características do hospital, $LOBKID$ é o número de obstetras e ginecologistas por nascimento, D_j são

8. INDUÇÃO DA PROCURA

variáveis identificadoras do estado de residência, e D_t são variáveis identificadoras do ano.

A variável *LOBKID* mede o choque produtor de indução de procura – para um mesmo número de médicos, uma menor taxa de fertilidade significa um menor número de nascimentos. Em alternativa, Gruber e Owings também testaram a variável nascimentos por 100,000 habitantes, *LFERT*.

QUADRO 8.1: Indução da procura cesariana vs. parto normal

	(1)	(2)	(3)	(4)
LOBKID	0,578			
	(0,126)			
LFERT		-0,888	-0,923	
		(0,202)	(0,201)	
LGEN		0,342		0,410
		(0,174)		(0,174)

Nota: Outras variáveis incluídas na estimação foram omitidas. Entre parêntesis encontram-se os desvios padrão.
Fonte: Tabela 2 de Gruber e Owings (1996)

Os seus resultados principais encontram-se sumariados no quadro 8.1. As principais conclusões são que a) a utilização da técnica que gera maior rendimento para o médico é influenciada pelos incentivos financeiros que ele defronta; b) no caso concreto em análise, o efeito de utilização excessiva da técnica de cesariana parece ser pequeno em termos de magnitude.

Uma questão natural é saber se a indução de procura não será um aspecto específico ao mercado americano, que se baseia mais no financiamento do mercado privado, e menos aplicável aos sistemas europeus, sistema de saúde português incluído. Isto é, será de esperar indução de procura em sistemas de saúde eminentemente estatais?

A este respeito, Grytten, Carlsen e Sorensen (1995) apresentaram os seguintes resultados para a Noruega: não há evidência de indução de procura em termos de consultas médicas, mas há evidência de indução de procura de análises clínicas.

Para compreender estes resultados é necessário conhecer um pouco mais do contexto norueguês à data dos dados recolhidos. Existem dois tipos de médicos relacionados com cuidados de saúde primários no período temporal analisado. Os médicos convencionados, com pagamento por consulta, e os empregados, com salário fixo (e que são cerca de 40% do total). As análises clínicas podem ser

ECONOMIA DA SAÚDE

realizadas nos consultórios dos médicos convencionados. Estes autores estimam a probabilidade de se ter uma visita recomendada pelo médico em função do rácio população por médico (e de outras variáveis). O efeito não é estatisticamente significativo, sendo interpretado como significando que não há evidência de indução de procura. Uma segunda análise olha para a despesa por habitante em testes de laboratório decididos por médicos convencionados, também como função do rácio população por médico (e novamente também são incluídas outras variáveis de controle). Neste caso, é encontrado um coeficiente negativo estatisticamente significativo, indicando indução de procura de testes e análises quando o número de médicos relativo à população aumenta. Existe indução de procura no sentido em que os médicos recomendam serviços que são eles próprios a prestar.

Ainda no contexto do sistema de saúde norueguês, Sorensen e Grytten (1999) retomam a análise dos cuidados de saúde primários. Neste estudo, a ideia de teste de indução é simples. Se os médicos forem financiados por ato praticado, quando se verifica maior concorrência os médicos têm maior incentivo em criar procura para os seus serviços. Os resultados apontam para que um aumento do número de médicos por habitante leve a uma diminuição do número de consultas por médico. Ou seja, não encontram qualquer evidência de indução de procura de cuidados de saúde primários.

Numa abordagem diferente, van de Voorde *et al.* (2001) apresentam estimativas do efeito de comparticipação de seguro no consumo de cuidados de saúde, no sistema de saúde Belga. Este caso é interessante porque os médicos são pagos ao ato. Os consumidores pagam o preço por inteiro e depois são reembolsados num montante fixo pelo sistema de proteção de seguro. Este sistema favorece a presença de indução da procura, ou seja uma resposta do lado da oferta a variações de preços. São tomadas três variáveis de utilização: visita domiciliária (que recebe um maior preço), ir a uma consulta de clínica geral e ir diretamente a um médico especialista. Consideram três grupos de consumidores. Uma primeira distinção é entre a população em geral e camadas populacionais especiais (viúvos, órfãos, pensionistas e inválidos). Dentro destes grupos particulares, é feita a distinção entre rendimento elevado e rendimento baixo. O período de análise é de 1986 a 1995, tendo a principal alteração no sistema ocorrido em 1994. A ideia do teste empírico é relativamente simples. De acordo com as estimativas da *RAND Health Insurance Experiment*, alteração de copagamentos deverá ter um efeito de redução de utilização de cuidados de saúde. Mas essas elasticidades assumem que não há resposta do lado da oferta. No contexto desse estudo é uma hipótese razoável, uma vez que os participantes eram uma fração muito pequena da procura de cuidados de saúde nos Estados Unidos. Contudo, alterações num sistema de saúde podem desencadear uma resposta por parte do lado da oferta.

8. INDUÇÃO DA PROCURA

Se a elasticidade medida for muito pequena e sobretudo significativamente mais pequena que a estimada no estudo *RAND Health Insurance Experiment*, então a redução de procura decorrente do comportamento dos consumidores terá sido compensada por indução da procura e é esta a estratégia seguida para procurar evidência de indução de procura no sistema de saúde belga.

As elasticidades procura – preço obtidas constam do quadro 8.2.

QUADRO 8.2: **Indução de procura e elasticidades procura – preço**

	Consultas domiciliárias	Consultas	Consultas de especialidade
População em geral	-0,390	-0,156	-0,104
Grupos especiais	-0,082	-0,063	-0,055
Grupos especiais de baixo rendimento	0,044*	-0,048*	-0,092*

Nota: * – estatisticamente não significativo.
Fonte: Van de Voorde at al. (2001).

Dada a natureza dos dados, só é possível capturar efeitos de curto prazo. A existência de uma elasticidade procura preço negativa e estatisticamente significativa é sinal indireto de que a indução de procura não será muito forte (ou que ainda não teve tempo de atuar). Andando a taxa de reembolso no sistema de saúde belga entre os 60 a 70%, é comparável com os planos de seguro da *RAND Health Insurance Experiment* que têm copagamentos positivos, nomeadamente os que exigem comparticipações de 25% e 50%. As estimativas da *RAND Health Insurance Experiment* dão um intervalo para a elasticidade procura preço de -0,17 a -0,22 para todas as despesa, e Wedig (1988) apresenta uma elasticidade de -0,35 para consultas médicas (indivíduos com saúde excelente ou boa) e de -0,16 para indivíduos com pior estado de saúde.

Estes valores são da mesma ordem de magnitude dos obtidos pelo estudo de van de Voorde *et al.* (2001), o que sugere que apesar das condições favoráveis à ocorrência de indução de procura, esta não terá existido no período temporal analisado.

Para Portugal, não existem ainda estudos de avaliação de indução da procura que permitam uma conclusão sobre o seu significado. No sector público, tradicionalmente o pagamento era independente da atividade desenvolvida, não existindo motivo para indução da procura. No sector privado, as consultas, nomeadamente as de especialidade, são uma situação propícia à ocorrência de indução da procura, mas não há informação estatística que o permita avaliar. Mais recentemente, as mudanças ocorridas no modo de pagamento aos hospitais poderá ter criado oportunidades de indução.

ECONOMIA DA SAÚDE

8.4 Considerações finais

Estes estudos empíricos, que estão longe de ser uma revisão completa da literatura existente, ilustram algumas das questões que ainda estão por resolver: haverá uma cultura médica diferente entre os Estados Unidos e a Europa, sendo a indução da procura um problema menor na Europa? Será que a indução de procura só é possível em alguns tipos de cuidados de saúde?

A existência de uma relação repetida é fundamental para a visão tradicional de indução de procura. Uma relação repetida pode também modificar os incentivos a induzir procura. Por outro lado, há a possibilidade de indução de procura através da recomendação de tratamentos fora do âmbito de relações repetidas. Esta distinção permite uma explicação potencial para a ausência de indução em cuidados de saúde primários (onde há uma relação repetida do doente com o médico, sendo que o primeiro pode descobrir, eventualmente, que houve indução), e a sua existência na decisão de realizar parto por cesariana. Neste último caso, não há uma relação repetida frequentemente.

Desenvolvimentos teóricos recentes, por outro lado, enfatizam o aspecto de assimetria de informação e a aceitação, ou não, da decisão do médico pelo doente (Calcott, 1999). O argumento central é que se o doente esperar que o médico induza procura dos seus serviços, tenderá, em alguns casos, a não seguir a recomendação de mais tratamento. Ou caso sinta que não irá contra as recomendações do médico se for a uma consulta, poderá reduzir a sua utilização nas situações menos graves, como forma de evitar a indução de mais procura de cuidados de saúde.

Exercícios

8.1 Explique em que consiste a teoria do rendimento alvo.

8.2 Em que consiste a indução da procura pela oferta?

8.3 Os pressupostos para uma relação de agência encontram-se satisfeitos na relação entre o médico e o doente?

8.4 Considere o modelo de indução de procura de McGuire-Pauly, em que a utilidade do médico é $V = U_1(Y) + U_2(L) + U_3(I)$ sendo Y o rendimento do médico, L o tempo de lazer do médico e I o nível de indução da procura. As funções de utilidade parcial U_i têm utilidade marginal positiva e decrescente. O rendimento do médico é dado por $Y = mX(I) + w$, sendo X a quantidade de consultas/atos realizados, que depende positivamente do nível de indução, w é um pagamento fixo ao médico e m é a remuneração por consulta/ato realizado. O tempo de lazer do médico é definido em termos diários como $L = 24 - tX(I)$ sendo t o requisito tempo por consulta/ato.

a) Defina o problema de maximização do médico.

134

b) Obtenha a condição de primeira ordem que caracteriza a escolha óptima do nível de indução.

c) Mostre que um aumento de w implica uma redução no nível de indução óptimo praticado pelo médico.

d) Discuta as implicações de se passar de um sistema de remuneração fixa por mês para um sistema de pagamento por consulta realizada aos médicos de família.

8.5 No modelo de análise do exercício anterior assuma $w = 0$ e uma procura de cuidados de saúde prestados por cada médico dada por $X(I, m)$ com $X_I > 0$ e $X_m < 0$. Neste enquadramento, em que condições um aumento de m se traduz em maior indução de procura? Interprete intuitivamente a condição encontrada.

Capítulo 9
Variações de prática clínica

9.1 Evidência de variações de prática clínica

Um outro conjunto de problemas de informação importante está associado com a tecnologia. Existe incerteza dos médicos quanto aos cuidados de saúde apropriados e aos resultados e relativa efetividade dos tratamentos alternativos.

Os médicos diferem nos seus padrões de prática clínica. Onde um médico sugere cirurgia, outro pode preferir prescrever uma terapia baseada em medicamentos. Não é surpreendente que existam variações na prática clínica. Muito do conhecimento médico contém incerteza e poucos serviços são absolutamente necessários, pelo que há uma larga margem de escolha de alternativas.

O problema das variações na prática clínica consiste na considerável diversidade nas taxas de utilização per capita de muitos procedimentos médicos e cirúrgicos que é comum encontrar em pequenos mercados geográficos próximos. As variações na utilização per capita de muitos serviços médicos são detectadas quer a nível internacional, quer entre regiões de um mesmo país, quer dentro de regiões. A figura 9.1 apresenta o valor máximo, mínimo e médio para alguns procedimentos cirúrgicos entre países (o número de países incluído em cada caso varia).

A nível internacional, as variações de prática clínica podem-se dever a fatores institucionais, a diferente organização interna de cada sistema de saúde e/ou a diferenças de percepções e valores. Porém, dentro de um mesmo país, constata--se a existência de grandes variações que não podem ser explicadas por diferentes enquadramentos institucionais.

ECONOMIA DA SAÚDE

FIGURA 9.1: Variação entre países

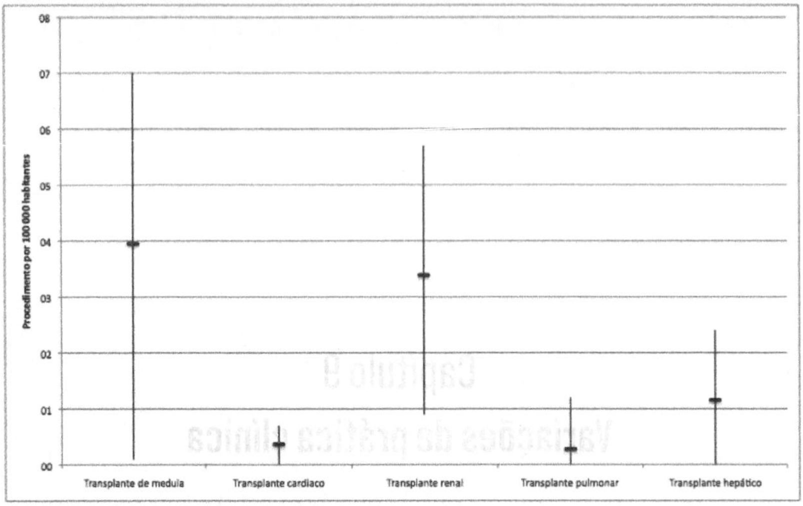

Fonte: OECD Health Data (2008)

A figura 9.2 mostra essas diferenças para um indicadores, a percentagem de doentes oncológicos admitidos na unidade de cuidados intensivos no último mês de vida[36].

FIGURA 9.2: Variação dentro dos Estados Unidos

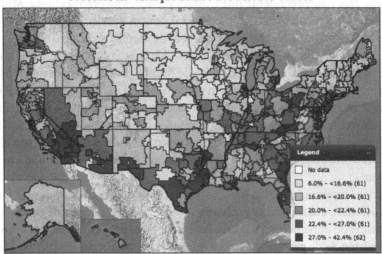

Fonte: http://www.dartmouthatlas.org.

[36] Outros indicadores podem ser consultados em http://www.dartmouthatlas.org.

9. VARIAÇÕES DE PRÁTICA CLÍNICA

Mesmo em Portugal, tomando um problema com alguma homogeneidade, doentes com acidente vascular cerebral (AVC), considerado através do GDH 14 (Perturbações cerebrovasculares específicas, excepto acidentes isquémicos transitórios), vendo a sua dispersão de utilização de ressonância magnética entre concelhos de residência observa-se que há variação no tratamento (neste caso, realização de ressonância magnética) de acordo com o concelho de residência (figura 9.3). Mas também ocorre variação entre hospitais. A percentagem de doentes submetida ao instrumento de diagnóstico varia entre os 0% (num hospital com 56 casos, nenhum realizou ressonância magnética) e os 46% (em dois hospitais, ambos com mais de 450 casos de internamento em 2010 no GDH 14).

FIGURA 9.3: **Variação por concelho: realização de ressonância magnética (AVC)**

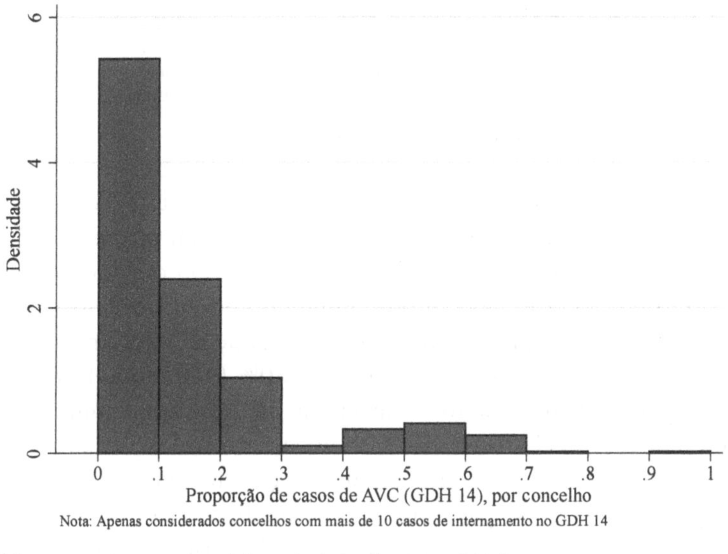

Nota: Apenas considerados concelhos com mais de 10 casos de internamento no GDH 14

Fonte: Elaboração própria, a partir da base de dados dos GDH (2010).

ECONOMIA DA SAÚDE

FIGURA 9.4: Variação por hospital: realização de ressonância magnética em AVC

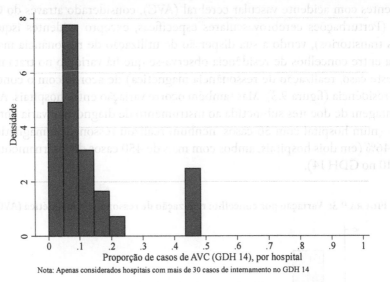

Nota: Apenas considerados hospitais com mais de 30 casos de internamento no GDH 14

Fonte: Elaboração própria, a partir da base de dados dos GDH (2010).

Tome-se agora um outro exemplo, a um nível mais detalhado, o tratamento de cancro da mama, mais concretamente, tumores com menos de 20 mm de diâmetro e detectados em rastreio. Moritz *et al.* (1997) avaliam a variação na taxa de intervenção cirúrgica em 600 mulheres com idades entre os 49 e 79 anos, numa zona geográfica de Inglaterra. A taxa de mastectomia entre os vários médicos intervenientes variou entre 0% e 80%. Os tumores tinham dimensão semelhante, pelo que não foi o aspecto médico que aparentemente levou a estas diferenças de decisão entre os 35 médicos envolvidos. O quadro 9.1 apresenta os números referentes à taxa de intervenção cirúrgica.

Exceptuando o que se passa no caso de médicos com menos de 5 doentes, existe uma dispersão considerável na taxa de mastectomia, tendo-se uma população semelhante, numa área geográfica relativamente pequena. Parece, além disso, existir uma relação entre a carga de trabalho do médico e a taxa de intervenção cirúrgica. Embora não haja explicação apresentada para as diferenças existentes, está-se claramente na presença de variações de prática clínica.

9. VARIAÇÕES DE PRÁTICA CLÍNICA

QUADRO 9.1: **Taxa de intervenção cirúrgica**

	número de casos por médico					
	< 5	5-12	13-19	20-30	> 30	Total
Número de médicos	8	8	7	6	6	35
Número de doentes	13	65	107	138	271	600
Taxa de mastectomia	0	32%	20%	23%	12%	18%

Fonte: Moritz *et al.* (1997).
Nota: O total difere da soma devido a alguns casos especiais. Ver Table 1 em Moritz *et al.* (1997) para mais detalhes.

Tem sido argumentado que muito das variações observadas se encontra relacionado com o grau de incerteza dos médicos em relação aos efeitos dos diagnósticos e tratamentos prescritos. A ideia central é que a existência de incerteza nos tratamentos leva à falta de consenso quanto à melhor prática clínica, o que leva ao desenvolvimento de várias práticas.

Embora seja claro que existe evidência das variações de prática clínica, há grande controvérsia e justificações alternativas para a sua existência e consequências em termos de política económica. A existência de variações de prática clínica tem fortes implicações em termos de atuação de política económica, em que as seguintes questões se colocam: será que estas variações significam que existem cuidados de saúde desnecessários ou desapropriados? será que é apenas um problema de informação, que a disseminação de investigação médica poderia solucionar? será que se deve estabelecer normas para a prática clínica?

O desenvolvimento da denominada "medicina baseada na evidência" e a discussão sobre a criação de orientações de prática clínica sugerem que têm sido dadas respostas positivas a estas questões.

Uma primeira explicação económica para as variações observadas é a presença de diferentes preferências dos consumidores e/ou distintas condições locais de custos entre regiões. Esta explicação, porém, não elucida sobre as razões pelas quais as condições de procura e de oferta diferem entre regiões. Do lado da procura, fatores socioeconómicos podem gerar essas diferenças. Os residentes de determinadas áreas podem ser bastante diferentes de residentes em outras áreas em termos de rendimento, educação e idade. Todos estes fatores afectam a utilização de cuidados de saúde. Mas as diferenças têm sido documentadas entre áreas geográficas com características similares indiciam que esta não será uma explicação muito forte.

A análise de pequenas áreas baseia-se na ideia de avaliar padrões de utilização de cuidados de saúde em populações homogéneas, para eliminar diferenças no estado de saúde, educação, etc.

ECONOMIA DA SAÚDE

Para se falar em variações de prática clínica, é conveniente ter uma definição operacional do que significa esta designação.

Os cuidados de saúde que se observa serem prestados a alguém resultam da conjugação de muitos fatores, incluindo o conjunto de conhecimentos e conjecturas do médico sobre a eficácia de cada alternativa médica. Estas conjecturas do médico sobre qual o tratamento adequado para cada conjunto de circunstâncias clínicas do doente é o que se designa por prática clínica.

As variações de prática clínica, como referido, têm sido associadas com a incerteza existente quanto ao tratamento (ou meio de diagnóstico) adequado (Phelps 2000), o que permite que em cada zona geográfica se desenvolvam práticas clínicas diferentes. Um mecanismo pelo qual este resultado pode surgir é o reforço positivo decorrente do sucesso em experiências anteriores.[37]

Para entender o efeito da experiência passada na criação de uma norma de prática clínica, suponha-se que existem dois medicamentos alternativos, A e B. Ambos os medicamentos são eficazes em 90% dos casos. Mas o médico à partida não tem esta informação, e vai basear as suas escolhas na experiência passada da sua prática clínica.

Admita-se que o médico segue uma regra simples e intuitiva: receita o medicamento que melhores resultados deu no passado.

Seguindo esta regra simples, o medicamento que for usado em primeiro lugar (no primeiro doente, por exemplo), será utilizado com 91% de probabilidade no quarto doente tratado, e esta probabilidade tenderá a aumentar com o número de doentes que vão sendo tratados. Note-se que no primeiro doente há uma probabilidade de 50% de cada medicamento ser usado, dada a ausência de informação admitida. Se dois médicos optarem por medicamentos diferentes no primeiro doente, rapidamente as suas práticas clínicas vão apresentar variação nos medicamentos receitados. Para cada médico, apesar do "empate técnico" entre os dois medicamentos, a prática clínica baseada na regra simples apresentada irá determinar a maior utilização de um dos medicamentos.

O mesmo argumento pode ser apresentado para justificar que um medicamento objetivamente inferior pode dominar a prescrição, na presença de uma regra de decisão simples e intuitiva. Por exemplo, se o medicamento que for tentado inicialmente tiver menor eficácia (resulta em apenas 75% dos casos, digamos), ainda assim será o medicamento escolhido com 77% de probabilidade no quarto doente tratado.

---

[37] Outra alternativa de modelização que gera igualmente diferenças de prática clínica é a diferença de percepção sobre a verdadeira função de produção, apresentada por Folland and Stano (1990).

9. VARIAÇÕES DE PRÁTICA CLÍNICA

O elemento essencial é que informação que diga apenas que o medicamento mais eficaz é melhor é confrontado, por cada médico, com a sua experiência passada, e esta última tenderá naturalmente a ser mais importante. Neste caso, mais do que divulgar estudos científicos, poderá funcionar a partilha dos resultados de prática clínica entre vários médicos. Mais do que informar do padrão de prescrição dos outros médicos, é importante partilhar os resultados obtidos, uma vez que é com base nessa observação que a atuação futura será definida. A compreensão do mecanismo de decisão em contexto de informação imperfeita é essencial para se definir se deve haver algum tipo de intervenção, e em caso afirmativo, que tipo de intervenção é mais adequado.

De acordo com a terminologia económica, diferentes práticas clínicas correspondem à ideia de que diferentes médicos possuem diferentes conjecturas sobre a função de produção relevante. Obviamente, tal gera diferentes decisões para um mesmo conjunto de informação observado. Se médicos em diferentes áreas partilharem maioritariamente de conjecturas distintas, então a taxa de utilização de cuidados de saúde (por cada tipo de cuidado) será também diferente entre áreas. Ou seja, esta hipótese de diferenças na prática clínica é capaz de explicar diferenças entre regiões.

No entanto, existem alguns problemas com esta explicação e com a sua comprovação na realidade. Suponha-se que existem grandes diferenças entre médicos, mas que estes se distribuem de forma uniforme dentro de cada área. Então não se detectarão diferenças de utilização entre áreas. Há, assim, um problema básico em realizar um teste direto da teoria, já que não existe uma medida objetiva da prática clínica. Tem-se assim recorrido essencialmente a evidência indireta. Estudos têm demonstrado que programas educacionais e de esclarecimento são capazes de alterar o comportamento dos médicos (e presumivelmente a sua prática clínica). É também possível encontrar estudos que realizam a comparação de utilização entre regiões homogéneas, após considerar fatores de diferença.

Uma forma de análise consiste em análise de regressão – se grande parte na variação na utilização de recursos for explicada por variáveis socioeconómicas habituais, então o papel da hipótese das diferenças de prática clínica perde importância. Neste tipo de trabalhos, a parte das variações atribuídas à hipótese da prática clínica é essencialmente o resíduo da regressão. É conveniente, porém, ter em atenção um aspecto metodológico importante: tipicamente verifica-se que a utilização de variáveis agregadas (por exemplo, despesas médicas per capita) é mais facilmente explicada que procedimentos individuais.

9.2 Os efeitos de bem-estar
Esta preocupação com as variações de prática clínica deu origem a estudos que procuraram quantificar as perdas de bem-estar associadas. Em termos eco-

ECONOMIA DA SAÚDE

nómicos, o nível adequado de cuidados de saúde corresponde ao nível em que os benefícios marginais para o consumidor informado são iguais aos custos marginais de provisão.

Embora a avaliação da prática médica e o desenvolvimento de "guias de melhor prática" sejam essencialmente problemas que pouco têm a ver com o papel do economista, algumas ideias são importantes: diferenças na procura (preferências, por exemplo), originam níveis de utilização economicamente corretos diferentes; e diferenças na oferta também geram diferenças nos níveis de utilização economicamente eficientes.

Antes de se passar à avaliação empírica do custo das variações de prática clínica, vale a pena relembrar que a literatura científica documenta a existência de grandes variações no uso de muitos procedimentos médicos e cirúrgicos; que as razões dessas variações não são completamente claras; e daí decorre a possibilidade de erros 'económicos' na utilização de recursos, originando perdas de bem-estar. O 'económicos' tem aqui o sentido de o valor das decisões tomadas ser inferior ao de decisões óptimas (que poderão implicar maior ou menor utilização de recursos).

O modo de fazer esta avaliação ainda não está completamente estabelecido, existindo divergências de opinião entre diversos especialistas. Pretende-se dar apenas uma visão de algumas propostas (Phelps, 2000). Suponhamos duas regiões idênticas, em que numa se escolhe $x1$ e noutra x_0, sendo x^* o nível economicamente correto. O custo de bem-estar é dado pela soma das áreas A e B da figura 9.5.[38] De um ponto de vista económico, tanto existem erros de excesso de utilização de recursos ($x_1 > x^*$) como erros de insuficiente utilização de recursos ($x_0 < x^*$). No primeiro caso, o valor marginal dos recursos usados na zona ($x_1 - x^*$) é inferior ao seu custo marginal – haveria utilizações alternativas de recursos mais vantajosas. Já o segundo caso é qualitativamente diferente – na zona ($x_0 - x^*$) o benefício marginal excede o custo marginal e seria apropriada uma maior utilização de recursos. Além do mais, este é um custo de difícil observação uma vez que corresponde a tratamentos que não foram realizados (o custo é suportado pelos doentes que não foram tratados da forma mais adequada).

---

[38] Veja-se Phelps (1995) e as referências aí contidas.

9. VARIAÇÕES DE PRÁTICA CLÍNICA

FIGURA 9.5: Custos de variação da prática clínica

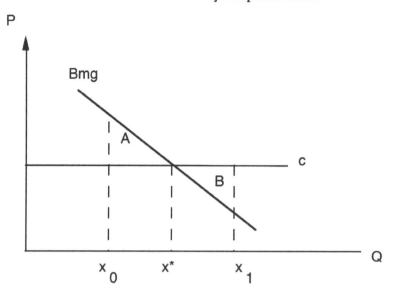

Este diagrama simples não nos informa sobre o que leva à utilização de recursos num montante economicamente ineficiente. Uma possibilidade é dizer que são erros de decisão. Uma abordagem diferente explora a ideia de incerteza e o papel da informação no moldar das decisões de prática clínica. No entanto, para a quantificação do custo de variações de prática clínica, pode--se ignorar o que deu origem a essas variações. Sejam novamente duas áreas geográficas similares, com benefícios marginais Bmg_1 e Bmg_2, respectivamente. Se os consumidores tivessem informação perfeita teriam um benefício marginal médio Bmg^*.

Os decisores em cada uma das áreas 1 e 2 têm diferentes conjecturas sobre o valor marginal da intervenção médica em questão, mas dadas essas conjecturas, todas as decisões são racionais – o consumo de recursos médicos é determinado pela igualdade entre o custo marginal e o benefício marginal apercebido. A grande diferença para o caso anterior é que agora existe uma justificação para os "erros": a existência de informação imperfeita sobre os efeitos da intervenção.

O custo de bem-estar é:

$$\Delta W = (p_1 - c)\frac{x^* - x_0}{2} + (c - p_2)\frac{x_1 - x^*}{2} \tag{9.1}$$

ECONOMIA DA SAÚDE

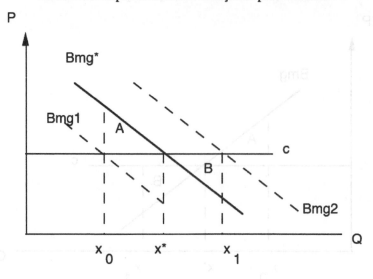

FIGURA 9.6: Tipos de custos de variação da prática clínica

Tendo informação sobre a curva da procura, se a elasticidade da procura não for nula,

$$(p_1 - c) \approx \frac{dp}{dx}dx = \frac{dp}{dx}(x_1 - x^*)$$

$$(c - p_2) \approx \frac{dp}{dx}(x^* - x_0)$$

pelo que:[39]

$$\Delta W = -\frac{1}{2}\frac{dp}{dx}\left[(x^* - x_0)^2 + (x_1 - x^*)^2\right]$$

ou, genericamente,

$$\Delta W = -\frac{1}{2}\frac{dp}{dx}\sum_i (x^* - x_i)^2$$

---

[39] O sinal negativo decorre de se medir a variação em unidades positivas, e é necessário por $dp/dx < 0$.

9. VARIAÇÕES DE PRÁTICA CLÍNICA

sendo x^*a média da amostra, vem

$$\Delta W = -\frac{1}{2}\frac{dp}{dx}N\sigma_x^2$$

sendo σ_x^2 a variância nas taxas de utilização. Relembrando a definição de elasticidade da procura:

$$\varepsilon = -\frac{dx}{dp}\frac{p}{x} \rightarrow \frac{dp}{dx} = -\frac{p}{x}\frac{1}{\varepsilon} \qquad (9.2)$$

leva a que

$$\Delta W = \frac{1}{2}px * N\sigma_x^2\frac{1}{\varepsilon}$$

De onde resulta:

$$\Delta W = \frac{1}{2}\frac{\text{despesa total} \times \text{coeficiente de variação}}{\varepsilon} \qquad (9.3)$$

Esta é uma forma relativamente simples de calcular o custo das variações de prática clínica. Phelps e Parente (1990) e mais recentemente Phelps e Mooney (1992) calcularam este tipo de custos (ver quadro 9.2).

QUADRO 9.2: **Estimativas de custos da variações de prática clínica**

Procedimento	Valor per capita (USD)	Valor total (10⁹ USD)
Procedimentos de "bypass"	3,10	0,74
Angina de peito	1,33	0,32
Quimioterapia	0,83	0,20
Psicoses	2,97	0,71
Total dos 25 maiores casos	25,91	6,22

Fonte: Phelps and Mooney (1992, table 3).

Embora as magnitudes per capita sejam relativamente diminutas, o valor agregado destes custos é importante. Estas estimativas sugerem que as perdas de bem-estar são superiores ao custo da investigação necessária para fornecer a informação adequada aos médicos. A análise pressupõe a hipótese de a taxa de utilização média ser correta. Se tal não suceder, significa que existe um enviesamento sistemático no cálculo do valor de bem-estar. Neste caso, a medida de bem-estar apresentada anteriormente é inferior à verdadeira medida. A medida correta é a soma do valor anterior mais o custo do enviesamento:

$$\Delta W(viés) = \frac{px * (\%viés)^2}{\varepsilon} \tag{9.4}$$

Para além deste erro, existe ainda uma outra fonte de erro nesta medição. Baseia-se no pressuposto que a verdadeira função procura tem a mesma inclinação do benefício marginal apercebido. Se assim não for, esta medida tanto pode subestimar como sobre-estimar o verdadeiro efeito de bem-estar (figuras 9.7 e 9.8). Como a verdadeira curva de benefício marginal não é observável, todo este processo de avaliação tem que ser tratado com cautela.

FIGURA 9.7: Subavaliação do custo

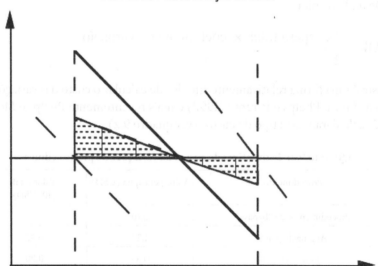

Fonte: Elaboração própria.

9. VARIAÇÕES DE PRÁTICA CLÍNICA

FIGURA 9.8: Sobreavaliação do custo

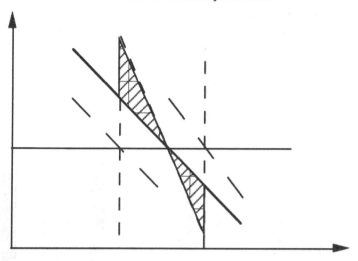

Fonte: Elaboração própria

9.3 Evidência em Portugal

Em Portugal, há evidência de diferentes taxas de utilização de procedimentos clínicos entre regiões, embora não haja um ajustamento para condições de procura e oferta que permita imputar à prática clínica parte da variância observada.

Tentar quantificar as perdas decorrentes da variação da prática clínica não é uma tarefa fácil. Em vez de o fazer diretamente, é por vezes mais fácil tratar uma outra questão: qual a poupança de recursos que se poderia alcançar com menores variações de prática clínica?

Um caso interessante é o de consumo de medicamentos em condições crónicas, para o qual Barros e Gomes (2000) apresentaram uma medida do custo de variações no padrão de prescrição. Em particular, apresentam uma estimativa dos ganhos que se obteriam com uma uniformização da prática clínica para um conjunto de 4 doenças (diabetes, hipertensão, doenças reumatismais e stress psicossocial). A estas doenças crónicas, foi associada uma determinada faturação em medicamentos.[40] Extrapolando para o total (exercício que deve ser visto com cautela) obteve-se um valor indicativo da importância e magnitude deste efeito). A figura 9.9 apresenta a dispersão entre regiões, para cada doença, da prescrição média por doente.[41]

---

[40] Esta associação não é perfeita, mas tem algum grau de confiança.
[41] Os dados sobre facturação têm como fonte o IGIF (atual ACSS – Administração Central do Sistema de Saúde, I.P. Optou-se por manter designações genéricas nos nomes das regiões e das doenças.

ECONOMIA DA SAÚDE

A partir do Inquérito Nacional de Saúde (1998/1999) extrapolou-se o número de doentes por região de saúde para cada doença. Tornou-se assim possível obter uma estimativa da faturação por doente (e não per capita) em cada região para cada uma das doenças. Como se analisou a faturação por doente, e não em termos per capita, controlou-se implicitamente para as diferenças de características de risco entre as várias regiões.

FIGURA 9.9: Faturação por doente

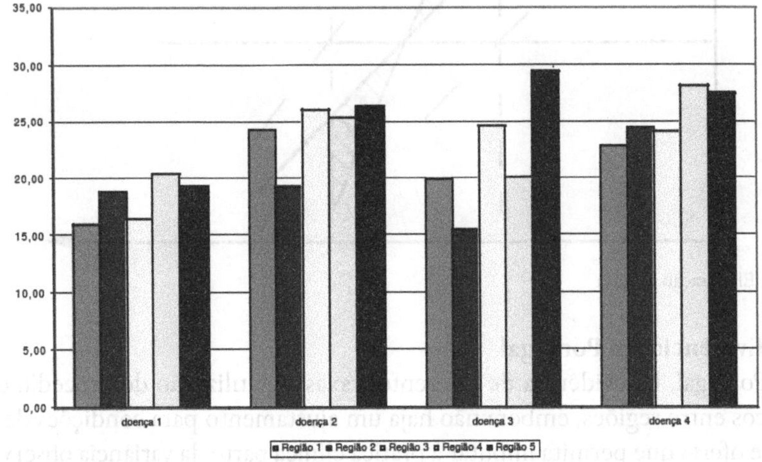

Fonte: Elaboração própria.

Com base nestes valores, calcula-se o custo de bem-estar das variações de prática clínica, desde que se admita um valor para a elasticidade procura-preço. Na ausência de uma estimativa desse valor, e apenas para efeitos ilustrativos, tomou-se um valor unitário para a elasticidade[42]. É possível argumentar que dado que se está na presença de condições crónicas, a elasticidade preço será muito baixa,[43] o que tenderá a aumentar ainda mais os custos de bem-estar dessas variações de prática clínica.

[42] Da expressão algébrica da fórmula, é evidente que tomar um valor de elasticidade de 2 gera custos que são metade dos apresentados, e uma elasticidade de 1/2 gerará custos que são o dobro dos apresentados.

[43] A defesa de uma elasticidade procura preço diferente de zero pode ser defendida com base em ajustamentos na quantidade consumida de cada doente, e não pela variação do número de pessoas em tratamento, embora a nível agregado ambos os ajustamentos contribuam para a sensibilidade da procura ao preço.

9. VARIAÇÕES DE PRÁTICA CLÍNICA

FIGURA 9.10: Custos de bem-estar da variação de prática clínica

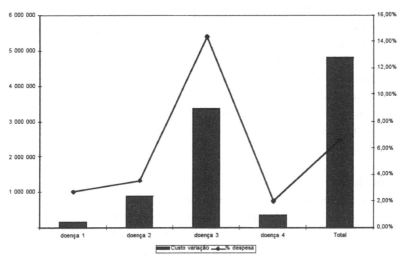

Fonte: Elaboração própria.

O outro caso limite é tomar a quantidade (número de doentes tratados) como constante (elasticidade nula), e os efeitos relevantes serão essencialmente a poupança de custos resultante.

Para dar essa outra visão do problema, apresentam-se de seguida os valores respectivos. O cálculo de uma estimativa do custo das diferenças no padrão de prescrição torna necessário definir o que seria o valor médio "normal". Como a existência de má utilização de recursos significa um maior custo por doente tratado, a utilização da média da amostra vem enviesada e para valores superiores à verdadeira média numa situação de eficiência. Por outro lado, é também relevante reconhecer que há efeitos aleatórios puros que introduzem diferenças na faturação por doente tratado. Tomar o valor mais baixo da amostra introduz também um enviesamento, neste caso para valores inferiores ao verdadeiro valor médio.

São, por este motivo, propostas duas formas alternativas: (a) tomar a média dos três valores mais baixos, obrigando a que nenhum custo por doente tratado possa estar afastado mais do que um desvio padrão da média amostral; e (b) tomar a média dos três valores mais baixos, sem qualquer ajustamento adicional. Os valores obtidos com o uso das médias ajustadas, em termos de custos poupados para o mesmo número de doentes, indicam ganhos relativamente modestos, entre 2% e 4% (ou entre 4 e 8,2 milhões de contos, o que corresponde a cerca de 0,88% e 1,79% das verbas totais transferidas para as regiões de saúde). No caso de se adoptar uma versão mais favorável, considerando que o valor correto

ECONOMIA DA SAÚDE

de prescrição por doente é o valor mais baixo das cinco regiões, ou mesmo tomando o valor médio menos um desvio padrão, as poupanças oscilam entre os 10% e os 16% (ou entre 23 e 36 milhões de contos, correspondendo a cerca de 5% e 8% do total transferido para as regiões de saúde).

A magnitude relevante depende, crucialmente, de se validar o valor mais baixo de prescrição per capita como o correto, ou como sendo demasiado baixo, sendo influenciado por fatores aleatórios, sem ligação específica e sistemática com o padrão de prescrição. De qualquer forma, pode ser encarado como um limite superior às poupanças de custos com medicamentos que são alcançáveis por esta via.

9.4 Conclusão

As variações de prática clínica são um aspecto que tem ganho crescente importância. A sua existência decorre de alguma forma de informação imperfeita e de como os decisores se comportam nesse contexto. Em causa está a incerteza sobre o tratamento adequado e a forma como se desenvolve e constrói a prática clínica.

A dimensão global e implicações de saúde e de custos destas variações de prática clínica ainda não se encontram totalmente estabelecidas.

A relevância da utilização de melhor prática é também visível pela atenção que recebe em termos de política económica. Nas medidas acordadas no âmbito do resgate financeiro a Portugal em Maio de 2011 incluiu-se a publicação exaustiva de normas de orientação clínica que consensualizassem a melhor prática em Portugal.

A análise económica ajuda a medir os custos destas variações de prática clínica, identificando dois tipos de custo. Por um lado, despesa excessiva associada com tratamento desnecessário. Por outro lado, custos de menor saúde associados com subtratamento.

A compreensão do mecanismo de decisão também permite definir formas de intervenção. A publicação das normas de orientação clínica fornecem uma oportunidade para se vir a avaliar em que medida a prática clínica se alterou, ou não, com a sua existência e para se mensurar o impacto económico, de acordo com cada um dos tipos de custos identificados.

Exercícios

9.1 Explique qual o problema económico associado com a existência de variações de prática clínica.

9.2 "Se as variações de prática clínica seguirem um padrão aleatório, então não se detectarão diferenças sistemáticas entre regiões. O verdadeiro desafio é

9. VARIAÇÕES DE PRÁTICA CLÍNICA

encontrar os efeitos sistemáticos que estão subjacentes a variações detectadas na prática clínica." Concorda com esta posição? Justifique a sua resposta de forma adequada.

9.3 Sugira duas possíveis soluções para o problema de variações de prática clínica, e explicite em que condições esperaria que cada uma delas resultasse.

9.4 Na estimação do custo de variações na prática clínica, de acordo com a fórmula proposta por Phelps, uma subestimação da elasticidade procura preço leva a uma sobre-estimação dos custos das variações na prática clínica. É esta afirmação verdadeira ou falsa? Justifique adequadamente a sua resposta.

9.5 Se o ponto de referência apropriado para a definição da melhor prática clínica, em termos de frequência de um dado procedimento médico, é inferior à sua frequência média observada, então a fórmula proposta por Phelps fornece um limite inferior ao verdadeiro custo das variações na prática clínica. É esta afirmação verdadeira ou falsa? Justifique adequadamente a sua resposta.

9.6 Suponha que o benefício marginal de um procedimento é: $Bmg = 10 - q$, em que q é a intensidade do procedimento numa dada área geográfica. O custo marginal social é 5. A observação da prática clínica seguida revelou que em metade de dez regiões $q = 1$ enquanto na outra metade se observa $q = 3$.

a) calcule o custo das variações na prática clínica neste caso.

b) como é que este custo se altera se o custo marginal social do procedimento se reduzir para 2?

c) em geral, qual a relação entre o custo marginal social de um procedimento e o custo das variações na prática clínica?

Capítulo 10
Seguro no sector da saúde

10.1 As funções de uma entidade seguradora

Um dos aspectos centrais no sector da saúde é a imprevisibilidade do momento e do montante das despesas em cuidados de saúde de cada indivíduo. Esta incerteza motiva, naturalmente, mecanismos de proteção, nomeadamente, a procura de seguro.

Um seguro não é mais do que a transferência das responsabilidades financeiras associadas a cuidados de saúde (neste contexto), se e quando estes ocorrerem, a troco de um pagamento fixo (denominado prémio de seguro), realizado antecipadamente.

A existência de seguro significa a transferência de risco para uma terceira entidade. Em geral, traduz-se em o cidadão pagar apenas uma pequena fração do custo de cuidados de saúde no momento de consumo. Antes de passar ao estudo da procura de seguro e do tipo de contratos de seguro que serão oferecidos em equilíbrio, é útil discutir alguns aspectos gerais.

A entidade seguradora ao assumir a responsabilidade das despesas de saúde futuras de um indivíduo transfere o risco do indivíduo para si. Esta 'aquisição' de risco é possível pois a entidade seguradora contratando com um elevado número de pessoas com eventos de doença não correlacionados (independentes estatisticamente) diversifica o risco. Como nem todos estarão doentes ao mesmo tempo, em cada período a seguradora efetua uma redistribuição de rendimento entre indivíduos (nomeadamente dos saudáveis para os doentes). Globalmente, esta atividade de seguro cria valor social pela agregação de riscos que efetua.

De um ponto de vista da organização do sector da saúde, é razoável pensar que o custo da incerteza associado ao montante e momento da necessidade de

ECONOMIA DA SAÚDE

cuidados de saúde é suficientemente relevante para garantir o interesse na existência de mecanismos de seguro. Assim sendo, haverá a presença de mais um interveniente activo neste mercado, além das habituais "procura" e "oferta".

A entidade seguradora terá, então, duas funções essenciais a desempenhar. Por um lado, recebe contribuições da população; por outro lado, realiza pagamentos aos prestadores de cuidados de saúde.

A forma de organizar qualquer uma destas funções tem implicações importantes no funcionamento do sistema de saúde. O primeiro elemento a ser reconhecido é a existência de dois grandes sistemas de organização destas duas funções: seguro público e seguro privado.

As despesas de saúde de qualquer indivíduo são financiadas por uma combinação de três alternativas: segurador público, segurador privado e/ou (co)pagamento no momento de consumo. O seguro privado cumpre a primeira função assinalada cobrando prémios de seguro, tipicamente relacionados com as características de risco. O seguro público recolhe os fundos necessários para pagamento aos prestadores através de impostos ou de um outro sistema contributivo, tipicamente compulsório, sendo o pagamento de cada indivíduo determinado pelo respectivo nível de rendimento.

O pagamento no momento de consumo é uma transferência direta do cidadão para o prestador de cuidados de saúde. este pagamento pode ser decorrente de uma decisão do sistema de seguro, público ou privado, de requerer ao doente uma participação nos custos do seu tratamento nesse momento.

Além desta diferença fundamental, outra diferença entre os dois sistemas de seguro é crucial: a adesão a um seguro privado é, regra geral, voluntário; a participação num sistema público de seguro pode ser garantida por exercício da capacidade coerciva do Estado.

As propriedades para a natureza do equilíbrio e características do sistema de saúde são também determinadas pela forma de seguro usada.

A discussão de formas de financiamento da saúde foca fundamentalmente nesta função de angariação de fundos, e podemos enquadrar as diversas opiniões e discussões neste quadro de seguro privado, seguro público e pagamentos diretos.

O tratamento formal do seguro de saúde, seja público ou privado, e das imperfeições que com ele estão associados, é relativamente exigente, em termos analíticos, e será realizado nas secções seguintes. Numa primeira secção é apresentado o modelo básico de seguro. Estando perante uma situação de incerteza, significando que numa contingência (não estar doente) o indivíduo tem maior consumo/maior utilidade do que na contingência alternativa (estar doente), um sistema de seguro consiste em o indivíduo abdicar de consumo numa contingência favorável para o aumentar na contingência desfavorável. Tal pode ser

10. SEGURO NO SECTOR DA SAÚDE

feito pagando um prémio de seguro, recebendo em caso de contingência desfavorável uma transferência de recursos, eventualmente em espécie (cuidados de saúde, em caso de doença).

Na ausência de outros efeitos, o indivíduo desejará ter seguro completo – assegurar consumo idêntico em qualquer contingência. Há porém diversos motivos para revisitar esse resultado. Um deles é o preço a que se transforma consumo uma contingência em consumo noutra contingência ser afectado por outros elementos (por exemplo, no caso de seguro privado, pelo poder de mercado das companhias de seguros, ou pela necessidade de cobrir custos de funcionamento).

Contudo, do ponto de vista de organização económica do sistema de proteção contra a incerteza, esses não são os mais interessantes. Existem outros efeitos, associados à presença de assimetrias de informação, que geram resultados distintos dos de seguro completo. Em particular, é necessário contemplar casos de risco moral e de seleção adversa.

Diz-se que existe um problema de risco moral quando uma das partes de uma relação económica toma uma decisão, depois de assinado um contrato, que afecta o valor económico desse contrato e que não é observável de forma que permita a sua inclusão no contrato. Há, além disso, no contexto de risco moral, uma distinção adicional a realizar: entre risco moral ex-ante e risco moral ex-post.

Na primeira situação, risco moral ex-ante, a decisão tomada por um agente económico, embora realizada depois da assinatura do contrato, surge antes da resolução da incerteza. No caso de risco moral ex-post, a decisão é tomada depois da resolução da incerteza. Dois exemplos comuns ilustram estas duas situações.

No caso de risco moral ex-ante, o exemplo é a realização de atividades de prevenção, adopção de estilos de vida mais saudáveis, prática de desporto, pois são aspectos dificilmente controláveis (pelo menos sem uma significativa invasão da esfera de liberdade individual) e afectam a probabilidade de ocorrência de episódios de doença. Um indivíduo com seguro completo não tem qualquer interesse em desenvolver atividades de prevenção. Uma vez que por definição uma situação de seguro completo assegura o mesmo nível de consumo (utilidade) qualquer que seja a contingência ocorrida, o indivíduo não recolhe qualquer benefício da atividade de prevenção. Consequentemente, irá reduzi-la ao mínimo, levando a que ocorram com maior frequência episódios de doença, com um menor consumo (e utilidade) em média, apesar de ser idêntico em ambas as contingências possíveis. Assim, o consumidor estará disposto a sacrificar alguma certeza a favor de um maior nível de consumo médio. Em concreto, ao aceitar uma situação que não seja de seguro completo, o indivíduo manterá um maior valor de consumo (utilidade) não estando doente o que o motiva à realização de

ECONOMIA DA SAÚDE

atividades de prevenção. Estas últimas aumentam a probabilidade de ocorrência da contingência que dá maior utilidade ao indivíduo. O incentivo à realização de atividades de prevenção de difícil controlo contratual é introduzido de forma indireta, através do desenho do contrato de seguro. A existência de seguro incompleto é assim uma característica desejada pelo consumidor, como forma de o motivar a tomar as ações que diminuam a probabilidade de ocorrência de episódio de doença.

De forma similar, também o risco moral ex-post leva a seguro incompleto. O exemplo mais comum de risco moral ex-post, no contexto da saúde, é o nível de cuidados de saúde procurado depois da ocorrência da situação de doença. Com seguro completo, na contingência de doença, o indivíduo não paga os cuidados de saúde que procura. Logo, tenderá a consumir cuidados de saúde até ao ponto em que o benefício marginal seja nulo. Contudo, do ponto de vista social, só deveriam ser prestados cuidados de saúde até ao ponto em que o benefício marginal iguala o custo marginal de provisão desses cuidados de saúde. Há, do ponto de vista social, um excesso de consumo de cuidados de saúde, que são financiados, em equilíbrio, por um prémio de seguro mais elevado. Se o consumidor aceitar uma situação em que não tem seguro completo, quando procurar cuidados de saúde no evento de doença terá que pagar uma parte desses custos, reduzindo o seu consumo face ao que teria num contexto de seguro completo. Essa diminuição permite, por seu lado, baixar o prémio de seguro, aumentando o consumo (utilidade) em ambas as contingências (por comparação com o que ocorre com seguro completo). Logo, é também do interesse do indivíduo ter um contrato de seguro incompleto, numa situação de risco moral ex-post, em que a procura de cuidados de saúde é decidida depois de verificada a ocorrência da situação de doença. Embora tenha um custo maior no momento de utilização, realiza um pagamento menor no momento de realizar a contribuição para o sistema de seguro.

O outro lado deste resultado é a optimalidade, do ponto de vista individual, da existência de taxas moderadoras com o objetivo de controlar o excesso de procura de cuidados de saúde inerente à existência de um preço nulo no momento de decisão de consumo. Contudo, esta taxa moderadora, copagamento na gíria de seguro, será limitada pelo grau de aversão ao risco do consumidor – quanto maior esta taxa moderadora mais elevado o risco suportado pelo indivíduo. Há uma tensão entre eficiência no momento de decisão de consumo e a proteção contra o risco (seguro). O elemento fundamental é ser óptimo, do ponto de vista individual, não ter seguro completo.

Para além destes aspectos, em termos de seguro, há ainda o problema de renovação do seguro caso um indivíduo se venha a revelar um utilizador mais intensivo de cuidados de saúde. Este aspecto tem sido, com alguma frequência,

10. SEGURO NO SECTOR DA SAÚDE

apontado como sendo um argumento fundamental para a provisão de seguro público de saúde, dada a falha de funcionamento de mercado associada. Contudo, é possível organizar um sistema de prémios de seguro e de pagamentos da seguradora quando um cidadão a deixa (seja por iniciativa própria seja por iniciativa da seguradora) tal que também fica coberto o risco de desenvolver uma doença crónica (ou, de forma mais geral, o risco de aumentar a probabilidade de doença no futuro). A implementação desse sistema não difere substancialmente do que têm sido propostas de contas de poupança médicas em alguns países, havendo apenas fluxos associados com a entrada e saída de relações contratuais com companhias de seguros.

As contas de poupança médicas correspondem a um mecanismo de seguro distinto. Enquanto no seguro tradicional, a redistribuição associada com a ocorrência de episódios de doença ocorre entre indivíduos nas contas de poupança médicas ocorre para o mesmo indivíduo ao longo do tempo. Embora sejam uma solução mais individualizada, levando a que o indivíduo internalize que consumir mais hoje limita os seus fundos futuros disponíveis, não dispensarão a existência de uma transferência entre indivíduos a título de equidade. As contas de poupança médicas são um fenómeno muito recente e ainda em evolução.

Para algum tipo de cuidados de saúde em que o risco não é muito elevado e em que os aspectos de risco moral podem ser mais acentuados, o cidadão pode optar por outros mecanismos privados.

O exemplo mais claro é o das consultas médicas que não sejam de urgência, para problemas clínicos que não aparentem ser muito graves. A decisão de ir a uma consulta quando se tem um problema de saúde pouco grave cabe inteiramente ao cidadão. Se, num sistema de seguro público ou privado, o tempo de acesso a essa consulta for essencialmente zero e o cidadão nada pagar, haverá, naturalmente, um excesso de utilização.

O seguro público, organizado em Portugal através do Serviço Nacional de Saúde, mitiga este aspecto por dois mecanismos: via taxas moderadoras cobradas e via tempo de espera para marcação da consulta. O seguro privado utiliza sobretudo o copagamento, equivalente à taxa moderadora. Adicionalmente, para este tipo de cuidados de saúde, de custo pouco elevado e muito sensível a questões de risco moral, não surgindo soluções que ajudam ao autosseguro, isto é, a serem cuidados de saúde utilizados pela população sem recurso a um mecanismo de seguro formal. Caiem nesta categoria os cartões que dão desconto em consultas. Não corresponde a seguro porque não há verdadeiramente uma transferência de risco. O pagamento do acesso à rede de prestadores remunera apenas o serviço de organização dessa rede. O aspecto de risco moral ex-post é tão acentuado que subalterniza a questão do risco de doença e faz com que este tipo de cuidados de saúde seja muito similar a típicos bens de consumo.

ECONOMIA DA SAÚDE

10.2* A procura de seguro

Um indivíduo está disposto a realizar um seguro porque desse modo diminui a variabilidade dos seus pagamentos. Em termos de valor esperado, não há ganhos a serem realizados pelo indivíduo se a entidade seguradora não estiver disposta a perder dinheiro. Assim, os ganhos decorrentes da existência de seguro são resultantes do valor da menor incerteza enfrentada pelos indivíduos, em termos de fluxos de rendimento.

É importante distinguir esta fonte de ganhos unicamente associada com o seguro de outra eventual fonte de ganho social: a possibilidade de acesso a cuidados de saúde sem limitações de ordem financeira. Este ganho social tem, porém, uma natureza diferente, estando essencialmente associado a um problema de distribuição de rendimento.

De modo a manter a clareza de exposição e o enfoque no que é próprio do seguro, esta última fonte de ganhos sociais não será contemplada na análise da secção presente.

As companhias de seguros encontram-se dispostas a estabelecer contratos de seguro desde que a agregação de riscos permita diminuir a variabilidade total (o que sucede, por exemplo, quando existe independência estatística do risco de adoecer). No caso de uma entidade seguradora pública, as considerações serão essencialmente as mesmas, sendo apenas necessário redefinir uma condição de equilíbrio financeiro do sistema contributivo. Por simplicidade de exposição, a análise irá utilizar como ponto de referência o seguro privado.

A procura de seguro é realizada em contexto de incerteza. É, assim, necessário, como primeiro passo, caracterizar as decisões em contexto de incerteza. Para este efeito, suponha-se que os consumidores agem com base no princípio da utilidade esperada. Isto é, maximizam a utilidade esperada das suas escolhas. Em relação ao modelo habitual de utilidade esperada, há a diferença de a utilidade depender do estado da Natureza que ocorre. Um mesmo nível de consumo dá origem a diferentes valores de utilidade no evento de saúde e no evento de doença. Considerem-se as seguintes hipóteses, caracterizadoras do modelo mais simples de procura de seguro.

H1 Cada indivíduo tem preferências sobre consumo (ou rendimento) caracterizadas por uma função de utilidade $v(.)$, com utilidade marginal positiva ($v'(.) > 0$) e decrescente ($v''(.) < 0$).

H2 Cada indivíduo possui inicialmente um mesmo montante de rendimento Y.

H3 Com probabilidade $\pi > 0$, cada indivíduo tem um problema de saúde, necessitando nesse caso de comprar cuidados de saúde de valor X.

A utilidade esperada de um membro da população sem seguro é:

$$EU = \pi\, v(Y - X) + (1 - \pi)v(Y) \qquad (10.1)$$

Suponha-se que a troco de um pagamento P $(< X)$, o indivíduo recebe, em caso de doença, um montante $I \leq X$. Qual o efeito na utilidade esperada desta troca? O valor da utilidade esperada é agora:

$$EU = \pi\, v(Y - P - X + I) + (1 - \pi)v(Y - P) \qquad (10.2)$$

A utilidade no estado da Natureza em que está doente aumenta desde que $P < I$, e diminui no caso do estado da Natureza em que não há doença. O consumidor pode estar disposto a realizar seguro, dependendo dos valores que sejam propostos para (P, I).

Considere-se um caso particular: o pagamento de prémio é tal que os fluxos financeiros com a companhia de seguros são nulos em valor esperado (hipótese de concorrência no mercado de seguro; seguro realizado a preços actuarialmente justos). Esta hipótese, em termos do contrato de seguro, traduz-se em

$$P = pI = \pi I \qquad (10.3)$$

em que p é o preço por unidade de cobertura I. Com seguro actuarialmente justo, $p = \pi$. Sendo o prémio de seguro determinado por esta condição, a escolha do consumidor determina o nível de cobertura. Esta escolha pode ir desde ausência de cobertura, $I = 0$, até cobertura integral, $I = X$. Formalmente, a escolha do consumidor é:

$$\max_I EU = \pi v(Y - P - X + I) + (1 - \pi)v(Y - P) \text{ s.a. } P = \pi I \qquad (10.4)$$

ou, substituindo a restrição na função objetivo,

$$\max_I EU = \pi v(Y - X + (1 - \pi)I) + (1 - \pi)v(Y - \pi I) \qquad (10.5)$$

A condição de primeira ordem deste problema é:

$$\partial EU/\partial I = \pi(1 - \pi)v'(Y - X + (1 - \pi)I) + (1 - \pi)(-\pi)v'(Y - \pi I) = 0 \qquad (10.6)$$

Simplificando a expressão:

$$v'(Y - X + (1 - \pi)I) = v'(Y - \pi I) \qquad (10.7)$$

Esta igualdade só se verifica, dadas as hipóteses de regularidade sobre a função de utilidade, para

$$Y - X + (1 - \pi)I = Y - \pi I \text{ ou } I = X \qquad (10.8)$$

ECONOMIA DA SAÚDE

Ou seja, num mercado de seguro concorrencial, e na ausência de outros fatores, o consumidor escolhe seguro completo – mantém o valor esperado do seu consumo mas libertou-se de toda a incerteza.

Na realidade, raramente se observa a realização de seguro completo. Quais os fatores que levam a esta divergência face ao resultado anterior sobre a procura de seguro?

Dois grandes fatores podem ser identificados: (i) as companhias de seguros têm custos de recursos reais e, por vezes, poder de mercado; e (ii) existem problemas de informação (risco moral e seleção adversa).

O primeiro fator implica que o preço por unidade de cobertura seja superior ao preço actuarialmente justo, mantendo a estrutura de um preço por unidade de cobertura. Algebricamente, $p > \pi$. O problema do consumidor é:

$$\max_{I} EU = \pi v(Y - X - pI + I) + (1 - \pi)v(Y - pI) \tag{10.9}$$

A respectiva condição de primeira ordem é:

$$\partial EU/\partial I = (1 - p)\pi v'(Y - X - pI + I) + (1 - \pi)(-p)v'(Y - pI) = 0 \tag{10.10}$$

Rearranjando,

$$v'(Y - X - pI + I)/v'(Y - pI) = (1 - \pi)p/(\pi(1 - p)) \tag{10.11}$$

Como $p > \pi$; vem $1-\pi > 1-p$, resultando imediatamente que

$$v'(Y - X - PI + I) > v'(Y - pI) \tag{10.12}$$

Sendo $v''(.) < 0$, obtém-se:

$$Y - X - pI + I < Y - pI \text{ ou } I < X \tag{10.13}$$

Se o preço por unidade de cobertura exceder o preço actuarialmente justo, o consumidor não realiza seguro completo. Não há a procura de uma cobertura integral.

Este resultado é válido em geral, quer para seguro privado quer para seguro público. Se os indivíduos tiverem a capacidade de escolher livremente a quantidade de seguro, optam por não ter cobertura integral se $p > \pi$. Contudo, em sistemas de seguro público não há normalmente contribuições baseadas em unidades de cobertura de seguro e sim contribuições baseadas no rendimento.

Dois outros aspectos merecem discussão. Primeiro, a estrutura de preços. Segundo, a escolha livre da cobertura de seguro. A estrutura de preços foi especificada de forma extremamente simples: Um valor por unidade de cobertura. Contudo, um esquema mais geral recupera a procura de seguro de cobertura integral como resultado da escolha óptima por parte do consumidor. Se o prémio de seguro contemplar uma componente fixa, destinada a cobrir o custo de recursos reais da companhia de seguros, e uma componente determinada pelo nível de cobertura escolhido, calculada a preço actuarialmente justo, então se o consumidor escolher realizar seguro procurará cobertura integral.

A escolha do nível de cobertura não é frequentemente feita de forma tão livre como a que se apresentou, nomeadamente em seguros de saúde. É frequente os contratos de seguro propostos pelas companhias de seguro especificarem a cobertura oferecida, deixando ao consumidor a escolha de aceitar, ou não.

Esta observação empírica é compatível com a descrição apresentada se o contrato oferecido pelas companhias de seguros corresponder à escolha óptima do consumidor. Ora, num contexto de concorrência perfeita, os contratos oferecidos pelas companhias de seguros têm que corresponder às escolhas óptimas dos consumidores. Se assim não for, há lugar para uma companhia de seguros introduzir um contrato melhor do ponto de vista dos consumidores e ganhar lucro positivo com esse contrato. O processo de arbitragem associado com o mecanismo concorrencial leva a que as companhias de seguro num mercado concorrencial ofereçam os contratos que maximizam a utilidade esperada dos consumidores. Logo, a abordagem usada é equivalente a uma formalização em que as companhias de seguros oferecem os contratos em contexto de mercado concorrencial. Será esta, aliás, a formalização adoptada deste ponto em diante.

10.3* Procura de seguro e risco moral

Considere-se agora o segundo tipo de argumentos para a existência de uma comparticipação do consumidor, isto é, para não ser óptimo oferecer seguro completo. Em particular, tome-se a existência de um efeito de risco moral, que induz uma excessiva procura de cuidados de saúde.

De uma forma geral, existe uma situação de risco moral quando duas partes se envolvem num contrato em condições de simetria de informação, mas posteriormente uma delas realiza uma ação, que não é passível de ser escrita num contrato, que influencia o valor da transação.

Ir-se-á fazer a distinção entre risco moral ex-ante e risco moral ex-post. A situação de risco moral ex-ante ocorre quando a variável de decisão não contratável é escolhida antes da resolução da incerteza, mas depois da assinatura do contrato. Uma situação de risco moral ex-post é caracterizada por a variável de decisão não contratável ser decidida depois de resolvida a incerteza, que é apenas observada pelo agente que escolhe a variável não contratável.

Como forma de colocar em evidência as implicações do risco moral, admita-se que as companhias de seguros estabelecem preços actuarialmente justos

ECONOMIA DA SAÚDE

$(p = \pi)$. Qualquer desvio a cobertura integral será devida então unicamente ao problema de risco moral.

10.3.1 O modelo básico

Considerem-se dois estados da Natureza possíveis: estar doente ou não estar doente. Se um indivíduo estiver no estado da Natureza "doente", tem uma desutilidade B^*. Esta desutilidade pode ser diminuída, embora não integralmente, com o recurso a cuidados de saúde x (fornecidos a preço constante unitário e de forma concorrencial).

A utilidade do indivíduo em cada estado da Natureza pode ser descrita, de forma sumária, como:

$$U(y - x) - \mu (B^* - B(x)) - f(q), \tag{10.14}$$

sendo $B(.)$ uma função côncava, com um máximo em x^+, com $B^*-B(x^+) = M > 0$; $B(0) = 0$; e $\mu = 1$ em caso de ocorrer o estado da Natureza "estar doente" e $\mu = 0$ no estado da Natureza "não estar doente". A função $U(.)$ traduz a utilidade de consumo de outros bens, tomado como sendo o rendimento auferido, deduzida a despesa em cuidados de saúde. A função de utilidade U possui as habituais propriedades de utilidade marginal positiva $(U' > 0)$ e aversão ao risco $(U'' < 0)$. A utilidade de cuidados de saúde, $B(x)$, só ocorre no caso de o indivíduo estar doente. O nível de cuidados de saúde é escolhido livremente pelo indivíduo (ou por um seu agente perfeito, como um médico). Note-se que não se encontra excluída a hipótese de um 'excesso' de tratamento originar perdas de bem-estar, $B'(x) < 0$, para algum valor de x.

A probabilidade de ficar doente é $p(q)$, sendo q cuidados de prevenção. O custo de prevenção em termos de utilidade é $f(q)$, com $f'(q) > 0$; $f''(q) > 0$.

O nível de cuidados de saúde é escolhido depois de se constatar a existência de uma situação de doença. A quantidade de cuidados de prevenção é escolhida previamente à resolução de incerteza e não é observável por terceiras partes. Estas duas variáveis, cuidados de saúde a receber em caso de doença e cuidados de prevenção de doença, irão dar origem aos dois problemas de risco moral das subsecções seguintes.

A hipótese de que o nível de cuidados de saúde não é contratável merece alguma discussão. A ideia subjacente é que os cuidados de saúde a prestar dependem do estado clínico do indivíduo. No modelo apresentado no texto, não se formaliza, por simplificação, o problema de escolha do nível de cuidados de saúde, x, dado um estado clínico. Num quadro de análise mais geral, poderia-se incluir o estado clínico do indivíduo como sendo apenas observado pelo médico, que tem como função prescrever um determinado volume de cuidados de saú-

10. SEGURO NO SECTOR DA SAÚDE

de. Logo, um valor de cuidados de saúde não é contratável a não ser que o estado clínico seja conhecido. Como é conhecimento privado do médico, este último pode declarar o estado clínico que justifique o volume de cuidados de saúde escolhido. Sendo a utilidade do indivíduo dependente apenas do rendimento líquido e do montante de cuidados de saúde recebido, não há mecanismos que permitam realizar a discriminação de diferentes estados clínicos, pelo que se justifica a hipótese de o volume de cuidados de saúde não ser contratável[44].

10.3.2 *Risco moral ex-post*

O problema de risco moral ex-post encontra-se associado com a escolha do nível de cuidados de saúde, x, pelo que é conveniente, para clareza de exposição, abstrair da escolha do nível de prevenção. Como hipótese simplificadora, considere-se então $p(q) = p^*$ (e pode-se ignorar $f(q)$). Pelo fato de o nível de cuidados de saúde ser escolhido depois de resolvida a incerteza, o modelo é resolvido por indução retrospectiva.[45] Em termos de sequência de decisões, há primeiro a decisão sobre o contrato de seguro de saúde. De seguida, a Natureza decide se o indivíduo está, ou não, doente de forma aleatória.[46] O indivíduo, observando o resultado do processo aleatório, decide então o volume de cuidados de saúde que pretende utilizar.

A resolução por indução retrospectiva implica resolver primeiro as fases finais de decisão e incorporar essas escolhas óptimas nas fases iniciais, implicando que em cada ponto de decisão se antecipa corretamente o que serão as decisões futuras (mesmo que contingentes em elementos aleatórios no momento da primeira decisão).

O problema da escolha de cuidados de saúde, dado que o indivíduo está doente, é:

$$\max_x U(y - x) - B^* + B(x) \tag{10.15}$$

A condição de primeira ordem que define o máximo, x^*, é:

$$U'(y - x^*) = B'(x^*) \tag{10.16}$$

---

[44] Apesar de esta justificação não ser usualmente apresentada, a generalidade das discussões de risco moral em mercados de prestação de cuidados de saúde seguem esta formalização.

[45] Este mesmo método de resolução será utilizado no remanescente do trabalho. Para maior detalhe sobre a resolução por indução retrospectiva, veja-se Rasmusen (1989), por exemplo.

[46] Considerar a Natureza um agente que dá origem à concretização de fatores aleatórios é a forma habitual de dar um tratamento simples a todas as decisões relevantes. A ocorrência de um evento possível é designado de estado da Natureza.

ECONOMIA DA SAÚDE

Para o estado da Natureza em que o indivíduo não está doente, a utilização de cuidados de saúde não tem benefícios, apenas custos. Isto é, neste estado da Natureza, o nível óptimo de cuidados de saúde ocorre numa situação de canto, para $x = 0$.

Ex-ante, a utilidade esperada é:

$$EU = p[U(y - x^*) - B^* + B(x^*)] + (1 - p)U(y) \tag{10.17}$$

e também neste caso seria escolhido o valor x^* no problema de maximização da utilidade esperada. Na ausência de seguro, é irrelevante saber se a decisão de procura de cuidados de saúde quando doente é feita antes ou depois da resolução de incerteza.

Com a possibilidade de realização de seguro, que se admite ser concretizado em termos concorrenciais, isto é, prémios actuarialmente justos e com as empresas a concorrerem para oferecer os melhores contratos possíveis, o indivíduo paga um prémio de seguro P em troca de uma cobertura c, que toma a forma de cosseguro (o valor c representa a percentagem das despesas médicas que será paga pela companhia de seguros). Esta hipótese sobre a forma do contrato de seguro não é inócua, uma vez que se está abdicar do uso de franquias e de limites máximos de cobertura como instrumento de definição de incentivos no sistema. A hipótese de concorrencialidade do mercado de seguros destina-se somente a simplificar a análise e a expor de forma mais clara as distorções associadas com a realização de seguro (risco moral). Caso existisse algum poder de mercado por parte das companhias de seguros, as distorções relacionadas com esse poder de mercado poderiam ser confundidas com as distorções que se pretende colocar em evidência.

Para uma estrutura de mercado segurador concorrencial o prémio de seguro de equilíbrio iguala o valor esperado das indemnizações, $P = pcx$. Acresce ainda mais uma hipótese simplificadora: a ausência de custos de recursos reais por parte das companhias de seguros. Tal como as restantes hipóteses, também esta se destina unicamente a facilitar a apresentação do argumento principal, não pretendendo ser uma descrição completa da realidade, mas também não comprometendo as conclusões qualitativas que serão obtidas.

No momento de escolha do nível de cuidados de saúde depois de conhecido o estado da Natureza, o prémio de seguro já foi pago, e essa despesa não depende da escolha realizada neste momento. Como é evidente, o prémio de seguro depende da expectativa, no momento inicial, das despesas em cuidados de saúde que serão escolhidas posteriormente.

A decisão de escolha de cuidados de saúde, condicional na ocorrência do estado da Natureza "estar doente", é

10. SEGURO NO SECTOR DA SAÚDE

$$\max_x V = U(y - P - (1 - c)x) - B^* + B(x) \qquad (10.18)$$

A resolução deste problema de maximização origina a condição de primeira ordem:

$$(1 - c)U'(y - P - (1 - c)x) = B'(x) \qquad (10.19)$$

com $P = cpx^0$,

$$(1 - c)U'(y - x^0 + (1 - p)c\,x^0) = B'(x^0), \qquad (10.20)$$

sendo x^0 o valor óptimo das despesas em saúde na presença de seguro.[47] Uma primeira questão natural é saber qual a relação que se pode estabelecer entre x^* e x^0. Ou seja, será que a introdução de seguro leva a que o volume de despesas médicas aumenta? Para responder a esta questão, repare-se que a partir da condição de primeira ordem é relativamente simples estabelecer $\partial x / \partial c > 0$ através da diferenciação total da expressão (em que P se mantém constante por ser pré-determinado a esta fase de decisão). A interpretação deste resultado é natural pois uma vez que o aumento de cobertura de seguro diminui o custo marginal das despesas em cuidados de saúde no evento de doença e o benefício marginal não sofre qualquer alteração, é de esperar que o indivíduo aumente o seu consumo de cuidados de saúde.

No outro estado da Natureza, não estar doente, continua a ser decisão óptima escolher um nível de cuidados de saúde nulo.[48]

Com o seguro, o indivíduo está a transferir consumo do estado da Natureza bom para o estado da Natureza mau. Como na escolha do nível de cuidados de saúde o que sucede no estado da Natureza bom, caso este tivesse ocorrido, não é relevante, o custo de recurso a cuidados de saúde no momento de consumo é alterado pela existência de seguro. Como nota final refira-se apenas que a sensibilidade da procura de cuidados de saúde à taxa de cosseguro é um fato empiricamente comprovado com alguma segurança (veja-se Newhouse (1993)).

Tendo-se caracterizado a decisão óptima do consumidor, condicional a um contrato de seguro tomado como fixo, o passo seguinte da análise consiste na determinação do contrato de seguro óptimo. A secção anterior estabeleceu já

---

[47] Para que exista uma solução bem definida em z, mesmo com $c = 1$, é essencial que a função B tenha um máximo. Ou, alternativamente, que exista um valor máximo admissível.

[48] Para $c = 1$, poder-se-ia argumentar que o indivíduo está indiferente entre recorrer, ou não, a cuidados de saúde. Basta, no entanto, admitir que existe um custo não monetário de utilizar serviços médicos (tempo de deslocação, por exemplo) para que a escolha de não recorrer a cuidados de saúde seja óptima neste estado da Natureza.

ECONOMIA DA SAÚDE

que a presença de uma taxa de cosseguro positiva origina sempre um maior consumo de cuidados de saúde que a ausência de seguro.

Na situação em que todas as variáveis são contratáveis, o contrato óptimo (de "first-best") pode especificar quer o nível de cuidados de saúde (x) que será prestado ao indivíduo em caso de doença quer a taxa de cobertura (c). O problema a ser resolvido para determinação do contrato de seguro óptimo é (incorporando já a condição de equilíbrio para o prémio de seguro oferecido pelas companhias de seguro em regime concorrencial):

$$\text{Max}_{\{x,\,c\}}\ V = p[U(y\text{-}pcx\text{-}(1\text{-}c)x)\text{-}B^*+B(x)]+(1\text{-}p)U(y\text{-}pcx) \tag{10.21}$$

As condições de primeira ordem associadas ao problema são:[49]

$$\partial V/\ \partial c = pU'(D)(\text{-}px + x) + (1-p)U'(S)(\text{-}px) = 0$$
$$\partial V/\ \partial x = pU'(D)(\text{-}pc - (1-c)) + pB'(x) - pc(1-p)U'(S) = 0 \tag{10.22}$$

em que D representa o rendimento líquido no estado da Natureza "doente" e S representa o rendimento líquido no estado da Natureza "não estar doente". A primeira condição de primeira ordem implica $U'(D) = U'(S)$ o que significa que a utilidade tem que ser idêntica nos dois estados da natureza, ou seja, $c = 1$, cobertura total.

Existindo cobertura total, a outra condição de primeira ordem estabelece:

$$U'(D) = U'(y - px) = B'(x) \tag{10.23}$$

e tem-se que o valor de cuidados de saúde determinado de forma óptima no caso de seguro é superior ao valor que seria escolhido na ausência de seguro. Também o valor da função objetivo, utilidade esperada, é claramente superior no caso de realização de seguro.

O problema de risco moral vai surgir porque o nível de cuidados de saúde x é escolhido depois de estabelecida a cobertura e o contrato de seguro assinado no momento inicial não especifica o seu valor. Isto é, as decisões são tomadas sequencialmente e não simultaneamente. A não inclusão no contrato do volume de cuidados de saúde a ser prestado é uma característica normal dos contratos de seguro de saúde observados na realidade. O ambiente de incerteza que rodeia a escolha dos cuidados de saúde a prestar em cada circunstância de necessidade é bastante mais complexo que a dicotomia simples "estar doente" e "não estar

---

[49] É trivial verificar que sob as hipóteses realizadas, as condições de segunda ordem para máximo são satisfeitas.

doente" empregue no modelo, mas os elementos fundamentais são os mesmos. Vejamos qual o valor óptimo de taxa de cosseguro, c, nestas circunstâncias.

Considere-se a segunda fase, para uma taxa de cobertura c e prémio de seguro P já definidos. A decisão óptima quanto ao nível de cuidados de saúde é representável por:

$$x = x(c); x' > 0, \tag{10.24}$$

tal como foi anteriormente apresentado. Na primeira fase do jogo, as companhias de seguros vão incorporar esta forma de reação dos indivíduos no caso de doença e dada a existência de seguro. O problema de definição do contrato de seguro óptimo para a seguradora quando esta apenas estabelece a taxa de cosseguro é então:[50]

$$\max_c V = p[U(y - P - (1 - c)x) - B^* + B(x)] + (1 - p)U(y - P)$$
$$s.a.\ P = cpx(c) \tag{10.25}$$
$$x = x(c)$$

A primeira restrição resulta da concorrência entre empresas e a segunda restrição resulta da caracterização da escolha subsequente do nível de cuidados de saúde. Substituindo as restrições na função objetivo,

$$\max_c V = pU(y-pcx(c)-(1-c)x(c))-B^*+B(x(c))+$$
$$+ (1-p)U(y-pcx(c)) \tag{10.26}$$

A condição de primeira ordem associada é:

$$\partial V/ \partial c = p[U'(D)(-px+x-x'pc-x'(1-c))+B'x')]+$$
$$+ (1-p)U'(S)(-px-cpx') = 0 \tag{10.27}$$

A manipulação desta condição origina, usando $B' = (1-c)\ U'(D)$ (que resulta da decisão óptima da segunda fase):

$$(1-p)x[U'(D) - U'(S)] = cx'[pU'(D) + (1-p)U'(S)] \tag{10.28}$$

---

[50] De um ponto de vista técnico, está-se a admitir que as condições para a utiliza-ção da denominada abordagem da condição de primeira ordem se encontram satisfeitas (Grossman e Hart, 1983), o que sucede se o problema de escolha do nível de cuidados de saúde tiver uma única solução. As hipóteses de regularidade consideradas para as diversas funções garantem que tal é o caso. De igual modo, em todos os problemas subsequentes será usada esta abordagem.

ECONOMIA DA SAÚDE

Como $x'(c) > 0$, tem-se $U'(D) > U'(S)$ e devido à hipótese de aversão ao risco $(U''(.) < 0)$ resulta $c < 1$. Logo, não se verifica uma situação de seguro completo, ao contrário do que seria socialmente óptimo. A condição para a escolha de x em equilíbrio é dada por:

$$(1 - c)U'(y - pcx - (1 - c)x) = B'(x) \tag{10.29}$$

ou

$$(1 - c)U'(y - px + px(1 - c) - (1 - c)x) = B'(x) \tag{10.30}$$

A comparação do nível de equilíbrio de cuidados de saúde com o nível óptimo x^0 não é clara. Para $c = 1$, cobertura completa, os cuidados de saúde escolhidos em equilíbrio excedem os associados com a solução socialmente óptima. Por outro lado, para $c = 0$, ausência de seguro, o nível de cuidados de saúde escolhido é inferior ao óptimo. Por continuidade em c da condição de primeira ordem do problema, existe então um valor crítico da taxa de cosseguro acima (abaixo) do qual existe excesso (insuficiência) de despesas em cuidados de saúde.

A intuição para este resultado é simples. Com um determinado valor da taxa de cosseguro, c, existe um efeito preço no momento de procura de cuidados de saúde, que vai no sentido de uma maior procura de cuidados de saúde quanto mais elevada for a taxa de cosseguro (menos o indivíduo paga). Simultaneamente, existe um efeito rendimento, que diminui a procura de cuidados de saúde. Para um valor de c próximo de zero domina o efeito rendimento, enquanto para c próximo da unidade predomina o efeito preço.

O problema de risco moral ex-post é introduzido pelo fato de o nível de cuidados de saúde ser escolhido depois de conhecido o estado da Natureza relevante, não sendo possível especificar o seu montante ex-ante, no momento de elaboração do contrato de seguro. A presença de uma ação tomada depois da revelação de informação relevante para a relação em causa cria uma possibilidade de aproveitamento oportunista para o agente, que realiza uma ação depois de conhecida a informação. É crucial, contudo, que esta ação não possa ser contratável inicialmente, o que sucede se a informação relevante não for contratável.

Temos uma situação de risco moral ex-post, que origina uma divergência na afectação de recursos relativamente ao que constituiria o óptimo social. A existência de cosseguro surge então como uma resposta a este problema de risco moral.

Se for oferecido seguro completo, o custo dos serviços médicos para o indivíduo no ato de consumo é nulo e haverá uma utilização excessiva de recursos (cuidados de saúde). O estabelecimento de uma taxa de cosseguro positiva mas não muito elevada significa que, por um lado, o consumo seja menor que no caso de seguro completo (mas ainda assim superior ao valor socialmente óptimo). Por outro lado, o indivíduo suporta agora algum risco, uma vez que não é oferecida cobertura de seguro integral. Este último aspecto, contudo, também evita que seja óptimo a ausência de cobertura de risco de despesa em cuidados de saúde. A taxa óptima de cosseguro é, neste caso, determinado pelo desejo de providenciar cobertura de risco e pela necessidade de refrear a tendência para um consumo excessivo de cuidados de saúde, decorrente da diminuição do preço no momento de utilização de cuidados de saúde.

10.3.3* *Risco moral ex-ante*

Considere-se agora o outro tipo de problema de risco moral, associado com a escolha de cuidados de prevenção. Neste caso a ação é realizada antes da resolução da incerteza, mas depois da assinatura do contrato.

Admitem-se as duas hipóteses simplificadoras seguintes:

(a) $p = p(q)$; $\partial p / \partial q < 0$; e

(b) $x = x^*$; $B^* - B(x^*) = 0$.

A primeira hipótese exige apenas que a probabilidade de ocorrência do estado da Natureza desfavorável seja sempre decrescente nos cuidados de prevenção realizados, embora não conduzindo necessariamente a uma probabilidade nula de ocorrência do estado da Natureza desfavorável. A segunda hipótese limita-se a isolar da análise do problema de risco moral ex-ante os aspectos relacionados com o problema de risco moral ex-post, uma vez que assume que há apenas um nível de cuidados de saúde que tem de ser prestado no evento de doença do indivíduo.

Tal como no caso anterior, é útil iniciar a análise pela situação em que não existe seguro. O problema a ser resolvido, sem a presença de seguro, é:[51]

$$\max q \ V = p(q)U(y-x) + (1 - p(q))U(y) - f(q) \tag{10.31}$$

A condição de primeira ordem é:

$$\partial V / \partial q = p'(q)[U(y-x) - U(y)] - f'(q) = 0 \tag{10.32}$$

O primeiro termo corresponde ao benefício da atividade de prevenção – alteração da probabilidade de estar doente, valorizada pelo ganho de saúde correspondente, enquanto o segundo termo é o custo marginal de atividade de prevenção para o indivíduo. Com seguro oferecido concorrencialmente, a

---

[51] É fácil verificar que as condições de segunda ordem encontram-se satisfeitas.

ECONOMIA DA SAÚDE

afectação de recursos em que todas as variáveis são observadas e contratáveis corresponde à resolução de:

$$\text{Max}_{\{q,c\}}\, p(q)U(y-x(1-c)-cp(q)x) +$$
$$+ (1-p(q))U(y-p(q)cx) - f(q) \tag{10.33}$$

Note-se que sendo, por hipótese, todas as variáveis contratáveis, o contrato de seguro pode especificar quer a cobertura de seguro quer o nível de atividades de prevenção a realizar. As condições de primeira ordem são:

$$\partial V/\partial q = p'(q)[U(D) - U(S)] + p(q)U'(D)(-cxp'(q)) +$$
$$+ (1-p)U'(S)(-p')cx - f'(q) = 0 \tag{10.34}$$

$$\partial V/\partial c = p(x - px)U'(D) + (1-p)(-px)U'(S) = 0 \tag{10.35}$$

Desta última condição retira-se que $U'(D) = U'(S)$ e consequentemente $c = 1$, cobertura total. Com atividades de prevenção realizadas pelo indivíduo mas sem problemas de informação, o resultado da optimalidade de seguro completo permanece inalterada. É agora o momento de introduzir problemas de informação imperfeita, que toma a forma de a companhia de seguro não observar o esforço de prevenção de cada segurado.

Com um problema de risco moral, o contrato oferecido pela companhia de seguros não pode especificar diretamente um valor para os cuidados de saúde de prevenção, q. Os cuidados de prevenção de problemas de saúde são claramente não contratáveis, pelo menos parcialmente. Por exemplo, o estilo de vida de um indivíduo não é, tipicamente, contratável num seguro, quer por dificuldades de observação do seu cumprimento (imagine-se uma cláusula proibindo o consumo de qualquer bebida alcoólica) quer por razões de liberdade pessoal (poucas pessoas aceitariam a imposição por parte de uma companhia de seguros do tipo de alimentação que é saudável consumir e a verificação de adesão a esse padrão alimentar). Claro que também existem aspectos susceptíveis de serem inscritos num contrato, como a realização de vacinas, e nestes casos não haverá necessariamente distorções associadas com o problema de risco moral.

Resolvendo a situação com informação imperfeita, há que usar uma vez mais o conceito de indução retrospectiva. O nível de cuidados de prevenção é definido pela escolha óptima subsequente do indivíduo. Essa escolha é determinada por:

$$\max_{q} V = p(q)U(y - P - (1 - c)x) + (1 - p(q))U(y - P) - f(q) \tag{10.36}$$

10. SEGURO NO SECTOR DA SAÚDE

Tal como no problema anterior, a condição de primeira ordem correspondente é:

$$\partial V/\partial q = p'(q)(U(D) - U(S)) - f'(q) = 0 \qquad (10.37)$$

que define $q(c)$; com a propriedade $q' < 0$. Para a companhia de seguros, o problema de escolha da taxa óptima de cosseguro é:

$$\max_{[c]} p(q)U(y - p(q)cx - (1-c)x) + (1-p(q))U(y - p(q)cx) - f(q)$$

$$\text{s.a. } q = q(c). \qquad (10.38)$$

Não é dado, em equilíbrio, seguro completo como forma de induzir o indivíduo a ter ações de prevenção de doença. A condição de primeira ordem é:

$$pU'(D)(-px+x)+(1-p)U'(S)(-px)+q'[p'U'(D)+$$

$$+ pU'(D)(-cxp')-f'(q)] = 0 \qquad (10.39)$$

Rearranjando, usando (10.37)

$$(1-p)px[U'(D) - U'(S)] = q'cxp'[pU'(D) + (1-p)U'(S)] \qquad (10.40)$$

E resulta $U'(D) > U'(S)$, o que só é possível (dado $U''(.) < 0$) para $c < 1$. Tal como se pretendia mostrar, a existência de risco moral ex-ante pode ser igualmente justificativo de contratos de seguro em que não é fornecida cobertura completa. No presente exemplo, o indivíduo precisa de suportar algum risco para estar disposto a incorrer em custos de atividades de prevenção.

Se for oferecido seguro completo, o indivíduo não tem qualquer benefício por realizar ações que envolvam algum custo pessoal mas que diminuam a probabilidade de ocorrência do estado da Natureza desfavorável (estar doente). Para induzir à realização de atividades de prevenção, é necessário fazer com que os indivíduos recebam algum benefício de desenvolverem essas atividades. Tal é concretizado oferecendo uma cobertura de seguro incompleta (dado que eliminar completamente a componente de seguro leva a uma excessiva exposição ao risco).

O nível de cobertura de seguro é estabelecido pelo confronto de duas forças antagónicas: proteção contra o risco, que funciona a favor de mais cobertura de seguro, e a necessidade de fornecer incentivos à realização de atividades de prevenção, o que funciona a favor de uma menor taxa de cobertura de seguro.

Os argumento para que os indivíduos paguem uma parte dos cuidados de saúde baseiam-se em considerações de utilização eficiente do sistema, e maxi-

ECONOMIA DA SAÚDE

mizam a utilidade esperada do segurado. Os ganhos associados com uma menor utilização de cuidados de saúde com baixo valor marginal são transmitidos aos consumidores através de um menor prémio de seguro de saúde, permitindo maior consumo em qualquer um dos estados da Natureza que venha a ocorrer.

10.4 Reavaliando o custo de bem-estar de seguro excessivo

Num artigo clássico, Feldstein (1973) argumentou que as famílias americanas tinham, em geral, excesso de seguro contra despesas de saúde. O ponto de partida é que a existência de risco moral leva a presença de distorções na economia. A presença de seguro tem um custo por incentivar ao consumo em excesso de cuidados de saúde (no sentido em que o custo marginal excede o benefício marginal). Em contrapartida, a proteção contra a incerteza também tem valor para o indivíduo. Para Feldstein, se o nível de seguro fosse reduzido abaixo do seu nível atual, a perda de utilidade decorrente do aumento de risco seria mais do que compensada pelo ganho resultante de preços mais baixos e da redução do consumo excessivo de cuidados de saúde. Este autor avaliou os ganhos de bem-estar associados com uma duplicação da taxa de cosseguro paga pelo cidadão de 1/3 para 2/3, estimando ganhos de bem-estar na ordem dos 27.8 mil milhões de dólares (cerca de 100 euros por pessoa).

Feldman e Dowd (1991) procuraram atualizar a estimativa de perda de bem-estar associada com o montante de seguro em excesso. Para efetuar este cálculo, os autores partem do princípio que a função de utilidade é separável no consumo geral de bens e no consumo de cuidados de saúde. Represente-se por B a utilidade do consumo de bens e por v a utilidade do consumo de cuidados de saúde. O valor que Feldman e Dowd procuram obter é o prémio de risco tal que a utilidade esperada com seguro de saúde é igual à utilidade esperada sem seguro. Esta medida dá o valor que os consumidores atribuem à realização de seguro. Se for positivo, significa que estão dispostos a pagar para ter seguro. Um valor negativo significa que teriam maior utilidade sem seguro. Formalmente:

$$E[v(Y-L-(1-c)E(PX)-cx.)+B(X)] = E[v(Y-px)+B(x)] \qquad (10.41)$$

sendo Y o nível de rendimento, c a taxa de cosseguro, X a quantidade de cuidados de saúde consumidos com seguro, x a quantidade de cuidados de saúde consumidos sem seguro, P o preço de cuidados de saúde com seguro, e p o preço de cuidados de saúde sem seguro. Os pagamentos diretos realizados pelo consumidor são cPX com seguro e px sem seguro. O valor X excede x devido ao efeito de risco moral ex-post associado com a existência de seguro de saúde. O termo L representa o valor da proteção de seguro. Estes autores admitem também que o seguro é realizado a preços actuarialmente justos (isto é, o prémio de seguro é $(1 - c)PE(X)$. Fazendo expansão em série de Taylor com aproximação de segunda ordem para o termo da direita e de primeira ordem para o termo da esquerda, em torno do ponto $Y - E(px)$, vem:

$$v(Y\text{-}E(px)) + E[v'(Y\text{-}E(px))(E(px)\text{-}L + (1\text{-}c)E(PX)+cPX)+B(X)] =$$

$$= v + v'(\text{-}L+E(px) + E(PX)) + E[B(x)]$$

para o primeiro termo, e

$$E[B(x)] + v'' s^2/2 + v \tag{10.42}$$

para o segundo termo, em que s^2 é a variância de px. Igualando uma aproximação à outra, e resolvendo em ordem a L,

$$L = [E[px] - E[PX]] + E[B(X)] - E[B(x)]\, v' + g\, s^2/2 \tag{10.43}$$

sendo $g = \text{-}v''/v'$ o grau de aversão ao risco de Arrow-Pratt. Todos estes termos têm uma interpretação intuitiva. O primeiro corresponde ao aumento de despesa em cuidados de saúde, resultando quer do aumento de cuidados de saúde procurados quando existe seguro $X > x$) quer do aumento do preço $(P > p)$. O segundo termo representa o valor, em termos de utilidade transformada em unidades monetárias via utilidade marginal do rendimento, dos cuidados de saúde recebidos adicionais para o indivíduo.

O último termo é o valor do risco evitado pelo mecanismo de seguro. É tanto maior quanto maior for a variância da despesa médica (na ausência de seguro) e quanto maior for o grau de aversão ao risco.

É finalmente necessário quantificar estes elementos. Para o efeito, os autores utilizaram os resultados da *Rand Health Insurance Experiment*, associando ao seguro o plano com cobertura total e ao caso de ausência de seguro o plano com uma taxa de comparticipação individual de 95%.

A primeira informação é a de, em dólares de 1967, as famílias com seguro terem gasto 943 USD em média, enquanto que as famílias no plano com uma taxa de comparticipação de 95% pagaram 606 USD.

Como estes valores são medidos em termos constantes, Feldman e Dowd (1991) tomam-nos como indicador da quantidade de cuidados de saúde procurados. Para o cálculo do segundo termo, utilizam estimativas de outros autores que situam o valor do último dólar gasto em despesa médica em 31 ou 95 cêntimos de dólar. Considerando uma procura linear, e usando esta estimativa de valor marginal como a inclinação da procura, a soma dos dois termos é -473,365. O ganho de utilidade medido pelo triângulo de acréscimo de excedente do consumidor é 0,31 × (943 − 606) / 2. O primeiro efeito, associado a um aumento de preços de 20%, é 606 − 943 × 1,2. A soma dos dois efeitos dá o valor indicado.

Para determinação do último termo, o elemento crucial é identificar g. Para esse efeito, usaram resultados de um estudo em que os consumidores se mostraram dispostos a pagar 634 para evitar um jogo aleatório: ter 0 com probabilidade 1/2 e ter -1000 com probabilidade 1/2. Ou seja, estão dispostos a pagar 134 em valor esperado para evitar a situação de incerteza. A variância é:

$$s^2 = 1/2 \, (500^2 + 500^2) = 250000 \qquad (10.44)$$

e

$$134 = gs^2 \text{ ou } g = 0,0011 \qquad (10.45)$$

Outra estimativa originou $g = 0,00084$. Atualizando para valores constantes de 1967, $g = 0,0036$ e $g = 0,0028$. Da *Rand Health Insurance Experiment*, obtêm uma estimativa da variância de 25,828, pelo que o último termo é 46,49 em dólares de 1967 por família. É um ganho da realização de seguro.

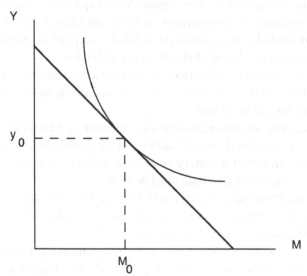

FIGURA 10.1: Escolha do consumidor

Fonte: Elaboração própria.

Daqui resulta que a comparação dos ganhos de proteção contra o risco são relativamente pequenos face ao custo de cuidados de saúde excessivos (note-se que apenas quando o indivíduo não tem seguro compara o custo marginal com o verdadeiro benefício marginal). Ou seja, embora estes valores dependam das estimativas econométricas obtidas sugerem que podem ser obtidas poupanças importantes através da alteração da forma de funcionamento do sector de saúde.

Por outro lado, Nyman e Maude-Griffin (2001) apresentaram uma visão diferente do custo social do risco moral (ex-post), reconhecendo que no sistema de seguro existe quer um efeito preço quer um efeito rendimento. Defendem estes autores que apenas o primeiro efeito deve ser identificado com o custo de risco moral. Como a análise está associada com a valorização que deve ser dada ao excesso de consumo, considere-se um indivíduo que já está doente. Na ausência de seguro de saúde, tem que escolher as quantidades de cuidados de saúde e de outros bens que consome. Graficamente, dado o nível de rendimento, tem-se uma escolha do consumidor dada por $(y0; M0)$ representado na figura 10.1. Suponha-se agora que este indivíduo tem acesso a um seguro de saúde actuarialmente justo que o leva a pagar uma fração do custo do consumo cP, sendo P o preço de cada unidade de cuidados de saúde. Como o seguro é actuarialmente justo, o conjunto de possibilidades de consumo é:

$$Y^* - L = cPM + y, \tag{10.46}$$

com Y^* sendo o rendimento disponível, L o prémio de seguro, c a taxa de cosseguro e P o preço de cada unidade de cuidados de saúde M. Considera-se ainda que o preço de unidades de consumo y está normalizado para a unidade. No caso sem seguro, tem-se $L = 0$ e $c = 1$. Admita-se, por um momento, que o indivíduo tem probabilidade $q = 1$ de estar doente. Nesse caso, o prémio de seguro actuarialmente justo é:

$$L = q(1-c)PM = (1-c)PM \tag{10.47}$$

Substituindo este valor na restrição orçamental do consumidor, constata-se que, em equilíbrio, não há modificação do conjunto de possibilidades de consumo. Só que com seguro, o custo marginal de consumo alterou-se para cP, pelo que a escolha óptima do consumidor também se altera. É este o efeito de risco moral que os autores consideram mais relevante. Graficamente, o preço do bem "cuidados de saúde" torna-se menor. O novo ponto óptimo de consumo é (y_1, M_1) na figura 10.2.

Torna-se agora necessário ver o que sucede quando a probabilidade de estar doente é inferior à unidade ($q < 1$). Neste caso, o prémio de seguro é:

$$Y^* - qPM(1-c) = cPMz + y \text{ ou } Y^* + (1-q)(1-c)PM = PM + y \tag{10.46}$$

ECONOMIA DA SAÚDE

Desta expressão torna-se fácil ver que o conjunto de possibilidades de consumo é mais alargado quando um indivíduo está doente por via de uma transferência de rendimento implícita no contrato de seguro, que vem da população que não está doente mas pagou o prémio de seguro para a proporção de consumidores que está doente. Graficamente, tem-se um consumo (y_2, M_2), na figura 10.3.

A passagem do ponto 1 para o ponto 2 decorre unicamente de um efeito rendimento, que é normalmente considerado neutro em termos de sociedade. Dada a transferência de rendimento cada indivíduo escolhe o seu melhor ponto de consumo de cuidados de saúde e de outros bens. Apenas a passagem do ponto 0 para o ponto 1 corresponde a uma distorção do ponto de vista económico. Daqui os autores concluem que o custo do risco moral puro é essencialmente a variação compensatória associada com a comparação dos pontos 0 e 1. Calibrando essa variação compensatória, sugerem que o custo para a sociedade do efeito de risco moral é cerca de 30% das estimativas apresentadas previamente.

FIGURA 10.2: Escolha do consumidor com seguro

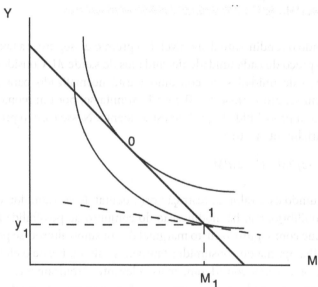

Fonte: Nyman e Maude-Griffin (2001)

FIGURA 10.3: Escolha do consumidor com efeito rendimento

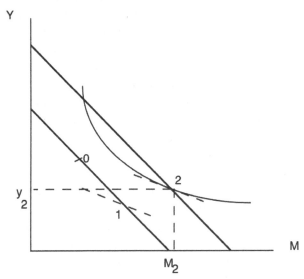

Fonte: Nyman e Maude-Griffin (2001)

10.5. Seguro de saúde consistente intertemporalmente

Uma das objecções fundamentais apresentadas contra a opção de seguro privado como forma de financiamento é a alegada incapacidade do mercado de seguro privado de tratar de forma apropriada o seguro de doenças crónicas. Em particular, refere-se que num mercado de seguro privado o desenvolvimento de uma doença crónica num indivíduo leva a um aumento do prémio de seguro muito significativo ou à rescisão, por parte da seguradora, do contrato de seguro.

A este respeito, Cochrane (1995) argumentou, através da apresentação de um modelo dinâmico, que contratos Pareto-óptimos e consistentes intertemporalmente requerem pagamentos contingentes ao estado da Natureza que se materialize. O elemento central é garantir que há seguro para o risco de um indivíduo se tornar um "mau risco".

O esquema proposto por Cochrane é de descrição relativamente simples: se o consumidor contrair uma doença crónica, a companhia de seguros transfere para o consumidor o aumento no valor esperado dos custos de saúde futuros. Em contrapartida, a companhia de seguros fica livre para cobrar um prémio de seguro actuarialmente justo.

No evento alternativo de o consumidor não ter contraído a doença (e se ter tornado mais saudável do que a expectativa inicial), o consumidor paga ao segurador o decréscimo no valor atualizado dos seus custos de saúde, e é então livre de procurar outra seguradora ou exigir um menor prémio de seguro.

ECONOMIA DA SAÚDE

Com o esquema descrito, ambas as partes estão dispostas a assinar um novo contrato, uma vez que os prémios de seguro são actuarialmente justos. Independentemente de o segurado mudar de companhia de seguros, ou não, o seguro para doenças de longo prazo está assegurado, uma vez que o pagamento lateral que é necessário realizar quando ocorre uma mudança de relação compensa exatamente a alteração no montante dos prémios de seguro que advém de se ficar a saber se o consumidor tem, ou não, uma doença crónica. O grande problema com um sistema de seguro com as características propostas é a sua aplicação, nomeadamente no que se refere ao pagamento lateral a ser realizado pelos consumidores à companhia de seguros, se forem estes a tomarem a iniciativa de rescindir o contrato.

Esta dificuldade é ultrapassável se cada consumidor possuir uma conta especial que tem como objetivo único pagar prémios de seguro de saúde e pagar e receber transferências laterais. A sugestão apresentada é a de constituição de contas de poupança médicas. Se estas contas especiais não forem possíveis, então outro modo de concretizar o sistema será a companhia de seguros atual pagar à nova companhia de seguros para ficar com o consumidor se este estiver doente, ou receber da nova companhia de seguros escolhida pelo consumidor se este for mais saudável que a média.

Para analisar formalmente a proposta, considere-se o seguinte modelo. Existem dois períodos de tempo. A probabilidade de contrair uma doença crónica é π. Se o indivíduo fica doente no primeiro período, estará também doente no segundo período com probabilidade 1. Se não contrair a doença no primeiro período, mantém a probabilidade π de estar doente no segundo período. Em caso de doença, as despesas de saúde têm o valor X, igual em ambos os períodos. O valor X é considerado constante, para isolar o problema de seguro intertemporal do problema de risco moral ex-post discutido previamente.

Mantém-se a hipótese de trabalho de um mercado de seguro de saúde concorrencial, estabelecendo prémios de seguro actuarialmente justos.

A sequência de eventos é descrita pela árvore de decisão apresentada na figura 10.4. As despesas de saúde esperadas no período 2 são X se o indivíduo estiver doente no período 1 e são πX se o indivíduo não estiver doente no período 1. No momento de realização do contrato de seguro, as despesas médicas esperadas no período 1 são dadas por πX. O contrato de seguro especifica um prémio de seguro para cada período, bem como a indemnização a ser paga em caso de doença. Para o segundo período, o prémio e a indemnização são contingentes no estado da Natureza ocorrido. O contrato de seguro do primeiro período estabelece os valores de prémio e cobertura de seguro para os dois períodos. Considera-se também que o indivíduo pode realizar uma poupança

S no primeiro período, que fica disponível no segundo período. Admite-se, por simplificação, que não há desconto intertemporal e que a taxa de juro é nula.

Figura 10.4: Árvore de decisão

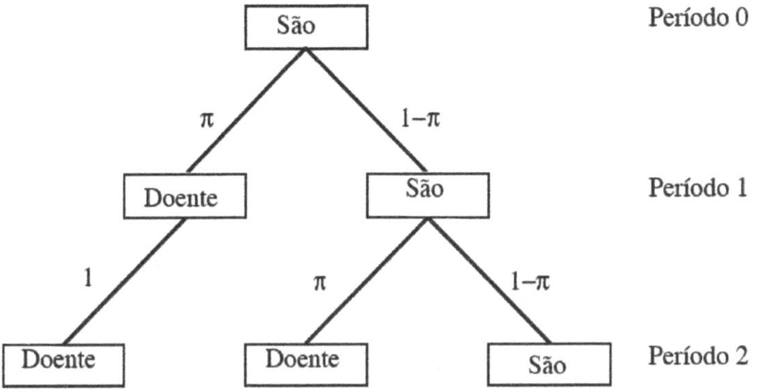

Fonte: Elaboração própria

Seja $(P_1; I_1)$ o contrato de seguro do primeiro período, $(P_{2d}; I_{2d})$ o contrato de seguro do segundo período caso tenha estado doente no primeiro período e $(P_{2s}; I_{2s})$ o contrato de seguro do segundo período caso não tenha estado doente no primeiro período. O valor P_i corresponde ao prémio de seguro devido, e I_i é a compensação recebida (indemnização) no evento de doença. A hipótese de mercado concorrencial de seguro implica que os fluxos financeiros entre segurado e seguradora têm que ter, em termos esperados, valor nulo. A utilidade esperada, sobre todo o horizonte, é:

$$EU = (1-\pi)v(Y - P_1 - S) + \pi v(Y - P_1 - S + I_1 - X) +$$

$$+ \pi v(Y + S - P_{2d} - X + I_{2d}) + (1-\pi)\pi v(Y + S - P_{2s} + I_{2s} - X) +$$

$$+ (1-\pi)2v(Y - P_{2s} + S) \tag{10.49}$$

A condição de lucro nulo para a seguradora na realização de um contrato de longo prazo é.

$$P_1 + \pi P_{2d} + (1-\pi)P_{2s} = \pi I_1 + \pi I_{2d} + \pi(1-\pi)I_{2s} \tag{10.50}$$

O problema de definição do contrato de seguro óptimo é dado por:

$$\max_{\{S; P1; I1; P2d; I2d; P2s; I2s\}} EU \ s.a. \ P_1 + \pi P_{2d} + (1-\pi)P_{2s} =$$

$$= \pi I_1 + \pi I_{2d} + \pi(1-\pi)I_{2s} \tag{10.51}$$

ECONOMIA DA SAÚDE

Usando a seguinte notação, para simplificar a apresentação dos resultados:

$\Delta = I_{2d} - P_{2d}$

$1S = Y - S - P_1$

$2D = Y - S - P_1 + I_1 - X$

$2D = 1D = Y + S + \Delta - X$

$2D = 1S = Y + S + I_{2s} - P_{2s} - X$

$2S = Y + S - P_{2s}$

As condições de primeira ordem do problema são, com μ representando o multiplicador de Lagrange da restrição:

$$\partial L/\partial S = -(1 - \pi)v'(1S) - \pi v'(1D) + \pi v'(2D = 1D) +$$
$$+ (1 - \pi)\pi v'(2D = 1S) + (1 - \pi)^2 v'(2S) = 0$$

$$\partial L/\partial P_1 = -(1 - \pi)v'(1S) - \pi v'(1D) + \mu = 0$$

$$\partial L/\partial I_1 = \pi v'(1D) - \pi \mu = 0$$

$$\partial L/\partial P_{2d} = -\pi v'(2D = 1D) + \pi \mu = 0$$

$$\partial L/\partial I_{2d} = \pi v'(2D = 1D) - \pi \mu = 0$$

$$\partial L/\partial P_{2s} = -\pi(1 - \pi)v'(2D = 1S) - (1 - \pi)^2 v'(2S) + \mu(1 - \pi) = 0$$

$$\partial L/\partial I_{2s} = (1 - \pi)\pi v'(2S = 1S) - \pi(1 - \pi)\mu = 0$$

$$\partial L/\partial \mu = P_1 + \pi P_{2d} + (1 - \pi)P_{2s} - \pi I_1 - \pi I_{2d} - \pi(1 - \pi)I_{2s} = 0$$

Como primeiro elemento de solução, note-se que I_{2d} e P_{2d} surgem sempre associados. Há uma indeterminação, sendo apenas possível determinar em equilíbrio $\Delta = I_{2d} - P_{2d}$. Tomando a segunda e terceira condições de primeira ordem, estabelece-se $I_1 = X$. Do mesmo modo, tomando as sexta e sétima condições de primeira ordem, obtém-se $I_{2s} = X$. As restantes condições de primeira ordem permitem estabelecer:

$$v'(2D = 1S) = v'(1D) \tag{10.52}$$
$$v'(1D) = v'(2D = 1D)$$

O que faz com que qualquer valor S de poupança seja compatível com a solução. O grau de liberdade fornecido por esta característica será usado no cálculo de uma solução explícita do problema. As duas condições expressas acima, conjuntamente com a condição de contrato actuarialmente justo gera o seguinte sistema de três condições:

$$Y - P_1 - S = Y - P_{2s} + S$$

$$Y - P_1 - S = Y - X + \Delta + S$$

$$P_1 + (1 - \pi)P_{2s} = \pi X + \pi\Delta + \pi(1 - \pi)X$$

sendo quatro as variáveis a determinar $(S; P_1; P_{2s}; \Delta)$. Retomando a estrutura proposta por Cochrane para aplicação real de contratos de seguro intertemporalmente consistentes, é necessário determinar a variação nas despesas esperadas para a segundo período. No momento inicial de assinatura do contrato de seguro, as despesas esperadas no segundo período:

$$\pi X + \pi(1 - \pi)X = \pi(2 - \pi)X \tag{10.53}$$

No final do primeiro período, a despesa esperada para o segundo período é X ou πX, consoante o indivíduo está ou não doente no primeiro período. Assim, se está doente no primeiro período, a variação nas despesas médicas esperadas para o segundo período é:

$$X - \pi(2 - \pi)X = (1 - \pi(2 - \pi))X \tag{10.54}$$

Se não está doente no primeiro período, a variação nas despesas de saúde esperadas para o segundo período é dada por:

$$\pi X - \pi X - (1 - \pi)\pi X = -(1 - \pi)\pi X \tag{10.55}$$

De acordo com o esquema proposto, se o indivíduo, por sua iniciativa ou da companhia de seguros, optar por mudar de companhia de seguros no segundo período, deve receber um montante $(1 - \pi(2 - \pi)X)$ no caso de ter contraído uma doença crónica, ou deve pagar $-\pi(1 - \pi)X$, no caso de não ter registado um episódio de doença no primeiro período.

É fácil verificar que com esta regra, o pagamento total (transferência mais prémio de seguro determinado de forma a ser actuarialmente justo) do indivíduo, qualquer que seja o estado da Natureza ocorrido, é o mesmo.

Se esteve doente no primeiro período, então as suas despesas de saúde esperadas para o segundo período são X. É este o prémio de seguro que pagará à nova companhia de seguros. Contudo, recebe um pagamento $(1 - \pi(2 - \pi))X$, pelo que o prémio pago em termos líquidos é $\pi(2 - \pi)X$.

ECONOMIA DA SAÚDE

Tome-se agora o caso em que o indivíduo não contraiu qualquer doença no primeiro período. Então, o prémio de seguro cobrado por uma outra companhia de seguros é πX. Porém, a este prémio deve ser adicionada a transferência para a companhia de seguros no valor de $\pi(1-\pi)X$. Logo, o prémio total pago é $\pi(2-\pi)X$, idêntico ao prémio líquido em caso de ocorrência do outro estado da Natureza.

Para garantir a consistência intertemporal do contrato de seguro de longo prazo, é necessário que uma vez alcançado o período 2, o prémio de seguro estipulado contratualmente e o prémio pago caso haja a escolha de uma companhia de seguros diferente têm que coincidir. Estabelece-se então:

$$P_{2s} = P_{2d} = \pi(2-\pi)X \qquad (10.56)$$

Juntando esta condição ao sistema de três equações anteriormente descrito e resolvendo,

$$P_1 = \pi X$$
$$S = X\,2\,\pi(1-\pi) \qquad (10.57)$$
$$\Delta = (1-\pi(2-\pi))X$$
$$I_{2d} = X$$

Ou seja, há cobertura completa de seguro em todas as situações. Para além disso, o contrato de seguro no primeiro período é actuarialmente justo. A redistribuição de recursos entre os dois períodos é assegurada pela poupança realizada, pelo que o prémio e indemnização referentes ao primeiro período podem concentrar-se no aspecto de risco. Não é necessário que o contrato de seguro do primeiro período proceda a redistribuição de rendimento para o segundo período.

No segundo período, o prémio de seguro cobrado corresponde ao valor esperado das despesas de saúde, avaliado antes do conhecimento adquirido sobre o desenvolvimento de uma doença crónica (ou não). Como se mostrou, este contrato intertemporal, conjugado com a regra de transferências enunciada, garante que contratos oferecidos apenas durante um período não perturbam o contrato intertemporal. O papel da poupança e dos pagamentos laterais pode ser realizada através da constituição de contas de poupança para efeitos de despesas de saúde.

Assim, o aspecto de renovação de contratos de saúde num mercado privado não é impeditivo da existência de proteção de seguro, desde que os contratos sejam devidamente especificados e implementados os pagamentos associados em caso de transferência de contrato de uma empresa para outra.

10. SEGURO NO SECTOR DA SAÚDE

O desenvolvimento de contas de poupança médicas, ou de saúde, (uma tradução direta do original "medical savings account"), começando agora a ganhar mais significado nos Estados Unidos. Na subsecção 10.8 serão tratadas de forma explícita.

10.6 Seleção adversa

A existência de informação privilegiada por parte dos consumidores quanto às suas características de risco gera uma situação de seleção adversa, em que o equilíbrio de mercado habitual não é sustentável.

Suponha-se que não existem problemas de risco moral e que a entidade seguradora pratica preços actuarialmente justos. A diferença em relação aos modelos anteriores é a existência de dois tipos de indivíduos que diferem na sua probabilidade de ocorrência de doença. A probabilidade de ocorrência é apenas conhecida de cada indivíduo, não sendo a entidade seguradora capaz de distinguir entre indivíduos de probabilidade de doença distinta.

O problema de seleção adversa está em a companhia de seguros não ter a capacidade de distinguir o tipo dos potenciais segurados, permitindo a estes últimos explorar estrategicamente a informação adicional que possuem (conhecerem o seu tipo). As consequências da existência de seleção adversa nos mercados de seguro em geral envolvem distorções na cobertura de seguro. Enquanto o custo principal dos problemas de risco moral, em particular o risco moral ex-post, está no excesso de despesa em cuidados de saúde com pouco valor em termos de benefício, a seleção adversa no mercado de seguro de saúde gera falhas de cobertura cujo custo não se reflete em despesa de saúde e sim em menor bem-estar para a franja de população afectada.

Antes de analisar a situação em que a entidade seguradora desconhece as características de risco do indivíduo (ou, pelo menos, tem menor informação que o próprio indivíduo), é conveniente caracterizar o equilíbrio de mercado na ausência de assimetrias de informação.

Na ausência de qualquer outro efeito, o contrato óptimo envolve a oferta de seguro completo a cada tipo de agente, tendo os consumidores com maior probabilidade de doença que pagar um prémio de seguro mais elevado.

Uma representação gráfica conveniente dos contratos óptimos de seguro com seleção adversa permite evitar a análise algébrica.[52] O espaço considerado é o do consumo em dois estados da Natureza, com e sem evento de doença. O contrato de seguro pode ser descrito como um pagamento feito no estado da Natureza sem doença e um recebimento líquido no estado da Natureza com doença.

---

[52] Esta pode ser consultada em Rotschild e Stiglitz (1976) ou em livros de texto de teoria dos jogos.

ECONOMIA DA SAÚDE

FIGURA 10.5: Realização de seguro (espaço dos consumos)

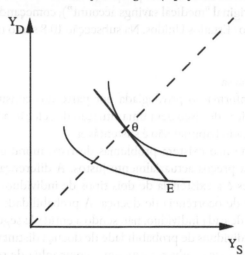

Fonte: Elaboração própria.

Graficamente, a situação inicial é dada pelo ponto E, sendo Y_D o consumo no evento de doença e YS o consumo no evento de não ocorrer doença. A realização de seguro significa que o indivíduo troca rendimento num estado da Natureza por rendimento noutro estado da Natureza. Supondo que o seguro é feito a preços actuarialmente justos, $P = \pi I$ ou $(1 - \pi)P = \pi(I - P)$. Podemos interpretar a realização de seguro como consumo sacrificado no estado da Natureza sem doença para obtenção de maior consumo no estado da Natureza com doença. A razão de troca é $\pi/(1 - \pi)$. A utilidade esperada resultante é dada por:

$$EU = \pi v(Y^D) + (1 - \pi)v(Y^S) \tag{10.58}$$

A taxa marginal de substituição de consumo num estado da Natureza por consumo no outro estado da Natureza é $\pi/(1-\pi)\ v'(Y_D)/v'(Y_S)$. Quando se tem seguro completo, $v'(Y_D) = v'(Y_S)$, e nesse caso a taxa marginal de substituição é igual à razão de troca num contrato de seguro actuarialmente justo.

Resulta então que se o preço do seguro por unidade de cobertura for actuarialmente justo, então a escolha óptima é a realização de seguro completo para um dos tipos de consumidor. Tomando, por hipótese, $\pi_1 > \pi_2$, então $\pi_1/(1 - \pi_1) > \pi_2/(1 - \pi_2)$. E a linha de contrato de seguro actuarialmente justo para um consumidor de tipo 1 é menos favorável que para um consumidor do tipo 2; este último, para obter o mesmo aumento de consumo no estado da Natureza D tem que sacrificar menor consumo no estado da Natureza S.

FIGURA 10.6: **Contratos de seguro completo para ambos os tipos**

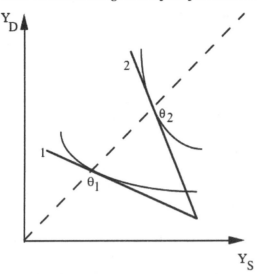

Fonte: Elaboração própria.

Admita-se agora que a companhia de seguros não consegue distinguir se defronta um indivíduo de tipo 1 ou de tipo 2. Supondo que oferece os contratos de seguro completo θ_1 e θ_2 será que o equilíbrio de mercado é idêntico ao que existe em condições de simetria de informação? Ora, é fácil constatar que os indivíduos de tipo 2 não têm qualquer interesse em tomar o contrato θ_1 (dá-lhes menor utilidade, levando para uma curva de indiferença mais próxima da origem). Os indivíduos com maior probabilidade de doença, porém, têm um claro interesse em escolher o contrato θ_2, pois obtêm seguro completo a um preço mais favorável. Daqui resulta que ambos os tipos de risco escolheriam o mesmo contrato (equilíbrio conjunto). Coloca-se depois o problema de este ser, ou não, um equilíbrio. Torna-se necessário caracterizar qual ou quais os contratos oferecidos que constituem de fato um equilíbrio.

O primeiro resultado importante a este respeito, e que é suficientemente geral estabelece que um contrato escolhido por ambos os grupos de consumidores não pode ser um equilíbrio. A força fundamental subjacente a este resultado é simples. Um equilíbrio conjunto envolve um contrato que, em ambiente concorrencial, dá lucro esperado nulo misturando indivíduos de probabilidade alta e probabilidade baixa de ocorrência de doença. Contudo, este contrato é vulnerável à introdução de um outro contrato por uma companhia de seguros rival que cativa apenas os indivíduos com baixa probabilidade de doença. Este desvio de consumidores para o novo contrato implica que apenas os indi-

ECONOMIA DA SAÚDE

víduos com elevada probabilidade de doença fiquem no contrato especificado para dar lucro esperado nulo com todos os indivíduos. Logo, se apenas os indivíduos com elevada probabilidade de doença permanecem no contrato conjunto este dará prejuízo e será retirado do mercado. Um contrato de seguro conjunto para ambos os tipos de consumidores não pode então ser um contrato de equilíbrio.

Resta, por isso, como possibilidade de equilíbrio a oferta de dois contratos diferentes, cada um destinado a um grupo diferente de consumidores. Que características têm esses contratos que possuir para serem um equilíbrio? A demonstração formal não é excessivamente complicada, mas a intuição para os requisitos que os contratos de equilíbrio terão que respeitar é passível de ser fornecido informalmente, pela análise gráfica.

O primeiro passo é entender porque é que os contratos de informação completa e simétrica não são de equilíbrio: os indivíduos com elevada probabilidade de doença querem escolher o contrato de seguro completo oferecido aos indivíduos com baixa probabilidade de doença (relembre-se que a hipótese de assimetria de informação significa que a companhia de seguros não consegue observar a probabilidade de doença num determinado indivíduo).

Tendo cada contrato oferecido a característica de ter lucro esperado nulo (por efeito da força da concorrência), então alterar o contrato proposto aos indivíduos com elevada probabilidade de doença nunca resolve o problema. Basta pensar que o melhor contrato de lucro esperado nulo que se pode oferecer aos indivíduos com elevada probabilidade de doença tem seguro completo e como se viu o contrato de seguro completo e lucro esperado nulo oferecido aos indivíduos com baixa probabilidade de doença é preferido por quem tiver uma elevada probabilidade de ficar doente.

A outra solução possível é alterar o contrato proposto aos bons riscos (baixa probabilidade de doença). Se for oferecido um contrato de seguro incompleto, que dê lucro nulo se for escolhido apenas pelos indivíduos com baixa probabilidade de doença, sendo a cobertura parcial suficientemente baixa, os indivíduos com maior probabilidade de doença optam pelo contrato de seguro completo que lhes é destinado.

Os indivíduos com baixa probabilidade de doença preferem contudo o contrato com cobertura parcial, já que para eles o evento de doença é relativamente menos importante, em termos esperados e no momento de assinatura do contrato de seguro. O par de contratos candidato a equilíbrio é então um contrato com prémio elevado e seguro completo, destinado a ser adquirido pelos indivíduos com elevada probabilidade de doença e um contrato com prémio de seguro mais baixo e cobertura parcial. Este contrato dá lucro esperado nulo se escolhido apenas pelos indivíduos com baixa probabilidade de doença. A cobertura parcial é definida de tal modo que os indivíduos com elevada probabilidade de doença preferem o contrato que lhes é destinado.

Este par de contratos é um equilíbrio do mercado de seguros desde que o número de indivíduos com elevada probabilidade de doença seja relativamente grande na população. De outro modo, a oferta de um contrato conjunto, baseado numa média da população que tem sobretudo bons riscos, com lucro esperado nulo pode ser especificado por forma a atrair ambos os tipos de indivíduos. Contudo, como já foi descrito, um contrato conjunto nunca pode ser um equilíbrio do mercado de seguros. Ou seja, se a proporção de indivíduos com baixa probabilidade de doença for elevada, pode suceder que o mercado de seguro de saúde privado, em contexto de assimetria de informação, não possua um equilíbrio. Será, neste caso, um mercado inerentemente instável. Se a proporção de bons riscos for suficientemente baixa, o equilíbrio de mercado envolve a oferta de diferentes contratos de seguro destinados a diferentes grupos de indivíduos.

Serão agora apresentados graficamente os argumentos desenvolvidos. Primeiro, um contrato conjunto não pode ser um equilíbrio. Considere-se a figura 10.7. A linha A representa os contratos de seguro que dão lucro esperado nulo quando escolhido por todos os indivíduos da população (mais exatamente, quando escolhido por um conjunto de indivíduos que tem a mesma proporção de bons riscos que o conjunto da população).

O contrato k_0 corresponde ao melhor contrato para os bons riscos ao longo da linha A. Ainda assim, o contrato k_1 (que dá lucro positivo à companhia de seguros) pode ser proposto por uma seguradora, atraindo apenas os indivíduos com baixa probabilidade de doença. Os indivíduos com elevada probabilidade de doença preferem o contrato k_0. Logo, qualquer contrato de seguro destinado ao conjunto da população pode ser destruído por um outro contrato que seletivamente atrai apenas os bons riscos. Segundo, o par de contratos candidato a equilíbrio envolve seguro completo para o contrato destinado aos indivíduos de elevada probabilidade de doença, e seguro parcial para os indivíduos com baixa probabilidade de doença.

ECONOMIA DA SAÚDE

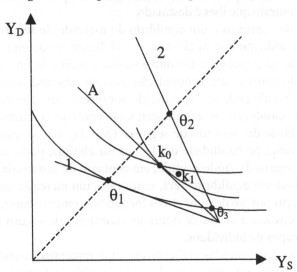

Figura 10.7: Impossibilidade de equilíbrio conjunto

Fonte: Elaboração própria.

O contrato θ_3 é tal que (a) dá lucro esperado nulo se escolhido apenas pelos indivíduos com baixa probabilidade de doença; (b) é preferido ao contrato θ_1 pelos indivíduos de tipo 2; e (c) não é preferido ao contrato q1 pelos indivíduos de tipo 1. Terceiro, o equilíbrio com contratos separados para cada tipo de indivíduo depende da proporção relativa de indivíduos com baixa probabilidade de doença na população. Se a linha A estiver suficientemente próxima da linha 2, resultado de uma elevada proporção de indivíduos com baixa probabilidade de doença, é rentável para uma companhia de seguros oferecer o contrato k_0, que é preferido quer a θ_3 quer a θ_1. O contrato conjunto $k0$ destrói o equilíbrio baseado na oferta de contratos separados (θ_1; θ_3). Porém, se a linha A estiver suficientemente afastada da linha 2, não há contrato conjunto com lucro esperado nulo que permita atrair os indivíduos com baixa probabilidade de doença. O mercado de seguro privado é estável, oferecendo as companhias de seguros contratos diferentes destinados a indivíduos com características de risco diferentes.

10. SEGURO NO SECTOR DA SAÚDE

FIGURA 10.8: Inexistência de equilíbrio com contratos separados

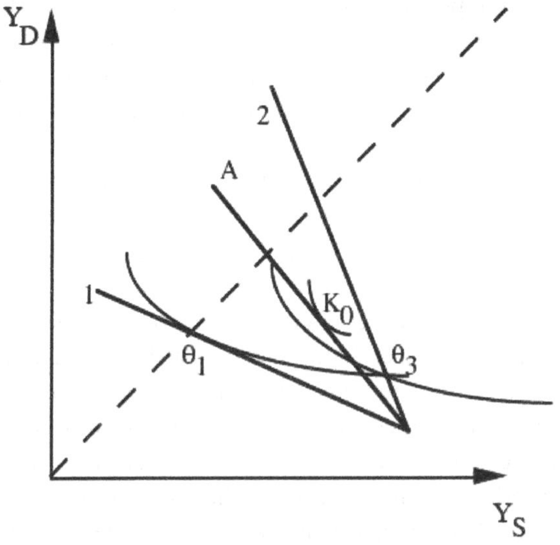

Fonte: Elaboração própria.

FIGURA 10.9: Existência de equilíbrio com separação

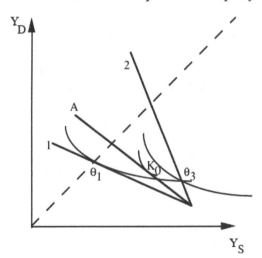

Fonte: Elaboração própria.

10.7 Saúde gerida – "Managed care"

A necessidade sentida de conter o crescimento dos custos com a saúde leva tipicamente à imposição de medidas de racionamento. Isto é, medidas de limi-

ECONOMIA DA SAÚDE

tação de utilização de cuidados de saúde, procurando-se evitar prestar cuidados de saúde que têm pouco valor adicional em termos de saúde da população. Nos mercados habituais, esse racionamento é assegurado via preço pago pelo consumidor. No sector da saúde, a importância da cobertura de seguro leva a que o utilizador defronte apenas uma pequena fração do custo (por vezes igual a zero) no momento de consumo. Repor o racionamento via preço significaria abandonar a cobertura de seguro, algo que dificilmente será aceite e que também implica destruição de valor de bem-estar social. A introdução de copagamentos procura gerir este difícil equilíbrio entre controlar a tendência para excesso de utilização e fornecer cobertura de seguro.

Como forma alternativa de gerir esta tensão surgiu o "managed care" (ou de uma forma mais geral a ideia de "supply-side cost sharing"), tentativamente traduzido como saúde gerida, que não é mais do que tentativas de organização da oferta que procuram criar incentivos à contenção do consumo. Essas tentativas resultaram em diferentes formas de organização da prestação, nomeadamente redes de prestadores como as HMO – "health maintenance organizations", os PPO – "preferred provider organizations", e as IPA – "individual practice associations".[53]

Estas organizações têm estado em constante mutação, pelo que não é fácil dizer o que é "managed care". De uma forma genérica, será essencialmente um sistema de organização da oferta de cuidados de saúde baseado na ideia de rede e que procura cobrir um espectro amplo das necessidades potenciais de uma população.

A limitação de consumo excessivo é alcançada não pela redução voluntária de procura face a preços, monetários e/ou não monetários, e sim pela decisão da "oferta" de prestar ou não esses cuidados de saúde.

Estas organizações são tipicamente pagas com base num sistema de capitação prospectivo – recebem um valor fixo por beneficiário por período de tempo. Assim, as organizações de "managed care" têm fortes incentivos à contenção de custos, sendo o receio de que poupem excessivamente na quantidade e qualidade de cuidados de saúde fornecidos.[54]

É usual enfatizar-se que as organizações de "managed care" ao olharem de forma integrada, verticalmente, as necessidades de cuidados de saúde irão concentrar-se na prevenção. Os médicos de clínica geral são normalmente a primeira linha de contato do utilizador com a prestação de cuidados de saúde. Aliás, toda a noção de "managed care" se centra na procura de uma maior

---

[53] Para uma visão mais completa da história do "managed care" nos Estados Unidos e dos resultados empíricos mais relevantes, ver Glied (2000).
[54] O papel do sistema de pagamento será discutido em mais detalhe adiante.

10. SEGURO NO SECTOR DA SAÚDE

integração e uma maior coordenação entre os tipos de prestadores existentes. A integração vertical nos sistemas de "managed care" abrange ainda a função de seguro.

Estes conceitos não são estranhos aos sistemas de saúde baseados em serviços nacionais de saúde, embora sejam sempre operacionalizados de modo bastante diferente. Na verdade, a ideia de serviço nacional de seguro pode ser visto como um plano de saúde gerido a nível nacional. Se se aceitar este ponto de vista, então a discussão sobre o futuro do serviço nacional de saúde passa também pela definição do nível de economias de escala, em termos de beneficiários, destas organizações de "saúde gerida". As características fundamentais do "managed care" são dadas pelos mecanismos através dos quais procuram conter os custos e/ou aumentar a qualidade da prestação: a) escolha de um conjunto de prestadores preferenciais, com os quais o pagador negoceia os preços; b) direcionamento dos beneficiários para os prestadores preferenciais; e, c) "revisão de utilização", no sentido em que o pagador procura acompanhar a prática clínica.

A comparação do valor das organizações de "managed care" com as alternativas pode ser feita de uma forma economicamente elegante recorrente ao conceito de variação compensatória (Cutler, McClellan e Newhouse, 2000). Quanto é que um doente está disposto a pagar para passar de uma situação de partida (seguro privado, ou cobertura do serviço nacional de saúde, por exemplo) para uma situação de "managed care"?

Se o valor for positivo, há um ganho, em termos de utilidade, de optar por arranjos de "managed care" por comparação com a situação alternativa. A diferença de valor, em termos de utilidade, para os indivíduos decorre de três fatores.

Em primeiro lugar, diferenças no estado de saúde – se as organizações de "managed care" diminuírem o tratamento dado, o efeito que exista sobre o estado de saúde se for negativo, levará a que se tenha que compensar as pessoas pela mudança para um sistema de "managed care". Caso as situações de menor tratamento correspondam a baixo valor gerado, de baixa contribuição para um melhor estado de saúde, então a compensação será reduzida.

Em segundo lugar, tem-se a poupança de custos – se a saúde do indivíduo for mantida constante, alcançando-se menores custos por ter sido realizado menos tratamento ou tratamento mais barato, então as pessoas estarão dispostas a pagar para passarem a ter um sistema de "managed care".

Finalmente, o risco financeiro dos pagamentos diretos, dependendo dos pagamentos diretos implicados por uma ou outra alternativa, "managed care" pode, ou não, ser preferido.

A principal diferença associada com a ideia de "managed care" é a forma de pagamento. Tipicamente, as organizações de "managed care" recebem um montante fixo per capita, independentemente dos tratamentos de que o indi-

ECONOMIA DA SAÚDE

víduo beneficia. Para além dos incentivos de eficiência que este tipo de pagamento prospectivo implica, há preocupações usualmente expressas quanto ao comportamento destas organizações relativamente aos seus beneficiários:

• *dumping* – recusar incluir os beneficiários com menor saúde, e que poderiam usar serviços cujo custo excede o prémio pago;

• *creaming* – procurar atrair os beneficiários com melhor estado de saúde, que terão custos associados inferiores aos prémios que pagam;

• *skimping* – fornecer uma quantidade tratamentos inferior à socialmente óptima.

Há duas questões centrais para avaliar a importância que as organizações de "managed care" poderão vir a ter no sistema de saúde: as instituições de "managed care" escolhem, ou não, seletivamente os seus beneficiários? As instituições de "managed care" têm, ou não, menores custos? E, em caso afirmativo, tal deve-se a fornecerem menor tratamento ou a conseguirem melhores preços junto dos prestadores?

Embora as instituições de "managed care" já existam há alguns anos nos Estados Unidos, não há ainda uma conclusão definitiva. O influente estudo de Cutler, McClellan e Newhouse (2000) compara o tratamento de doenças cardíacas em HMOs e em planos de seguro privados tradicionais, usando dados americanos (do estado do Massachusetts). A natureza dos problemas cardíacos, grave e de grande aleatoriedade, é susceptível de evitar problemas de seleção importantes. Os autores concluem que as instituições de "managed care" têm despesas 30 a 40% inferiores às que se observam nos planos de seguro tradicionais. Contudo, os tratamentos realizados e os resultados obtidos não são muito diferentes. Praticamente toda a diferença na despesa resulta de menores preços unitários, que os autores interpretam como significando que as unidades de "managed care" originam aumentos muito substanciais na produtividade face aos planos de seguro tradicionais (que de acordo com os aspectos teóricos já desenvolvidos têm pouco incentivo a serem eficientes).

A maioria destas instituições paga aos hospitais segundo o sistema dos GDHs (Grupos de Diagnóstico Homogéneo) e recebe receitas de acordo com um sistema de capitação, ajustado de alguma forma (por exemplo, a fórmula do programa Medicare nos Estados Unidos usa como informação o sexo, a idade e os diagnósticos anteriores de episódios de internamento). A crítica de que os pagamentos por GDHs levam a menor qualidade ou criam incentivos excessivos à contenção de custos tem sido empiricamente muito menos suportada do que se poderia pensar (MEDPAC 2000).

Apesar da diversidade de organizações e estruturas que caracterizam a "saúde gerida", há efeitos económicos que operam de forma diferente. Por exemplo,

194

10. SEGURO NO SECTOR DA SAÚDE

enquanto no sistema de seguro tradicional, público ou privado, os copagamentos são vistos como uma forma de racionar a procura, nas organizações de "managed care" acabam por cumprir também um outro papel – direcionar os consumidores para os prestadores na rede associados com a instituição. São também uma forma de orientar a procura para um conjunto particular de prestadores.

Num outro ponto de vista, a ideia de "managed care" corresponde ao que se pode chamar de "supply-side cost sharing", conceito discutido inicialmente em Ellis e McGuire (1993). O elemento fundamental é usar o risco financeiro para controlar a utilização de recursos afectando os incentivos dos prestadores e não os dos consumidores. Existem vários argumentos para esta ser uma alternativa preferível, como a maior capacidade dos prestadores em absorver riscos face ao consumidor individual e a maior informação que os prestadores têm sobre benefícios e custos dos recursos usados, estando por isso em melhor posição para tomar as decisões corretas.

A avaliação empírica do impacto das instituições de "managed care" não está isenta de problemas. Não há propriamente uma homogeneidade no que se considera "managed care", como descrito anteriormente. Os planos de "managed care" incorporam diversos mecanismos, alguns dos quais não são publicamente conhecidos nos seus detalhes (por exemplo, os procedimentos de revisão da utilização ou as regras de pré-aprovação de intervenções). Há planos de "managed care" que surgiram baseados em seguros e outros que surgem a partir da organização dos prestadores, tornando difícil a sua comparação direta.

Os planos de "managed care" tipicamente oferecem melhores condições de acesso a consultas (nomeadamente, acesso mais rápido e/ou menor pagamento, quer no momento de consumo quer total, por via da negociação de preços). Contudo, o acesso a cuidados de saúde mais caros, nomeadamente os de natureza hospitalar, são usualmente mais condicionados nos planos de "managed care".

O termo "managed care" tem sido traduzido para Portugal como seguros de redes convencionadas, distinguindo-se assim do seguro tradicional, baseado no reembolso das despesas em cuidados de saúde (o grau de reembolso depende naturalmente do plano de seguro escolhido).

Na primeira metade da década de 2000, verificou-se um crescimento acentuado do seguro em regime de "managed care" (rede convencionada), que segundo estimativa da Associação Portuguesa de Seguradores será já cerca de 75% do total de prémios de seguro de saúde. Estima-se que atualmente cerca de 20% da população tenha algum tipo de seguro de saúde.[55]

---

[55] Essa ordem de magnitude encontra-se por exemplo na amostra recolhida em Lopes e Magalhães (2006).

ECONOMIA DA SAÚDE

10.8 Contas poupança saúde

As contas de poupança saúde têm vindo a aumentar o seu papel nos Estados Unidos, em que mais de 10% das empresas que oferecem seguro de saúde aos seus empregados incluem algum formato de conta poupança saúde. Espera-se que este valor venha a crescer nos próximos anos.

O objetivo é o de fazer com que os consumidores, os beneficiários dos seguros de saúde, sejam sensíveis aos preços dos cuidados de saúde que utilizam mas sem que tal se transforme numa incerteza elevada em termos financeiros. Estas contas surgem conjuntamente com um seguro de saúde que tem uma elevada franquia, sendo que as despesas até ao limite estabelecido pela franquia podem ser pagas com esta poupança. A conta poupança saúde não pode ser utilizada para qualquer outro fim. Quando as despesas de saúde da pessoa atingem o valor da franquia, a cobertura de seguro entra em ação, podendo ter copagamento, ou não. Nas situações em que houver copagamento do beneficiário do seguro, depois de ultrapassada a franquia, continua a ser possível utilizar a conta poupança saúde para cobrir as despesas tidas. A conta poupança saúde não pode ter outra utilização que não seja o pagamento de cuidados de saúde.

Estas contas poupança saúde são constituídas individualmente, tendo benefícios fiscais associados e começando a assistir a contribuições das próprias empresas para levar os seus empregados a abrir estas contas e optar por planos de seguro que as contemplem. A existência de uma elevada franquia permite baixar o preço do seguro de saúde, e se a gestão da conta poupança saúde levar a um melhor controlo dos aspectos de risco moral ex-post na utilização de cuidados de saúde, há a possibilidade de controlar as despesas em saúde sem prejudicar a saúde dos beneficiários.

De acordo com Lo Sasso *et al.* (2013), as franquias mínimas envolvidas são 1200 USD anuais no caso de seguros individuais e 2400 USD anuais no caso de seguros de família. As despesas máximas em pagamentos diretos estão limitadas a 6050 USD no caso de seguro individual, e o dobro no caso de seguro para a família. Também existe um limite na contribuição para a conta poupança saúde de 3100 USD no caso individual e 6250 USD no caso de seguro de família. Este limite é apenas relevante para efeitos de benefícios fiscais atribuídos às contas poupança saúde. Se os fundos da conta forem utilizados para outros fins ou para despesas de saúde que não são consideradas para este efeito, há uma tributação desses fundos e uma penalização adicional de 10% para pessoas com idades inferiores a 65 anos. Para indivíduos com 65 ou mais anos, não existe a penalização mas a tributação será aplicada de qualquer modo.

Estas contas poupança saúde sendo individuais são perfeitamente portáveis, não dependendo do emprego e sendo contas abertas junto de instituições bancárias terão remuneração e os fundos podem ser investidos em aplicações finan-

10. SEGURO NO SECTOR DA SAÚDE

ceiras (desde que se mantenha a liquidez para fazer os pagamentos que venham a ser necessários). Além disso, os fundos que não sejam gastos num ano transitam para o ano seguinte. Neste sentido adquirem um aspecto de poupança que normalmente não está presente nos mecanismos de seguro (quando se paga um prémio de seguro, mesmo que não se utilize, o efeito do mesmo termina no final do período de tempo acordado, normalmente um ano).

Os empregadores podem ou não contribuir para estas contas poupança saúde. Não existe qualquer obrigação de que o façam, embora se tenha observado uma predisposição para isso suceda.

As contas poupança saúde contêm, por isso, elementos de seguro de saúde e elemento de poupança. Os fatores determinantes, para os indivíduos, na sua constituição deverão, pois, estar associados com as características de proteção contra incerteza que estas contas criem e com a remuneração da poupança, implícita ou explicita, que esteja presente. Ou seja, um maior risco de necessitar de cuidados de saúde leva mais facilmente à constituição de conta poupança saúde, tal como maior taxa de juro oferecida na conta. Como o benefício fiscal é um elemento central da vantagem da conta poupança saúde, indivíduos com maior taxa marginal de imposto terão maior subsídio implícito na constituição de uma conta poupança saúde e deverá, por esse motivo, haver uma associação positiva entre rendimento e propensão a abrir uma conta poupança saúde.

Exercícios

10.1 Explique porque é que com concorrência perfeita entre seguradores e preços de seguro actuarialmente justos, o consumidor escolhe realizar seguro completo.

10.2 Defina risco moral.

10.3 Explique a diferença entre risco moral ex-ante e risco moral ex-post.

10.4 Apresente dois exemplos reais de risco moral ex-ante e dois exemplos reais de risco moral ex-post.

10.5 Mostre que um aumento de rendimento, na presença de risco moral ex-post, leva a maior procura de cuidados de saúde. Determine o que sucede à procura de cobertura óptima de seguro. Explique intuitivamente os resultados encontrados.

10.6 Identifique, intuitivamente, que efeitos tentaria medir para avaliar os custos de risco moral.

10.7 Explique em que consiste o problema de consistência intertemporal dos contratos de seguro.

10.8 Considera que as "contas poupança" para cuidados de saúde podem ser uma alternativa ao seguro público (financiado por impostos) como forma

ECONOMIA DA SAÚDE

de resolver o problema de consistência intertemporal nos contratos de seguro? Apresente os seus argumentos de forma rigorosa (embora não necessariamente formal), e identifique os balanços cruciais que têm de ser analisados.

10.9 Defina seleção adversa.

10.10 Explique porque a existência de seleção adversa implica que em equilíbrio um grupo da população não tenha acesso a seguro completo (que grupo?).

10.11 Explique em que condições o mercado de seguro privado é instável na presença de seleção adversa. Um aumento na fração da população que tem uma elevada probabilidade de estar doente facilita ou torna mais difícil emergir um mercado instável? Justifique adequadamente a sua resposta.

10.12 Defina "managed care".

10.13 Quais são as três principais características usualmente associadas com o "managed care"?

10.14 O "managed care" é uma medida do lado da procura ou do lado oferta, quando associado com o objetivo de contenção de custos? Justifique adequadamente a sua resposta.

10.15 Uma preocupação vulgar associada com "managed care" é a possibilidade de comportamento estratégico dos prestadores, nomeadamente "dumping", "creaming" e "skimping". Defina cada um destes três possíveis comportamentos.

10.16 Explique brevemente o que são as "health maintenance organizations".

10.17 Classificaria a "AdvanceCare" (http://www.advancecare.pt) como uma instituição de "managed care"? Justifique a sua resposta.

10.18 Classificaria os subsistemas como a ADSE (para os funcionários públicos) como sendo instituições de "managed care"? Justifique a sua resposta.

10.19 Existe evidência empírica de que as instituições de "managed care" foram capazes de obter menores custos. Os fatores candidatos a explicar essa evidência são: menor qualidade dos cuidados de saúde prestados, seleção dos melhores casos (que têm menor custos) e menor preço por tratamento. Discuta brevemente quais destes fatores recebem maior suporte empírico.

10.20 No Orçamento do Estado para 2007, o Governo português introduziu taxas de utilização para episódios de internamento hospitalar, com o valor de 5€ por dia, com um pagamento máximo de 10 dias. Acima de 10 dias, nenhum pagamento ocorre. Discuta a racionalidade desta medida, tendo em consideração os aspectos económicos subjacentes à utilização de taxas moderadoras (ou copagamentos) bem como o papel da isenção acima dos 10 dias.

10. SEGURO NO SECTOR DA SAÚDE

10.21 Suponha que num mercado de seguro privado de seguro caracterizado pela presença de seleção adversa, o Governo decide a criação de um seguro obrigatório para todos, com orçamento equilibrado. Quais as consequências de se permitir a realização de seguro privado complementar? Ilustre graficamente a situação.

Capítulo 11
Financiamento das despesas de saúde

11.1 Sistemas de seguro

O seguro de saúde, seja público ou privado, é um aspecto fundamental de qualquer análise ou avaliação de funcionamento do sistema de saúde. Normalmente, a discussão sobre a forma como se encontra organizado o seguro de saúde é feita sob a capa do termo "financiamento". Quando se fala em financiamento da saúde, de fato não se está a referir a mais do que como se organiza o seguro de saúde e qual a extensão da sua cobertura (questão relevante, uma vez que, como se viu, existem forças económicas que justificam que nem sempre exista cobertura total).

O termo *financiamento* é entendido, de um modo geral, como a origem dos recursos financeiros para fazer face a despesas de saúde.

Para realizar essa angariação de fundos existem essencialmente três fontes básicas: a) seguro público, através de impostos gerais ou consignados, ou de contribuições de natureza compulsória; b) seguro privado, via prémios de seguro que são pagos individualmente ou em grupo (tipicamente, baseado numa empresa ou conjunto de empresas relacionadas entre si); e c) pagamentos diretos dos utilizadores no momento de consumo.

Nenhum destes sistemas existe na realidade na sua forma pura, seja em Portugal, seja no resto do mundo. Por um lado, os sistemas de seguro têm frequentemente copagamentos e franquias – que não são mais do que pagamentos diretos no ato de consumo. Por outro lado, mesmo no caso de pagamento direto dos consumidores há alguma componente de seguro via efeito fiscal, uma vez que existe frequentemente a possibilidade das pessoas deduzirem despesas de

ECONOMIA DA SAÚDE

saúde ao rendimento colectável. O sistema fiscal atua como se fosse um mecanismo de reembolso.

Estas três fontes de fundos têm propriedades diferentes em termos da tensão fundamental entre proteção contra o risco e controle dos problemas de risco moral. A escolha entre elas tem ainda que contemplar um terceiro fator: os aspectos distributivos.

Sendo princípio fundamental que ninguém deve ficar privado de acesso a cuidados de saúde por falta de condições financeiras, decorre imediatamente a necessidade de redistribuição de recursos a favor dos mais pobres. Essa redistribuição pode ser feita usando outros mecanismos (como o rendimento mínimo garantido, por exemplo) ou usando também o sistema de financiamento da saúde (por via das contribuições ligadas ao rendimento e não às características de risco individuais).

Num mundo perfeito não seria necessário efetuar redistribuição de recursos via sistema de saúde. Toda a redistribuição de rendimento desejada pela sociedade seria alcançada com um sistema de impostos e transferências apropriado. Como esse sistema perfeito de redistribuição não existe, o financiamento da saúde serve também propósitos de redistribuição de rendimento. Naturalmente, só faz sentido usar o sistema de financiamento da saúde para efeitos distributivos desde que exista alguma associação entre estado de saúde e nível de rendimento. Existem motivações teóricas para esta associação – menor saúde significa menos tempo disponível para dedicar à obtenção de rendimento, menor rendimento significa menor capacidade de investir no stock de saúde – bem como comprovações empíricas dessa associação.

O quadro 11.1 apresenta de uma forma esquemática as propriedades de cada fonte de financiamento segundo os três critérios referidos: proteção contra o risco, redistribuição e limitação dos problemas de risco moral (e consequente excesso de consumo).

QUADRO 11.1: **Propriedades das fontes de financiamento**

	Tratamento do risco	Limitação do risco moral	Redistribuição
Seguro público	(+)(+?)	(-) (-)	(+) (+)
Seguro privado	(+)	(-)	Neutro
Pagamentos diretos	(-)	(+)	(-?)

Fonte: Elaboração própria.

São desejáveis algumas considerações sobre as classificações atribuídas neste quadro. Em primeiro lugar, a possibilidade de haver instabilidade no mercado de seguro privado, via seleção adversa ou problemas de renovação de contratos, justificam uma maior capacidade de tratamento do risco por parte do seguro público. Essa vantagem só existe na medida em que não se permitem mecanismos adicionais de seguro contra o risco de não se vir a ter seguro (problema da renovação de contratos) e/ou em que os problemas de seleção adversa são quantitativamente importantes. Se estas duas condições não se verificarem, então, apenas em termos de proteção contra o risco, não haverá diferença entre seguro público e seguro privado. Os pagamentos diretos são, obviamente, a fonte de financiamento que piores características têm em termos de proteção contra o risco.

Considerado o critério de redistribuição, baseando-se o sistema de seguro público em contribuições de acordo com o rendimento, apresenta, naturalmente, melhores propriedades do que qualquer uma das outras duas fontes de financiamento.[56] No caso dos pagamentos diretos, se existir um tratamento fiscal favorável das despesas com cuidados de saúde, baseado em taxas de imposto e deduções à matéria coletável, poderão existir efeitos negativos em termos de redistribuição.

Um exemplo concreto disso foi a possibilidade das famílias portuguesas abaterem ao rendimento coletável as despesas com cuidados de saúde. Neste caso, a taxa de seguro implícita no sistema fiscal era dada pela taxa marginal de imposto do contribuinte. Como esta taxa marginal de imposto é crescente no nível de rendimento, os escalões de rendimento mais elevados usufruíam de uma taxa de seguro fiscal superior. O reconhecimento deste fato levou à alteração das regras fiscais para dedução de despesas de saúde, que agora são feitas a uma taxa única, independente do nível de rendimento do agregado familiar. Apesar da maior equidade que esta alteração introduziu, como as famílias de menores rendimentos estão isentas de IRS, não têm possibilidade de abater as suas despesas em cuidados de saúde em sede fiscal e, consequentemente, beneficiam menos do que as famílias de maiores rendimentos que pagam impostos, a existência de deduções fiscais continua a ser regressiva.[57]

A redistribuição de rendimento no caso de seguro privado ocorre entre classes de risco e não entre classes de rendimento. Apenas na medida em que determinadas classes de rendimento se encontram mais associadas com classes de risco se poderá falar em efeitos distributivos. Contudo, como o seguro privado não pretende tratar de problemas de distribuição de rendimento, as suas propriedades neste campo são consideradas essencialmente neutras. Finalmente, a limitação de risco moral merece alguma atenção. Os pagamentos diretos, ao

---

[56] É de notar que esta redistribuição terá as mesmas deficiências que o sistema fiscal no que respeita à identificação dos rendimentos dos contribuintes.

[57] Este efeito foi quantificado em Simões *et al.* (2008).

ECONOMIA DA SAÚDE

obrigarem o indivíduo a pagar o preço dos recursos que utiliza, dão incentivos mais corretos ao consumo (de uma forma geral). Os mecanismos de seguro ao isolarem o consumidor do preço tendem a gerar excesso de consumo. A limitação dessa tendência passa em geral por imposição de franquias (taxas moderadoras) e de taxas de cosseguro. Normalmente, tem-se revelado mais fácil a utilização desses instrumentos no caso de seguro privado, pelo que se considera que os problemas de risco moral serão menos acentuados nesse caso.

Porém, tem de haver alguma cautela nessa comparação. Por um lado, o próprio instrumento usado tem importância. Em geral, uma franquia, determinando um pagamento inicial por parte do consumidor, sendo que a partir de determinado montante existe uma cobertura total (ou quase total), exerce uma maior/menor limitação dos pequenos/grandes consumos do que a imposição de uma taxa de cosseguro. Se um sistema de seguro usar mais um dos instrumentos do que o outro, não é claro o sentido da comparação para definir qual sistema de seguro controla melhor o problema de risco moral.

Por outro lado, têm surgido outros mecanismos de controle do risco moral, como o que se denomina *managed care* ou a utilização de preços de referência, que alteram esta comparação (estes dois aspectos serão tratados posteriormente).

Contudo, na situação atual em Portugal, o seguro público fornece, em termos de financiamento, cobertura quase total, usando de forma muito reduzida o instrumento preço no momento do consumo como forma de limitar a procura.[58]

O papel do sistema de seguro não se esgota nestas propriedades. Os objetivos de um bom sistema de financiamento assentam em duas grandes linhas: a) assegurar uma prestação eficiente, entendida como a obtenção do nível de cuidados de saúde considerado adequado a custo mínimo (não significa necessariamente gastar menos, mas eliminar desperdícios e distorções); b) recolher os fundos de modo a minimizar as distorções na economia.

O segurador, seja público ou privado, tem no sector da saúde duas funções fundamentais, que dão origem aos objetivos enunciados: por um lado, recolher da população os fundos necessários para o pagamento das despesas em cuidados de saúde (função angariação); por outro lado, tem que proceder ao pagamento dos prestadores como contrapartida dos cuidados de saúde recebidos pelos segurados (função pagamento).

Esta função pagamento pode ser realizada através de um mecanismo de reembolso, em que o segurador reembolsa o segurado das despesas que este teve com cuidados de saúde. Este é o mecanismo de prémio – indemnização comum

---

[58] Dada a necessidade de controle do excesso de consumo, por um lado, e de limitações do lado de determinado tipo de oferta de cuidados de saúde, por outro lado, assiste-se a vários problemas no sistema de saúde português. Alguns deles serão tratados noutros capítulos.

11. FINANCIAMENTO DAS DESPESAS DE SAÚDE

ao seguro, qualquer que seja o sector em que o mesmo se aplique. Porém, no caso do sector da saúde, assiste-se à utiliza- cão de outras opções, como o pagamento direto do segurador ao prestador de cuidados de saúde, sem necessidade sequer do consumidor saber o valor dessa transação, ou mesmo a prestação direta de cuidados de saúde por parte do segurador. Essa prestação direta é óbvia no caso do Serviço Nacional de Saúde português, mas também existem mecanismo de proteção privados que prestam cuidados de saúde diretamente (por exemplo, o subsistema dos bancários) ou por acordos (convenções) com prestadores (caso da ADSE, só para dar um exemplo).

A função de pagamento do segurador assume um papel bastante importante na organização de um sistema de saúde se a diferentes modelos organizativos corresponderem distintas necessidades de financiamento. Por exemplo, se determinado desenho do sistema de pagamento do segurador ao prestador induzir este último a ser mais eficiente, então para o mesmo resultado obtido em termos de saúde da população são necessários menos fundos.

Assim, no sector da saúde, parte da discussão do papel do seguro de saúde centra-se também nesta função de pagamento, que será tratada com mais detalhe em capítulos subsequentes.

11.2 O financiamento no sistema de saúde português

O nascimento do sistema de saúde português pode ser colocado em 1946, apesar de já anteriormente existirem instituições com responsabilidades de prestação de cuidados de saúde. Contudo, só na década de sessenta se assiste à construção de uma primeira rede de serviços de saúde. Predominavam as instituições privadas, nomeadamente as de natureza religiosa ou pelo menos sem fins lucrativos. É também nesta altura que surgem instituições dentro do próprio Estado destinadas a fornecer um mecanismo básico de seguro (o exemplo mais facilmente reconhecível é o da ADSE – Assistência na Doença aos Servidores do Estado). Toda a filosofia de atuação se centrava na ideia de que o Estado não era o responsável pela assistência na doença (veja-se Reis (1999)).

O grande marco da década de setenta é a revolução de 1974, que traz consigo princípios completamente distintos para o sector da saúde, consagrados na Constituição. Os cidadãos têm o direito à proteção da sua saúde, cabendo ao Estado garantir esse direito através do Serviço Nacional de Saúde, que tem carácter universal, compreensivo e gratuito (na sua redação original). O Serviço Nacional de Saúde é efetivamente criado em 1979. A filosofia é a de cobertura de seguro completa, quer em termos do tipo de cuidados de saúde abrangidos, quer em grau de cobertura de risco, quer na população incluída nesse seguro. Apesar da criação do Serviço Nacional de Saúde, a década de oitenta foi sobretudo caracterizada por um maior crescimento do sector privado, e por um

ECONOMIA DA SAÚDE

desenvolvimento de outros mecanismos de seguro, como os de base no empregador (os denominados subsistemas). Mesmo sistemas de proteção criados pelo próprio Estado num momento anterior (como a ADSE e sistemas de proteção específicos a alguns Ministérios) não foram desmantelados, ao contrário do que seria de supor com a criação do Serviço Nacional de Saúde.

A década de noventa, em termos de filosofia de financiamento, tem como ponto marcante o estatuto do Serviço Nacional de Saúde, em 1993, e uma sua alteração em Dezembro de 1998.[59] O estatuto do Serviço Nacional de Saúde abre caminho para uma nova forma de organizar a relação do segurador com os prestadores (a função pagamento), mas também em termos de angariação de fundos, já que permite uma substituição, em condições a determinar caso a caso, entre seguro público e seguro privado.

A Conta Satélite da Saúde, elaborada pelo INE, contém informação detalhada sobre a estrutura do financiamento das despesas de saúde em Portugal, nomeadamente sobre a combinação público – privado em termos de financiamento, que se apresenta no quadro 11.2.

QUADRO 11.2: **Estrutura de financiamento das despesas em saúde**

	2000	2005	2010	2015	2017
Seguros privados	1,49	2,22	2,99	3,71	4,10
Subsistemas privados	2,15	2,37	1,73	1,49	1,13
Outros privados	0,91	0,83	0,98	0,91	0,92
Serviço Nacional de Saúde	58,62	57,53	59,47	57,27	56,32
Subsistemas públicos	6,27	7,89	4,14	3,74	4,20
Outros públicos (inclui deduções fiscais)	4,73	5,10	5,17	3,93	3,89
Despesa privada das famílias	29,48	23,31	24,56	27,73	27,53
Segurança social	0,85	0,76	0,99	1,24	1,33

Fonte: INE, Conta Satélite da Saúde (2019). Unidade: %

As figuras 11.1 a 11.3 ilustram a evolução ao longo da última década da evolução do financiamento. Da figura 11.1 retira-se uma relativa estabilidade do papel do SNS, que corresponde a quase 60% do financiamento das despesas de saúde em Portugal. O sector público tem ainda intervenção através dos subsistemas públicos, que apresentam nos anos depois de 2010 uma tendência de descida, e as deduções fiscais de despesas privadas de saúde (incluídas em "Outros

[59] Decreto-Lei 401/98.

206

públicos"), igualmente com tendência de descida. Esta evolução reflete as medidas tomadas no contexto da crise económica global iniciada em 2008. As despesas diretas privadas, por seu lado, têm apresentado uma tendência de aumento, revelando que as famílias pagam cada vez mais de forma direta os cuidados de saúde, reduzindo-se o papel de seguro (proteção financeira) desejável.

Dentro dos mecanismos de seguro privado, os subsistemas privados não têm aumentado o seu papel, refletindo provavelmente a intenção das empresas que os suportam de reduzir as suas responsabilidades nesta área. Os seguros privados de saúde, por seu lado, têm vindo a crescer, mas são ainda uma parte menor do financiamento das despesas de saúde em Portugal, não chegando a 5% das despesas de saúde, e ficando em montante global muito próximos da despesa fiscal em saúde mesmo depois dos ajustamentos havidos no sistema fiscal quanto a benefícios fiscais com despesas em cuidados de saúde.

Por fim, outros financiamentos privados, como os oriundos do denominado sector social (instituições privadas sem fins lucrativos), e dos fundos da segurança social, têm sido residuais no financiamento global do sistema.

FIGURA 11.1: Financiamento das despesas de saúde (I)

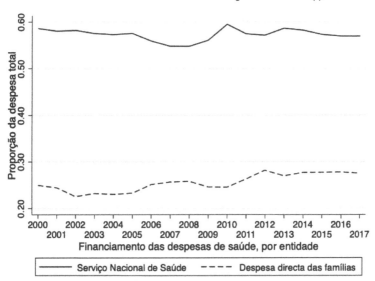

Fonte: INE, Conta Satélite da Saúde (2019).

ECONOMIA DA SAÚDE

FIGURA 11.2: Financiamento das despesas de saúde (II)

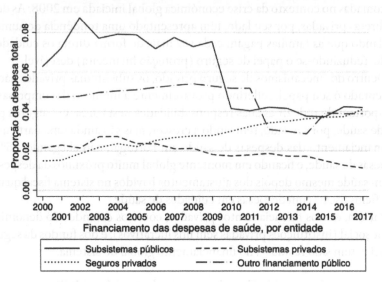

Fonte: INE, Conta Satélite da Saúde (2019).

FIGURA 11.3: Financiamento das despesas de saúde (III)

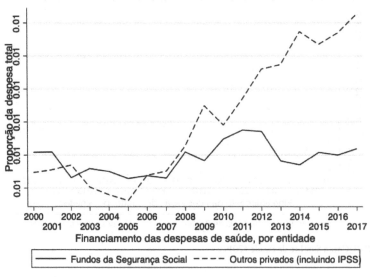

Fonte: INE, Conta Satélite da Saúde (2019).

A mesma conta satélite da saúde permite calcular a matriz cruzada de combinação público – privado na prestação e no financiamento. Dadas as alterações

11. FINANCIAMENTO DAS DESPESAS DE SAÚDE

ocorridas no financiamento da ADSE, com a consolidação de vários subsistemas públicos e aproximação das suas regras às da ADSE e com a subida da taxa de contribuição dos beneficiários, tornando os subsistemas públicos integralmente financiados por essas contribuições, é discutível se na matriz cruzada público – privado deverão estar associados ao financiamento público, como era habitual quando havia verbas do Orçamento do Estado no seu financiamento, ou se deverá passar para a esfera do financiamento privado, dado que os fundos têm integralmente origem em agentes privados (os beneficiários). Como solução intermédia, individualiza-se os subsistemas públicos nesta matriz.

QUADRO 11.3: Combinação Público – Privado (2017)

		Financiamento		
		Público (excepto subsistemas)	Subsistemas públicos	Privado
Prestação	Pública	39,07%	0,16%	1,07%%
	Privada	23,05%	4,04%	32,61%

Fonte: INE, Conta Satélite da Saúde (2019).

A maioria do financiamento é público, e canalizado pelo Serviço Nacional de Saúde, embora haja uma componente muito significativa associada com subsistemas públicos e com deduções fiscais de despesas em cuidados de saúde, até 2010. Estas últimas irão descer de forma sensível em 2013, com a redução da dedução fiscal de 30% para 10% da despesa privada em saúde e ausência de dedução para as duas classes de rendimento mais elevadas nos escalões de tributação em Portugal. A contrapartida será um aumento das despesas privadas em saúde, nomeadamente as despesas diretas das famílias.

Por outro lado, o fato da maior parte do financiamento ser público não deve ser confundido com a prestação privada, uma vez que parte substancial dos fluxos existentes são de financiamento público de despesa privada (cerca de 26%, ainda assim uma redução face aos 30% do total que foram no passado recente (2006)).

As despesas privadas das famílias, que constituem pagamentos diretos no momento de consumo, são cerca de 27,5%, sendo o restante do financiamento canalizado através de algum tipo de mecanismo de seguro de saúde, seja público ou privado.

Há, assim, uma cobertura razoável, mas não muito elevada por padrões internacionais e com tendência decrescente, em termos de seguro, dos gastos com cuidados de saúde. Esta conclusão genérica não invalida que em determinadas categorias de cuidados de saúde, por exemplo, medicamentos, a proporção de

ECONOMIA DA SAÚDE

pagamento direto não seja bastante superior ao que sucede com outros tipos de cuidados de saúde.

Em termos de futuro e de pensamento político, não é claro o que será de esperar. Diversos documentos têm sido produzidos, com visões distintas, mas nenhuma realmente implementada. Por exemplo, no documento do Ministério da Saúde "Saúde em Portugal – Estratégia para o virar do século 1998-2002", é referido que "embora o financiamento público deva continuar a assumir um papel maioritário, considera-se positiva uma maior diversificação de fontes de financiamento. A manutenção de um financiador principal não obsta a que haja outros responsáveis pelos pagamentos dos serviços de saúde, que, por exemplo, acordem com o SNS a prestação de cuidados aos respectivos beneficiários, ou que assegurem cobertura complementar ao pacote básico garantido pelo sistema universal."

Num outro registo, tem-se o relatório do Conselho de Reflexão para a Saúde (CRES) que afirma que um fator crítico para o sucesso é "uma reforma profunda no modelo de financiamento, criando, em substituição do seguro implícito através de impostos, um verdadeiro seguro social, explícito para todos os cidadãos e que dê cobertura às necessidades básicas de toda a população, numa base solidária e que abra espaço a verdadeiros seguros complementares de cariz voluntário".

Segundo estas perspectivas, mais do que criar fontes adicionais ou alternativas de financiamento, as nossas preocupações devem centrar-se na forma como os recursos são recolhidos e posteriormente distribuídos. Está sempre implícita a ideia de que diferentes formas de organizar o financiamento tem importantes implicações sobre a forma como os pagamentos aos prestadores são feitos. Essas diferenças na função de pagamento de uma entidade financiadora podem induzir mais ou menos eficiência por parte da entidade prestadora.

Em 2007, surgiu o Relatório da Comissão para a Sustentabilidade Financeira do Serviço Nacional de Saúde (Simões *et al.* (2008)), que apresenta como propostas a atuação em diversos aspectos, pois nenhum deles por si só aparenta ser suficiente para assegurar a sustentabilidade financeira do Serviço Nacional de Saúde. A opção pela manutenção do financiamento por impostos gerais é clara, sendo contudo sugeridos ajustamentos em termos de isenções de taxas moderadoras (pelo consumo adicional de recursos que geram e que no caso de alguma isenções não será justificado), de ajustamentos benefícios fiscais (que se apresentam como regressivos – isto é, as famílias que possuem maiores rendimentos beneficiam proporcionalmente mais) e de revisão do enquadramento da ADSE (dos subsistemas públicos, numa perspectiva mais geral).

O documento de estratégia mais recente com implicações para o modelo de funcionamento do sistema de saúde português é o Memorando de Entendi-

11. FINANCIAMENTO DAS DESPESAS DE SAÚDE

mento, assinado em Maio de 2011, no âmbito do programa de ajuda financeira internacional a Portugal. Embora o Memorando de Entendimento tenha como objetivo central reequilibrar as contas públicas de forma duradoura e nesse processo criar mecanismos de promoção do crescimento da economia menos assentes no papel do estado. A importância das despesas em saúde no total da despesa pública fez com que tivessem sido acordadas diversas medidas com implicações no financiamento das despesas de saúde. As mais emblemáticas são as associadas com as taxas moderadoras em que houve quer uma revisão dos seus valores, quer uma revisão das isenções. Também os benefícios fiscais associados com despesas privadas em cuidados de saúde e em seguros de saúde foram revistas de forma importante em sequência do Memorando de Entendimento. Por fim, preconiza-se uma alteração do financiamento dos subsistemas públicos, que, de acordo com o estabelecido no Memorando de Entendimento, deixarão de ter financiamento público em 2015, devendo nessa data ser totalmente financiados por verbas dos beneficiários.

As medidas associadas às taxas moderadoras e aos benefícios fiscais foram prontamente adotados, estando em vigor desde 2012. A figura 11.4 ilustra a evolução recente das principais taxas moderadoras, onde é visível o aumento registado em 2012 na sequência do Memorando de Entendimento. No caso das taxas moderadoras para urgências hospitalares, houve durante o período 2012-2015, ligeiros aumentos anuais, mesmo depois de contemplar o ajustamento para a taxa de inflação do ano. Nos cuidados de saúde primários, a manutenção do valor nominal nos anos 2012-2016 traduziu-se numa ligeira redução do valor real. Em 2016, houve então uma redução das taxas moderadoras (Portaria nº 64-C//2016), mas acentuada para as urgências hospitalares, mas ainda assim longe de repor o valor das taxas moderadoras antes de 2012, seja nas urgências hospitalares seja nas consultas dos cuidados de saúde primários.

FIGURA 11.4: Evolução das taxas moderadoras

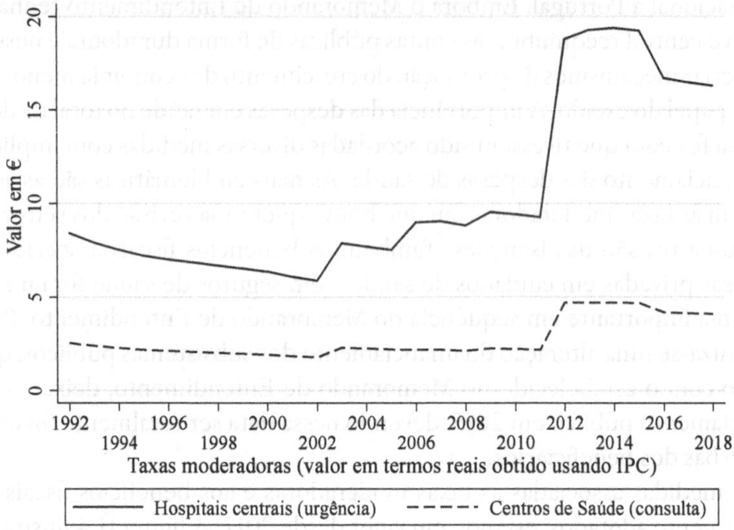
Valor em €
0
5
10
15
20
1992
1994
1996
1998
2000
2002
2004
2006
2008
2010
2012
2014
2016
2018
Taxas moderadoras (valor em termos reais obtido usando IPC)
Hospitais centrais (urgência)
Centros de Saúde (consulta)

Fonte: Elaboração própria.

Quanto aos benefícios fiscais e a sua evolução, não há informação das autoridades fiscais que permita ainda avaliar qual o seu impacto em termos de estrutura de financiamento, embora seja previsível que o seu peso continue a decrescer, como vem sucedendo desde 2010.

O quadro seguinte, adaptado de Simões *et al.* (2008), resume as principais propostas na área do financiamento dos cuidados de saúde em Portugal na última década.

QUADRO 11.4: As propostas dos grupos de estudo do financiamento da saúde

	Aumento dos pagamentos diretos no sistema público	Promoção do *opting-out* do SNS	Impostos como principal fonte de captação de fundos	Limitação da cobertura pelo SNS	Seguro Social
Mendo *et al.* (1992)	Sim	Sim	Não (?)	Sim	Não
Lucena, Gouveia e Barros (1995)	Não	Sim	Sim	Sim	Não
APES (1996)	Não	Não (?)	Sim	Não	Não
CRES (1998)	Não	Não	Não	Sim	Sim
Simões *et al.* (2008)	Sim	Não	Sim	Sim	Não
MoU (2011)	Sim	Não	Sim	Sim	Não

Fonte: adaptado de Simões *et al.* (2008), Quadro 4, p. 67.

11. FINANCIAMENTO DAS DESPESAS DE SAÚDE

Um dos aspectos do financiamento que mais confusão tem associada é o pagamentos de taxas moderadoras. Gera-se normalmente discussão à volta da ideia da aplicação literal do princípio do utilizador-pagador. Essa aplicação teria tradução, em termos de organização do sistema de saúde, um aumento das taxas moderadoras (pagamentos realizados pelo utilizador no momento de consumo) com o objetivo de contribuir de forma financeiramente significativa para a cobertura de despesas de saúde. Ora, esta pretensão choca claramente com o papel destinado ao seguro de saúde – proteção contra os elementos de incerteza quanto ao momento e montante das despesas médicas que um indivíduo necessitará.

Para além do aumento das taxas moderadoras para um papel de financiamento, surge por vezes a ideia dessas taxas moderadoras serem diferenciadas de acordo com o rendimento de cada indivíduo.

Tomemos cada um destes dois aspetos por si. Relativamente ao primeiro, taxas moderadoras como instrumento de financiamento, torna-se claro que na ausência de uma quantificação do valor de seguro para a população portuguesa não é possível afirmar-se qual o custo excessivo, se algum, da atual cobertura. A perceção geral é a de uma elevada aversão ao risco da população portuguesa, o que favorece um papel residual, de gestão dos excessos de procura apenas, para as taxas moderadoras. Ou seja, no balanço de efeitos entre maior cobertura/maior excesso de procura e menor cobertura de seguro/ maior controlo do excesso de procura, o primeiro aspeto parece predominar.

Adicionalmente a este balanço de eficiência, há ainda o aspeto distributivo – será a diferenciação das taxas moderadoras de acordo com o rendimento uma forma adequada de proceder a redistribuição de rendimento? A redistribuição do rendimento pela via do financiamento de cuidados de saúde não deve ser tomada como um objetivo em si, mas considerada apenas quando formas alternativas de redistribuição do rendimento não permitam alcançar os objetivos pretendidos. A existência de um sistema de saúde público, financiado por impostos, decorre da necessidade de mecanismos de seguro que isolem os cidadãos da incerteza. O primeiro tipo de redistribuição que existe é o inerente à criação dessa segurança: vai dos indivíduos saudáveis para os doentes. Os primeiros pagam sem consumir cuidados de saúde, na convicção de que se viessem a estar doentes receberiam os cuidados de saúde devidos à sua situação. Os segundo recebem, em valor e de forma implícita, mais do que as suas contribuições via imposto pago.

Num segundo plano, pelo fato do sistema de saúde português ser financiado por impostos gerais, e devido à progressividade do sistema fiscal (a taxa média de imposto é maior para rendimentos mais elevados), há uma redistribuição adicional dos indivíduos que apresentam maiores rendimentos para os que

ECONOMIA DA SAÚDE

apresentam menores rendimentos. Essa redistribuição não é, por seu lado, específica ao sector da saúde, sendo comum a todos os serviços financiados por impostos.

Interessa então discutir os efeitos que taxas moderadoras segundo o nível de rendimento têm sobre estes dois níveis de redistribuição. Por aumentar o que o cidadão paga no momento de consumo de cuidados de saúde, está-se a destruir parte do elemento de seguro (e tanto mais significativa quanto mais substancial for o desejo de que as taxas moderadoras sejam um instrumento de financiamento). Está então a destruir valor social, e a diminuir o processo de redistribuição, em cada momento do tempo, dos mais saudáveis para os menos saudáveis da população. Adicionalmente, em termos de redistribuição, seria possível encontrar um novo sistema fiscal, redistribuindo de maiores rendimentos para menores rendimentos, que mantendo as taxas moderadoras indiferenciadas de acordo com o rendimento de cada um, obteria o mesmo objetivo de justiça social (admitindo que há um objetivo adicional dessa natureza subjacente a este tipo de proposta) com menores custos para a sociedade.

Um exemplo ilustra facilmente o argumento. Pense-se numa pequena ilha, com 100 pessoas. Todos os anos se sabe que uma destas pessoas adoece, e custa 1000 euros tratar essa doença. Os cidadãos desta ilha decidem ser solidários entre si, e estabelecer um sistema em que cada um contribui com 10 euros para pagar os cuidados de saúde de quem entre eles adoecer. É um mecanismo puramente mutualista, de seguro, que protege, a troco de um pagamento, contra a incerteza de cada um quanto a ser ele o doente desse ano.

Suponha-se agora que das 100 pessoas, metade tem rendimentos elevados, 5000 euros, e a outra metade rendimentos baixos, 1000 euros. A "justiça social" desta pequena sociedade, sufragada em urna eleitoral, dita que os indivíduos de rendimento elevado são tributados a 20%, sendo o valor resultante de receita fiscal distribuído aos de baixos rendimentos. Em termos líquidos, os "ricos" ficam com 4000 euros e os "pobres" com 2000 euros.

Adicione-se agora um sistema nacional de saúde financiado por impostos. Significa que os 1000 euros de cuidados de saúde têm de ser financiados por um aumento de taxa de imposto sobre os "ricos", uma vez que os "pobres" nada pagam. Em concreto, a taxa de imposto tem que passar para 20,4% (os 0,4% × 50 indivíduos × 5000 = 1000). Os ricos sujeitam-se a um imposto total de 1020.

O Governante desta ilha decide introduzir agora uma taxa moderadora (ou copagamento) de 25%, mas apenas para os indivíduos de maior rendimento, anunciando "taxas moderadoras diferenciadas de acordo com o rendimento para reforçar a justiça social".

Com a sua criação, em 50% dos casos (sempre que o doente desse ano é um "rico"), o sistema de saúde recebe 250, nos outros anos recebe 0. Esta receita é

11. FINANCIAMENTO DAS DESPESAS DE SAÚDE

usada em infraestruturas, por exemplo. Por seu lado, os "pobres" ficam exatamente na mesma situação que antes. Mas os "ricos" passam a ter incerteza: se não ficar doente, tem rendimento 3980 (=5000 – 20,4% × 5000), mas se ficar doente, tem rendimento 3730 (=3980 – 250 da taxa moderadora). Neste sistema, a receita para o Estado é incerta, e resulta de aumentar o imposto do indivíduo que tenha o infortúnio de ficar doente em 5% do seu rendimento inicial.

Tome-se agora uma alternativa – cada um dos "ricos" paga 2,5 mais em impostos, em troca de se abolir a taxa moderadora.

Nesta alternativa, o Estado assegura que tem sempre um rendimento fixo de 125 (=2,5 × 50), mais fácil de gerir que situações imprevisíveis de ter 250 ou 0. Em média, recebe a mesma receita, ao substituir a taxa moderadora por imposto, e não tem que estar preocupado com a incerteza de saber quem adoece. Os "ricos" asseguram também um rendimento fixo de 3977,5 que lhes evita o risco de terem apenas 3730 em caso de doença (embora também tenham menos rendimento se não estiverem doentes).

Ou seja, utilizando um aumento de impostos em lugar da taxa moderadora, existe uma igual receita fiscal, em média, mas estável; os cidadãos isentos da taxa moderadora não são afectados; os cidadãos que pagam taxa moderadora ficam livres da incerteza de quebra de rendimento; e geram-se menores desigualdades sociais. A taxa moderadora é, por isso, um instrumento de redistribuição de rendimento pouco adequado.

Acresce que se existir, como parece ser o caso, uma relação entre menores rendimentos e pior estado de saúde, em média, pagarão mais frequentemente taxas moderadoras os indivíduos com menores rendimentos. Não se pode excluir a possibilidade de ocorrência de um elemento perverso em termos de redistribuição fiscal.

Por fim, será que existe um motivo de eficiência para ter taxas moderadoras diferenciadas de acordo com o rendimento? Isto é, mesmo que as taxas moderadoras tenham unicamente um papel de controle de excessos de procura (e não de assegurar uma parte substancial do financiamento do sector), será que mesmo nesse caso se deverá instituir uma diferenciação de acordo com o rendimento? De acordo com os argumentos apresentados em capítulos anteriores, de um ponto de vista de eficiência tal será defensável desde que os indivíduos com maior rendimento, para os mesmos preços e taxas moderadoras, gerem uma maior distorção, um maior excesso de procura. Dependerá assim do comportamento dos cidadãos, bem como dos custos de efetuar essa diferenciação em termos operacionais. Se a montagem do sistema de verificação e atribuição de uma taxa moderadora diferenciada de acordo com o rendimento tiver custos superiores aos decorrentes do excesso de procura que se tenta limitar por esta via, naturalmente não se deverá avançar nesse sentido.

ECONOMIA DA SAÚDE

Por outro lado, a grande diferença de comportamento está em se ter pagamento ou não ter pagamento, sendo a sensibilidade ao preço relativamente baixa desde que se pague um valor estritamente positivo.

As taxas moderadoras são um exemplo das muitas questões por responder, quer em termos de desenho de modelo quer em termos de opções que se queiram ou possam tomar para o sistema de saúde português.

11.3 Evidência empírica: risco moral e os subsistemas

Os subsistemas de saúde atuam como mecanismos de seguro, com características bastantes semelhantes às de um seguro público na sua função angariação – contribuições recolhidas, de uma forma geral, de acordo com o rendimento da pessoa – embora possuindo uma maior liberdade de ação na componente de estruturação de pagamento aos prestadores. Dado que são uma cobertura adicional, que se estima ser usufruída entre 20% a 25% da população portuguesa, e que supostamente facilitam o acesso a cuidados de saúde, parecem constituir um objeto de estudo natural para a existência de problemas de risco moral/excesso de consumo na realidade portuguesa. Na verdade, a questão é um pouco mais complicada, pois pode argumentar-se que o sector público dá uma resposta insuficiente e portanto o consumo adicional que se venha a observar nos subsistemas é derivado de uma melhor aproximação às necessidades da população. De qualquer forma, é útil responder à questão do que fazem os subsistemas e qual o seu efeito em termos de saúde das populações. Ou seja, será que os beneficiários dos subsistemas têm, em média, e ajustando para as características da população, um melhor estado de saúde?

O controle para as características da população é importante, uma vez que a população coberta pelos subsistemas não é um amostra representativa da população. O quadro 11.5 apresenta a avaliação do estado de saúde pelo próprio indivíduo e sua repartição pelo tipo de cobertura adicional[60].

---

[60] Dados retirados de Barros (1999a), baseados no Inquérito Nacional de Saúde 1995/96.

11. FINANCIAMENTO DAS DESPESAS DE SAÚDE

QUADRO 11.5: Estado de saúde (por subsistema)

	Muito Bom	Bom	Razoável	Mau	Muito Mau
SNS	9,31%	35,14%	36,07%	14,79%	4,69%
SRS	11,66%	39,92%	35,41%	10,90%	2,12%
ADSE	15,32%	48,06%	28,64%	6,35%	1,64%
Militares	12,05%	43,98%	32,95%	8,27%	2,76%
SAMS	15,08%	44,62%	32.92%	5,85%	1,54%
Outros	12,57%	45,60%	30,34%	7,54%	3,95%

Fonte: Elaboração própria, a partir da amostra do Inquérito Nacional de Saúde 2005/2006.
Notas: SNS – Serviço Nacional de Saúde; SRS – Serviços Regionais de Saúde (Açores e Madeira); ADSE – Direcção-Geral de Proteção Social dos Trabalhadores em Funções Públicas; Militares – subsistemas das forças armadas, GNR e PSP; SAMS – Serviços de Assistência Médico-Social (trabalhadores bancários).

FIGURA 11.5: Estado de saúde e subsistemas

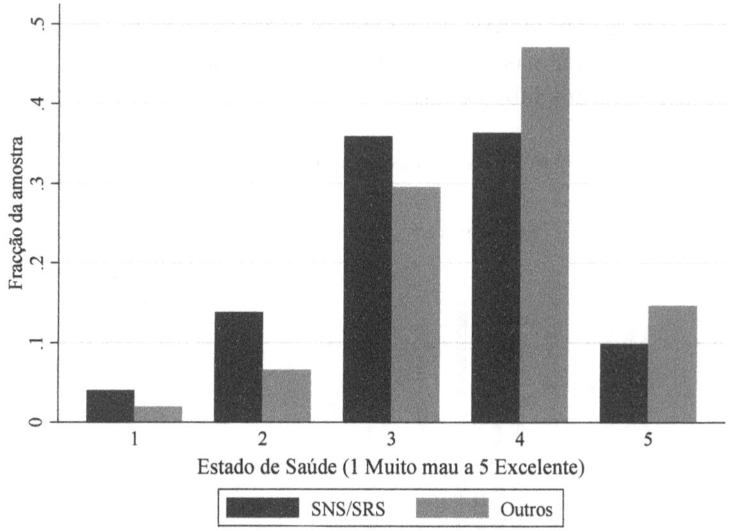

Fonte: Elaboração própria, a partir da amostra do Inquérito Nacional de Saúde 2005/2006.

De acordo com esta análise preliminar, os utentes do SNS apresentam uma distribuição menos favorável do estado de saúde. Essa distinção torna-se muito clara quando se compara os cidadãos que têm apenas cobertura do SNS (ou dos SRS – Serviços Regionais de Saúde dos Açores e da Madeira) com os que têm algum tipo de cobertura adicional de um subsistema (figura 11.5).

Esta análise é no entanto susceptível de conduzir a inferências erradas pelo simples fato de as pessoas cobertas por um subsistema não serem uma amostra representativa da população.

ECONOMIA DA SAÚDE

Para isolar o efeito da composição demográfica da população coberta pelos subsistemas, recorre-se à noção de função de produção de saúde, e procura-se avaliar se os resultados obtidos para a mesma caracterização da população são mais favoráveis nos subsistemas do que na população unicamente coberta pelo SNS.[61] Encontra-se que um beneficiário do SNS tem, em média, menor saúde que um indivíduo que esteja abrangido por um subsistema, uma vez ajustadas as características individuais. Ou seja, existe um efeito de melhoria de saúde associado à cobertura por um subsistema, em complemento do SNS, que é estatisticamente significativo e que não se encontra associado com fatores de composição demográfica e de risco dos beneficiários dos subsistemas.

Esta resposta positiva deixa em aberto saber se os subsistemas obtêm melhores resultados porque simplesmente utilizam mais recursos ou porque são mais eficientes a utilizar recursos semelhantes. É, assim, relevante avaliar o efeito sobre a utilização de recursos de um indivíduo ser beneficiário de um subsistema. A variável de utilização considerada é o número médio de consultas por subsistema. Em termos globais, os beneficiários dos subsistemas têm uma maior utilização de consulta, mas é necessário distinguir outros fatores do efeito que possa ser atribuível aos subsistemas.

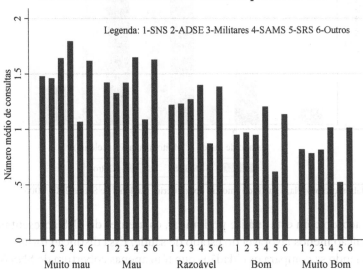

FIGURA 11.6: Número médio de consultas por subsistema

Fonte: Elaboração própria, a partir da amostra do Inquérito Nacional de Saúde 2005/2006.

---

[61] Tecnicamente a análise baseia-se no cálculo de um modelo probit ordenado. A descrição do modelo e dos resultados pode ser consultada em Barros (1999a) ou Barros (2003c).

11. FINANCIAMENTO DAS DESPESAS DE SAÚDE

Por exemplo, sabendo-se que os subsistemas cobrem pessoas que em média têm maior nível de rendimento, coloca-se a questão de saber se a maior utilização de consultas se deve ao efeito rendimento. O controle estatística desses efeitos vem revelar que os beneficiários dos subsistemas não se distinguem, de forma estatisticamente significativa, da restante população no que respeita à utilização de consultas. Analisando a mesma questão para cada nível de estado de saúde encontra-se, no entanto, uma conclusão diversa, na medida em que há conjuntos de beneficiários, nomeadamente os que reportam um estado de saúde muito bom, que utilizam de forma mais intensiva consultas quando abrangidos por um subsistema do que quando possuem apenas a cobertura do SNS. O efeito é muito menos claro nos restantes grupos.

Globalmente, se entendermos a cobertura dos subsistemas como uma maior facilidade de acesso a cuidados de saúde (preço monetário ou não monetário mais baixo), será natural encontrar uma maior utilização de cuidados de saúde por parte dos beneficiários dos subsistemas. Essa maior utilização terá como resultado um melhor estado de saúde das populações abrangidas pelos subsistemas. A avaliação empírica realizada com os dados de final da década de 1990 (Inquérito Nacional de Saúde 1998/1999) sugeria a existência de um melhor estado de saúde associado com ter cobertura de um subsistema, mesmo depois de controlados os efeitos de composição demográfica e de risco. Mas não se encontrava evidência clara de que houvesse uma maior utilização de recursos, de forma sistemática, nos subsistemas (com exceção do grupo com estado de saúde reportado muito bom). Uma interpretação possível é a de uma maior eficiência dos subsistemas nessa altura, que com recursos semelhantes permitiam gerar resultados de saúde mais favoráveis.

Em análise mais recente, Barros *et al.* (2008) analisam os efeitos de risco moral que possam eventualmente estar associados com a cobertura de seguro adicional proporcionada pelos subsistemas públicos. Concentrando a atenção na ADSE, o principal subsistema público e o maior subsistema em Portugal, e usando dados do Inquérito Nacional de Saúde de 1998/1999, o estudo usa técnicas de comparação não paramétricas, tendo como grupo de controlo os cidadãos que possuem apenas a cobertura do SNS. Procura-se dessa forma isolar os efeitos de risco moral (ex-post) que decorrem do adicional de cobertura de seguro proporcionada pelo subsistema. O efeito é estimado em três variáveis distintas: número de consultas (nos três meses anteriores ao inquérito), número de análises ao sangue e à urina, e existência, ou não, de uma visita ao dentista nos últimos 12 meses.

É necessário ter em atenção, na metodologia de avaliação de efeitos, que uma fração dos beneficiários da ADSE se encontram neste sistema de proteção há mais tempo do que outros. No caso de o subsistema promover uma melhor

ECONOMIA DA SAÚDE

saúde dos seus beneficiários face à população coberta unicamente pelo SNS, esse melhor estado de saúde resulta numa menor utilização de cuidados de saúde, traduzindo-se empiricamente num efeito de sinal contrário ao de risco moral.

Para ter em conta esta possibilidade, a amostra foi dividida em grupos etários, esperando-se que o efeito de aumento de procura de cuidados de saúde por efeito de risco moral seja menor compensado por um efeito cumulativo de melhor estado de saúde nos grupos etários mais novos.

Em termos dos resultados obtidos, para o número de consultas, não há evidência de que esteja presente um efeito de risco moral. Mesmo para a variável "pelo menos uma visita ao dentista nos últimos 12 meses", onde se esperaria uma maior presença de risco moral dado que cerca de 95% das consultas realizadas estão concentradas na prestação privada, sem cobertura do Serviço Nacional de Saúde, não se encontra evidência conclusiva sobre a presença de risco moral. Apenas nas análises ao sangue e à urina, e para o grupo etário mais novo (dos 18 aos 30 anos) esse efeito é visível e estatisticamente significativo.

A análise por grupos etários é consistente com a presença de efeitos de longo prazo positivos associados com a dupla cobertura dada pela ADSE, na medida em que as gerações mais idosas, que beneficiaram durante mais tempo da dupla cobertura, acumularam resultados de saúde e encontram-se em melhor estado de saúde que os cidadãos da mesma geração que possuem unicamente a cobertura dada pelo Serviço Nacional de Saúde. Note-se que na ausência deste efeito cumulativo de saúde, os grupos etários mais idosos deveriam apresentar um maior efeito de aumento de utilização de cuidados de saúde devido à dupla cobertura por terem uma procura menos sensível aos preços (menor custo de oportunidade do tempo, nomeadamente para os reformados).

Numa outra abordagem, complementar, Lourenço (2007) usa um modelo de classes latentes, no qual se procura identificar na população diferentes grupos de utilizadores de cuidados de saúde. Utilizando igualmente o Inquérito Nacional de Saúde de 1998/1999, e avaliando a utilização de cuidados de saúde pelo número de consultas, é encontrada evidência da existência de dois grupos distintos na população. Um, que se pode denominar de utilizadores intensivos, corresponde a cerca de 18% da amostra, tendo um número médio de consultas de 4,27 nos últimos três meses. O outro grupo é de utilizadores pouco frequentes, contendo os restantes 82% da amostra, com um número médio de consultas nos últimos três meses de 2.

Em termos do efeito dos subsistemas, Lourenço (2007) também encontra evidência de utilização de cuidados de saúde (consultas) similar entre os cidadãos que têm cobertura única através do Serviço Nacional de Saúde e os que beneficiam da cobertura dada pelo subsistema ADSE. Porém, os beneficiários de outros subsistemas, públicos mas sobretudo privados, têm uma maior

11. FINANCIAMENTO DAS DESPESAS DE SAÚDE

frequência de recurso a consultas. Lourenço (2007) interpreta esta maior utilização não como resultado de um efeito de risco moral (incentivos associados com a presença de dupla cobertura) e sim como surgindo de um maior enfoque em atividades de prevenção.

A disponibilização do Inquérito Nacional de Saúde 2005/2006 veio permitir reavaliar as caracterizações anteriores, embora não todas uma vez que nem todas as questões relevantes se encontram presentes nos dois inquéritos. Parte da informação obtida no Inquérito Nacional de Saúde 1998/1999 não se encontra disponível no Inquérito Nacional de Saúde 2005/2006. Utilizando este inquérito mais recente, Moreira e Barros (2010) analisaram a procura de cuidados de saúde de acordo a utilização relativa que é feita (mais propriamente, de acordo com o ponto – quantil – da distribuição de uso em que cada pessoa se encontra).

A principal preocupação foi a de analisar o impacto da dupla cobertura sobre a procura de cuidados de saúde, distinguindo entre diferentes níveis de utilização. Isto é, da teoria económica espera-se que a existência de uma cobertura de seguro adicional tenha como resultado uma maior utilização de cuidados de saúde. Usando como variável de utilização de cuidados de saúde o número de consultas, uma maior cobertura de seguro, por se ser beneficiário de um subsistema além de usufruir da cobertura dada pelo Serviço Nacional de Saúde (ou por um dos Serviços Regionais de Saúde, Açores ou Madeira), deverá estar associada com um número médio de consultas médicas mais elevado. Este efeito pode, porém, diferir consoante a necessidade e a intensidade de utilização. É importante conhecer se este efeito de maior utilização, caso exista, é mais forte para os que utilizam muito ou para os que utilizam pouco o sistema de saúde. O aumento do número médio de consultas tem como origens possíveis os que já tinham muitas consultas reforçarem a sua utilização ou os que iam pouco (ou não iam) a consultas passam a ir mais frequentemente.

Por exemplo, se tivermos duas pessoas, uma que vai uma vez por ano a uma única consulta e outra que vai três vezes por ano, o número médio de consultas é dois por ano. Se ambas as pessoas passarem a ter cobertura de seguro adicional, o número médio de consultas passa a três consultas por pessoa por ano. Esta alteração pode dever-se à pessoa que apenas a uma consulta passar a ir três vezes por ano, sem que a segunda pessoa altere as suas idas ao médico. Ou pode dever-se a ambas irem mais uma vez ao médico por ano. Ou ainda resultar do aumento de três para cinco consultas por ano da pessoa que utilizava mais enquanto a primeira não alterou o seu comportamento.

A análise estatística permite procurar inferir qual, em média, é a principal fonte de aumento de utilização de consultas. De acordo com os resultados encontrados, tanto a cobertura de subsistema público (ADSE) como a cobertura de subsistema privado aumenta o recurso a consultas, mas com maior expressão nos subsistemas privados.

ECONOMIA DA SAÚDE

Adicionalmente, o efeito é mais pronunciado nos beneficiários que utilizavam relativamente menos o sistema de saúde. A cobertura adicional de seguro gera um maior acréscimo de procura de consultas nas pessoas que não utilizava o sistema. Para os maiores utilizadores, os que já tinham um número de consultas relativamente elevado, o reforço de utilização é pouco significativo.

Exercícios

11.1 Identifique as principais diferenças entre seguro público e seguro privado em termos de proteção de risco, controlo de risco moral e equidade.

11.2 A noção de "opting-out" tem sido proposta como uma forma alternativa de financiamento das despesas em cuidados de saúde. Por "opting-out" entende-se uma situação em que os indivíduos podem escolher sair do sistema público de seguro, financiado através de tributação geral, para seguro privado. Em compensação, o indivíduo paga uma quantia menor em impostos. Suponha que não existe risco moral:

   a) quais são os efeitos prováveis de um sistema de "opting-out" em que a redução do pagamento para o sistema público de seguro é igual à média do custo médio de tratamento por pessoa no sistema de seguro público?

   b) quais são os efeitos prováveis se a redução de pagamento for igual a pagamento fixo, determinado pelo Governo?

   c) quais são os efeitos prováveis se a redução do pagamento é igual ao prémio de seguro pago pelo individuo no mercado de seguro privado?

   d) como se alteraria a sua resposta na presença de risco moral e seguro completo no sistema de seguro público?

   (nota: para responder a esta questão, poderá beneficiar de ler Barros, P.P., 1999, Budget effects of health care vouchers, Economics Letters, 62: 229-235.)

11.3 Defina quais as funções de uma instituição de financiamento no desenho do sector da saúde.

11.4 Defina brevemente os fluxos, de modo gráfico, financeiros e de serviços, associados com um sistema de "reembolso" para a organização do sector da saúde.

11.5 Defina brevemente os fluxos, de modo gráfico, financeiros e de serviços, associados com um sistema de "contrato" para a organização do sector da saúde.

11.6 Defina brevemente os fluxos, de modo gráfico, financeiros e de serviços, associados com um sistema de "modelo integrado" para a organização do sector da saúde.

11. FINANCIAMENTO DAS DESPESAS DE SAÚDE

11.7 Atualmente, a maior parte dos cuidados de saúde financiados pelo sistema público tem os impostos como principal origem de fundos.

a) discuta as vantagens e desvantagens desta opção face a uma alternativa de se aumentarem os pagamentos diretos dos doentes.

b) quais as alternativas de financiamento da despesa pública em saúde que estão disponíveis?

11.8 Como classificaria os "subsistemas" presentes em Portugal, mais próximos do modelo de seguro privado ou do modelo de seguro público? Justifique adequadamente a sua resposta.

Capítulo 12
Produção de cuidados de saúde

Até este momento, analisaram-se fundamentalmente elementos da procura de cuidados de saúde. No entanto, a produção de cuidados de saúde é um elemento igualmente central no funcionamento do sector. É agora tempo de discutir a produção e os custos dos cuidados de saúde, o produto intermédio fundamental para gerar saúde. Em termos de estrutura de produção, iremos olhar para três questões, familiares na teoria de produção: o grau de flexibilidade na produção de cuidados de saúde – substituibilidade entre fatores de produção; a dimensão eficiente das entidades prestadoras de cuidados de saúde; e a produção conjunta e economias de diversificação.

Antes de proceder a uma avaliação destes fatores, é conveniente relembrar as noções fundamentais de eficiência de uma empresa e que se irão aplicar ao sector da saúde.

12.1 Noções de eficiência[62]

Na discussão do que é um resultado eficiente torna-se fundamental definir de forma rigorosa e clara o que se entende por eficiência. A teoria económica apresenta-nos vários níveis aos quais podemos falar de resultados eficientes, pelo que não é puramente retórica a questão de explicitar qual a noção de eficiência usada.

De um ponto de vista económico, existem pelo menos três níveis de eficiência, que são denominados por, segundo a sua ordem de abrangência: (a) eficiência tecnológica; (b) eficiência técnica; e (c) eficiência económica.

---

[62] Esta secção baseia-se em Barros (1999b).

ECONOMIA DA SAÚDE

Antes de passar à definição formal e à apresentação das interligações entre os vários níveis de eficiência, é conveniente introduzir o conjunto de conceitos de análise microeconómica que tornarão claras as distinções a realizar. Por simplicidade, e para manter o nível de generalidade, iremos falar na eficiência da "empresa", em que empresa tem aqui o sentido de representar qualquer prestador de cuidados de saúde. Por exemplo, cabem nesta etiqueta prestadores tão diversos como hospitais, o médico em consultório individual ou partilhado, clínicas, centros de saúde, laboratórios de análise, etc.

Também para simplificação da apresentação dos conceitos, considera-se que a empresa produz um único produto. Claramente, alguns prestadores fornecem mais do que um produto ou serviço. O exemplo imediato é o dos hospitais. Esta simplificação não elimina os elementos essenciais, sendo os conceitos apresentados generalizáveis ao caso de empresas/prestadores multiproduto.

Designe-se por "produto" o bem ou serviço fornecido pelo prestador, e por fatores produtivos os recursos por ele utilizados para elaboração do produto (ou prestação do serviço). Exemplos de fatores produtivos são o trabalho humano (médicos, enfermeiros, técnicos especialistas, etc.) e o equipamento (camas, aparelhos, etc.), mas também os edifícios, serviços de lavandaria e restauração em hospitais, são considerados fatores produtivos.

O primeiro conceito fundamental é o de conjunto de possibilidades de produção. O conjunto de possibilidades de produção define todas as combinações de fatores que permitem obter um determinado nível de produção. Por exemplo, para tratar um indivíduo em internamento hospitalar, o conjunto de oportunidades de produção é definido pelo número de camas e médicos necessário para assegurar esse tratamento (supondo que estes são os únicos fatores produtivos relevantes). Por exemplo, suponhamos que basta um médico e uma cama. Esta combinação pertence ao conjunto de fatores produtivos. Mas também a combinação duas camas e um médico permite obter esse nível de produção, ou dois médicos e duas camas, etc.

Se se pretendesse um nível de produção de cinco indivíduos internados, o conjunto de possibilidades de produção poderia ser cinco camas e três médicos, por exemplo. Se o exemplo fosse desenvolvido em termos de médicos e enfermeiros, o conjunto de possibilidades de produção poderia incluir, para os mesmos cinco indivíduos, a combinação de dois médicos e três enfermeiros e a combinação de três médicos e dois enfermeiros. A definição concreta depende da tecnologia existente (como é óbvio, os valores apresentados são meramente ilustrativos e não pretendem refletir qualquer realidade). As combinações tecnologicamente possíveis não são determinadas pelo analista económico, é informação que só os agentes no terreno possuem. É um aspecto que diz respeito

12. PRODUÇÃO DE CUIDADOS DE SAÚDE

à organização interna do prestador. No entanto, a sua caracterização é fundamental para uma análise de eficiência.

Com apenas dois fatores produtivos, por hipótese médicos e enfermeiros para ilustração, podemos fazer a representação gráfica do conjunto de possibilidades de produção apresentada na figura 12.1.

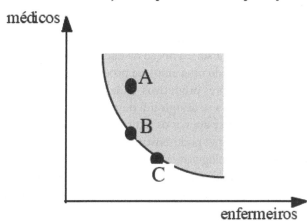

FIGURA 12.1: Conjunto de possibilidades de produção

Fonte: Barros (1999b)

Toda a zona a sombreado corresponde às diferentes combinações de fatores produtivos que são tecnologicamente possíveis, no sentido em que todas elas permitem alcançar um nível de produção previamente estabelecido. Qualquer um dos pontos A, B ou C permite atingir o nível de atividade desejado.

Porém, algumas combinações de fatores produtivos pertencentes ao conjunto de possibilidades de produção são mais vantajosas que outras. Por exemplo, tome-se os pontos A e B. Por definição de conjunto de possibilidades de produção, ambas as combinações de fatores produtivos permitem alcançar o mesmo nível de produção. Contudo, a combinação A gasta mais do fator produtivo "médicos" do que a combinação de fatores B, embora ambas utilizem o mesmo nível de recursos do fator produtivo "enfermeiros". Então, a combinação de fatores produtivos B é mais eficiente do que a combinação A, pois a passagem de A para B permite libertar médicos para a realização de outras tarefas (outros doentes, por exemplo) sem colocar em causa o nível de produção. Ou seja, a combinação A é dominada pela combinação B. Resulta assim que do conjunto de possibilidades de produção, existem combinações de fatores produtivos que são mais interessantes que as restantes: as que não são dominadas. Este conjunto de combinações de fatores produtivos não dominadas é deno-

ECONOMIA DA SAÚDE

minado usualmente por função produção (e corresponde no gráfico à linha a cheio, a fronteira do conjunto de possibilidades de produção, para se atingir um certo nível de produção). Algebricamente, expressa-se esta relação como:

$$Q = f(X_1; X_2; ...; X_n) \qquad (12.1)$$

onde Q representa a produção, e $X_1; X_2; ...; X_n$ representam as quantidades dos vários fatores produtivos, sendo $f(.)$ a função de produção.

Note-se que todas as combinações pertencentes à fronteira são eficientes, no sentido em que não há desperdício de fatores produtivos para assegurar o nível de produção desejado. Esta é a noção de eficiência tecnológica. A eficiência tecnológica é atingida quando uma empresa produz o máximo possível para um determinado volume de fatores produtivos, dada a tecnologia existente. Ou, dito de outra forma, quando para se atingir um determinado nível de produção que se pretenda alcançar usam-se apenas os fatores produtivos indispensáveis.

Resulta desta definição que pode existir mais do que uma combinação de fatores produtivos que é tecnologicamente eficiente. Por exemplo, os pontos B e C (figura 12.1) são ambos tecnologicamente eficientes. Apenas numa circunstância particular existe um único ponto tecnologicamente eficiente: quando os fatores produtivos têm que ser utilizados em proporções fixas (veja-se a figura 12.2).

Assim, um primeiro nível de eficiência a ser atingido é o da eficiência tecnológica, que em linguagem comum pode ser descrita simplesmente como "evitar desperdício de recursos". É esta noção de eficiência que parece estar subjacente à maioria das discussões sobre a necessidade de aumentar a eficiência do sistema.

Figura 12.2: Ausência de substituibilidade

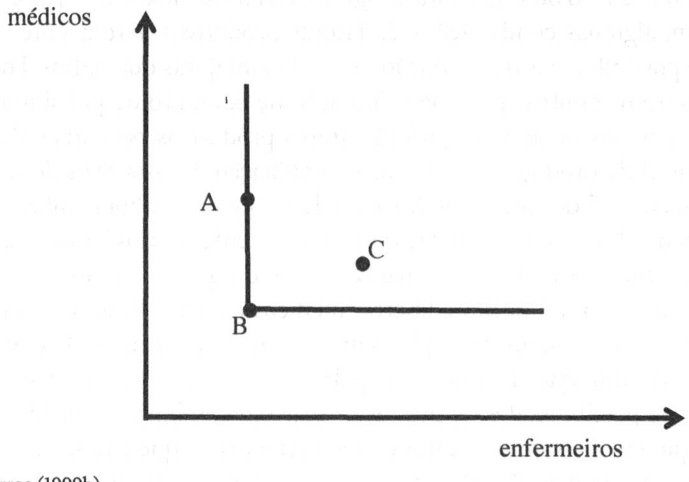

Fonte: Barros (1999b).

Da apresentação gráfica emerge também uma outra conclusão. Mesmo sendo atingida a eficiência tecnológica, e excepto em casos particulares, existem várias combinações de fatores produtivos que podem ser escolhidas. A análise da eficiência tecnológica não permite identificar, para um nível de produção pré-especificado, qual a melhor combinação de fatores produtivos.

Esta indeterminação será resolvida com o recurso a uma definição de eficiência mais exigente: a de eficiência técnica. A eficiência técnica introduz a noção de custos, que até agora não estava presente. Conceptualmente, uma combinação de recursos produtivos será eficiente tecnicamente se, para atingir um nível de produção pré-especificado e para os preços dos fatores produtivos, tiver custo mínimo. Esta definição de eficiência obriga a que uma combinação para ser tecnicamente eficiente também tenha que ser tecnologicamente eficiente. A eficiência técnica ocorre quando se minimiza (para o exemplo de dois fatores produtivos que se tem vindo a utilizar). O custo total de utilização dos fatores produtivos, dados os seus preços:

$$w_m L_m + w_e L_e, \tag{12.2}$$

sujeito à obrigação de obter um determinado nível de produção, sendo w_m e w_e os preços (salários) dos fatores produtivos L_m e L_e, respetivamente médicos e enfermeiros. Em termos de representação gráfica, o custo total é uma reta no espaço dos fatores produtivos, e o objetivo é obter o menor custo (a reta mais próxima da origem) que permite alcançar o nível de produção pré-especificado.

FIGURA 12.3: **Combinação de fatores produtivos tecnicamente eficiente**

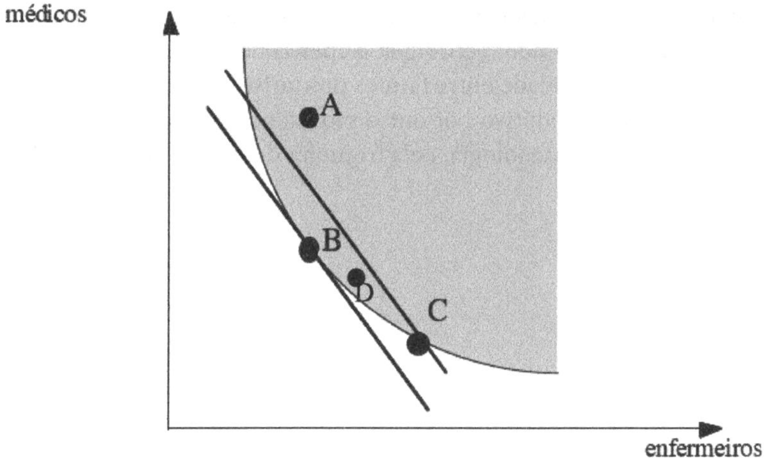

Fonte: Elaboração própria.

ECONOMIA DA SAÚDE

Este critério permite selecionar um ponto de todos que constituem a fronteira do conjunto de possibilidades de produção. Isto é, permite dizer se o ponto B é melhor, ou pior, que o ponto C. Esta ordenação das diferentes combinações de fatores produtivos depende do preço relativo dos fatores. Para determinados preços, a combinação B será preferível à combinação de fatores produtivos C (figura 12.3), enquanto para outros preços se poderá verificar o contrário.

A introdução dos preços dos fatores leva também a maior diversidade de situações. Tome-se, por exemplo, o ponto D. Este ponto é tecnologicamente ineficiente, pois não está na fronteira do conjunto de possibilidades de produção. Apesar disso, o ponto D tem menor custo total que o ponto C, que é tecnologicamente eficiente. O ponto C apesar de não ter desperdício de recursos utiliza de forma mais intensiva um dos fatores produtivos face ao ponto D. Daqui também se retira que uma passagem do ponto D para o ponto B é desejável porque alcança o mesmo objetivo de atividade com menor custo mas a passagem do ponto D para o ponto C não é interessante uma vez que irá gerar maiores custos para obter o mesmo resultado final.

O conceito de eficiência técnica, para ser relevante, isto é, para as suas implicações serem diferentes das implicações da eficiência tecnológica, requere que exista substituibilidade entre fatores produtivos para a obtenção de combinações tecnologicamente eficientes. Substituibilidade quer dizer, no contexto do exemplo, que existe a possibilidade de substituir médicos por enfermeiros. Se não houver esta capacidade de substituição tecnológica, então aplica-se o conjunto de possibilidades de produção da figura 12.2, e qualquer que sejam os preços dos fatores produtivos, o ponto B é o único tecnicamente eficiente para o nível de produção requerido, independentemente dos custos associados.

A caracterização de eficiência técnica exige assim que se conheçam os preços dos fatores produtivos usados (em rigor, é apenas necessário conhecer o preço relativo) e a substituibilidade entre fatores produtivos. As capacidades de substituição de um fator produtivo por outro são exógenas ao analista económico. São determinadas pela tecnologia, pela fronteira do conjunto de possibilidades de produção.

FIGURA 12.4: Eficiência técnica para diferentes níveis de produção

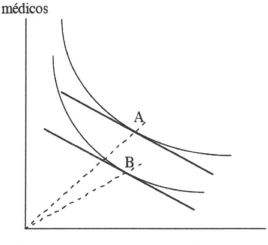

Fonte: Barros (1999b).

Note-se ainda que a eficiência técnica é condicional ao nível de produção especificado. Tal significa que um determinado rácio de fatores produtivos pode ser óptimo para um nível de produção mas não para outro nível de produção. A Figura 13.4 ilustra este aspecto, onde se encontram traçadas duas fronteiras de conjuntos de possibilidades de produção, cada uma correspondendo a diferentes níveis de produção (na terminologia económica, a representação gráfica desta fronteira é designada por isoquanta).

Formalmente, o problema genérico de caracterização de eficiência técnica é:

$min_{\{Xi\}} \Sigma_i w_i X_i$ (12.3)

$s.a \ Q = f(X_1; X_2; ...; X_n)$

A substituição dos valores ótimos dos fatores produtivos na função objetivo gera a denominada função custos e é representada por:

$C(Q; w_1; ...; w_n) = \Sigma_i w_i X_i(Q; w_1; ...; w_n)$ (12.4)

onde $X_i(Q; w_1, ..., w_n)$ é a solução óptima do problema (12.3). A teoria económica estabelece também que a caracterização da função custos é equivalente à caracterização da função produção. Isto é, o conhecimento da função custos fornece toda a informação relevante acerca da função de produção.

ECONOMIA DA SAÚDE

A noção de função custos é, porém, mais exigente do que a de função produção, uma vez que tem envolvido um comportamento de optimização por parte do agente económico. Uma função custos tem propriedades interessantes que serão exploradas de várias formas. Por exemplo, aumentar todos os preços dos fatores produtivos na mesma proporção, como não altera os preços relativos, origina exatamente a mesma solução óptima, apenas com um custo superior, sendo o acréscimo de custo dado pelo fator de proporcionalidade. De natureza mais técnica, usando a função custos podemos inferir a função procura de cada um dos fatores produtivos:

$$X_i = \frac{\partial C}{\partial w_i} \tag{12.5}$$

A obtenção desta relação não é evidente, uma vez que quando o preço do fator produtivo, w_i, varia todas as procuras de fatores produtivos se alteram. Contudo, como se está num ponto óptimo de escolha de fatores produtivos, o efeito através da variação das procuras é próximo de zero e pode ser ignorado para pequenas variações. Fica então apenas o efeito direto de quando se aumenta o preço de um fator, o custo aumenta de acordo com a quantidade usada desse fator.

Apesar da eficiência técnica constituir uma noção mais forte de eficiência que a noção de eficiência tecnológica, não transmite qualquer indicação sobre qual o nível de produção adequado de um ponto de vista económico. Qualquer das duas noções de eficiência é condicional a um nível de produção pré-especificado.

A definição do nível de produção adequado corresponde ao conceito de eficiência económica, que obriga também a que seja obtida a eficiência técnica (e logo a eficiência tecnológica). De um modo geral, a eficiência económica é obtida quando o benefício resultante da produção de mais uma unidade (benefício marginal) for igual ao custo de produção dessa unidade adicional (custo marginal), sendo a diferença entre benefício marginal e custo marginal positivo para níveis de produção inferiores. O conceito de eficiência económica corresponde à definição da escala ótima de atividade do prestador.

Formalmente, sendo Q o nível de atividade alcançado, designe-se por $B(Q)$ os benefícios de saúde conseguidos com essa atividade, com $B'(Q) > 0$ e $B''(Q) < 0$, isto é, benefícios marginais positivos mas decrescentes. O problema de determinação do nível ótimo de atividade é:

$$\max_{\{Q\}} B(Q) - C(Q) \tag{12.6}$$

que tem como solução o nível de atividade desenvolvida tal que

$$B'(Q) = C'(Q) \tag{12.7}$$

12. PRODUÇÃO DE CUIDADOS DE SAÚDE

O nível de atividade que respeita esta condição é economicamente eficiente.

12.2 Substituição entre fatores produtivos

Um dos aspetos de análise da eficiência baseia-se na capacidade de usar tipos de "trabalho" mais baratos em substituição de outros mais onerosos. É frequente ouvir-se os profissionais de saúde argumentarem como se existisse basicamente uma única forma correta de tratar uma determinada doença. Esta visão rígida do processo produtivo significa que a substituição de um fator produtivo por outro é muito difícil, se não mesmo impossível, sem reduzir a produção (ou a qualidade dessa produção). Um processo produtivo mais flexível permite poupanças de custos que seriam benéficas para os consumidores. Um dos papéis dos economistas é precisamente chamar a atenção para estes aspetos de substituibilidade de fatores. Uma forma sumária de apresentar este grau de substituibilidade entre fatores produtivos é a elasticidade de substituição:

$$\sigma = \frac{\Delta\%(x/y)}{\Delta\%(w_x/w_y)} \tag{12.8}$$

A elasticidade de substituição traduz quanto varia percentualmente a utilização relativa de fatores produtivos face a uma alteração percentual do seu preço relativo.

Jensen e Morrisey (1986) apresentaram estimativas para a elasticidade de substituição em hospitais americanos. Estes autores usaram análise econométrica para estimar a função de produção do hospital, fornecendo a informação necessária para calcular a elasticidade de substituição entre vários pares de fatores produtivos. O quadro 12.1 apresenta os valores estimados para as elasticidades de substituição.

Estes números têm a seguinte interpretação: um aumento de 1% no preço relativo dos médicos face aos enfermeiros resultaria numa diminuição de 0,547% no rácio de médicos face a enfermeiros. Estas elasticidades são suficientemente maiores que zero para revelar que existe uma substituibilidade significativa entre várias categorias de fatores produtivos. A variável "camas" agrega de certa forma todos os aspectos de capital produtivo, sendo naturalmente o que menos capacidade de substituição com outros fatores produtivos apresenta. Os aspectos mais interessantes destas estimativas são a elevada substituibilidade entre médicos e enfermeiros e a substituibilidade entre enfermeiros e internos, também elevada.

ECONOMIA DA SAÚDE

Quadro 12.1: Elasticidades de Substituição – Estados Unidos

	sem ensino	com ensino
médicos – enfermeiros	0,547	0,159
médicos – camas	0,175	0,155
enfermeiros – camas	0,124	0,211
enfermeiros – internos		2,127
médicos – internos		0,292

Fonte: Folland, Goodman and Stano (2007).

Estas elevadas elasticidades de substituição revelam que, em termos de organização dos hospitais (norte-americanos, pelo menos), houve uma substituição de médicos por enfermeiros na produção de cuidados de saúde hospitalares em resposta a diferentes salários relativos. Também de realçar que nos hospitais com ensino, os internos acabam por ser um substituto mais próximo das atividades dos enfermeiros do que dos médicos, sendo medida essa substituibilidade pelos ajustamentos verificados a diferentes salários relativos.

A ideia de substituibilidade entre fatores de produção de cuidados de saúde pode ser, à primeira vista, pouco natural. Não deixa, porém, de ser um aspecto importante. Gouveia e Pereira (1997) apresenta um exemplo de avaliação do custo de utilização excessiva de médicos. Intuitivamente, o custo será superior quando a substituibilidade entre fatores produtivos for menor. O aspecto importante desta discussão é notar que mesmo numa situação de eficiência tecnológica, entendida como uma situação em que reduzir a utilização de qualquer um dos fatores produtivos impede que se alcance o resultado desejado, a falta de eficiência na afectação de recursos pode traduzir-se em custos substancialmente superiores aos de uma situação eficiente com o mesmo volume de produção. Em Gouveia e Pereira (1997, p.148) estima-se que os custos de trabalho no sector da saúde eram, em meados da década de 90 do século XX, cerca de 10% superiores ao nível eficiente que assegura o mesmo desempenho global.

A relevância deste conceito para Portugal é clara. Num contexto em que crescentemente se discute o papel das diferentes profissões de saúde. Apesar de frequentemente se apresentarem esses papéis de uma forma rígida, as organizações no seu funcionamento acabam por refletir estas características de substituibilidade.

A forma mais simples de evidenciar essas possibilidades de substituição consiste em avaliar se o rácio entre dois fatores produtivos tem alguma relação com o respectivo preço relativo.

Na ausência de substituibilidade entre fatores produtivos, por definição, aumentos ou diminuições dos custos unitários (salários, preços) dos fatores produtivos não tem qualquer implicação para a utilização relativa desses fatores produtivos. Contudo, se houver alguma capacidade de substituição, deveria observar-se nas organizações que tenham um preço relativo de um fator produtivo maior uma sua, menor intensidade de utilização.

Esta ideia é concretizada, de forma ilustrativa, usando duas classes profissionais do sector da saúde, médicos e enfermeiros, e uma função de produção de requisito de trabalho humanos para alcançar um pré-determinado nível de atividade.

Seja L_m o numero de médicos e L_e o número de enfermeiros. A função de produção para um nível de atividade Q é

$$Q = A\left(\alpha L_e^{\rho} + (1-\alpha)L_m^{\rho}\right)^{\mu/\rho}$$

em que A é um fator de escala.

Para se alcançar o menor custo de obter o nível de atividade Q, há que resolver o problema:

$$\min_{\{L_e,L_m\}} w_e L_e + w_m L_m$$

$$s.a. \quad Q = A\left(\alpha L_e^{\rho} + (1-\alpha)L_m^{\rho}\right)^{\mu/\rho}$$

A função de produção utilizada apresenta elasticidade de substituição constante, sendo por isso especialmente útil neste contexto. Tomando o problema de minimização dos custos, as condições de primeira ordem referentes aos dois fatores produtivos podem ser reescritos, dando origem à relação

$$\frac{L_e}{L_m} = \frac{1-\alpha}{\alpha}\left(\frac{w_e}{w_m}\right)^{\frac{1}{\rho-1}} = \frac{1-\alpha}{\alpha}\left(\frac{w_e}{w_m}\right)^{-\sigma} , \quad \rho = \frac{\sigma-1}{\sigma}$$

Com dados para o número de médicos, número de enfermeiros e respetivos salários médios em organizações de prestação de cuidados de saúde da mesma natureza, é possível estudar esta relação. Por definição, a elasticidade de substituição é σ.

As duas figuras seguintes ilustram os dados para hospitais e centros de saúde em Portugal, nos anos 2003-2004.

ECONOMIA DA SAÚDE

FIGURA 12.5: Substituibilidade entre fatores: hospitais

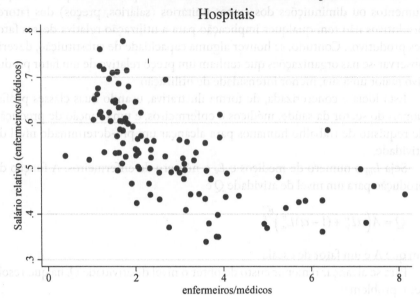

Fonte: Elaboração própria.

FIGURA 12.6: Substituibilidade entre fatores produtivos: cuidados de saúde primários

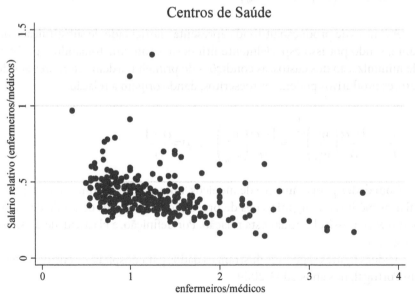

Fonte: Elaboração própria

12. PRODUÇÃO DE CUIDADOS DE SAÚDE

O quadro 12.2 apresenta as estimativas de elasticidade de substituição obtidas, que indicam um valor diferente de zero (um valor zero corresponde a ausência de substituibilidade).

QUADRO 12.2: **Elasticidades de Substituição – Portugal (médicos vs enfermeiros)**

	Centros de saúde	Hospitais
Constante	0,352	2,762
	(4,50)	(12.83)
Salário relativo	-0,500	-3,518
	(-6,44)	(-8,94)
R^2	0,1250	0,4276
Obs.	292	109

Fonte: Elaboração própria.

Assim, quer os hospitais quer os centros de saúde apresentam características que revelam uma capacidade, dentro das organizações, de organizar a produção de cuidados de saúde em que se responde ao ambiente económico utilizando relativamente mais o fator produtivo relativamente mais barato.

Estes conceitos são igualmente úteis para responder a questões que se colocam na gestão do sistema de saúde. Uma dessas questões é o valor que deve ser pago às instituições que acolhem treino de médicos (os conhecidos internos). É frequentemente argumentado que o treino e educação destes novos médicos envolve tempo de médicos já formados e que tendem, no seu processo formativo, a pedir mais exames e testes, gerando custos a serem compensados. Ora, se tal é verdade, também não se pode deixar de reconhecer que os internos desenvolvem tarefas nas organizações em que estão que substituem trabalho que seria desenvolvido por outros profissionais.

Haver, ou não, pagamento adicional para cobrir os custos de formação depende do valor destes elementos de substituição. Barros e Machado (2011) analisam este problema com recurso ao conceito de função de produção, concluindo que não há motivo para que haja uma transferência adicional ao salário respectivo para treino dos alunos do internato hospitalar. Embora sejam despendidos recursos no seu treino, também poupanças a considerar, resultantes da atividade que desenvolvem,

12.3 Economias de escala e de diversificação

A análise da dimensão e âmbito de atividades (diversificação) de uma entidade prestadora de cuidados de saúde assume um papel importante na compreen-

ECONOMIA DA SAÚDE

são da estrutura da oferta. Esta análise recorre, normalmente, a dois conceitos fundamentais: economias de escala e economias de diversificação, que importa definir desde já.

Economias de escala: uma empresa tem economias de escala desde que o seu custo médio de longo prazo seja decrescente na quantidade produzida. Com empresas multiproduto, as economias de escala globais implicam aumentar a produção de todos os produtos de igual fator proporcional. Variando apenas um dos produtos, tem-se as denominadas economias de escala específicas (a um produto).

Economias de diversificação: por definição, este conceito é apenas relevante para empresas multiproduto. Existem economias de diversificação sempre que é possível produzir dois ou mais produtos com menor custo conjunto do que se a produção for realizada em separado. Formalmente:

$$C(q_1; q_2) < c(q_1; 0) + c(0; q_2) \tag{12.9}$$

Qual a importância destes conceitos para a análise da estrutura de produção de cuidados de saúde? Os pontos óptimos de produção para a sociedade são aqueles em que há a minimização do custo médio.

Só que uma empresa maximizadora do lucro não tem qualquer interesse especial em produzir nesse ponto. A teoria de concorrência perfeita, por seu lado, tem a importante implicação de a pressão das empresas rivais obrigar a que cada empresa, no longo prazo, minimize os seus custos médios ou saia do mercado. Ora, no sector da saúde, a maioria dos prestadores não opera em ambiente de concorrência perfeita. Ou seja, as forças de concorrência, só por si, não levam necessariamente a que os prestadores operem à escala mais eficiente.

Para além disso, existe tradicionalmente um esforço de planeamento da distribuição geográfica e dimensão das unidades prestadoras de cuidados de saúde (aspecto muito claro no caso de centros de saúde e de hospitais do sector público).

Uma outra distinção conceptual a fazer é entre curto e longo prazo. O conceito de economias de escala é definido pela forma da função custos médios de longo prazo. A diferença teórica entre o curto e o longo prazo é simples: o longo prazo corresponde ao período de tempo necessário para que todos os fatores produtivos sejam flexíveis. O curto prazo é um período de tempo caracterizado por existirem fatores produtivos pré-determinados. Devemos ter sempre isto em atenção na avaliação e leitura dos estudos empíricos e das suas opções.

Os conceitos de função custos e de economias de escala estão relacionados entre si. Na presença de economias de escala, aumentar o volume de atividade significa reduzir os respectivos custos médios. Essa redução de custo médio só é possível se o custo marginal da atividade for inferior ao custo médio. Na fase de economias de escala observa-se uma curva de custo médio decrescente ao volume de atividade. Quando há deseconomias de escala tem-se, naturalmente, a situação oposta – a curva de custo medio é crescente no volume de atividade. Por fim, se o custo médio for constante, isto é, se não se alterar com variações na escala de atividade da organização, tem-se rendimentos constantes à escala. A figura 12.7 ilustra.

FIGURA 12.7: Rendimentos à escala

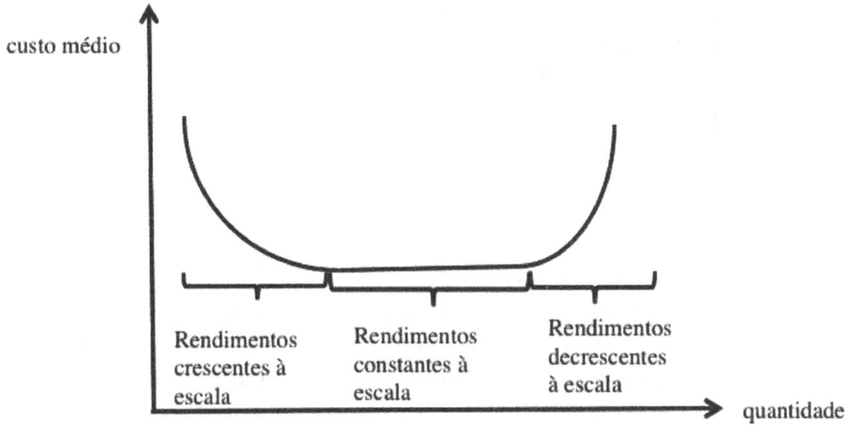

Fonte: Elaboração própria.

O conhecimento sobre o grau de economias de escala é um elemento relevante acompanhamento do sistema de saúde e tem implicações por vezes esquecidas para a gestão das unidades de cuidados de saúde do Serviço Nacional de Saúde. Tomemos os hospitais do SNS. Se houver deseconomias de escala a partir de certa dimensão, então um hospital de maior dimensão, então um hospital de maior dimensão fará necessariamente maior custo médio (por doente tratado, por exemplo), mesmo que ambos sejam eficientes. Significa então que o "preço" pago por doente tratado não pode ser o mesmo nos dois hospitais se se pretender apenas cobrir os respectivos custos. Quando se discute o papel de mecanismos de pagamento (como se fará adiante) na promoção da eficiência, tem-se que atender à importância, ou não, das deseconomias de escala. É importante perceber se se está a falar de movimentos ao longo da curva de custos médios ou de movimentos que tragam o funcionamento da organização para a curva de custos médios.

ECONOMIA DA SAÚDE

FIGURA 12.8: Custos médios e eficiência

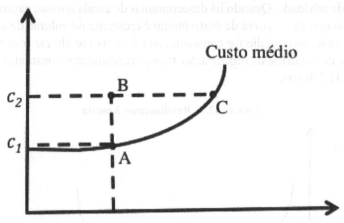

Fonte: Elaboração própria.

Tomemos a situação hipotética da figura. O ponto B é um ponto de operação ineficiente, pois para o mesmo nível de atividade o custo médio deverá ser c_1. Confrontado com a sua ineficiência, a entidade no ponto B poderá procurar-se tornar mais eficiente. Passar para uma situação eficiente tanto poderá passar para o ponto A (com redução dos custos e mantendo o nível assistencial) como poderá ser ir para o ponto C, onde aumenta os custos e aumenta o nível assistencial. Quer o ponto A, quer o ponto C são pontos de eficiência, mesmo tendo custos diferentes.

A imposição de um "preço" por unidade de c_1 que corresponde ao custo unitário mais baixo leva a que o hospital que desenvolve mais atividade tenha perdas, mesmo que seja eficiente. Mas se o preço por unidade produzida for suficiente para o hospital no ponto C não tenha perdas económicas, então o hospital no ponto A terá rendas económicas positivas desnecessárias.

Na presença de deseconomias de escala, a pratica de um preço igual para todas as unidades prestadoras de cuidados de saúde não é compatível com a existência de eficiência – ou se estava a pagar a mais a um, ou menos a outros, mesmo que todos sejam igualmente eficientes.

Uma vez apresentados os conceitos teóricos básicos, torna-se importante avaliar empiricamente várias questões: existem ou não economias de escala? estão ou não a ser aproveitadas? Nas avaliações empíricas, há uma distinção frequentemente feita entre funções custo estruturais e aquelas que incorporam variáveis de comportamento de modo *ad-hoc*. Uma função custos estrutural é derivada diretamente da teoria económica. Nas funções *ad-hoc* são normalmente incluídas variáveis que os dados originais ou o conhecimento de realidades espe-

12. PRODUÇÃO DE CUIDADOS DE SAÚDE

cíficas sugerem como sendo relevantes. A discussão que se segue centra-se nos hospitais, por serem as unidades prestadoras de cuidados médicas para as quais existe mais conhecimento em termos de economias de escala e de diversificação.

Existem vários problemas comuns aos muitos estudos existentes, sendo que alguns deles são de muito difícil resolução e provavelmente ter-se-á que viver com eles. Por um lado, a definição do que é a produção do hospital. É extremamente difícil apresentar uma definição operacional do que produz um hospital. Os hospitais diferem substancialmente no tipo de casos que tratam (*case-mix*). Há sistemas de pagamento aos hospitais que identificam 300, 400 ou mesmo 500 casos clínicos diferentes. Neste sentido o hospital pode ser visto como uma empresa multiproduto, com centenas de produtos diferentes. Uma análise que olhe com detalhe para todos esses produtos é claramente impraticável e não informativa. Normalmente, há uma agregação para um pequeno número de "produtos".

Por outro lado, a definição e avaliação da qualidade. A qualidade do produto do hospital não é observada diretamente e não é facilmente mensurável. A evidência de estudos internacionais é bastante diversa, encontrando-se em vários estudos algumas economias de diversificação, e por vezes economias de escalas (mas também rendimentos constantes à escala surgem nalguns casos).

A conclusão da conjunção dos vários estudos internacionais é a ausência de consenso sobre a dimensão óptima dos hospitais. Um dos estudos mais recentes, de Preyra e Pink (2006), estima uma função custos de curto prazo e partir dela os autores inferem a função custos de longo prazo associada. Em termos de dimensão óptima encontram, usando dados do período 1994/1996 referentes à província de Ontário (Canadá), um valor óptimo de 180 camas. Esta estimativa é mais baixa do que os valores tradicionalmente encontrados (que se situam na faixa das 200 – 250 camas), mas vem em linha com uma tendência geral para redução dos tempos de hospitalização e consequente menor uso de camas.

A própria noção de dimensão, tradicionalmente medida pelo número de camas no caso dos hospitais, tem vindo a alterar-se. O desenvolvimento da cirurgia de ambulatório, por exemplo, faz com que a capacidade de tratar seja independente do número de camas disponíveis no hospital. Também nos cuidados de saúde primários se tem transformações que alteram a noção do que seja a "escala". A existência da chamada "consulta sem presença do utente", que não é mais do que interligação entre médicos, faz com que a capacidade do espaço físico e até da presença do doente perca alguma relevância.

12.4 Evidência para Portugal

Para Portugal, um dos primeiros estudos é devido a Paiva (1993), que analisou 39 hospitais no período 1984-1988, estimando uma função custos Cobb-

ECONOMIA DA SAÚDE

-Douglas. A utilização desta forma funcional, embora conveniente analitica-mente, é limitativa pois impõe elasticidade de substituição unitária, o que face às elasticidades de substituição encontradas em estudos internacionais pa-rece ser um valor excessivamente elevado. A função de produção é estimada por método de fronteira estocástica. A produção é definida como o número de casos tratados, ajustado pelo índice de complexidade (*case-mix*). Os fatores produtivos considerados foram: camas, médicos, enfermeiros e pessoal auxiliar. A estimação por método de fronteira estocástica permite, depois da estimação, medir o afastamento médio dos pontos à fronteira. Os resultados obtidos indi-cam que a produção observada correspondia a 60% do máximo alcançável; o desvio é sobretudo devido a ineficiência tecnológica; mesmo retirando alguns fatores que possam motivar essa ineficiência tecnológica, fica-se com uma parte considerável de ineficiência. Os elementos ajustados foram camas fixa-das exogenamente e a demora média de internamento, que procura medir se o ajustamento para a complexidade dos casos foi adequado; as elasticidades esti-madas foram, respectivamente, camas: 0,5059; médicos: 0,0701; enfermeiros: 0,1407; pessoal auxiliar: 0,1902.

QUADRO 12.3: **Distorções na utilização de recursos**

	Real	óptimo
médicos/camas	0,74	0,14
médicos/enfermeiros	1,07	0,50
médicos/outro pessoal	1,10	0,37
enfermeiros/cama	0,70	0,28
enfermeiros/outro pessoal	1,03	0,74
camas/outro pessoal	1,50	2,66

Fonte: Paiva (1993).

Com uma função Cobb-Douglas é possível explorar facilmente o conteúdo económico destas estimativas. Em primeiro lugar, há indicação de economias de escala (a soma de todas as elasticidades é inferior à unidade: 0,90). Em segundo lugar, com uma função Cobb-Douglas, sabe-se que no ponto óptimo:

$$\frac{\alpha_i}{\alpha_j} = \frac{w_i x_i}{w_j x_j} \tag{12.10}$$

Ora, esta implicação teórica permite comparar facilmente os rácios observa-dos com os que dada a estimação seriam óptimos. Estes resultados apontam para uma despesa excessiva em médicos.

12. PRODUÇÃO DE CUIDADOS DE SAÚDE

Estudos posteriores (Carreira, 1999; Lima, 2000) utilizam uma abordagem diferente, considerando uma especificação da função custos mais flexível, para apresentar estimativas de economias de escala e economias de diversificação. As medidas de economias de escala e de economias de diversificação são calculadas de forma semelhante em ambos os estudos. No caso de economias de escala comparam o aumento de custos resultante de um incremento de 1 em todas as produções, avaliado na médias dos valores da amostra.

O indicador calculado é análogo ao rácio do custo médio sobre custo marginal. Se este rácio for superior à unidade o custo médio decresce com o aumento de produção e tem-se rendimentos crescentes à escala, se for igual à unidade tem-se rendimentos constantes à escala e se for inferior à unidade tem-se rendimentos decrescentes à escala (ou deseconomias de escala). Para as economias de diversificação, os indicadores utilizados comparam o acréscimo de custos resultante de se produzir separadamente todos os produtos. Valores superiores à unidade significam que há economias de diversificação (separar a produção por diferentes unidades origina maiores custos globais). As economias de diversificação também podem ser avaliadas produto a produto (isto é, responder à questão de ser vantajoso ou não produzir separadamente cada variável de produção definida).

O estudo de Carreira (1999) inclui 82 hospitais portugueses, para o período 1991-1995, tendo definido como produtos doentes saídos, demora média (duração média dos internamentos em dias), o número de consultas anuais e o número de urgências anuais. Como fatores produtivos incluiu trabalho e "outros fatores". A análise foi feita apenas para os custos variáveis. Por seu lado, Lima (2000) toma uma amostra de 36 hospitais durante onze anos (1984-1994). Como produções inclui episódios de Medicina/Cirurgia, Obstetrícia/Ginecologia, Outras admissões e Consultas (externas e urgências). Os fatores produtivos admitidos são trabalho, capital e despesas de consumo corrente. Os resultados obtidos nestes dois estudos encontram-se no quadro 12.4.

QUADRO 12.4: **Economias de escala e de diversificação**

	Carreira (1999)	Lima (2000)
Economias de escala globais	1,177	1,2980
Ec. escala – H. Centrais	0,863	n.d.
Ec. escala – H. Distritais	1,244	n.d.
Ec. escala – H. Nível I	1,852	n.d.
Economias de diversificação	2,852	n.d.
Lotação média	264	241
"Dimensão óptima"	215	>241

Fonte: Carreira (1999), Lima (2000).

ECONOMIA DA SAÚDE

Em ambos os estudos se encontram economias de escala globais, bem como a presença de economias de diversificação. A divisão entre Hospitais Centrais (coincidentes em grande medida com os grandes hospitais), Hospitais Distritais (sobretudo hospitais de média dimensão) e Hospitais de Nível I (fundamentalmente pequenos hospitais) revela uma curva de custos com economias de escala para dimensões pequenas, que se vão esgotando e para os hospitais de maior dimensão está-se já na região de deseconomias de escala.

O trabalho de Azevedo e Mateus (2013) realiza uma análise das economias de escala nos hospitais portugueses. Consideram o período de 2003 a 2009 usando uma função custos translog. As estimativas de dimensão óptima obtidas sugerem um valor de cerca de 300 camas. Este valor é mais elevado do que a estimativa anterior de Fortuna (2010) que indicava 233 camas. Barros *et al.* (2008) utilizam uma medida diferente, usando o indicador de produtividade de Luenberger para os hospitais portugueses no período 1997 – 2004. Não tendo uma estimativa comparável do grau de economias de escala, estabelecem uma ligação entre o baixo crescimento da produtividade e problemas de delegação de decisões e ineficiência pura.

Afonso e Fernandes (2008) usando DEA e dados para o período 2000 – 2005 mostram uma baixa taxa de crescimento da produtividade nos hospitais portugueses e sobretudo identificam uma grande variabilidade de ano para ano. Moreira (2008) utilizando a metodologia DEA procede a uma análise de eficiência com o propósito de avaliar o impacto da transformação do regime jurídico dos hospitais do sector público, com a introdução de maior flexibilidade de gestão, usando o período 2001-2005. A transformação, como será detalhada adiante, teve lugar em 2003. Para estes primeiros três anos, a análise de eficiência realizada revela um melhor desempenho dos hospitais transformados.

Harfouche (2008) utiliza igualmente a análise DEA para explorar os efeitos das transformações no sector hospitalar português, nomeadamente a alteração das regras de gestão. A conclusão obtida é a de melhor desempenho dos hospitais que são geridos com as novas regras. Rego *et al.* (2010) utilizam igualmente a técnica DEA para concluir que as alterações nas regras de gestão produziram efeitos positivos no desempenho dos hospitais públicos.

Almeida e Fique (2011) apresentam uma análise de eficiência dando maior atenção que os trabalhos precedentes aos aspectos de qualidade e de como estes afectam os custos hospitalares. A metodologia é uma vez mais o DEA, sendo utilizados dados de 1993. A inclusão de indicadores de qualidade não tem implicações significativas quantos aos hospitais que são tratados como os mais eficientes. Porém, os indicadores de eficiência dos hospitais intramarginais são significativamente distintos. Quando é realizado o ajustamento para os aspectos

12. PRODUÇÃO DE CUIDADOS DE SAÚDE

de qualidade aumentam as diferenças de eficiência. Isto é, os hospitais mais eficientes são também os que apresentam maior qualidade.

Globalmente, os estudos recentes sobre a eficiência dos hospitais portugueses tem-se centrado sobretudo no efeito da transformação das regras de gestão, encontrando-se normalmente efeitos positivos associados com essa transformação.

A discussão dos aspectos de economia de escala tem perdido atenção, e a questão de economias de diversificação ainda menos têm sido analisadas. Quanto às economias de escala, a dimensão óptima encontra entre as 200 e as 300 camas, o que sugere a existência de hospitais sub- e sobredimensionados no sistema de saúde português, mesmo acomodando o fato de hospitais de elevada diferenciação técnica e com ensino avançado terem requisitos de maior volume de atividade

Naturalmente que não se pode inferir deste tipo de análise que todos os hospitais portugueses deveriam ter uma mesma dimensão, inferior a 300 camas. A realidade hospitalar é mais complexa do que é necessário admitir para estas estimações. Por exemplo, os Hospitais Centrais recebem doentes de determinadas patologias de vários hospitais de nível inferior, alguns desses hospitais incluem ensino (aspecto que não foi contemplado nestes estudos, e que poderá ser importante).

Outro ponto fundamental é que estas análises não admitem a possibilidade de ineficiência nos custos hospitalares – isto é, para um mesmo nível de atividade um hospital pode apresentar custos muito superiores aos implícitos numa função custos por mero efeito de ineficiência. Apesar de existirem técnicas econométricas que procuram isolar excesso de custos devidos a ineficiência, estes estudos não as aplicaram. No entanto, é relativamente razoável admitir que alguns dos hospitais portugueses se encontram sobredimensionados, e que noutros casos há ainda economias de escala a explorar. Não significa que os hospitais de menor dimensão tenham necessariamente que a aumentar apenas para explorar economias de escala. Alguns desses hospitais estarão situados em regiões de procura cativa e de relativamente reduzida expressão. Serão, numa determinada zona geográfica, monopólios naturais, onde face à procura existente não será racional aumentar a sua dimensão.

12.5 Conclusão

A produção de cuidados de saúde pode, em geral, ser assegurada por diferentes combinações de fatores produtivos. É o que na análise económica se designa por pontos distintos de uma função produção. Na análise das estruturas de produção são normalmente relevantes vários conceitos: conjunto de possibilidades de produção, fronteira do conjunto de possibilidades de produção, também denominada função de produção, grau de substituibilidade entre fatores

ECONOMIA DA SAÚDE

produtivos, economias de escala e economias de diversificação. Estes conceitos definem situações de eficiência, contra as quais se podem confrontar as instituições que prestam cuidados de saúde. Dessa comparação resultam implicações sobre a eficiência na prestação de cuidados de saúde e eventuais direções de atuação. A evidência disponível sugere que estes conceitos são também aplicáveis aos prestadores de cuidados de saúde.

Exercícios

12.1 Suponha-se uma função de produção

$$Q = \left(\alpha L_1^{\rho} + (1-\alpha)L_2^{\rho} \right)^{1/\rho}$$

sendo Q o nível de produção intermédia de fator humano médico, L_1 o número de médicos e L_2 o número de enfermeiros. Os restantes elementos são parâmetros da função de produção.

a) Mostre que o rácio óptimo de fatores produtivos é dado por

$$\frac{L_1}{L_2} = \left(\frac{w_1}{w_2} \right)^{\frac{1}{\rho-1}} \left(\frac{1-\alpha}{\alpha} \right)^{\frac{1}{\rho-1}}$$

Considere agora os seguintes valores referentes a dois hospitais portugueses, para o ano de 2003:

		Hospitais da Universidade de Coimbra	Hospital de Santa Maria
Salário médicos	Ordenados	32 809 €/ano	33 288 €/ano
	Horas Extra	16 538 €/ano	14 447 €/ano
Médicos	(número)	1010	1074
Salário enfermeiros	Ordenados	21 127 €/ano	25 331 €/ano
	Horas extra	3 917 €/ano	4 397 €/ano
Enfermeiros	(número)	1527	1274

b) Admitindo que os Hospitais da Universidade de Coimbra se encontram numa situação de eficiência alocativa e que a elasticidade de substituição tem o valor $\sigma = 0,2$, qual o valor de α compatível com essa situação?

c) Usando a definição da função de produção proposta, qual o valor de Q – o produto intermédio de fator trabalho composto de médicos e enfermeiros – para cada um dos hospitais?

12. PRODUÇÃO DE CUIDADOS DE SAÚDE

d) Qual o rácio de fatores produtivos óptimo para o Hospital de Santa Maria, para o seu rácio de preços relativos? Como compara com o rácio observado?

e) Qual o custo total com médicos e enfermeiros que se observou no Hospital de Santa Maria?

f) Mantendo constante o valor de Q para o Hospital de Santa Maria, e para o rácio de fatores produtivos óptimo para este mesmo hospital, quais os valores óptimos resultantes para o total de médicos e de enfermeiros para o Hospital de Santa Maria?

g) Qual o custo eficiente associado com a escolha óptima de fatores produtivos (médicos e enfermeiros) para o Hospital de Santa Maria, para o nível Q de atividade determinado na alínea c)?

h) Qual o acréscimo de custos no Hospital de Santa Maria face ao que seria o seu valor eficiente?

12.2 Explique os conceitos de eficiência tecnológica, eficiência alocativa e eficiência económica.

Capítulo 13
Hospitais

13.1 Introdução

O hospital enquanto ator no sector da saúde já surgiu em vários exemplos anteriores. Por exemplo, na aplicação das ideias de eficiência e substituibilidade de fatores no sector da saúde. Agora a análise irá centrar-se no que é particular ao hospital, já que o seu funcionamento e estrutura torna-o uma "empresa" com algumas características diferentes das habituais.

Em primeiro lugar, é necessário definir o que se entende por hospital. Uma definição imediata e simples é: "um hospital é uma instituição onde as pessoas doentes recebem tratamento médico". Esta definição em termos económicos é pouco satisfatória, pois há instituições que providenciam tratamento médico e não são hospitais. Será que o tratamento tem que ser dado por internamento? é relevante que a doença seja aguda (breve e severa) ou crónica (de longa duração)? inclui só os cuidados curativos, ou alarga-se o conceito de tratamento incluindo cuidados preventivos? No fundo, qual a característica essencial de uma empresa que a leva a ser incluída como parte da indústria hospitalar?

Na verdade, o fator que identifica um hospital é a existência de internamento. Um hospital é um estabelecimento que presta cuidados de saúde com internamento. O hospital pode ter outros tipos de 'produção', como o tratamento de doentes sem os admitir a internamento,[63] ensino médico e investigação. Estas outras produções podem ser alcançadas noutras instituições que não são consideradas hospitais. O tratamento de ambulatório pode ser realizado em consul-

---

[63] Na verdade, o denominado hospital de dia tem vindo a ganhar cada vez mais importância, embora sob essa designação caibam atividades muito diversas.

ECONOMIA DA SAÚDE

tórios médicos, o ensino e a investigação podem ser realizados em universidades ou em instalações próprias para esse fim.

Por outro lado, é igualmente verdade que nem todas as instituições que têm pessoas doentes internadas são hospitais. Por exemplo, em cuidados prolongados para doenças crónicas, que exijam apoio de enfermagem, existe internamento. Para se ter um hospital, pode-se exigir o requisito adicional de ser necessário ter tratamento curativo, normalmente de casos agudos.

Com esta definição de hospital, abarcam-se não só os hospitais oficiais que usam esta denominação mas também clínicas privadas e instituições privadas sem fins lucrativos (das quais as mais importantes são as Misericórdias e as instituições ligadas a ordens religiosas), desde que tenham serviço de internamento.

A utilização destas camas hospitalares não é realizada de forma uniforme. Alguns hospitais têm igualmente funções de ensino.

Em termos da sua estrutura interna, o hospital é uma instituição bastante complexa, coexistindo simultaneamente uma estrutura hierárquica médica e uma estrutura administrativa. A relação de poder e autoridade dentro do hospital é assim bastante diferente da de uma empresa habitual. É razoável pensar que em consequência, pelo menos, alguns dos seus aspectos de decisão irão ser diferentes. Adicionalmente, sendo a maioria dos hospitais sem fins lucrativos (por serem oficiais ou pertencerem a instituições sem fins lucrativos), também o seu objetivo poderá diferir da maximização do lucro.

Um primeiro ponto importante de discussão é: quem tem os direitos de controle? quem decide dentro do hospital? O hospital pode obter, e obtém, "lucro" no sentido em que tem algum excedente monetário "livre" para afectar a usos alternativos. Ou mesmo que tenha dívidas, há sempre que decidir sobre a utilização a dar aos fundos recebidos. Quem de fato decide sobre esta afectação? Existem várias versões na resposta a esta questão: os médicos, que influenciam as decisões no sentido que lhes for mais conveniente; a administração, que tem objetivos próprios (dimensão, prestígio, visibilidade, etc.); o "dono" do hospital, de quem a administração é um representante perfeito.

Como é natural nestas situações, todos terão alguma influência, e em determinadas situações poderá predominar um dos grupos e noutras outro grupo. Pode igualmente registar-se uma evolução ao longo do tempo no equilíbrio relativo dos vários grupos.

A situação em que os médicos têm a capacidade de decidir a utilização dos recursos do hospital é mais fácil de se verificar quando a própria administração é encabeçada por um médico. Mesmo reconhecendo que as diferentes especialidades podem ter alguns objetivos diferentes, é razoável pressupor que também têm objetivos e cultura comuns.

13. HOSPITAIS

Para além dos médicos, também os administradores podem deter um forte poder dentro do hospital. Tendo o administrador direitos de controle, podemos vê-lo como maximizando a sua utilidade quando decide a afectação de recursos dentro do hospital. É habitual considerar-se que o administrador retira utilidade da quantidade e qualidade da produção, sujeito a uma restrição orçamental e a uma restrição de tecnologia de produção (claro que o problema básico está em aceitar, ou não, que o administrador tem esta função de utilidade).

Por fim, pode ocorrer a situação em que o pagador (o Estado) possui os direitos de controle. Neste caso, quem decide cumpre escrupulosamente os objetivos do proprietário do hospital. Se este último caso fosse verdade, não era necessário orçamento global, sistema de incentivos ou qualquer outro mecanismo de contenção de custos e/ou promoção da eficiência, pois o hospital gastaria apenas aquilo que o Estado acharia desejável.

Fica-se assim com essencialmente duas grandes hipóteses consoante o decisor crucial seja o médico ou o administrador hospitalar. A distinção entre elas mostra que medidas que alterem o poder relativo das partes envolvidas irão igualmente influenciar o funcionamento do hospital. Dado que o Estado não consegue ter um representante perfeito a decidir a afectação de recursos num hospital, é natural que surjam soluções de regulação. Em si mesma, esta situação não é muito diferente de problemas de regulação noutras áreas. Para além disso, existem regras legais próprias bem como regras informais autoimpostas que condicionam as decisões dos vários atores dentro do hospital.

13.2 A decisão de qualidade e quantidade

Uma questão recorrente na comparação entre hospitais num ambiente de mercado e hospitais públicos (funcionando de acordo com a atribuição de um orçamento) é a da qualidade. Tipicamente, o argumento apresentado é o de que a procura de lucro por parte dos hospitais privados leva a uma menor qualidade de serviço nestes. Esta visão é bastante imprecisa, podendo mesmo ser incorreta em condições relativamente simples. Se a procura dirigida a um hospital for tal que uma maior qualidade permite ao hospital receber um preço maior mas que para tratar mais doentes tem que aceitar um preço unitário menor, então um hospital que receba por orçamento que cobre os custos pode escolher uma qualidade maior ou menor que um hospital atuando em ambiente de mercado. Tal sucede sempre que a qualidade for um instrumento mais eficiente para atrair procura do que a apresentação de um preço mais baixo (note-se que a sensibilidade da procura ao preço e à qualidade pode surgir de forma indireta, via financiador/pagador que escolhe em nome dos seus beneficiários). Não é pois possível garantir sempre que um ambiente de mercado origina uma menor (ou maior) qualidade do que um hospital público, mesmo sem se con-

ECONOMIA DA SAÚDE

siderar o papel dos incentivos a uma produção eficiente. Tome-se o caso do administrador de um hospital público como tendo o poder de controle. O seu problema é:

$$\text{Max}_{\{N,Q\}} \, U(N,Q) \, s.a. \quad R = C(N,Q) \tag{13.1}$$

sendo N a quantidade de doentes, Q a qualidade, C a função custos e R o orçamento dado pelo Estado.

Deste problema de maximização obtém-se o conjunto de condições que caracterizam a escolha óptima quanto ao número de doentes a tratar e quanto à qualidade de tratamento dada a cada doente que pode ser reescrito como:

$$\frac{\partial U / \partial N}{\partial U / \partial Q} = \frac{\partial C / \partial N}{\partial C / \partial Q}$$
$$R = C(N,Q) \tag{13.2}$$

Se o hospital funcionar num ambiente de mercado, terá uma procura per capita com disposição a pagar dada por $P(N,Q)$, as receitas serão $R = P(N,Q)\,N$. O problema é então:

$$\text{max}_{\{N,Q\}} \, U(N,Q) \, s.a. \quad P(N,Q)N - C(N,Q) = 0 \tag{13.3}$$

Construindo a função Lagrangeana correspondente e calculando as condições de primeira ordem do problema de maximização:

$$\frac{\partial U}{\partial N} + \mu\left(\frac{\partial P}{\partial N}N + P - \frac{\partial C}{\partial N}\right) = 0$$
$$\frac{\partial U}{\partial Q} + \mu\left(\frac{\partial P}{\partial Q}N - \frac{\partial C}{\partial Q}\right) = 0 \tag{13.4}$$
$$PN - C = 0$$

Ou, rearranjando,

$$\frac{\partial U / \partial N}{\partial U / \partial Q} = \frac{C_N - (P + N\partial P / \partial N)}{C_Q - N\partial P / \partial Q}$$
$$PN = C(N,Q) \tag{13.5}$$

E para um mesmo volume de recursos, isto é, mesmo que $R = PN$, a decisão irá ser diferente da do hospital financiado por orçamento de Estado. Tal decorre de, em ambiente de mercado, o decisor do hospital ter em atenção que um aumento no número de doentes tratados se traduz numa maior receita (aliviando a restrição de recursos) e também que uma maior qualidade gera receitas adicionais, via a maior disposição a pagar de cada doente tratado no hospital. A sensibilidade da procura a cada um dos elementos, preço e qualidade, determina se em ambiente de mercado se tem mais ou menos qualidade do que com orçamento dado pelo Estado, mantendo constante o objetivo do decisor do hospital (a utilidade derivada do número de doentes que trata e da qualidade do tratamento fornecido). Nota-se que este objetivo do decisor crucial é compatível quer com a maximização do lucro, caso em que a função objetivo seria definida pelos lucros obtidos, quer com outros objetivos, como satisfazer as necessidades da população sem ter em conta a situação financeira do hospital a não ser como restrição na atuação.

Vejamos com um exemplo concreto para as formas funcionais:

$$U = N^\alpha Q^{1-\alpha}, \; C = \beta_1 Q + \beta_2 N, \; P = a + bQ - dN \qquad (13.6)$$

Admitindo valores concretos para os parâmetros, por exemplo, $\beta_1 = 1$, $\beta_2 = 1$, $\alpha_1 = 10$, $b = 1$, $\alpha = 0,5$, $R = 5$, para diferentes valores de d, o quadro seguinte apresenta as qualidades e quantidades de equilíbrio nas duas possibilidades de decisor relevante.

QUADRO 13.1: Escolha de qualidade – exemplo numérico

	ambiente de mercado			Sector público
	$d = 0$	$d = 1$	$d = 2$	
Qualidade	0	1,89	2,60	2,5
Quantidade	5	3,10	2,39	2,5

Fonte: Elaboração própria

Ou seja, dependendo da importância da qualidade na valorização de cuidados de saúde por parte dos consumidores, e para um mesmo volume global de recursos gasto, o hospital em ambiente privado pode escolher maior ou menor qualidade que um hospital no sector público.

Como se impõe a mesma utilização global de recursos, se aumenta a qualidade, tem que diminuir a quantidade e vice-versa. Na ausência desta restrição, poderão aumentar simultaneamente a qualidade e a quantidade, mas a intuição para a escolha relativa quantidade-qualidade é a mesma.

ECONOMIA DA SAÚDE

13.3 O modelo do duplo poder

Existem, na literatura, diversos modelos de comportamento de hospitais sem fins lucrativos. Um dos primeiros modelos, devido a Newhouse (1970), atribui ao decisor o objetivo de maximização da utilidade, tendo como argumentos a qualidade e quantidade de cuidados de saúde prestados. Essa maximização de utilidade encontra-se sujeita a uma restrição orçamental. Um modelo diferente é proposto por Pauly e Redisch (1973), em que se parte da hipótese de que o hospital é controlado pelos médicos (que agem no sentido de maximizar o seu rendimento). Desenvolvendo de certo modo essa ideia, Harris (1977) apresenta uma proposta radicalmente diferente do habitual como modelo de comportamento dos hospitais. Um hospital tem duas fontes de poder (ou decisão) completamente distintas. os administradores hospitalares e os médicos. O hospital é, então, o palco de uma luta entre estes dois poderes. Os administradores atuam como fornecedores de fatores produtivos que são procurados pelos médicos. As decisões nos hospitais resultam então da interação entre estas duas classes de agentes. A procura é gerada por uma sequência incerta e complicada de eventos. O serviço do hospital é único e feito à medida de cada doente. O médico atua como agente do doente na procura dos bens e serviços necessários. O administrador é o fornecedor desses serviços. Nas condições específicas desta procura, não é razoável pensar-se que possa existir uma negociação de mercado para determinar o preço de cada item usado no tratamento. De acordo com a teoria de Harris, o hospital resolve o problema de racionamento com uma variedade de regras de decisão.

Deste modelo de comportamento, podem ser retiradas três implicações: dado o papel dos médicos, a tecnologia adoptada pelo hospital é determinada pelas preferências destes; a regulação do hospital com medidas destinadas aos administradores terá poucos efeitos. Ou seja, medidas que procurem controlar os custos hospitalares têm que estabelecer incentivos e restrições ao comportamento dos administradores e dos médicos; e, por fim, a reorganização do hospital pode levar a uma organização mais efetiva, integrando mais o médico no processo de decisão.

13.4 O sector hospitalar português

Também no sistema de saúde português os hospitais sem fins lucrativos ocupam um lugar importante. A maioria dos hospitais pertence ao Serviço Nacional de Saúde, e cerca de metade dos hospitais fora do SNS terá fins lucrativos sendo os restantes sem fins lucrativos. O crescimento dos hospitais do sector público e o declínio dos hospitais das misericórdias resultou, em grande medida, da inclusão no SNS das unidades hospitalares geridas pelas Misericórdias. Os últimos anos tiveram neste campo desenvolvimentos importantes, com a abertura de grandes hospitais privados (sendo aqui emblemáticos o Hospital da Luz, pelo grupo BES, e o Hospital dos Lusíadas, pelo grupo CGD, na sua origem, entretanto alienada para um grupo privado estrangeiro). Existem ainda outros grupos económicos a operar na área da saúde em Portugal, como a José de Mello Saúde e o Grupo Trofa Saúde.

Apesar de o SNS ser relativamente recente, e de vários hospitais terem sido construídos nos últimos vinte anos, os hospitais portugueses defrontam hoje obstáculos a um melhor desempenho. Delgado (1999) identificou constrangimentos que ainda hoje têm relevância, pela sua permanência ou por terem determinado intervenções, a saber: modelo de financiamento inadequado – a predominância do pagamento da despesa, sem relação com os resultados produzidos; ausência de mecanismos de concorrência – o que significa que a distribuição de recursos depende mais dos interesses da oferta do que da livre escolha dos consumidores; modelo burocrático de gestão – os hospitais públicos têm que seguir as regras de gestão de recursos humanos e de aprovisionamento da função pública; acumulação do exercício hospitalar público com a atividade privada – desvio de procura para o exercício da atividade privada; e, o peso dos serviços de urgência.

Destas dificuldades resulta uma falta de flexibilidade na gestão dos recursos humanos e uma incapacidade em obter os melhores preços, com a melhor qualidade e em tempo útil dos consumíveis e produtos adquiridos para consumo hospitalar. Por exemplo, Delgado (1999) estimava que 70% do tempo útil de um conselho de administração trata de procedimentos legais. Também nos hospitais públicos portugueses se têm os dois poderes, médico e de gestão, em permanente tensão.

Uma questão natural é saber se há evidência de que os administradores conseguem, ou não, influenciar a atividade médica. Barros e Dismuke (2003) procuram ver se há alguma sensibilidade na utilização de um recurso hospitalar específico, a realização de um TAC, em resposta a uma maior pressão dos administradores.

Utilizando dados de 1992 a 1999, e aplicando um modelo de decisão por parte do médico na utilização de um recurso de imagiologia, concluem que a existência de financiamento para além das transferências do Serviço Nacional de Saúde, bem como as alterações do regime de fixação do orçamento global contribuíram para explicar as diferenças na utilização dos recursos em causa.

A identificação destes constrangimentos levou à tomada de várias medidas de reforma, com o objetivo declarado de os ultrapassar. A criação dos hospitais SA, descrita adiante, procurar alterar o modelo burocrático de gestão. Alterações no sistema de financiamento dos hospitais com a introdução do contrato programa procura ultrapassar a primeira limitação apontada. Mais recentemente, surgem

ECONOMIA DA SAÚDE

tentativas que procuram dar espaço para alguma liberdade de escolha (mesmo que limitada). O papel dos serviços de urgência tem sido reconhecido frequentemente e procurou-se melhorar o seu funcionamento através da chamada Triagem de Manchester e com a reorganização da oferta de serviços (aspecto que ainda se encontra longe de concluído, mas que está iniciado).

Discutiu-se anteriormente, em termos de propriedades económicas, diferentes formas de financiamento dos hospitais. Os hospitais portugueses foram financiados por um sistema misto. Apesar da intenção de se ter uma componente prospectiva no sistema de financiamento, o fato de os hospitais terem recebido à partida um orçamento claramente inferior ao que seria resultante da aplicação de um sistema completamente prospectivo significa que existirão forçosamente reforços financeiros.

Essa particularidade faz com que a credibilidade do estabelecimento de um orçamento como instrumento de pagamento prospectivo seja completamente destruída. A corroborar essa falta de credibilidade existe evidência empírica de que os hospitais que geraram maior défice num determinado ano conseguiram no ano subsequente um maior reforço do seu orçamento, mesmo depois de serem tidas em conta as variações de orçamento decorrentes da variação dos recursos usados e das produções alcançadas pelo hospital (Barros e Gomes, 2003).[64]

Contudo, em 2006, estabeleceu-se um orçamento para cada hospital que se pretendeu realista face às respectivas necessidades e atividade. Conjugado com a transformação do estatuto jurídico dos hospitais em entidade pública empresarial (EPE), teve como um dos seus objetivos dar um sinal claro sobre o terminar do ciclo vicioso de orçamento irrealista – descontrolo financeiro – orçamento irrealista etc.

Embora a contenção da despesa hospitalar que se verificou a nível agregado permita a interpretação de ter ocorrido, neste campo, uma mudança de regime, após alguns anos voltou-se a verificar uma substancial situação de dívida escondida, que em 2011 ascendia a quase três mil milhões de euros, maioritariamente gerada por dívidas em atraso dos hospitais do SNS à indústria farmacêutica.

13.5 As experiências das duas últimas décadas

Em termos de reformas na área dos cuidados hospitalares, várias experiências foram tentadas, normalmente sem acompanhamento e sem consequências. A ideia de experiência obriga a que se avalie e decida se a experiência deve ser

---

[64] Também Campos e Ramos (2003) concorrem para o argumento de falta de credibilidade do estabelecimento de orçamentos como instrumento de contenção de despesa e mecanismo indutor de incentivo à procura de eficiência. Veja-se também Campos (2002) sobre a evolução financeira do Serviço Nacional de Saúde.

13. HOSPITAIS

alargada ou extinta. Tipicamente, nem uma coisa nem outra têm acontecido. Seis experiências merecem especial destaque.

A primeira foi a gestão privada em hospital público. Em 1996, iniciou-se a experiência do Hospital Amadora-Sintra, que termina em Janeiro de 2009, com a passagem deste hospital novamente para a esfera pública, sob a forma de entidade pública empresarial (EPE).

A segunda grande experiência foi a introdução de regras de gestão privadas em hospitais públicos – Hospital da Feira e Hospital do Barlavento Algarvio inicialmente, evoluindo depois num número alargado de unidades hospitalares para o formato de sociedade anónima de capitais públicos (2003) e para entidade pública empresarial (2005), sucessivamente.

Uma terceira linha de reforma foi a criação de Unidades locais de saúde. A primeira foi a Unidade Local de Saúde de Matosinhos, agregando sobre uma mesma entidade gestora, o Hospital de Matosinhos e centros de saúde na sua área de influência.

Dentro da organização complexa que é o hospital, uma iniciativa importante, embora não tenha sido replicada, foi a criação de Centros de Responsabilidade Integrados (CRI). Apenas ganhou visibilidade pública o CRI de cirurgia cardiotorácica dos Hospitais da Universidade de Coimbra (liderado por Manuel Antunes), pelos bons resultados alcançados.

A criação dos Hospitais SA, em 2003, marca a quinta linha de reforma, em que cerca de metade do sector viu o seu enquadramento formal e as suas regras de funcionamento alteradas, e a sua transformação no último trimestre de 2005 em EPE (mantendo no essencial as mesmas regras de gestão). O universo dos hospitais EPE tem sido alargado ao longo dos anos.

A sexta experiência foi a criação de parcerias público-privadas em que são incluídas na parceria quer a construção e manutenção do novo edifício hospitalar quer a gestão da sua atividade clínica diária.

13.5.1 *A experiência da gestão privada em hospital público*
Na Lei de Bases da Saúde (Lei nº 48/90, de 24 de Agosto), o Estado caracteriza a legislação sobre saúde como de interesse e ordem pública (Base III) e atribui ao Serviço Nacional de Saúde (Base XII) a responsabilidade global pela proteção dos direitos dos cidadãos constitucionalmente garantidos. O Capítulo V da Lei do SNS vem permitir a gestão de estabelecimentos do SNS através de contratos de gestão, do sistema das convenções e do regime dos contratos programa. O contrato de gestão do Hospital de Amadora-Sintra constitui a primeira aplicação dos artigos 28 e 29 do Estatuto do SNS, e é um caso de parceria publico privado. Foi usual fazer-se a comparação do desempenho do Hospital de Amadora Sintra como Hospital de Almada (Hospital Garcia de Orta) e o

ECONOMIA DA SAÚDE

Hospital Amadora-Sintra (Hospital Fernando da Fonseca). Estes dois hospitais encontram-se nos subúrbios de Lisboa. A comparação entre estes dois hospitais é particularmente interessante porque o Hospital de Almada é um hospital do Serviço Nacional de Saúde. Por outro lado, o Hospital de Amadora-Sintra, embora tendo sido construído pelo Serviço Nacional de Saúde, tem a sua gestão atribuída, por contrato, a um consórcio privado. O Hospital de Almada é um hospital que tem alguma comparabilidade com o Hospital de Amadora-Sintra, sendo normalmente escolhido para comparações do Hospital de Amadora-Sintra com hospitais típicos do Serviço Nacional de Saúde. Como exemplo de uma dessas comparações, Barros (2003b) considera apenas um tipo de problemas – acidentes cerebrovasculares (GDH 14). Além de ser um problema frequente nos hospitais portugueses, apresenta uma mortalidade associada que permite uma análise estatística com algum significado. Claro que a opção por um único problema clínico condiciona as generalizações que se queiram fazer.

A população coberta por cada hospital foi, em 1997, cerca de 316 mil pessoas no caso do Hospital de Almada e 497 mil pessoas no caso do Hospital de Amadora-Sintra. A área de influência do Hospital de Amadora-Sintra é maior em termos populacionais. A distribuição demográfica é sensivelmente a mesma nas áreas de influência de ambos os hospitais, sendo porém de realçar que a população está a crescer mais rapidamente na área de influência do hospital de Amadora-Sintra e que a área de influência deste último hospital tem também "caudas da distribuição" demográfica mais grossas, isto é, tem uma maior proporção quer de jovens quer de idosos.

Em termos de dimensionamento, os dois hospitais eram relativamente semelhantes, e as valências médicas em cada um não diferem muito. A utilização de serviços hospitalares aparentava ser mais intensa na área de influência do Hospital de Almada, já que este hospital apresenta uma maior proporção de episódios hospitalares por 1000 habitantes e um maior número de casos de urgência por 1000 habitantes. Também em termos de produção, em valores agregados, os dois hospitais não eram muito diferentes (veja-se INA (1999) para mais detalhes).

Os dois hospitais apresentavam taxas de ocupação de 73,6% e 73,2% em 1997, respectivamente para o Hospital de Almada e para o Hospital de Amadora-Sintra. A maior atividade no Hospital de Amadora-Sintra resultava em grande medida do maior peso das atividades relacionadas com partos. Em termo de mortalidade, como indicador do estado de saúde da população servida por cada hospital, a área de influência do Hospital de Amadora-Sintra apresentava piores valores para a mortalidade infantil (1-4 anos), mas melhor desempenho na mortalidade perinatal, com valores essencialmente semelhantes para a mortalidade neonatal. Olhando para a mortalidade por acidentes vasculares cerebrais ou car-

13. HOSPITAIS

díacos, encontravam-se menor valores na população da área de influência do Hospital de Amadora-Sintra. Há, assim, que controlar para um eventual enviesamento por seleção na comparação de indicadores. O quadro 13.2 permite uma melhor comparação da realidade nos primeiros anos de atividade do Hospital de Amadora – Sintra das duas unidades hospitalares.

Os dois hospitais tinham um número semelhante de trabalhadores, mas o Hospital de Amadora-Sintra, presumivelmente, teria uma maior flexibilidade na gestão dos seus recursos humanos. Em particular, a possibilidade de usar, e usou, sistemas de incentivos explícitos. O Hospital de Amadora-Sintra pagou, em 1997, ordenados cerca de 11% superiores aos praticados no Hospital de Almada. Alguma dessa compensação adicional pode ser atribuída ao prémio de não estar na função pública (embora os trabalhadores legalmente a ela possam retornar findo um determinado período de tempo). Mas parte dessa remuneração acrescida resulta também dos sistemas de incentivos financeiros introduzidos como forma de estimular a produtividade. O sistema de incentivos estabeleceu pagamentos variáveis, de acordo com os resultados da equipa médica. Cerca de 50% a 60% dos trabalhadores foram incluídos no sistema de incentivos. A autoridade de gestão era exercida de forma clara no caso do Hospital de Amadora-Sintra do que no Hospital de Almada.

Neste último hospital, a gestão apresentava-se mais centralizada, envolvendo, em geral, menor transparência e com pouca ou nenhuma flexibilidade para acomodar modernas políticas de gestão de recursos humanos. Por exemplo, o recrutamento de pessoal no Hospital de Almada tinha que obedecer às regras gerais determinadas pelo Ministério da Saúde e dependia da existência de posições vagas no quadro do hospital[65]. Na realidade, as regras do sector público acabavam por ser torneadas com a elaboração de contratos de outro tipo, de curto prazo. Por seu lado, o Hospital de Amadora-Sintra contratava pessoal de forma relativamente livre. Os serviços podiam apresentar propostas de contratação, mas que eram validadas, ou não, pelos serviços centrais de recursos humanos.

A análise de Barros (2003b) calcula probabilidades de sobrevivência em cada um dos hospitais, para o GDH analisado. Essas probabilidades de sobrevivência são condicionais na amostra de doentes que é tratada em cada hospital. Para comparar a tecnologia de um hospital com a de outro é necessário calcular probabilidades de sobrevivência simuladas – qual seria a probabilidade de sobrevivência de um conjunto de doentes se tivessem sido tratados no outro hospital[66].

---

[65] Pode também suceder que o hospital precise de pessoal mas tenha os quadros cheios, estando parte do pessoal "oficial" em comissão de serviço ou destacado para outras funções.

[66] As tecnologias dos hospitais são descritas por um modelo probit em forma reduzida, a partir do qual se estimam densidades (por kernel Gaussiano).

ECONOMIA DA SAÚDE

Um primeiro resultado obtido é que ambos os hospitais induzem uma melhor distribuição de probabilidades de sobrevivência. Mais importante, porém, é que o Hospital de Amadora-Sintra apresenta uma melhor distribuição das probabilidades de sobrevivência. Algumas das diferenças observadas nas taxas de mortalidade, antes de qualquer cálculo adicional, são resultantes de cada hospital servir populações diferentes (as características de risco da população coberta pelo Hospital de Almada são mais desfavoráveis do que as do Hospital Amadora-Sintra).

O ajustamento para essas diferenças de características de risco não altera as inferências essenciais. Um outro fato interessante resultante deste trabalho é que o Hospital de Amadora-Sintra apresenta uma evolução claramente positiva e estatisticamente significativa ao longo do tempo em termos de eficiência (qualidade). Economicamente, corresponde à noção de que o Hospital de Amadora-Sintra tem aproveitado uma curva de aprendizagem para melhorar o seu desempenho.

Não se encontra esse tipo de efeito para o Hospital de Almada (que se encontra em operação há mais tempo). Em termos de implicações de política, na medida em que estas possam ser retiradas da análise de um único procedimento, parecem existir benefícios associados com regras de gestão privadas (sem que isso corresponda necessariamente a propriedade privada).

O tipo de eficiência identificada é independente dos preços dos fatores produtivos e do nível de atividade do hospital. Pelo próprio processo de construção da análise, são excluídas automaticamente explicações para as diferenças encontradas que se baseiem na capacidade de obter preços mais baixos ou na exploração de economias de escala ou de diversificação.

Uma vez que a gestão privada estabelece um enquadramento de incentivos económicos diferente, parece plausível atribuir alguma da diferença de eficiência observada às diferentes estruturas de incentivos que existem na gestão pública e na gestão privada. Em 1998 foi conduzida uma avaliação comparada do Hospital de Amadora-Sintra face ao Hospital de Almada, realizada pelo Instituto Nacional de Administração (INA) para a Administração Regional de Saúde de Lisboa e Vale do Tejo. As conclusões desse estudo apontam para uma melhor performance do Hospital de Amadora-Sintra em algumas áreas. Essa melhor performance parece ter-se acentuado no primeiro semestre de 1998 (últimos dados disponíveis no momento de elaboração dessa avaliação).

No entanto, após este período inicial de uma clara boa gestão, apesar do ambiente mediático desfavorável, o hospital registou alguma turbulência, quer internamente quer nas suas relações com o Estado. Após alterações na equipa de gestão, os últimos anos pareciam ter recuperado algum do fôlego inicial,

13. HOSPITAIS

embora o terminar da experiência, com a determinação em meados de 2008 do retorno da gestão do hospital ao sector público, numa decisão aparentemente de natureza política, não permita confirmar em definitivo esse aspecto.

13.5.2 *Regras de gestão privadas em hospitais públicos*

Após o lançamento da experiência de gestão privada em hospital público, houve um debate que centrou as diferenças não em se ter propriedade pública ou privada e mais nas regras que cada instituição tem de respeitar. Como seguimento lógico dessa discussão, surgiu a experiência de permitir a utilização de regras de gestão privadas na gestão pública de hospitais. Nasceu então a experiência do Hospital da Feira (Hospital de S. Sebastião), em que são permitidas regras de gestão privadas num hospital do Serviço Nacional de Saúde[67]. O hospital iniciou a sua atividade, com as novas regras, em 1998. Estas regras permitiam essencialmente duas diferenças face aos restantes hospitais do SNS: contratos individuais de trabalho e maior flexibilidade nas relações de aprovisionamento (em concreto, a contratação de bens e serviços regia-se "pelas normas do direito privado"). Tudo o resto seguia as regras dos restantes hospitais.

A organização interna do Hospital de S. Sebastião refletiu a maior liberdade de gestão. Por exemplo, ao contrário do hospital típico do Serviço Nacional de Saúde, o Hospital da Feira dividiu-se internamente em quatro centros de custos principais. Estes centros de custos estavam divididos em serviços. Cada serviço contratava com o centro de custos relevante um programa de atividades anual. A agregação de todos estes valores determinava uma proposta de contrato a ser realizado com o Serviço Nacional de Saúde/Ministério da Saúde.

Outro exemplo é fornecido pela diferente organização das urgências, com um primeiro procedimento de triagem dentro do hospital. Estando sob grande visibilidade pública, a gestão do Hospital da Feira procurou atingir um elevado desempenho. Tendo por base o contexto referido, a gestão do Hospital da Feira instituiu um sistema de incentivos financeiros, baseados em prémios de produtividade mensais e em bolsas de investigação anuais. Mais precisamente, o prémio de produtividade mensal podia atingir os 46% do salário base para os médicos, e os 15% para os enfermeiros e outro pessoal. As bolsas de investigação eram pagas em espécie, com um limite superior. Isto é, o hospital reembolsava despesas associadas com a participação em encontros científicos (cobrindo despesas de inscrição, transporte e alojamento). O valor dessas bolsas de investigação pode atingir os 80% do salário base de início de carreira para os médicos (e 15% no caso de enfermeiros e outro pessoal). A gestão do hospital também permitia a

---

[67] Este hospital beneficiou de uma lei especial – Decreto Lei nº 151/98.

ECONOMIA DA SAÚDE

realização de prática privada dentro do hospital para os médicos que aderirem ao sistema de incentivos.[68]

O propósito do sistema de incentivos era remunerar as diferenças individuais de produtividade bem como alinhar os interesses individuais com os objetivos gerais da organização. O desempenho media-se por um conjunto de indicadores que incluíam avaliações individuais, avaliações quantitativas da produção e dos custos unitários, bem como avaliações de satisfação por parte dos utentes.

De acordo com uma primeira avaliação desenvolvida por uma companhia de consultoria externa, o sistema de incentivos conduziu a uma elevada motivação dos profissionais, o desenvolvimento do espírito de equipa, o alinhamento dos interesses individuais com os objetivos da gestão, aumentos de produtividade e uma elevada qualidade de serviço. Finalmente, embora sejam de pouca monta, registaram-se casos em que avaliações mensais negativas resultaram na perda dos prémios de produtividade respectivos. Esta situação é essencial para que a credibilidade do sistema de incentivos seja mantida (e que os prémios de produtividade não passem a ter a natureza de "direito adquirido", passando automaticamente a incorporar a remuneração do profissional). Uma comparação do desempenho nos primeiros tempos é feita com base no quadro 13.2. De um modo geral, os indicadores do quadro 13.2 mostram um bom desempenho do Hospital da Feira. Um estudo posterior, Simões (2004a), envolvendo a comparação de três hospitais, incluindo o hospital da Feira, revela que segundo vários critérios esta foi uma experiência que se pode considerar ter sido bem sucedida.[69]

Os bons resultados iniciais deram origem a uma segunda experiência, idêntica, com o Hospital do Barlavento Algarvio (localizado em Portimão). O sucesso do modelo do Hospital da Feira não se reproduziu imediatamente na segunda experiência. A criação dos Hospitais SA, no final de 2002, veio terminar estas experiências enquanto tal, sendo que essa transformação pode ser vista como uma expansão natural do que foi o modelo de regras de gestão privadas em hospital público.

[68] A informação referente aos esquemas de incentivos é a constante dos relatórios de atividades do Hospital de S. Sebastião.
[69] Veja-se também Simões (2004b).

QUADRO 13.2: **Desempenho relativo do Hospital de S. Sebastião**

	S. Sebastião	Almada	Amadora--Sintra	Matosinhos	Costa del Sol
Demora média	4,2	6,7	8,1	7,2	4,5
Taxa de ocupação	65,0%	73,6%	81,6%	78,4%	76,5%
Doentes saídos/médicos	185	79,9	115,5		
Doentes saídos/camas	52,4	41,3	36,8	45,0	61,2
Internamentos via urgências	62,4%	61,8%	88,8%	72,2%	73,8%
Cirurgias/Médicos	165,6	75,9	154,6	145,3	
% cirurgias programadas	70,5%			71,4%	72,6%
Tempo espera a	38,4sem,				39,8sem,
% cesarianas	30,6	14,0	9	25,8	29,9
% primeiras consultas	46,3	33,2	33,9	26,7	41,8
Consultas por médico	967	586,5	465,6	727	
Consultas por 1000 habitantes	4760				4934,1
Mortalidade b	0,25				0,13
% satisfação global dos utentes	98,9				96,4

Fonte: Relatório de Gestão do Hospital de S. Sebastião (2000).
Nota: a cirurgia programada; b. na sala de operações.

13.5.3 *Centros de Responsabilidade Integrados*

Os Centros de Responsabilidade Integrados, embora sendo uma ideia mais antiga, são regulamentados pelo Decreto-Lei 347/99, de 18 de Setembro. A motivação para o seu desenvolvimento são a desconcentração do processo de tomada de decisão, bem como do planeamento e do controlo dos recursos. Surgem como resultado de uma visão contabilística de organização em centros de custo. Segundo o discurso oficial, a ideia é conciliar um conjunto de instrumentos para desburocratizar, agilizar e defender o melhor uso dos recursos, para além de procurar instituir estruturas que levem mais facilmente à obtenção de ganhos em saúde, a maior satisfação dos profissionais e maior satisfação dos utentes.

Pretende-se que os CRI sejam órgãos de gestão intermédia, com poder de decisão, enquadrando-se estes no âmbito dos orçamentos-programa previamente contratualizados com o conselho de administração do hospital. Esses contratos--programa deverão refletir pagamentos de acordo com a produção contratualizada. Admite-se, senão encoraja-se, a existência de sistemas de incentivos aos

ECONOMIA DA SAÚDE

profissionais, em que para além da remuneração base, os profissionais têm a possibilidade de receber uma remuneração variável, determinada com base em critérios objetivos e parâmetros mínimos de produtividade e qualidade. O projeto inicial mencionava que todos os hospitais e centros hospitalares do Serviço Nacional de Saúde deveriam estar organizados em CRI até Dezembro de 2003, o que não veio a suceder. Não é aliás claro qual será a evolução desta experiência, uma vez que embora não se tenha reafirmado o empenho no seu alargamento também não houve a coragem de terminar com a experiência.

13.5.4 Os Hospitais EPE (ex-SA)

Em Janeiro de 2003 surgem em Portugal os denominados Hospitais SA, em que hospitais do sector público são transformados em sociedades anónimas de capitais exclusivamente públicos, podendo no entanto funcionar de acordo com regras de gestão distintas das dos hospitais de gestão pública pura.[70]

Um dos aspectos importantes da experiência dos Hospitais SA foi a transformação de uma proporção elevada do sector de uma só vez, contrastando com as experiências singulares anteriores. Importa, por esse motivo, discutir com algum cuidado esta opção. Ou seja, é interessante procurar responder à questão "qual a escala adequada de reforma?", ou, dito de outro modo, deveria ter-se ido mais lentamente nas transformações, mais rapidamente ou escolheu-se um ritmo adequado?[71]

Na aplicação de políticas de reforma de sistemas económicas, têm sido distinguidas duas vias possíveis: uma denominada "big-bang", em que todas as medidas são tomadas e aplicadas simultaneamente, outra chamada normalmente de gradualismo, em que as medidas definidas são aplicadas de forma espaçada ao longo do tempo. Curiosamente, não emergiu da literatura económica um consenso sobre qual a melhor abordagem, havendo vantagens e desvantagens de cada uma das opções, e condições particulares que caso se encontrem verificadas dão vantagem a uma ou a outra opção.

Várias considerações influem na avaliação, teórica, que se faz das vantagens de uma opção versus a outra: custos de ajustamento, credibilidade e capacidade de realização são provavelmente as mais citadas.

Tomemos em primeiro lugar a importância dos custos de ajustamento, entendidos como os custos resultantes da passagem de um modelo de organização para outro. Se não existirem esses custos, a solução de "big-bang" é preferível. Mas a realidade diz-nos que frequentemente as mudanças de sistema não são indolores. Ainda assim, na presença de custos de ajustamento dos agentes

---

[70] Para uma descrição desta transformação, veja-se Ribeiro (2004).
[71] A discussão que se segue baseia-se em Barros (2004).

13. HOSPITAIS

económicos envolvidos, há argumentos a favor de cada uma das opções. Uma aplicação generalizada de reformas pode diminuir os custos de ajustamento, porque aumenta os incentivos para os agentes económicos procederem a essa mudança. O contra-argumento baseia-se na noção de que uma aplicação gradual permite minimizar os custos de ajustamento, pois vai permitindo gerar apoios sucessivos às reformas, restringindo em cada momento a oposição a um grupo diminuto da população.

Em termos de credibilidade, há também argumentos a favor de cada uma das vias. Uma reforma gradualista pode aumentar a credibilidade de aplicação do pacote global se os resultados iniciais forem suficientemente favoráveis. Contudo, se o período inicial contiver mais custos que benefícios, a opção de "big-bang" ganha maior credibilidade se implementada.

Sobre a capacidade de realização, podemos ver a impossibilidade de escrever de forma detalhada toda a sequência de reformas como um argumento para avançar com um programa global logo à partida, enquanto que podemos usar o argumento de a aplicação de reformas demorar tempo para defender uma posição mais gradualista.

Não nos podemos porém esquecer que no sector da saúde estamos a falar em reformas das instituições mais do que em liberalizações ou mudanças de regime macroeconómicas (que a introdução do Euro como moeda em circulação é o exemplo mais forte na evolução recente da economia portuguesa). Ora, o desenvolvimento e adaptação de instituições é um processo que normalmente evolui de forma gradual, frequentemente baseada em tentativas e correção de erros, em aprendizagem das novas formas de funcionar e assimilação de novos conceitos. Mudanças muito rápidas, por destruírem o conhecimento adquirido, podem ser mais complicadas de gerir e aplicar, pelo que normalmente estes argumentos favorecem reformas gradualistas. Do outro lado, tem-se o argumento que reformas graduais permitem aos grupos de interesse que a elas se opõem uma melhor organização dentro das instituições, levando mais facilmente ao bloqueio da mudança. Finalmente, e a favor de uma estratégia mais próxima do "big-bang", a noção de que é necessária uma massa mínima de agentes que se envolvem na mudança, para criar um efeito de contágio com os restantes, criando uma dinâmica de transição de um sistema para outro. Na ausência dessa massa crítica mínima, desvios à situação atual, como os eventualmente induzidos por uma reforma gradual, acabariam, com o tempo, por retornar à situação de equilíbrio inicial, e como tal à ineficácia da tentativa de reforma.

Podemos também pensar em termos de "big-bang" ou gradualismo em termos do número de entidades afectadas, quando tal discriminação é realizável. A atividade do sector hospitalar, que será explorado infra em mais detalhe, exemplifica de forma clara que se pode pensar em reformas ou inovações orga-

ECONOMIA DA SAÚDE

nizativas que incidem apenas sobre uma fração das entidades ativas no sector. De certa forma, é provável que a escolha não seja entre "big-bang" e gradualismo, mas sim a definição correta de uma reforma coerente, e persistente.

Na experiência dos Hospitais SA, apenas no plano do número de entidades afectadas podemos falar em ter-se abandonado o gradualismo. Na substância das alterações de gestão hospitalar, a criação dos hospitais empresarializados constitui uma modificação "gradual" do seu estatuto, ficando longe, por exemplo, da constituição de hospitais – fundações públicas (à semelhança dos "trust" do Reino Unido) ou mesmo da total privatização das unidades.

Independentemente de saber se estas últimas opções seriam realistas do ponto de vista político (no nosso pais), o que interessa salientar é o gradualismo na substância das alterações. Foi-se um passo mais longe que o "gradualismo minimal" das regras de gestão em hospital público (de que é exemplo primeiro o Hospital da Feira), embora ainda longe do que seria uma privatização dessas unidades de prestação de cuidados de saúde. Assim, a principal ruptura com a prática passada é mais na diminuição do gradualismo referente ao número de entidades envolvidas, e menos no tipo de alteração de estatuto que é realizada.

Analisando as características dos Hospitais SA e dos Hospitais SPA, antes da experiência ter tido início, as principais ilações a retirar são que, por um lado, a dimensão dos hospitais empresarializados foi sensivelmente metade do sector hospitalar, e, por outro lado, calculando um índice de eficiência para todos os hospitais portugueses, observa-se que os Hospitais SA apresentam uma dispersão por níveis de eficiência pelas diferentes classes de dimensão semelhante à que existe nos hospitais que não foram empresarializados. Não há, assim, à partida um enviesamento de "seleção dos vencedores", como seria o caso se tivessem sido empresarializados apenas os hospitais que apresentam melhores indicadores de eficiência.[72]

É possível apontar diversas vantagens associadas com o rumo tomado em Portugal. Em primeiro lugar, e extremamente importante no contexto nacional, o fato de serem 31 hospitais abrangidos pela mudança significa que a atenção mediática sobre a experiência se dissipa por várias entidades. A pressão pública não se encontra concentrada num único ponto. Basta recordar a experiência de exposição mediática da concessão de gestão de hospital público a um grupo privado, o caso do Hospital Amadora-Sintra. A pressão, por vezes ideológica, sobre a administração do hospital e sobre o Ministério da Saúde, com este último a ser acusado repetidas vezes de estar a "privatizar a saúde", levou ao dispêndio de recursos e energias a rebater acusações, bem como é provável que essa mesma pressão tenha limitado a vontade do poder político em expandir a experiência.

---

[72] Os cálculos subjacentes podem ser encontrados em Barros (2005).

13. HOSPITAIS

Apesar da exposição mediática da criação dos Hospitais SA, em que predominaram as criticas ao processo de nomeação das administrações dos hospitais e, uma vez mais, os alertas para a "iminente privatização do Serviço Nacional de Saúde", não há uma individualização deste ou daquele hospital, o que liberta cada hospital para se concentrar na sua atividade, em lugar de gerir as notícias que surgem na comunicação social.

Como segunda característica, com o "mixed-bang" não há um efeito de "seleção do vencedor". Quando se monta uma única experiência, tende-se naturalmente a escolher para a comandar quem oferece as melhores garantias de a tornar bem sucedida. No final, caso a experiência não seja um fracasso rotundo, ficará sempre a dúvida sobre qual o fator distintivo desse sucesso: o modelo organizativo experimentado ou as características pessoais (liderança, organização, etc.) de quem o levou a cabo. Essa dúvida existe legitimamente, no caso do Centro de Responsabilidade Integrado liderado pelo Prof. Doutor Manuel Antunes, ou no caso da equipa de gestão do Hospital da Feira.

Com a experiência dos Hospitais SA, com 31 hospitais diferentes, haverá uns com melhor gestão que outros, haverá uns com melhor ponto de partida que outros. Dada a diversidade de pontos de partida e de qualidade das equipas de gestão, tornar-se-á mais fácil identificar qual a verdadeira contribuição do modelo organizativo, até porque os hospitais públicos que não foram objeto de empresarialização providenciam um útil ponto de comparação. O fato de se ter envolvido (sensivelmente) metade do sector hospitalar revela-se especialmente apropriado para permitir avaliar a bondade do novo desenho organizativo.

Argumentado que está ter sido a reforma portuguesa um "mixed-bang", uma vez que teve elementos de gradualismo quer no tipo de medidas adoptadas quer no número de unidades afectadas, suficientes para não se poder qualificar como uma reforma "big-bang", resta avaliar se foi melhor caminho, ou sequer minimamente adequado.

Uma primeira possibilidade seria a adopção de um maior gradualismo. A versão mais normal desse gradualismo era, porventura, a extensão a mais três ou quatro hospitais das regras de gestão e estatutos que foram usados no Hospital da Feira e no Hospital do Barlavento Algarvio.

Contudo, as anteriores experiências de gradualismo têm como padrão o envolverem, na maioria dos casos, apenas uma unidade prestadora de cuidados de saúde. Independentemente do sucesso, ou falta dele, dessas experiências, estas acabam por se irem eternizando, sem que haja uma das duas sequencias lógicas a breve prazo: terminar a experiência se foi um fracasso, generalizá-la se foi um sucesso. Medidas a serem tomadas num prazo de tempo razoável, naturalmente.

Os exemplos desse "congelamento institucional" abundam. Temos uma experiência de gestão privada em hospital público, o Hospital de Amadora Sintra.

ECONOMIA DA SAÚDE

Foi muito contestada desde início, sobretudo numa base ideológica. As avaliações objetivas de que foi objeto indicam algumas preocupações e ajustamentos, mas de um modo genérico foi uma experiência bem sucedida. Não houve a coragem política de ou alargar o modelo a outros hospitais ou terminar o contrato por discordância com o modelo. Só em 2008 (com decisão anunciada em 2007), e num contexto mais geral de discussão sobre as parcerias público-privadas se tomou a decisão de fazer retornar o Hospital de Amadora Sintra ao universo da gestão pública (o que sucedeu a 31 de Dezembro de 2008).

Paralelamente, tem-se, no outro lado do espectro ideológico público – privado, o aprofundamento do modelo público com a criação da Unidade Local de Saúde de Matosinhos, agrupando num mesmo centro de controle de gestão o hospital de Matosinhos e os centros de saúde da sua área de atração. Durante mais de uma década foi uma situação isolada. Só nos anos mais próximos se procedeu ao aumento do número de unidades locais de saúde, que se encontram sobretudo no interior do país.

Tome-se ainda a criação de Centros de Responsabilidade Integrados, que em dado momento se considerou ser uma forma de mudar o hospital por dentro. Existe, apenas, com uma forte imagem de sucesso, o Centro associado com o serviço de cirurgia cardiotorácica nos Hospitais da Universidade de Coimbra. E apesar de ser um caso reconhecido de elevada produtividade e grande desempenho, não houve a criação de mais Centros de Responsabilidade Integrados. O que seria importante até para avaliar quanto do sucesso decorre da capacidade de liderança presente atualmente no Serviço de Cirurgia Cardiotorácica dos Hospitais da Universidade de Coimbra, por um lado, e quanto das qualidades do novo sistema organizativo, por outro lado.

A própria situação do Hospital da Feira, surgida em parte substancial como uma experiência de gestão alternativa à gestão privada pura de hospital público (Hospital de Amadora-Sintra) foi só lentamente alargada (só mais um hospital, o Hospital do Barlavento Algarvio, veio a beneficiar do mesmo estatuto). Uma vez mais, mesmo um aparente sucesso de um modelo não teve a capacidade de despoletar uma dinâmica de transformação generalizada. O qualificativo de "aparente sucesso do modelo" é motivado sobretudo pela incapacidade em distinguir se é o modelo de organização que foi bem sucedido, ou se a equipa de gestão que está à frente do Hospital da Feira teria igualmente sucesso num hospital com os estatutos e instrumentos de gestão tradicionais.

Todas as situações descritas apoiam a noção de que em Portugal e no sector da saúde, pelo menos, a introdução de reformas de modo muito gradual não resulta na construção de uma base de apoio para a consequente generalização das experiências com efeitos positivos. O gradualismo seguido tem resultado

13. HOSPITAIS

na absorção dessas experiências pelo *status quo*. Curiosamente, como são casos singulares, não são rejeitadas ao ponto de serem eliminadas.

É assim claro que as repetidas tentativas de abordagem gradualista contribuíram mais para a manutenção do sistema, sem alterações significativas, do que para uma sua transformação generalizada, apesar dos sinais muito positivos de algumas das medidas ensaiadas.

Depara-se então, de fato, com a escolha entre uma abordagem "big-bang" ou uma abordagem intermédia de "mixed-bang". A abordagem "big-bang", procedendo a alterações radicais em partes substanciais do sistema, é candidata, em Portugal, a fortes reações dos múltiplos grupos profissionais e associações que operam no sector. Essas reações adversas são, em geral, fortes e com impacto suficiente na opinião pública para fazer o poder político vacilar na sua implementação total. Não é raro assistir-se à produção de legislação que constitui um corte com a prática que vem sendo seguida, pelo menos em teoria, para que depois nada aconteça por falta de legislação complementar essencial que vai ficando sucessivamente esquecida. Uma abordagem "big-bang" enfrenta, pois, obstáculos que no caso do sector da saúde são presumivelmente bastante elevados.

Resta, no final, o denominado "mixed-bang", uma opção de meio caminho, que caso não seja realizável nos deixará um sector da saúde nacional quase inexpugnável a medidas de reforma exogenamente determinadas. A sua evolução seria determinada de forma totalmente endógena aos principais atores do sistema, e decidida unicamente pelos interesses e poder relativo destes.

Apesar de ainda não se ter uma imagem consolidada e consensual dos resultados obtidos, a abordagem de "mixed-bang" seguida com a criação dos Hospitais SA surtiu resultados suficientemente positivos para que daí resultasse uma decisão política de alargamento do modelo, iniciando um trajeto que eventualmente fará com que todos os hospitais do SNS geridos diretamente tenham o formato jurídico de Hospital EPE.

Curiosamente, o que parece constituir o sucesso do "mixed-bang" não está ligado aos fatores tradicionais – não houve propriamente um primeiro passo destinado a construir uma base de apoio junto de agentes económicos relevantes que servisse de alavanca para o segundo passo da reforma. Em lugar desse efeito, terão sido relevantes dois aspectos. Em primeiro lugar, a menor resistência que possivelmente houve para a transformação de metade do sistema hospitalar público em Hospitais SA face à que teria ocorrido caso todos os hospitais tivessem sido transformados.

Em segundo lugar, e provavelmente tão ou mais importante, o efeito de comparação. O fato de apenas metade dos hospitais terem mudado para o estatuto SA faz com que haja um grupo natural de comparação, os Hospitais SPA. Diferenças de desempenho podem assim ser mais facilmente observadas, o que

ECONOMIA DA SAÚDE

presumivelmente dá um maior incentivo à procura de eficiência dos Hospitais SA. Mas, por outro lado, para os Hospitais SPA também se encontra um fenómeno semelhante. Estes hospitais sabem também que o seu desempenho vai ser avaliado contra o que resultar dos Hospitais SA, pelo que igualmente eles têm um incentivo acrescido em aumentar a sua produtividade e melhorar a sua eficiência. Sabiam todos, adicionalmente, que pelo mero fato de haver uma "experiência" de reforma desta dimensão que o seu desempenho seria mais escrutinado do que vinha sendo o caso. Note-se que mesmo que a visibilidade pública se limite à análise de indicadores agregados e juntando os hospitais em grupos, a contribuição de cada hospital individual é mais significativa para o seu grupo. Um caso anómalo, seja por maior ou menor desempenho relativo, sobressairá mais em 31 hospitais do que em cerca de 80, pelo que é mais fácil observar casos excepcionais (de qualquer forma, considera-se que este efeito de destaque individual, apesar de poder estar presente, é de reduzida dimensão face aos outros efeitos apontados).

O aspecto que importa uma vez mais realçar é que estes efeitos só são possíveis numa reforma "mixed-bang". Por definição, em reforma "big-bang" não há um grupo natural de comparação de desempenho. Essa comparação tem de ser realizada com o passado, existindo então outros fatores que variam ao longo do tempo que confundem essa comparação. Uma reforma gradual, em que apenas uma ou duas unidades são afectadas, não introduz dinâmica de transformação.

A avaliação realizada por Gouveia *et al.* (2006) sobre a transformação dos hospitais para o formato SA foi baseada em dois anos (2003/2004), podendo-se questionar se nesse período de tempo se poderiam encontrar efeitos muito significativos, uma vez que alterações na cultura de gestão poderão levar mais tempo. Por outro lado, também se poderá argumentar que existem apenas efeitos de curto prazo despertados pela atenção dos meios de comunicação social. A interpretação dos resultados encontrados deverá ter em conta estes potenciais aspectos de influência.

No que respeita à medição de diferenças em termos de resultados, a análise realizada não encontra praticamente diferenças (e nenhuma das diferenças é estatisticamente significativa). Os resultados foram medidos através de proporção de cesarianas, atividade não programada, e proporção de partos com asfixia do recém-nascido. Também foi avaliado o impacto em termos de mortalidade, tendo encontrado efeitos positivos associados com os hospitais SA (ganhos em comparação com a evolução dos hospitais do sector público tradicional), com um ganho de cerca de 5% na mortalidade hospitalar. Naturalmente, levanta-se a questão de saber se esta menor taxa de mortalidade decorreu simplesmente de seleção de doentes, sendo rejeitados os casos mais complicados. Esta potencial explicação foi investigada por Gouveia *et al.* (2006) não tendo sido encontrada qualquer evidência de discriminação[73].

Em Junho de 2005, é alterada a natureza jurídica dos Hospitais SA, passando para o estatuto de Entidade Pública Empresarial (EPE), sendo realizadas transformações adicionais de hospitais do sector público administrativo em EPE ao longo do tempo. Os hospitais ainda sob as regras tradicionais do sector público são atualmente uma minoria. A passagem para o formato EPE foi realizado quer por mudança de estatuto do hospital quer por integração em centro hospitalar já com natureza EPE quer ainda por integração em unidade local de saúde (também ela já EPE). Começam já a surgir algumas avaliações desta transformação.

A análise reportada em Tribunal de Contas (2006) apresenta uma auditoria aos 32 hospitais do sector público que foram transformados em sociedade anónima no final de 2002, que inclui uma avaliação do desempenho do novo modelo de gestão associado. Essa avaliação teve em atenção três dimensões: eficiência, qualidade do serviço e equidade no acesso. Os resultados (usando a metodologia DEA – "data envelopment analysis" [74]) apontam para um aumento da eficiência dos hospitais SA que não foi acompanhada pelos hospitais SPA (os que não sofreram alterações). Em termos de avaliação de qualidade, a utilização de indicadores de risco de mortalidade indiciou um melhor desempenho dos hospitais SA uma vez mais, e em indicadores como percentagem de readmissões em GDH cirúrgicos e infecções nosocomiais não detectaram diferenças entre os dois grupos. Quanto aos aspectos de equidade no acesso, os resultados apresentam alguma ambiguidade, não sendo identificado um efeito forte e de sinal claro. Globalmente, há uma conclusão que indica ganhos de eficiência e qualidade com a transformação em hospitais SA.

O tema da transformação de hospitais para o estatuto jurídico, e regras de gestão, de sociedade anónima recebeu atenção de outros investigadores, sendo os resultados relativamente consistentes nas suas linhas gerais, mesmo atendendo às diferenças metodológicas envolvidas: ganhos de eficiência associados com a mudança das regras de gestão implicadas pela alteração.

13.6 Propriedade dos hospitais
Com o lançamento do programa de parcerias público-privado na construção de hospitais e com o aparecimento de novas unidades hospitalares privadas de grande dimensão, é frequente a discussão sobre a importância da propriedade do hospital.

---

[73] Outros estudos corroboram, grosso modo, estas conclusões. Vejam-se Harfouche (2005), Afonso e Fernandes (2007) e Gonçalves (2008).

[74] Veja-se Coelli *et al.* (2005).

ECONOMIA DA SAÚDE

A coexistência de hospitais públicos e privados (quer com fins lucrativos quer sem fins lucrativos) não é uma característica específica de Portugal, estando igualmente presente em muitos outros países. Não surpreende pois que exista um corpo de estudos que procura avaliar o mérito relativo de cada tipo de propriedade, nomeadamente em termos de eficiência nos custos e de qualidade assistencial prestada.

A evidência revista por Sloan (2000) e Barros e Siciliani (2011) sugere que não há diferenças sistemáticas em termos de nível de custos (para atividade semelhante) e de qualidade entre hospitais com fins lucrativos e sem fins lucrativos, embora a maioria dos estudos tenha como base a realidade dos Estados Unidos. Estudos mais recentes não vieram desfazer as ambiguidades encontradas anteriormente. Cremieux *et al.* (2005) compara hospitais públicos do sistema nacional de saúde canadiano (Quebec, 1981 – 1993) com hospitais privados da Califórnia (1981 – 1997) e não encontra diferenças significativas no desempenho que possam ser associadas à propriedade. Eggleston *et al.* (2008) exploram a relação entre propriedade do hospital e qualidade dos cuidados prestados, usando meta análise das comparações envolvendo hospitais públicos, hospitais privados com fins lucrativos e hospitais privados sem fins lucrativos. A sua análise indica que as diferenças entre tipos de propriedade de hospital encontradas em estudos anteriores resultavam de questões metodológicas, como formas funcionais para as relações entre variáveis, especificação dos modelos e definição das variáveis dependentes na aplicação empírica. Controlados esses fatores, não há diferenças assinaláveis entre tipos de propriedade. Também Rosenau e Linder (2003) concluem, na sua revisão da literatura, que não há evidência de uma forma de propriedade ser superior à outra.

O debate sobre o impacto do tipo de propriedade dos hospitais tem sido menos intenso fora dos Estados Unidos. O interesse tem-se manifestado mais na prática de gestão, separando a questão das regras de gestão aplicáveis do problema da propriedade. Esta evolução é visível sobretudo nos países com um serviço nacional de saúde que possui um extenso parque hospitalar próprio. A introdução de diferentes mecanismos de governação e de diferentes regras de gestão tem sido vista como uma forma de melhorar a eficiência.

A transformação mais visível ocorreu no Reino Unido. A avaliação recente de Marini *et al.* (2007) revelou existirem efeitos importantes associados com a transformação dos hospitais em fundações ("trusts"). No que se refere a outros países europeus, o movimento na direção de uma utilização explícita de contratos e de pagamentos baseados na atividade desenvolvida ocorrido em Espanha aparenta estar associado com um aumento de eficiência.[75] Barbetta *et al.* (2007)

---

[75] Vejam-se as análises de Rodriguez-Alvarez e Lovell (2004), Rodriguez-Alvarez, Fernandez e Lovell (2004), Ventura, Gonzalez-Fidalgo e Carcaba (2004).

13. HOSPITAIS

avaliam as diferenças entre hospitais públicos e hospitais privados sem fins lucrativos em Itália. A comparação é baseada no período 1995 – 2000, usando como fator de distinção entre os dois grupos a introdução do pagamento prospectivo por GDH (em 1995). Não se encontraram alterações significativas na eficiência relativa de um grupo de hospitais face ao outro, sendo os hospitais privados sem fins lucrativos apenas marginalmente mais eficientes que os hospitais públicos.

Se a comparação entre hospitais SA (EPE) e hospitais SPA recebeu alguma atenção, o mesmo não se pode dizer da comparação entre hospitais públicos e hospitais privados no contexto da realidade nacional. Em parte, tal resulta das grandes diferenças entre eles em termos de dimensão e capacidade de tratamento de casos complexos. Note-se que a gestão do Hospital Amadora-Sintra, apesar de ser privada no período 1996 – 2007, é realizada num hospital público mediante contrato. Não é um hospital integralmente privado.

É provável que os novos grandes hospitais privados venham a gerar um interesse e possibilidade de comparação público – privado. Um primeiro exemplo é dado por Lopes (2008), que realiza uma comparação do funcionamento do serviço de medicina interna do Hospital da Luz (um hospital privado de grande dimensão) com um conjunto de cinco hospitais públicos considerados comparáveis. São utilizados dois indicadores, demora média de internamento no serviço e taxa de mortalidade de doentes que passaram pelo serviço de medicina interna. É usado um modelo de regressão para dados de contagem para o número de dias de internamento e um modelo de regressão probit para mortalidade. Como elementos de controle que possam levar a um maior ou menor tempo de internamento (e/ou mortalidade), a informação disponível permitiu utilizar a idade, o género e a grande categoria de diagnóstico.[76] O quadro 13.3 apresenta um resumo das estimativas obtidas[77].

---

[76] As diferenças de codificação seguidas nos hospitais públicos e no Hospital da Luz impedem um controle para a complexidade do caso clínico mais fina. Veja-se Lopes (2008) para mais detalhes.
[77] Para os resultados completos, ver Lopes (2008, p. 19).

ECONOMIA DA SAÚDE

Quadro 13.3: Comparação de serviços de medicina interna

Variáveis	Demora média (regressão de contagem)	Taxa de mortalidade (regressão binária)
Idade	0,005	0,02
Sexo masculino	0,06	0,14
Hosp. Público A	0,22	0,39
Hosp. Público B	0,31	0,28
Hosp. Público C	0,14	0,16
Hosp. Público D	-0,11	0,32
Hosp. Público E	-0,16	0,19
Pseudo-R^2	0,104	0,104
Observações	25703	25703

Fonte: Lopes (2008).
Notas: (1) todos os coeficientes são estatisticamente significativos a 5%. (2) os coeficientes das variáveis de controle para a complexidade do caso clínico foram omitidos por facilidade de apresentação.

A comparação do Hospital da Luz com os hospitais públicos é feita através das variáveis associadas com a identificação de cada hospital público. Por exemplo, a variável "Hosp. Público A" toma valor 1 quanto o doente foi tratado nesse hospital, e toma valor zero se o doente foi tratado em qualquer outro hospital. O coeficiente associado com esta variável mede a diferença do Hospital da Luz face a este hospital público. Quanto o coeficiente apresenta valor positivo, significa que a demora média é maior no hospital público. A interpretação é análoga no modelo probit para a mortalidade.

Os resultados indicam que em termos de demora média, o hospital privado teve melhor resultado que três dos hospitais públicos mas pior que dois deles. Em média, situou-se melhor que o conjunto destes cinco hospitais públicos (Lopes, 2008, p.19). Em termos de mortalidade, não há qualquer ambiguidade, e a probabilidade de morrer é menor no Hospital da Luz.

Estes resultados devem ser olhados com cautela, uma vez que dizem respeito a um ano de atividade, o primeiro, do Hospital da Luz. Por outro lado, devido às diferenças de codificação, a complexidade dos casos clínicos poderá não estar a ser suficientemente controlada na comparação.

Por fim, como o hospital privado em causa adoptou um papel para a relação da medicina interna com as especialidades médicas diferente da que existe nos hospitais públicos, as diferenças encontradas podem ser devidas ao desenho organizacional e não ao fato do hospital ser público ou privado.

13.7 Parcerias Público – Privado

Uma parceria público – privado resulta, em termos conceptuais, de se olhar para uma e de a dividir em tarefas, sendo então que parte dessas tarefas são realizadas pelo sector privado e a restante pelo sector público.

Tomemos como exemplo a construção de um novo hospital e a atividade subsequente de prestação de cuidados de saúde à população. Numa versão exclusivamente privada, o acionista, ou o dono do hospital, define a sua estrutura e desenho, estabelece o modo de financiamento, realiza a construção e gere a atividade clínica, ao mesmo tempo que assegura a manutenção das infraestruturas e equipamento durante o período de operação. Numa versão exclusivamente pública, é ao Estado que compete a concretização de todas essas tarefas.

Numa parceira público – privado, trata-se de avaliar qual a parte que melhor pode realizar cada uma das tarefas envolvidas. Como há várias tarefas envolvidas, também a parceira público – privado a desenvolver pode ser mais ou menos extensa. A provisão de um determinado bem ou serviço implica que sejam desempenhadas diversas funções. No caso dos hospitais, pretende-se que sejam prestados à população os cuidados de saúde necessários. Entre as tarefas, ou funções, identificam-se como as principais: a) elaboração do projeto; b) financiamento do projeto; c) construção da infraestrutura; e d) gestão das atividades correntes. A parceria público-privado procede a uma divisão destas funções entre o sector público e o sector privado.

Como princípio geral, na provisão de bens ou serviços considerados de interesse especial, e onde a intervenção pública seja dominante, é natural pensar-se que só quando o sector privado tem uma vantagem comparativa deve ser utilizado em lugar do sector público.

No caso dos hospitais em Portugal, o recurso a hospitais públicos de uma forma generalizada, isto é, construídos e operados diretamente pelo Serviço Nacional de Saúde, é uma solução organizacional recente (dos últimos 30 anos), e que é partilhado com alguns outros países da OCDE, mas não com todos.

A atribuição de funções ao sector privado só constitui um problema na medida em que também ocorra um problema de agencia nessa delegação. Se fosse imediato criar um contrato estabelecendo exatamente o que o operador privado tem que fazer, então a elaboração de parcerias público-privado seria eficiente sempre que o sector privado tivesse custos menores, numa função, que o sector público.

A análise de Martimort e Pouyet (2008) mostra que a natureza pública ou privada não é o elemento crucial da parceria. A principal motivação para uma junção numa parceria público-privada da construção e da exploração da atividade clínica é a existência de economias de diversificação nas duas funções. O principal fator que se pode mencionar como gerando essas economias é um

ECONOMIA DA SAÚDE

melhor desenho de projeto de infraestrutura permitir alcançar custos de exploração correntes significativamente mais baixos.

Contudo, também pode suceder que a gestão simultânea de aspectos muito diferentes leve a um ausência de enfoque e a uma dispersão de atenção resultando em custos acrescidos face à separação de funções. Quando existem vantagens de custos, colocar as duas funções sob uma mesma entidade internaliza as vantagens que um bom projeto de infraestrutura possa ter sobre o financiamento e os custos operacionais. Este argumento é completamente independente da problemática da propriedade, de ser uma entidade pública ou privada.

O aspecto da propriedade só ganha relevância quando se introduzem, ou reconhecem, dificuldades associadas com o estabelecimento de contratos, seja de capacidade em especificar de modo completo todas as características e atributos que um projeto de construção da infraestrutura deve ter seja da capacidade em o sector público elaborar e fazer cumprir contratos de desempenho entre entidades públicas.

Neste contexto, se a verificação da qualidade da infraestrutura, interpretada em sentido amplo e incluindo a adequação a uma eficiente exploração clínica, for difícil de realizar, uma decisão de conceder em parceria público-privado quer o desenho e construção do hospital quer a respectiva exploração clínica, torna a entidade privada interessada em que o desenho do projeto potencie a eficiência da gestão clínica.

Por outro lado, e em sentido oposto, quando não existe o efeito de economias de diversificação entre as duas funções e adicionalmente a incerteza quanto à qualidade/eficiência futura do hospital a construir é muito elevada, será preferível que o sector privado não suporte o risco associado com a exploração clínica, uma vez que terá de ser remunerada a assunção desse risco.

Têm sido apresentados alguns aspectos contra as parcerias público-privado que não têm uma natureza económica. Um dos argumentos contrários tem sido o de que as parcerias público-privado aumentam o potencial de captura do decisor público por interesses do sector (sendo por vezes mencionadas a opacidade e corrupção como características que podem surgir facilmente no contexto das parcerias público-privado). Para que este argumento tenha validade é necessário que o conhecimento técnico sobre a importância do desenho do projeto do hospital para a eficiência da exploração clínica seja apenas conhecida (ou conhecida com muito maior precisão e detalhe) pelo decisor privado, de modo a que tenha margem para decisões que sejam contrárias ao interesse público. Adicionalmente, o próprio operador privado tem de possuir alguma vantagem adicional que lhe torne mais vantajosa a exploração conjunta das duas funções.

A definição exata do que constitui uma parceria público-privado (PPP) não é fácil, uma vez que este rótulo tem sido utilizado para designar situações de grande diversidade. No caso da construção de hospitais, a grande regularidade consiste em a parceria ter como objetivo levar a que seja o sector privado a executar projetos de investimento que tradicionalmente teriam sido assumidos diretamente pelo Estado[78]. A crescente utilização de parcerias público – privado levou à criação de um livro verde sobre o tema por parte da Comissão Europeia, onde se torna claro que as PPP podem abranger financiamento, construção, renovação, gestão e/ou manutenção de infraestruturas (ou mesmo a prestação de serviços)[79].

Do ponto de vista das suas propriedades económicas, as parcerias público – privado são um contrato, tipicamente de longo prazo, estabelecido entre o sector público e o sector privado. Esses contratos estabelecem normalmente uma repartição dos risco envolvidos na realização do projeto. Uma vez que o sector público tem em geral uma maior capacidade de absorver riscos, a existência de uma PPP só faz sentido quando o parceiro privado por suportar o risco acaba por ser muito mais eficiente do que seria o sector público.

De outra forma, o parceiro privado para suportar o risco exige um pagamento maior do que o sector público gastaria com administração direta. Uma PPP para ser interessante tem que ter subjacente a presunção de os ganhos de eficiência mais do que compensarem o pagamento feito para suportar o risco. Para que tal suceda, é necessário existir margem para inovação e liberdade de gestão. O aspecto de transferência de risco é um aspecto frequentemente mal entendido no contexto das PPP. Constitui um instrumento para criar incentivos junto da parte privada a obter ganhos de eficiência. Não é um objetivo em si mesmo. O que também significa que estabelecer um contrato de parceria em que na prática, por via contratual, todo o risco (ou quase) é suportado pelo sector público será provavelmente pouco interessante.

A existência de um contrato de parceria obriga a que o Estado tenha uma consistência intertemporal nas suas decisões a que normalmente não está exposto. Isto é, alterações de políticas (ou de objetivos) que obriguem à realização de ações (seja investimentos seja prestação de serviços) não previstas no contrato irão levar a renegociação deste, tipicamente envolvendo compensações financeiras a serem pagas ao parceiro privado.

Um dos mais importantes aspectos das PPP na área da saúde é que se trata de um contrato incompleto, especialmente na sua componente de gestão de serviços clínicos. Hart (2003) apresenta um modelo muito simples, e que num

---

[78] Estando assim abrangida pela definição proposta em OECD (2005).

[79] Para mais informações sobre PPPs na Europa e em Portugal veja-se Silva (2007), Monteiro (2005), Grout (2005), EIB (2005), OCDE (2005), Price Waterhouse Coopers (2004, 2005), entre outros.

ECONOMIA DA SAÚDE

contexto de contratos incompletos permite discutir quando duas atividades/tarefas devem ser colocadas sob a mesma entidade (ou não).

Considere-se a seguinte versão do modelo de Hart (2003). O benefício retirado do funcionamento do hospital depende do investimento realizado na construção do edifício, e, e do esforço desenvolvido na exploração clínica, i. Existem também benefícios resultantes de reduzir, para cada nível de atividade, os custos de funcionamento do hospital. Quer os benefícios retirados quer as reduções de custos decorrentes destes investimentos não são verificáveis por uma terceira parte, não sendo por isso passíveis de serem incluídos num contrato.

Os benefícios são representados por:

$$B = b_0 + b_1(e) + b_2(i)$$

Os custos totais são dados por

$$C = c_0 - c_1(e) - c_2(i)$$

Os benefícios marginais são assumidos serem positivos e decrescentes, tal como as reduções de custos que podem ser alcançadas.

O primeiro passo consiste na caracterização da situação óptima do ponto de vista social, que equivale a admitir-se que existe possibilidade de contratar diretamente os investimentos em esforço, isto é, os esforços são contratáveis. Admitindo que existe uma solução interior, a escolha socialmente óptima é dada pela resolução do problema:

$$\max_{\{e,i\}} B - C - i - e$$

Do ponto de vista social, o que conta são os benefícios menos os custos, uma vez que os pagamentos associados às PPP são uma transferência dentro da sociedade. Se essa transferência envolver uma distorção económica (por exemplo, tributação para gerar os fundos necessários, então esse elemento deveria ser adicionado). As respectivas condições de primeira ordem são:

$$b_1^|(e) + c_1^|(e) = 1$$
$$b_2^|(i) + c_2^|(i) = 1$$

Estas condições de primeira ordem definem os níveis de investimento socialmente óptimos. Essencialmente, exigem que a soma do benefício marginal dado pela melhoria de saúde da população resultante do investimento e da poupança de custos resultante seja igual ao custo marginal do investimento (ou do esforço).

Suponhamos agora que os investimentos não são verificáveis, isto é, que não se consegue estabelecer um contrato estipulando qual o valor que devem assumir.

Tomando primeiro o caso em que a exploração clínica e a construção são realizadas por entidades distintas. O Governo atribui a realização da parte associada com a construção, a um preço p_0, sendo a exploração clínica realizada pelo SNS. O construtor privado sob a PPP terá de suportar o custo de construção.

O problema do construtor é então

$$\min_e p_0 - e - c_0 + c_1(e)$$

O valor escolhido pelo construtor será dado pela solução de:

$$c_1^|(e) = 1$$

ou seja, o nível de investimento que satisfaz as condições do contrato mas inferior ao que seria socialmente óptimo. Sendo operada pelo Governo a componente da exploração clínica, e o investimento i, e admitindo que o Estado é menos eficiente na realização do investimento (tem um custo $\theta > 1$ por unidade de investimento realizada), a respectiva escolha óptima será:

$$b_2^|(i) + c_2^|(i) = \theta$$

Dados os custos superiores de investimento pelo sector público, haverá um investimento inferior ao socialmente óptimo, para além do investimento mínimo em termos de construção.

Considere-se agora a realização de uma PPP que inclua a componente de gestão clínica, em que é estabelecido um preço global p, tendo depois a parte privada que toma a PPP subcontratar ou realizar o custo da construção e da operação clínica.

O problema da empresa privada, numa PPP que inclui a gestão clínica e a construção, é dado por:

$$\max_{\{e,i\}+} p - c_0 + c_1(e) + c_2(i) - e - i$$

As condições de primeira ordem que definem a solução deste problema são:

$$c_1^|(e) = 1$$
$$c_2^|(i) = 1$$

Da comparação das condições de primeira ordem das varias situações é fácil verificar que quando a PPP abrange unicamente a construção do edifício, a parte privada não tem em conta os benefícios sociais b e a parte pública fica sujeita a

ECONOMIA DA SAÚDE

um aumento dos custos de investimento θ. Em contrapartida, quando a exploração clínica é incluída na PPP, tem-se a vantagem dos menores custos de investimento, mas perde-se a internalização dos benefícios b_2. Nesta versão do modelo de Hart, em que na PPP da construção são mantidos os incentivos através de um preço a partir do qual a empresa privada suporta os respectivos custos, a inclusão, ou não, da componente clínica leva a um maior ou menor investimento nessa área dependendo de como os custos acrescidos com a construção no sector público comparam com a internalização do efeito de benefício, já que o investimento na componente de construção, dada a hipótese de separabilidade assumida entre os dois tipos de custos, é idêntico nas duas alternativas.

Assim, se os aspectos não verificáveis da atividade clínica forem importantes, mas o acréscimo de custos por o investimento ser realizado pelo sector público for reduzido, a opção por excluir a exploração clínica da PPP ganha força. Se por seu lado, a componente da atividade clínica puder ser indiretamente controlada com recurso a indicadores de desempenho, esta distorção do investimento terá menor relevância e será melhor uma PPP que englobe a gestão clínica, como forma de aproveitar custos mais baixos de construção.

No modelo original de Hart (2003), as alternativas são entre uma PPP contendo construção e gestão clínica versus uma PPP em que o construtor recebe um preço fixo, não suporta qualquer risco e faz ambos os investimentos relevantes. Nessas condições, o modelo tem uma conclusão clara no que toca à inclusão conjunta de uma PPP para hospitais da construção e da exploração clínica. A separação, com a operação direta do SNS da exploração clínica é melhor sempre que for relativamente fácil especificar a qualidade a que a construção tem que obedecer mas em que a especificação da qualidade da exploração clínica é difícil de estabelecer contratualmente.

Por outro lado, a inclusão conjunta dos dois aspectos é superior, do ponto de vista da eficiência económica, se a qualidade de serviço puder ser adequadamente controlada através do contrato. Significa isso que existem medidas de desempenho que podem ser usadas para recompensar ou penalizar a parte privada. Adicionalmente, a qualidade da construção não deve ser de fácil especificação e verificação (nomeadamente, se se pretender que haja inovação a esse respeito).

Assim, dependendo de quais as decisões relevantes e o grau de verificação de desempenho que é possível, domina a inclusão ou a exclusão da exploração clínica na PPP.

A experiência portuguesa teve como primeiros casos de PPP na área da saúde o centro de atendimento do SNS e o Centro de Medicina Física e Reabilitação do Sul. Nos restantes casos é possível apontar que a concorrência entre entidades privadas a gerir uma PPP levou a uma redução de preço pretendido, conforme consta do quadro seguinte.

Quadro 13.4: A experiência dos concursos PPP

Unidade: M€	Hospital de Cascais		Hospital de Braga	
	Proposta inicial	Proposta final	Proposta inicial	Proposta final
Entidade 1(a)	526		1125	
Entidade 2(a)	466		851	843
Entidade 3(a)	463	373	1019	794
Entidade 4(a)	429	359	1139	
Entidade 5(a)			1136	
Entidade 6(a)			1040	
OE 2006(b)	729,4		2040,8	
OE 2007(c)	740,5		2173,2	

Fonte: (a) Vaz (2007); (b) OE 2006, quadro 39.5; (c) OE 2007, quadro IV (valores incluindo IVA).

O problema da definição do formato óptimo de uma parceria público-privado para construção de hospitais, nomeadamente saber se a exploração da atividade clínica subsequente é, ou não, desejável estar incluída na parceria, pode ser igualmente enquadrado no contexto de vantagens e desvantagens de integração vertical de atividades quando existem investimentos específicos a serem realizados.

De um modo geral, a atribuição de contratos de concessão (parceria) a entidades privadas, por parte do Estado, para atrair investimento privado para o desenvolvimento e construção de infraestruturas de interesse público tem revelado, ao longo do tempo, uma tendência para uma elevada taxa de renegociação dos compromissos inicialmente assumidos (Guasch, 2004).

Embora usando apenas informação sobre parcerias público-privado nos sectores da água e dos transportes, Guasch *et al.* (2008) encontram regularidades associadas com a existência de processos de renegociação que são importantes também para o contexto das parcerias público-privado hospitalares em Portugal.

Quando se fala em renegociação de uma parceria público-privado é necessário, desde logo, distinguir se a renegociação é iniciada pela parte privada ou pela parte publica.

O segundo aspecto essencial é distinguir entre renegociações despoletadas por eventos não antecipados (correspondendo usualmente a situações em que é socialmente óptimo abrir a renegociação) e renegociações decorrentes de mero comportamento oportunista por uma das partes (e naturalmente "disfarçada" sob uma retórica de necessidade).

Simões *et al.* (2009) reportam uma primeira avaliação da experiência com as PPP, numa avaliação ainda preliminar porque as PPP hospitalares com explo-

ECONOMIA DA SAÚDE

ração clínica ainda se encontravam em fase de atribuição. Dessa avaliação resultaram diversas recomendações que ilustram os riscos e as necessidades de gestão destas parcerias pelo sector público, normalmente menos preparado para uma relação de longo prazo com direitos e obrigações.

A primeira recomendação era de ordem metodológica: os estudos prévios ao lançamento de uma PPP deverão conter uma identificação clara dos riscos que se pretende transferir para o sector privado, qual a sua justificação (isto é, porque é essa transferência de risco apropriada) e qual o preço a pagar por essa transferência de risco (isto é, em quanto se esperaria que o preço pago ao sector privado fosse menor caso o sector público retivesse esse risco). Esta recomendação requere clareza na vantagem de se ter uma PPP e remete o risco para o seu papel de instrumento.

A segunda recomendação procura dar os princípios de orientação para uma escolha de uma PPP com ou sem inclusão da gestão clínica. Existem fatores económicos que ajudam nesse processo de decisão, e são esses aspectos que se evidenciam: A escolha da inclusão de atividade clínica no âmbito privado de uma parceria para construção de novos hospitais deverá, do ponto de vista das características económicas do contexto, seguir o seguinte princípio: para hospitais de maior complexidade tecnológica e nos quais os aspectos de inovação tecnológica sejam mais acentuados, será mais adequado a PPP assumir a forma de parceria público-privada sem inclusão da gestão da atividade clínica no âmbito da parte privada. Em hospitais para os quais os aspectos de fronteira tecnológica sejam menos decisivos, a parceria público-privada deverá incluir a gestão clínica desde que os custos de investimento público não contratável sejam relativamente elevados, e os benefícios sociais desse investimento não tenham grande sensibilidade ao investimento realizado.

A natureza de longo prazo de qualquer contrato PPP faz com que seja praticamente inevitável que mudanças de condições ou contingências não previstas levem a renegociação das condições. A existência de renegociação em si mesma até poderá ser benéfica por permitir aproveitar informação adicional que se torna disponível com o passar do tempo. Assim, em lugar de impor ausência de renegociação, que será uma condição sem grande credibilidade, um contrato PPP deverá prever as condições em que essa renegociação ocorre e tratá-la como um fato natural. Não deve induzir permanente renegociação, que traria custos demasiado elevados, mas não deverá, no outro extremo, induzir total inflexibilidade. Assim, a terceira recomendação apresentada em Simões *et al.* (2007) propõe que um contrato PPP deverá especificar de forma clara quais os tipos de eventos que dão lugar a renegociação, e se ambas as partes têm ou não capacidade de pedir renegociação desse contrato. Sugere que deva ser adoptado um período inicial durante o qual a parte privada não pode solicitar renegociação, bem como estabelecer um número máximo de renegociações que cada parte pode solicitar durante cada período sucessivo de 5 anos. A alteração de custos associada com a renegociação deverá envolver, na validação do seu valor, uma opinião externa de uma entidade independente e, se possível, deverá envolver igualmente um exercício de comparação (nacional ou internacional). Estes aspectos procuram fazer com que apenas se inicie um processo de renegociação quando for clara a vantagem mútua de o concretizar.

A experiência nacional e internacional de PPP mostra que parte substancial do tempo gasto no relacionamento entre as partes está associada com a interpretação dos termos que foram incluídos no contrato. Esse é um aspecto que poderá ser mitigado com um esforço adicional na altura de elaboração do contrato PPP, e constitui mais uma recomendação: a criação de um memorando de entendimento sobre a razão e interpretação das cláusulas contratuais no momento da negociação, tendo como objetivo minorar conflitos futuros de interpretação das cláusulas.

A gestão de contratos PPP exige um profissionalismo e conhecimento técnico que não estão disponíveis de forma abundante no sector pública. A forma de funcionamento de um contrato PPP não é o modo habitual de lidar com relações económicas no sector público. Por esse motivo, é necessário que o sector público desenvolva e mantenha as capacidades técnicas de acompanhamento e gestão destes contratos. Esta preocupação foi materializada em várias recomendações: criar uma célula de análise e acompanhamento das parcerias em saúde formada por quadros da Administração Pública com elevada diferenciação técnica, que garanta a fixação destes, como forma de assegurar continuidade e segurança na tomada de decisão pública. Esta equipa deverá estar preferencialmente localizada no Ministério da Saúde, mas o crucial é que exista e criar uma rede informal de gestores de contratos de parceria público-privada para a construção (e operação) de hospitais.

As restantes recomendações visavam aspectos de maior detalhe, embora o traço comum seja o de construir um enquadramento em que as relações entre parte pública e parte privada se possam estabelecer num regime de confiança mútua e em que as diferenças de visão sobre o cumprimento sejam dirimidas de forma rápida e tecnicamente adequada.

Exercícios

14.1 Qual a principal característica diferenciadora de um hospital? Explique a sua resposta.

14.2 É frequentemente referido que um hospital é uma instituição particular porque tem uma hierarquia dupla. Explique o significado desta afirmação.

Capítulo 14
Princípios de sistemas de pagamento

14.1 Pagamento prospectivo e pagamento por reembolso

Os hospitais têm sido tradicionalmente pagos com base em orçamentos baseados nos seus custos históricos. Este é essencialmente um sistema de reembolso de custos.

No entanto, a espiral crescente dos custos hospitalares levou à procura de sistemas de pagamento que contivessem este crescendo de custos.

Uma solução adoptada inicialmente num dos programas federais dos Estados Unidos, o Medicare e depois generalizada a muitos sistemas de saúde e países, foi o de converter o financiamento em pagamento prospectivo baseado em grupos de diagnóstico homogéneo.

Qual a diferença crucial associada com um sistema de pagamento prospectivo? O pagamento por orçamento a custo histórico permitia aos hospitais recuperar as despesas tidas no tratamento dos doentes, independentemente de essas despesas terem sido elevadas ou baixas, excessivas ou eficientes. Um sistema de reembolso não dá incentivos à procura de eficiência de custos.

O pagamento prospectivo, por seu lado, estabelece o pagamento para cada tipo de procedimento antes do tratamento ter tido lugar. Ao estabelecer um pagamento fixo por admissão, o pagamento prospectivo fornece fortes incentivos à poupança de recursos. Se o hospital usar muitos recursos então perderá financeiramente, enquanto que se for parcimonioso ficará com um excedente para usar livremente. Em contrapartida, a incerteza financeira para o hospital é muito maior (no caso de pagamento por reembolso, não existe qualquer incerteza). Há, assim, dois sistemas extremos para financiamento do hospital: (a) pagamento por reembolso – que tem como propriedades dar baixo incentivo à procura de

ECONOMIA DA SAÚDE

eficiência e isolar o hospital de incerteza financeira; (b) pagamento prospectivo – dá um forte incentivo à procura de eficiência mas introduz incerteza financeira no hospital. Na classe dos sistemas de reembolso lineares nos custos, podemos representar estes dois sistemas como:

$$R = C \text{ para pagamento por reembolso} \tag{14.1}$$

e,

$$R = a \text{ para pagamento prospectivo} \tag{14.2}$$

Em geral, a formulação

$$R = a + b\,C \tag{14.3}$$

inclui estes dois esquemas particulares de pagamento. Pode-se então colocar a questão de saber se não será melhor um sistema de pagamento intermédio. A resposta é afirmativa, e podem-se apresentar, pelo menos, dois argumentos para esse sistema intermédio: (a) deve existir um balanço entre introdução de incerteza financeira no hospital e incentivos à eficiência; e (b) a natureza da relação de agência do decisor básico, o médico, face aos interesses do hospital e do doente.

Subjacente à defesa de um sistema de pagamentos prospectivo está a ideia de que este promove uma maior eficiência de afectação de recursos que um sistema puro de reembolso. Frequentemente, para além da questão da eficiência, isto é, da relação custo-efetividade da provisão de cuidados de saúde, é também relevante avaliar os efeitos distributivos. Ou seja, será que o pagador desembolsará mais ou não?

À primeira vista, estabelecer um pagamento fixo em lugar de reembolsar custos tidos por outrem, parece constituir uma melhor forma de controlar custos por parte da entidade pagadora. Contudo, como o sistema de pagamentos fixos se pode basear em classificação dos episódios clínicos (por exemplo, tal sucede nos GDH), não é de excluir situações em que os hospitais procurem maximizar as suas receitas líquidas (ou orçamentos, desde que estes também envolvam despesas discricionárias) classificando os doentes nos grupos que oferecem maior pagamento (este fenómeno é por vezes denominado "DRG-creep").

Dada a importância do sistema de pagamento, é de utilidade discutir com cuidado e de forma rigorosa as vantagens e desvantagens de um sistema de pagamento prospectivo face a um sistema retrospectivo. Para este efeito, vamos usar um modelo de análise devido a Ellis and McGuire (1986) e centrado no exemplo do hospital. Muitas das ideias generalizam-se a outros casos.

14. PRINCÍPIOS DE SISTEMAS DE PAGAMENTO

O elemento central do modelo de Ellis e McGuire (1986) é o médico. Este seleciona o nível de cuidados de saúde a ser prestado a um doente e considera nas suas decisões quer os interesses do doente quer os interesses do hospital em que se encontra inserido. O tratamento de doentes é fornecido conjuntamente pelo médico e pelos serviços do hospital.[80]

Para expor mais claramente os argumentos, suponha-se que os médicos são pagos de forma independente relativamente aos restantes serviços do hospital.

Os benefícios que um doente retira de um tratamento médico são representados por $B(q)$, sendo q a quantidade de serviços fornecidos pelo hospital.[81] Esta função de benefício para o doente é côncava, tendo um máximo em q^0. Significa isto que um tempo excessivo de internamento hospitalar (por exemplo) tem custos, em termos de bem-estar, para o doente. Os benefícios sociais de tratamento destes episódios médicos coincidem com os benefícios privados.

Os hospitais geram um excedente $\pi(q) = R(q)\text{-}C(q)$ sendo $R(q)$ as receitas do hospital, que dependem do sistema de pagamento implementado, e $C(q)$ são os custos totais de fornecer a quantidade q de serviços hospitalares. O médico, por seu lado, considera nas suas decisões quer os benefícios para o doente quer os excedentes gerados pela atividade hospitalar: $u(B(q); \pi(q))$. Na sua decisão da quantidade de serviços a fornecer o médico terá em conta os efeitos de cada uma destas componentes. Tecnicamente, a decisão do médico é caracterizada pela seguinte condição de primeira ordem:[82]

$$\frac{\partial u}{\partial B}\frac{\partial B}{\partial q} + \frac{\partial u}{\partial \pi}\frac{\partial \pi}{\partial q} = 0 \qquad (14.4)$$

A escolha do nível óptimo de tratamento surge intuitivamente de uma comparação entre custos e benefícios. Ao aumentar a quantidade de tratamento, gera-se um benefício para o doente $(\partial B/\partial q > 0)$, que é valorizado pelo decisor, $(\partial u/\partial B > 0)$. Mas essa maior quantidade de tratamento também altera os resultados financeiros do hospital $(\partial \pi/\partial q)$. Aspecto que é valorizado também pelo decisor $(\partial u/\partial \pi)$. Consideremos, em primeiro lugar, um sistema de pagamentos retrospectivo. Neste caso, o hospital é reembolsado exatamente dos custos que teve: $R(q) = C(q)$. Logo o excedente gerado é nulo e $\partial \pi/\partial q = 0$. Da decisão óptima do médico resulta $\partial B/\partial q = 0$ ou uma quantidade de serviços hospitalares

---

[80] Serviços do hospital inclui aqui tudo o que não seja serviço prestado pelo decisor médico, incluindo enfermagem, por exemplo.

[81] Ignora-se a componente de serviço fornecida pelo médico, que se admite ser constante.

[82] Admite-se que as hipóteses de concavidade suficientes para a obtenção de um máximo se encontram satisfeitas.

ECONOMIA DA SAÚDE

que maximiza o bem-estar dos doentes. Note-se que este valor não é socialmente óptimo pois não entra em conta com o custo de fornecimento dos serviços. Em concreto, este valor excede o que seria socialmente desejável (uma pequena redução nos serviços prestados afectaria pouco o benefício do tratamento para o doente mas teria um impacto significativo nos custos). Formalmente, esta intuição é confirmada comparando a solução do problema social de afectação de recursos com q^0. O problema social da escolha do nível de serviços hospitalares é:

$$\max_q S = B(q) - C(q) \qquad (14.5)$$

o que origina uma quantidade socialmente eficiente q^s definida implicitamente por:

$$\frac{\partial S / \partial q}{\partial B / \partial q} - \frac{\partial C}{\partial q} = 0 \qquad (14.6)$$

Relembrando que q^0 é definido por $\partial B/\partial q = 0$ e que $\partial^2 S/\partial q^2 < 0$ para obtenção de um máximo no problema social (garantido no caso de os custos marginais de prestação de cuidados hospitalares serem crescentes na quantidade de serviços prestada), obtém-se o seguinte resultado:

Resultado 1 *Um sistema de pagamento por reembolso origina uma prestação excessiva (de um ponto de vista social) de cuidados de saúde.*

Vejamos agora o que sucede num sistema de pagamento prospectivo. Num sistema puro de pagamento prospectivo, as receitas que um hospital recebe por tratar um doente com um determinado episódio clínico são independentes da quantidade de serviços hospitalares fornecidos: $R(q) = a; \pi = a - C(q)$.

Em termos da decisão do médico, quanto à quantidade de tratamento a dar:

$$\frac{\partial B}{\partial q} + \frac{\partial u / \partial \pi}{\partial u / \partial B} \left(-\frac{\partial C}{\partial q} \right) = 0 \qquad (14.7)$$

definindo implicitamente q^*. Daqui é possível retirar que $q^* < q^0$, dado que agora o médico entra em consideração com o fato de um aumento dos serviços hospitalares prestados implicar um incremento dos custos do hospital. Em consequência, o médico irá conter-se relativamente à situação de pagamento retrospectivo. O peso dado ao aspecto dos efeitos sobre os custos depende do rácio $\mu = (\partial u/\partial \pi)/(\partial u/\partial B)$, que reflete o peso relativo dos benefícios para o hospital face aos benefícios para o doente. Um caso particularmente

14. PRINCÍPIOS DE SISTEMAS DE PAGAMENTO

interessante ocorre para $\mu = 1$, em que o médico atribui igual peso aos benefícios para o doente e os benefícios para o hospital. Obtém-se um segundo resultado na comparação entre sistemas de pagamentos prospectivo e retrospectivo.

Resultado 2 *Um sistema de pagamento retrospectivo implica um nível de serviços prestados ao doente superior ao existente num sistema de pagamento prospectivo, para cada episódio clínico.*

Igualmente relevante é a comparação da quantidade de serviços prestada num sistema prospectivo com a quantidade socialmente óptima. A este respeito, a comparação das soluções estabelece o seguinte resultado.

Resultado 3 *Se $\mu = 1$, então um sistema puro de pagamento prospectivo origina uma escolha de quantidades de serviços hospitalares socialmente óptima.*

Estes três resultados sugerem que a introdução de um sistema de pagamento prospectivo permite alcançar uma melhor afectação de recursos que um sistema puro de reembolso dos custos.

A intuição para esta dominância do sistema de pagamento prospectivo é simples. Num sistema de pagamento prospectivo, o hospital suporta todos os custos marginais de uma quantidade adicional de tratamento e o doente recebe todos os benefícios adicionais associados. Para se obter uma escolha eficiente da quantidade de serviços, basta que o médico (o decisor crucial) atribua igual peso aos objetivos do doente e aos objetivos do hospital. Resulta que se μ for diferente da unidade, também o sistema de pagamento prospectivo não atinge a solução socialmente eficiente. A escolha é então baseada numa avaliação de qual dos sistemas de pagamento mais se aproxima da solução socialmente óptima. Mais adiante, voltaremos à análise do caso em que μ é diferente da unidade.

Uma outra característica do sistema de pagamento prospectivo é a possibilidade de gerar excedentes positivos para o hospital e, simultaneamente, diminuir os pagamentos totais realizados ao hospital (as poupanças inerentes a uma escolha mais eficiente da quantidade de serviços a prestar distribuem-se entre o hospital e a entidade pagadora).

Note-se que num sistema de reembolso puro, o pagamento total efectuado ao hospital (por episódio de tratamento) é $C(q^0)$. Ora, pelo fato de $q^0 > q^*$, vem $C(q^0) > C(q^*)$. Fixando a dentro do intervalo definido por $(C(q^*); C(q^0))$, tem-se, por um lado, $a < C(q^0)$, o pagamento total ao hospital diminui, e, por outro lado, $a > C(q^*)$, o hospital tem um excedente positivo na sua atividade. O elemento essencial a reter é descrito no próximo resultado.

ECONOMIA DA SAÚDE

Resultado 4 *A passagem de um sistema de reembolso para um sistema prospectivo de pagamento pode originar simultaneamente um excedente financeiro no hospital e um menor volume de recursos transferidos pela entidade pagadora ao hospital.*

Como se referiu previamente, as propriedades de optimalidade social do sistema de pagamento prospectivo são condicionais a $\mu = 1$. No entanto, não é difícil argumentar que o médico, por trabalhar no hospital e poder beneficiar de excedentes criados – que se podem traduzir em "fringe benefits" vários – tenderá a dar maior valor relativo aos objetivos do hospital (ou, pelo menos, ao excedente monetário nele criado). Neste caso, $\mu > 1$ e os custos marginais de tratamento têm um peso maior na decisão do médico que no problema social. Significa isto que $q^* < q^s$, ou seja, o nível de serviços hospitalares prestados é inferior ao socialmente óptimo. Este efeito corresponde à argumentação desenvolvida por vezes contra o sistema de pagamento prospectivo com base numa subprovisão de serviços. No contexto deste modelo de análise, esse argumento é equivalente a dizer que os médicos atribuem maior peso relativo aos excedentes gerados pela atividade do hospital do que aos benefícios para o doente.

Esse maior peso atribuído ao efeito sobre o excedente do hospital poderá resultar da relação, não detalhada aqui, entre a gestão do hospital e o médico enquanto decisor. Uma maior pressão vinda da administração para se conter despesa é aqui representada por um decisor que dá maior peso aos efeitos sobre os resultados financeiros do hospital.

Resultado 5 *Se $\mu > 1$, então um sistema de pagamento prospectivo gera subprovisão de serviços hospitalares.*

Considerando que nenhum dos dois sistemas de pagamento, retrospectivo puro e prospectivo puro, se mostra capaz de alcançar a solução socialmente eficiente, a questão natural a colocar é: Será que um sistema misto de pagamento constitui uma melhor alternativa e, em particular, é capaz de alcançar a solução socialmente eficiente? A resposta a esta questão é afirmativa. Um sistema misto de pagamento combina uma componente de pagamento prospectivo, a, com uma componente de reembolso (parcial) dos custos $\beta C(q)$, $\beta < 1$, $R(q) = a + \beta C(q)$. Note-se que existem várias combinações de α e β que permitem manter $R(q)$ constante. Contudo, as diferentes combinações geram distintas decisões quanto ao nível de serviços hospitalares a prestar. Neste contexto, o problema do médico é:

$$\max_q \ u(B(q), a + (\beta - 1)C(q)) \tag{14.8}$$

sendo a quantidade óptima q^+ definida pela seguinte condição de primeira ordem:

$$\frac{\partial u}{\partial \pi}(\beta - 1)\frac{\partial C}{\partial q} + \frac{\partial u}{\partial B}\frac{\partial B}{\partial q} = 0 \qquad (14.9)$$

Comparando com a solução socialmente óptima, vem que para $\mu(\beta - 1) = 1$ tal solução é alcançada.

Resultado 6 *Com um sistema de pagamento misto devidamente calibrado é possível implementar a afectação de recursos socialmente óptima. A componente de reembolso de custos a estabelecer é* $\beta = 1 - 1/\mu$.

A maior ponderação dada aos objetivos do hospital levam a que tenha que ser introduzida uma componente de pagamento retrospectivo como forma de contrariar os incentivos para uma subprovisão de serviços. Tal como anteriormente, o valor da componente prospectiva destina-se a repartir eventuais ganhos em termos de custo por não se ter um sistema puro de reembolso. Em particular, pode-se fixar o valor da transferência fixa *a* tal que o hospital tenha, ou não, um excedente positivo.

O sistema misto de reembolso parece assim oferecer algumas vantagens adicionais relativamente aos casos polares. A grande dificuldade encontra-se, contudo, na especificação de um valor concreto para β. Mas esta dificuldade é de ordem prática e não conceptual, pelo que não coloca em questão o princípio de que um sistema misto de reembolso é preferível, excepto no caso de $\mu = 1$, em que um sistema prospectivo puro implementa a afectação de recursos socialmente eficiente.

Existem também outras vantagens do sistema misto de pagamento face a um sistema puramente prospectivo. Uma dessas vantagens é o menor risco nas receitas por tratamento misto (e que é inexistente no sistema de reembolso puro). Se existirem doentes de diversos tipos para um mesmo GDH, a componente de reembolso fornece também um elemento de seguro contra a variabilidade nas receitas por tratamento.

É agora necessário analisar um aspecto susceptível de críticas que se encontra associado ao sistema de pagamento prospectivo: a decisão de classificação (ou mesmo admissão) de um doente. Por norma, a questão de admissão não se coloca normalmente no caso de hospitais pertencentes ao serviço público, mas pode colocar-se no caso de hospitais privados.

ECONOMIA DA SAÚDE

Aqui, é evidente a vantagem de admitir apenas os melhores casos, aqueles que envolvem menores custos. Num sistema prospectivo puro não há qualquer alteração de receitas com a gravidade do caso do doente, mas os custos de tratamento são obviamente diferentes. Com um sistema de pagamento misto, a componente prospectiva é menor, dado que parte do custo é reembolsado, o que diminui os incentivos à reclassificação. Uma vez mais, há aqui um argumento a favor de um sistema misto versus um sistema de pagamento prospectivo puro.

Não se deve, contudo, inferir que o sistema ideal é o de reembolso puro, já que neste caso, como já se viu, está-se a incorrer numa utilização excessiva de recursos. O pagamento prospectivo impõe uma partilha de custos no lado da oferta de cuidados de saúde e tem um papel em certo sentido similar ao da existência de copagamentos e franquias na procura de seguro como forma de controlar o excesso de consumo/utilização de serviços médicos.[83]

Por outro lado, um sistema de pagamento misto modera os fortes incentivos à redução da quantidade de serviços prestada inerente a um sistema prospectivo quando o decisor médico atribui maior importância aos objetivos do hospital do que aos benefícios do doente. A comparação de sistemas de pagamento foi concretizada sem se incluir aspetos de eficiência técnica das unidades hospitalares. Ora, uma outra vantagem apontada ao sistema de pagamento prospectivo face ao sistema retrospectivo de reembolso é a existência de incentivos a uma maior eficiência da organização.

O argumento é bastante claro. Se o(s) gestor(es) da unidade prestadora de cuidados de saúde (o hospital, no nosso exemplo) puder tomar ações ou decisões que tenham custos para ele (por exemplo, animosidade por parte dos outros elementos da organização), então ele contraporá as vantagens de uma maior eficiência organizativa a esses custos de implementação.

No caso de um sistema de pagamento retrospectivo puro, todos os ganhos de eficiência na organização (no sentido de menores custos para um mesmo nível de tratamento prescrito) são recolhidos pelo pagador. Logo, o ganho para o decisor é nulo e essas ações não serão tomadas: o decisor tem apenas custos e nenhum benefício.

No caso de um sistema de pagamento prospectivo, a situação é diferente se o gestor/decisor se pode apropriar de parte do excedente produzido (eventualmente sob a forma de "fringe benefits" – carro, cartão de crédito, etc.). Com pagamento prospectivo, para além de suportar os custos, o decisor também recolhe benefícios de implementar ações que levem a uma maior eficiência técnica. Esses ganhos de eficiência são transmitidos ao pagador/financiador através de um valor de pagamento prospectivo mais baixo que o valor dos custos

---

[83] O argumento é válido quer se trate de seguro privado quer se trate de seguro público.

14. PRINCÍPIOS DE SISTEMAS DE PAGAMENTO

associados com o sistema de pagamento por reembolso. Vejamos formalmente o argumento. Para simplificar a exposição, suponha-se que tem que ser prestado um nível de cuidados de saúde fixo, q. O custo associado é $C(q; e)$, em que e representa o esforço do gestor/decisor em obter eficiência técnica ($\partial C/\partial e < 0$). O gestor tem um custo $h(e)$ de exercer esse esforço (crescente, $h'(e) > 0$).

Admita-se que a função objetivo do gestor consiste no excedente gerado pelo hospital, líquido do custo de esforço (que se encontra definido em unidades monetárias).

$$V = R - C(q; e) - h(e) \qquad (14.10)$$

Num sistema de pagamento por reembolso, $R = C(q; e)$ e $V = -h(e)$. Claramente, nestas circunstâncias, o gestor deseja exercer o menor nível de esforço possível, e. Com um sistema de pagamento prospectivo, $R = a$ e $V = a - C(q; e) - h(e)$. O nível de esforço de redução de custos que o gestor pretende desenvolver é definido pela condição de primeira ordem do seu problema (max$q$ V):

$$- \partial C/\partial e - \partial h/\partial e = 0 \qquad (14.11)$$

Daqui resulta um nível de esforço $e^* > e$. O custo do serviço prestado é $C(q; e^*)$, inferior a $C(q; e)$. Logo existe um intervalo de valores para o pagamento prospectivo a tal que nenhum dos agentes vê a situação pior do que inicialmente: basta selecionar a no intervalo $[C(q; e^*); C(q; e]$. Estabelece-se assim mais um resultado favorável ao sistema de pagamento prospectivo.

Resultado 7 *Os incentivos à eficiência técnica das unidades prestadoras de cuidados de saúde são superiores num sistema de pagamento prospectivo relativamente a um sistema de pagamento retrospectivo.*

A variável q pode ser interpretada como qualidade ou quantidade, pelo que também neste contexto de eficiência técnica se pode discutir se um pagamento prospectivo (em lugar de um pagamento retrospectivo) leva a uma maior eficiência à custa de uma menor qualidade (ou quantidade).

Os efeitos presentes dependem do modo como o esforço de obter mais eficiência afecta o custo, na margem, de fornecer mais uma unidade de qualidade. Se este custo diminuir não se pode excluir que a própria qualidade também aumente, dado que se tornou menos custoso fornecê-la. Note-se que a passagem de um sistema retrospectivo para um sistema prospectivo leva a uma redução da qualidade como efeito direto, como consequência de o prestador passar a sentir os efeitos em termos de custos das suas decisões. Pode contudo acontecer que

ECONOMIA DA SAÚDE

este efeito direto seja dominado pelo efeito indireto de também se verificar um menor custo de fornecer qualidade. Torna-se um problema essencialmente de avaliação dos dados disponíveis para verificar qual dos dois efeitos predomina. Tecnicamente, a função objetivo do decisor é:

$$V(\pi; e) = R - C(q; e) - h(e) + B(q) \tag{14.12}$$

sendo $B(q)$ os benefícios para o doente de maior qualidade. No caso anterior de q fixo este elemento podia ser ignorado. Por outro lado, para simplificação da análise, entra aditivamente na função objetivo do decisor. O argumento pode ser facilmente generalizado para uma função de utilidade do tipo $u(B; \pi; e)$ genérica. O sistema de pagamento continua a ser representado por:

$$R = a + \beta C(q; e) \tag{14.13}$$

As decisões óptimas referentes à qualidade/quantidade e esforço são determinadas pela resolução de:

$$\frac{\partial V}{\partial q} = B'(q) - (1 - \beta)C_q = 0$$

$$\frac{\partial V}{\partial e} = -(1 - \beta)C_e - h'(e) = 0$$

O tornar o sistema mais prospectivo pode ser visto como uma redução em β e aumento de a de modo a manter a transferência inicial constante.

$$dR = da + C(q,e)d\beta + \beta(C_q dq + C_e de)$$

Realizando uma análise de estática comparada nas condições de primeira ordem do problema do decisor, obtém-se como efeito de uma variação em β que permite estabelecer que para β próximo de 1, os efeitos são $\partial q/\partial \beta > 0$, isto é, uma diminuição de β – um sistema mais prospectivo – leva a uma diminuição na qualidade, e $\partial e/\partial \beta < 0$, ou seja, um sistema mais prospectivo leva a um maior esforço de procura de eficiência.

Porém, os efeitos interessantes são que se β for suficientemente baixo e se um maior nível de esforço diminuir o custo marginal de fornecer qualidade $C_{qe} < 0$ então pode-se ter $\partial q/\partial \beta < 0$, isto é, a qualidade pode aumentar com um sistema de pagamento mais prospectivo, desde que seja suficientemente prospectivo. De modo similar, pode acontecer que o esforço de procura de eficiência diminua, na margem.

14. PRINCÍPIOS DE SISTEMAS DE PAGAMENTO

Sem a obtenção de informação adicional, com suporte empírico sólido, sobre as relações tecnológicas entre esforço de eficiência técnica e custo marginal de fornecer qualidade não é possível afirmar de modo definitivo se a passagem de um sistema retrospectivo para um sistema prospectivo diminui ou não a qualidade/quantidade dos serviços prestados. Não é possível, a priori, estabelecer qual dos efeitos domina, pelo que as discussões sobre estes efeitos, para serem esclarecedoras, se têm que centrar na relação entre esforço desenvolvido e custo na margem de fornecer o serviço.

14.2 Formas contratuais de pagamento aos hospitais

A discussão das formas contratuais de pagamentos aos hospitais limita-se aos efeitos das várias formas contratuais passíveis de serem consideradas num contrato que atribua a uma entidade não governamental a concepção, construção, financiamento e exploração de uma unidade hospitalar, devendo-se ter em atenção as propriedades genéricas de diferentes sistemas de organização económica.

Se o produtor não tiver influência sob o preço, tem incentivos para produzir o bem ou serviço ao custo mais baixo, desde que o custo marginal não exceda o preço. Com a existência de seguro, público ou privado, este papel dos preços desaparece, até porque frequentemente o preço pago pelo consumidor no momento de consumo é substancialmente diferente do preço recebido pelo produtor do bem ou serviço.

No caso dos pagamentos do Serviço Nacional de Saúde aos hospitais, este deve ser estabelecido por forma a replicar o papel de sinal que os preços devem ter. No entanto, a utilização do contrato de pagamento como instrumento de replicação da afectação de recursos que surgiria num mercado, em bom funcionamento, defronta uma dificuldade adicional: também a procura não é "guiada" pelos preços.

A complicar o quadro surgem as assimetrias de informação entre o prestador, tipicamente possuidor de melhor conhecimento das necessidades do doente (procura) do que este último e do que o (terceiro) pagador do produto ou serviço no ato do consumo. Daqui resulta que o estabelecimento de contratos de pagamento enquanto substituto dos preços de mercado tem que cumprir vários papéis, alguns dos quais poderão revelar-se conflituantes entre si. Utilizar contratos para dar sinais substitutos dos preços tem sido denominado "contratos de incentivos".

Para uma correcta definição do que são, há que ter bem claro o que se pretende incentivar e as propriedades de cada alternativa. Atualmente, no panorama europeu, o sistema de saúde do qual o ideal de Serviço Nacional de Saúde mais se aproxima é o inglês. Vale a pena por esse motivo fazer uma breve referência

ECONOMIA DA SAÚDE

às experiências recentes no Reino Unido neste campo. No sistema inglês surgiram vários tipos de mecanismos de pagamento aos hospitais (veja-se Chalkey e Malcomson (2000)): a) "block contracts" – especificam um pagamento independente não só do custo de tratamento mas também do número de doentes tratados; b) contratos "custo e volume" – especificam uma lista de preços e quantidades, combinada com um número máximo de tratamentos a ser realizado no âmbito do contrato; c) Contratos "sofisticados" – que incluem condições para renegociação caso os custos se venham a revelar substancialmente diferentes dos antecipados. Correspondem a uma certa forma de partilha de custos (ou sistema misto de pagamento, com alguma componente de reembolso). Como se irá discutir, estas formas contratuais apresentam vantagens e desvantagens que serão mais ou menos atractivas consoante o contexto em que se esteja inserido.

Se os custos dos hospitais fossem determinísticos, bastaria ao contrato estipular o nível de custos a ser pago. Assim, a discussão do tipo de contrato a utilizar faz sentido apenas num contexto de incerteza sobre os custos, pelo menos para o pagador. O prestador terá em geral maior conhecimento sobre os custos, quanto mais não seja porque a sua própria gestão afecta o volume global de custos. Existindo incerteza, existe risco, pelo que uma componente importante das propriedades económicas do contrato de pagamento aos hospitais é a afectação de risco dele decorrente, a partilha de risco.

Uma primeira regra geral é que o dar incentivos está normalmente associado a maior risco suportado pela entidade que se quer incentivar (à poupança de custos). As várias alternativas de pagamento tipicamente consideradas podem ser ordenadas de acordo com o nível de risco suportado/incentivos. Menos incentivos estão normalmente associados a menos risco: pagamento por serviço (ao ato); pagamento por dia de internamento; pagamento por episódio e pagamento por capitação são exemplos em que se vai aumentando sucessivamente o risco suportado pelo prestador de cuidados de saúde. A imposição de maior ou menor risco ao prestador depende também da medida em que as ações de gestão do prestador são susceptíveis de afectar o resultado final (em termos de nível de custos).

No caso limite em que as ações da gestão não afectam o resultado final em termos de custos, então mais ou menos risco não cria nem destrói incentivos. Visto do lado do prestador, só faz sentido uma maior tomada de risco se houver uma correspondente maior capacidade de efetiva gestão. De outra forma, a tomada de risco só faria sentido numa entidade especificamente vocacionada para o efeito (companhias de seguros, por exemplo).

A tomada de risco por parte de empresas privadas neste contexto só é interessante se o preço desse risco não for excessivo e/ou se houver ações que podem ser tomadas que diminuem o efeito desse risco. Ora, em geral, é de admitir

14. PRINCÍPIOS DE SISTEMAS DE PAGAMENTO

que o prémio de risco exigido por investidores privados é menor que o prémio de risco que o Estado está disposto a aceitar (na verdade, é frequente considerar-se o Estado neutro ao risco, o que implicaria que numa partilha óptima de risco suportasse todo o risco envolvido na relação contratual). Assim, a partilha de risco, com alguma transferência deste, só faz sentido para uma entidade privada se esta tiver, através da sua atividade de gestão, capacidade de influenciar os resultados do hospital. A implicação imediata é que num contrato de incentivos que venha a ser realizado com o Serviço Nacional de Saúde, as regras de gestão terão que ser bastante diferentes das existentes no sector público.

Aparentemente, este aspecto parece ser aceite pelo Ministério da Saúde, avaliando pela maior liberdade de estatutos do Hospital Fernando da Fonseca, bem como pelos estatutos dos Hospitais da Feira e do Barlavento, numa primeira fase, e pelos Hospitais SA pagos de acordo com contratos programa, numa segunda fase. A apresentação de propostas de contratos de incentivos, com transferência de risco para o prestador, mas em que simultaneamente se limite a capacidade de gerir os recursos humanos é contraditória com o que deve ser um contrato de incentivos. Desta forma, a um maior risco assumido pelo prestador de cuidados, neste caso o hospital, estão associados maiores incentivos para a contenção de custos e uma maior necessidade de liberdade de gestão. No contexto mais simples, o grau de transferência de risco (e do nível de incentivos, consequentemente) dependerá da capacidade de suportar risco por parte do prestador.

Um dos princípios básicos da discussão de sistemas contratuais de pagamento a hospitais é que a qualidade (definida de forma abrangente) e o esforço de redução de custos por parte da gestão hospitalar não são verificáveis por uma terceira entidade independente, e como tal não são passíveis de serem incluídos num contrato. Existe um conflito entre obter qualidade elevada e custos baixos. Com um pagamento por reembolso (exemplo: custos do hospital acrescidos de uma margem), o hospital tem incentivo em aumentar custos, quer fornecendo maior qualidade quer por outras vias (ineficiências, desperdício, etc.), como forma de obter uma maior remuneração.

No extremo oposto, um sistema de pagamento de preço fixo, o denominado pagamento prospectivo, fornece incentivos a manter os custos baixos (toda a diferença entre o preço recebido e os custos tidos são a receita do hospital), mesmo que tal seja obtido com a redução da qualidade.

A definição do sistema de pagamento deve procurar mitigar este conflito. Infelizmente, não há uma resposta única sobre o sistema de pagamento óptimo, sendo necessário fazer um balanço, formal ou infor-mal, de diversos aspectos.

Do ponto de vista do prestador, ou da entidade encarregue da exploração do hospital, é evidente que contratos com maior partilha de risco são sempre

ECONOMIA DA SAÚDE

mais interessantes, mesmo que a remuneração dos seus capitais seja feita por um pagamento separado (claro que reembolso dos custos acrescidos de uma margem é a situação ideal, não suporta risco e quanto mais gastar mais ganha, mas é difícil conceber que esse tipo de sistema de pagamento seja aceitável por parte do pagador).

De uma forma geral, a teoria económica sobre os diferentes mecanismos de pagamento diz-nos que se um hospital não tem influência sobre a procura que lhe é dirigida (doentes que querem ser tratados) mas tem a possibilidade de definir quantos trata, então um pagamento de preço fixo por doente não é eficiente.

Com reembolso de custos, se a remuneração do hospital for um valor fixo, independente dos custos, então as propriedades desta alternativa dependem de outras considerações (exemplo, se o hospital atribuir importância ao bem-estar e expectativas dos doentes, fornecerá qualidade em excesso, e logo custos excessivos, de um ponto de vista económico). Uma solução apresentada por vários autores é dada pela criação de um sistema misto de partilha de custos – uma percentagem dos custos é reembolsada (inferior a 100%) e é feito um pagamento fixo por doente tratado. Esta solução é conhecida por "supply-side cost sharing" (Ellis McGuire, 1993).

O problema fundamental na definição desse sistema misto é o cálculo do valor de reembolso, já que um valor elevado da componente de reembolso mina os incentivos do hospital a desenvolver esforços de contenção de custos.

De qualquer modo, pelo menos alguma fração de reembolso é sempre melhor que um pagamento fixo por doente tratado. A distorção induzida no nível de esforço de redução de custos é pequena quando comparado com o ganho em termos de distorção para menor qualidade, quando se tem como ponto de partida um pagamento de preço fixo.

Quando a qualidade do serviço oferecido pelo hospital afecta a procura de tratamento que lhe é dirigida, há considerações adicionais que permitem obter melhores resultados.

Para que a procura dirigida a um hospital seja sensível à qualidade dos serviços que presta é necessário que os doentes/utentes sejam capazes de reconhecer antes do episódio de tratamento essa qualidade e que tenham a opção de não ir a esse hospital (quer porque possuem a capacidade de escolher outro quer porque mesmo que não possam escolher o hospital, existe a opção de não procurar tratamento, pelo menos para algumas condições).

Neste caso, o sistema de preço fixo por tratamento afecta a qualidade dos serviços prestados, uma vez que para um maior preço, o hospital tem mais interesse em tratar doentes e a forma de os atrair é oferecendo mais qualidade.

O sistema óptimo de pagamento neste caso consiste numa tarifa a duas partes: um pagamento inicial do hospital, independente do número de doentes

14. PRINCÍPIOS DE SISTEMAS DE PAGAMENTO

tratados, combinado com um preço fixo por doente tratado. As propriedades económicas mantêm-se inalteradas desde que não haja assimetrias de informação sobre o case-mix dos doentes e o hospital não possa rejeitar doentes depois de conhecer os seus custos de tratamento. Se a procura não é sensível à qualidade do hospital, o tipo de pagamento deverá depender do aspecto a que o pagador atribuir maior importância. Caso a obtenção de poupanças de custos seja mais importante, o contrato deverá tomar a forma de pagamento de preço fixo por caso (e eventualmente um pagamento global inicial, lump-sum).

Se o hospital tiver uma capacidade limitada para cobrir perdas financeiras, seja por capitais próprios ou por recurso a dívida, o pagamento por caso deverá ser feito em termos do número de doentes tratados (uma vez que o seu número exato não é conhecido antecipadamente). O pagamento por caso deverá aproximar-se do custo marginal de tratamento. Neste sistema, não há necessidade de verificar os valores de custo apresentados pelo hospital, uma vez que não existe qualquer componente de reembolso.

Se a qualidade for mais relevante, então o contrato deverá aproximar-se de um sistema de reembolso, em que o hospital recebe mais do que o custo efetivamente tido na margem, para além de um valor fixo por caso, como forma de incentivar à escolha de um maior nível de qualidade (mas também de custos mais elevados).

A inclusão de algum grau de reembolso de despesas incorridas tem que tomar em conta os próprios custos de verificação dos valores apresentados pelo hospital.

A presença de aversão ao risco é um outro motivo para que se estabeleça um sistema misto, já que a componente de reembolso diminui o risco defrontado pelo hospital (embora aumentando o do pagador).

Se o hospital tiver melhor informação sobre os seus custos, no momento de tomar as suas decisões, do que o pagador no momento de definição do preço, então é também óptimo considerar um sistema de pagamento misto, com uma componente de reembolso.

A excepção ocorre se a assimetria de informação se referir unicamente aos custos fixos, caso em que o preço a duas partes, mas sem componente de reembolso induz uma afectação de recursos eficiente.

Em termos de aplicação à realidade, existe evidência da utilização de sistemas de pagamento mistos no âmbito do sistema de saúde do Reino Unido (em que vários dos "block contracts" acabam por corresponder, na sua estrutura, a contratos de "cost sharing", por exemplo através de uma cláusula de renegociação se os custos vierem a ser muito diferentes dos previstos).

O contrato óptimo na presença de assimetria de informação depende de forma significativa do tipo de assimetria de informação e de que informação

ECONOMIA DA SAÚDE

privilegiada o hospital tem à sua disposição. Não há uma conclusão geral que possa ser apresentada. Do ponto de vista da empresa tomadora do contrato, as considerações essenciais são as anteriormente apresentadas, de minimização do risco e de capacidade de, através da gestão, gerar melhores resultados, em média.

O contrato de pagamento tem também que assegurar que o hospital tem capacidade de satisfazer uma procura estocástica, no sentido em que não é conhecido o momento exato em que os doentes chegam ao hospital para tratamento (sendo este um problema diferente do de saber o número total de doentes que o hospital terá durante um ano).

Na determinação do contrato, poderá ser determinado um valor fixo anual a ser pago de qualquer modo, o equivalente à garantia de uma procura mínima. É relativamente claro o balanço que tem de ser considerado pelo pagador. Por um lado, uma maior procura mínima garantida pode gerar menores custos, em média; por outro lado, há o risco de estar a pagar tratamentos que não são concretizados (ou necessários). Do ponto de vista da entidade que explora o hospital, quanto maior for a procura mínima assegurada, menor o risco suportado. No entanto, na definição do sistema de definição de capacidade mínima a manter e de procura mínima garantida, há que ter o cuidado de o processo de revisão automática desses valores não incluírem incentivos perversos (por exemplo, incluir no contrato mecanismos que sejam indutores apenas de revisões no sentido ascendente).

O tempo de duração do contrato é outro elemento crucial. A possibilidade de renegociação contratual pode destruir consideravelmente os incentivos a procurar ganhos de eficiência por parte do hospital. Se este último conseguir custos mais baixos num determinado período de tempo, findo o qual há uma renegociação dos valores contratuais, o pagador tentará baixar o preço pago. Só que se essa revisão for feita muito rapidamente, o hospital não tem interesse em realizar poupanças de custos, uma vez que estas serão rapidamente apropriadas pelo pagador e o hospital defrontará um padrão de referência mais exigente.

Daqui resulta que o horizonte temporal das renegociações de preços tem que considerar o efeito sobre os incentivos económicos criados, devendo ser estabelecida uma regra de evolução do preço entre momentos de renegociação.

Mas existem argumentos que apontam para que os valores contratuais sejam revistos com alguma periodicidade. Por um lado, a ameaça de terminar a relação dá um incentivo forte para a manutenção de qualidade e/ou custos baixos. Por outro lado, sendo o pagador tipicamente uma entidade pública (no caso português será o Serviço Nacional de Saúde ou uma sua instituição) há o aspecto politicamente sensível de, se os custos se vierem a revelar muito baixos face ao preço contratado inicialmente, com excedentes visíveis acumulados pelos hospitais, a pressão para renegociação será bastante forte. Nestas circunstâncias,

14. PRINCÍPIOS DE SISTEMAS DE PAGAMENTO

será preferível ter prazos de revisão de preços relativamente curtos, em lugar de renegociações ad-hoc.

O sistema de pagamento tem igualmente o papel de corrigir efeitos externos que não sejam de outra forma internalizados. Um desses efeitos externos é o esforço de referenciação dos centros de saúde para a unidade hospitalar.

É expectável que o hospital tenha liberdade de gestão para desenvolver mecanismos que levem a que os centros de saúde actuem verdadeiramente como porta de entrada nos cuidados diferenciados.

A importância desta externalidade é visível quer no número de "falsas urgências", normalmente referido como sendo muito elevado, quer no relatório de avaliação dos hospitais Garcia de Orta e Fernando da Fonseca, publicado pelo INA, em que se faz menção a uma deficiente ligação aos centros de saúde por parte de ambos os hospitais.

Uma forma de resolver esta externalidade é, naturalmente, proceder a uma gestão integrada dos centros de saúde com o hospital. Não se contemplando essa possibilidade, o mecanismo de pagamento deverá ser ajustado por forma a que haja incentivos corretos no desenvolvimento dessas ligações: pagamento por doente referenciado, mas tendo em conta o custo de tratamento no centro de saúde.

Para além do investimento inicial na concepção e construção do hospital, para horizontes temporais de 20 a 25 anos (ou mesmo mais), surgem questões relacionadas com os investimentos de substituição ou atualização realizados ao longo do período contratual. Na ausência de mecanismos adequados, implícitos ou explícitos, existe um incentivo de não investir muito quando se aproxima o termo do contrato, devido à incerteza sobre a sua renovação. No início o incentivo para sub-investimento é relativamente menor se o sistema de pagamento for sensível à qualidade dos cuidados prestados, ou se existirem mecanismos de cessação do contrato.

Noutras indústrias, a forma que as empresas têm encontrado para diminuir o risco é atrasar o momento do investimento, até porque investimento mais recente (mais perto do final do contrato) ajuda a garantir a renovação desse mesmo contrato. Assim, há argumentos para que ocorra sub-investimento sobretudo no início do contrato e argumentos para defender que tal sucede principalmente no final do período contratual. A força de um ou de outro argumento depende da forma específica do contrato e do sistema de pagamentos nele definido.

Embora concentrando numa única entidade a concepção, cons-trução, financiamento e exploração de uma unidade hospitalar, deve-se considerar a opção de financiar separadamente as componentes de remuneração do investimento e de pagamento da atividade corrente de exploração.

ECONOMIA DA SAÚDE

Exercícios

14.1 Defina pagamento prospectivo.

14.2 Defina pagamento por reembolso.

14.3 Discuta as propriedades de risco e de incentivos para eficiência associadas com pagamentos prospectivos.

14.4 Discuta as propriedades de risco e de incentivos para eficiência associadas com um sistema de reembolso.

14.5 Num modelo simples em que o médico é o decisor crucial, actuando em representação quer dos doentes quer da administração do hospital, mostre que:

a) um sistema de pagamento por reembolso gera um nível demasiado elevado de prestação de cuidados de saúde, do ponto de vista social.

b) um sistema de pagamento prospectivo gera um nível de prestação de cuidados de saúde menor que o implicado pelo sistema de pagamento por reembolso.

c) o nível socialmente óptimo de cuidados de saúde pode ser implementado por uma escolha adequada da regra de pagamento, que envolve quer uma componente de pagamento prospectivo quer uma componente de partilha de risco.

Capítulo 15
Cuidados de Saúde Primários

15.1 Introdução

Os cuidados de saúde primários são o primeiro nível de contato dos doentes com o sistema de saúde. A prestação dos cuidados de saúde primários tem como base os clínicos gerais (especialistas em medicina geral e familiar). Estes médicos têm como papel tratar condições que não exijam elevada tecnologia e sim um conhecimento abrangente e continuado do doente e suas circunstâncias, desenvolver e promover atividades de prevenção bem como referenciar doentes para outros níveis de cuidados sempre que tal se justifique. Embora a intensidade tecnológica, em termos de técnicas e equipamento, seja menor que nos cuidados hospitalares, não é evidente que o nível de conhecimento necessário para o bom desenvolvimento da sua atividade seja menor. Os cuidados de saúde primários desempenham um papel central como orientadores do doente dentro do sistema de saúde.[84] O seu comportamento e decisões tem impacto em todo o sistema de saúde.[85] Naturalmente, a condição de saúde do doente e o diagnóstico realizado são elementos fundamentais nessas decisões. Mas também o enquadramento organizacional e funcional que é criado é relevante.

A importância do enquadramento organizacional do sistema de saúde para um papel dos cuidados de saúde primários como fator de orientação do doente no acesso aos cuidados de saúde adequados é ilustrada pelas diferenças existentes, no recurso a médicos especialistas versus médicos de medicina geral e

---

[84] Na terminologia anglo-saxónica, este papel é denominado *gatekeeping*.
[85] Veja-se também Scott (2000).

ECONOMIA DA SAÚDE

familiar entre a população que tem cobertura única no Serviço Nacional de Saúde e a população que é beneficiária de um subsistema. Tipicamente, os subsistemas permitam um acesso mais fácil a especialistas. A informação disponível, calculada a partir do 4º Inquérito Nacional de Saúde (2005/2006), sugere diferenças substanciais na utilização relativa de especialistas e clínicos gerais de acordo com ter-se, ou não, cobertura por subsistema. Note-se aqui apenas a diferença importante em termos de utilização. Sem uma apreciação cuidada dos resultados em termos de saúde não é possível afirmar qual é a situação preferível do ponto de vista social. Caso os resultados em termos de saúde não sejam distintos entre os dois grupos, o Serviço Nacional de Saúde estará a usar apropriadamente o sistema de *gatekeeping* (orientação) baseado na medicina geral e familiar. O acesso direto aos especialistas mais fácil proporcionado pelos subsistemas é então apenas uma organização mais dispendiosa da prestação de cuidados de saúde. No entanto, caso os resultados de saúde dos beneficiários de subsistemas sejam, para iguais condições de necessidade à partida, significativamente melhores, então o sistema de orientação no Serviço Nacional de Saúde deverá ser reavaliado.

Um aspecto crucial da atividade dos cuidados de saúde primários é a relação médico – doente (tratada de forma genérica nos capítulos dedicados à relação de agência e à indução da procura pela oferta). Apesar de sempre que um doente consulta o médico se poder falar da relação médico – doente, no caso dos cuidados de saúde primários, essa relação tende a ser de longo prazo, ao longo de muitos anos.

15.2 Formas de pagamento nos cuidados de saúde primários

Em países com Serviço Nacional de Saúde, tem-se assistido a uma evolução no sentido de pagar por capitação (eventualmente ajustada de características associadas com a necessidade de cuidados, como a idade).

Da análise sistemática da literatura ressaltam alguns aspectos fundamentais. O pagamento a clínicos gerais por ato realizado tende a gerar mais atividade. Eventualmente, mesmo acima do que seria desejável. Por outro lado, efeito contrário tem o pagamento de um salário fixo, em que o rendimento do clínico geral não depende do nível de atividade desenvolvido.

A formulação intermédia de pagamento por doente na lista de cada médico, retribuindo mais para um maior atividade, mas não premiando mais atos em cada doente, cria um incentivo para que o médico procure ter muitas pessoas na sua lista mas saudáveis (incentivo à seleção). O contrabalançar este incentivo à seleção dos membros da população com menores necessidades de saúde envolve frequentemente uma componente de pagamento por ato.

A realidade de vários países aponta precisamente para um sistema de retribuição misto. Por exemplo, na Dinamarca os clínicos gerais recebem 1/3 via

15. CUIDADOS DE SAÚDE PRIMÁRIOS

capitação e 2/3 por conta de atos realizados e a Noruega adoptou um sistema semelhante (Iversen e Luras, 2006).

Apesar de, numa forma genérica, os princípios apontados para regras de pagamento a prestadores de cuidados de saúde também possam ser aplicados aos pagamentos a clínicos gerais, há um aspecto particular a ser tido em atenção: a referenciação de doentes que pode ser realizada.

A discussão de como a forma de pagamento afecta as decisões nos cuidados de saúde primários pode ser realizada segundo o efeito na qualidade dos serviços prestados, na quantidade e na taxa de referenciação (envio para os cuidados secundários).

Em termos do efeito de um sistema de pagamento por capitação sobre a qualidade dos cuidados de saúde primários, a teoria económica desenvolvida por Gravelle (1999) e Gravelle e Masiero (2000) sugere um associação positiva: o pagamento por capitação torna o doente marginal (o que está indeciso entre procurar outro médico ou manter-se na lista atual) mais valioso para o médico, que aumentará a qualidade prestada como forma de o reter (ou caso não o consiga, de captar doentes de outros médicos para a sua lista). Contudo, a evidência internacional não é totalmente coincidente com essa previsão, havendo sinais de discriminação de qualidade entre doentes na mesma lista[86].

No que se refere à quantidade de serviços prestados, a evidência disponível refere-se essencialmente à situação da Noruega, onde se detectou que médicos com um menor número de doentes realizam mais atos, como forma de obter maior rendimento. Dado que o sistema de retribuição inclui uma componente de pagamento por ato realizado, não é surpreendente essa reação a um menor número de pessoas na lista (Iversen e Luras, 2006; Iversen, 2004). Contudo, a ausência de informação sobre os resultados de saúde impede que se possa dizer se os cuidados adicionais por doente são desnecessários ou, se pelo, contrário, se traduzem numa maior qualidade de tratamento a este nível.

Finalmente, quanto à referenciação para outro nível de cuidados, outros efeitos económicos estão também presentes. Em particular, na medida em que na decisão de referenciação o médico nos cuidados de saúde primários não tem em consideração os custos que a decisão acarreta para todo o sistema, existe uma externalidade que cria excesso de referenciação num sistema de pagamento por capitação. No entanto, a integração entre cuidados de saúde primários e hospitais sob uma mesma equipa de gestão internaliza esse efeito e potencia as vantagens de um modelo de pagamento por capitação. Barros e Martinez-Giralt (2003) desenvolvem o argumento. Esta implicação parece ter algum suporte

---

[86] Para mais detalhe, veja-se Iversen e Luras (2006) e as referências aí contidas.

ECONOMIA DA SAÚDE

empírico, em que médicos pagos por capitação realizam mais referenciação (Forrest *et al.* (2003), Carlsen e Norheim (2004)).

Do ponto de vista do funcionamento do sistema de saúde, os centros de saúde contribuem de três modo: movimento assistencial, referenciação para os hospitais, e atividades de prevenção. Estas três componentes das atividade dos centros de saúde não são independentes entre si e a eficiência (ou falta dela) e os incentivos (financeiros e não só) existentes influenciam o desempenho nas três componentes.

A evidência para Portugal nestes aspectos indicia algumas melhorias na parte assistencial, uma ampla margem para aumentar a atividade na prevenção, onde regra geral se encontra uma fraca adesão da população, e no campo da referenciação existem relações que se podem classificar de difíceis entre os centros de saúde e os hospitais, mas com grande variância. Diversas experiências de desenvolvimento dos cuidados de saúde primários, reportadas em Pinto (2003) tiveram como destino relativamente comum o abandono pelo poder político, em que abandono significa esquecimento, negligência, não dar seguimento aos meios prometidos num primeiro momento, não serem avaliadas na sua progressão e serem terminadas caso o desempenho oferecido não correspondesse aos objetivos pretendidos. A asfixia burocrática e financeira acaba por originar uma morte lenta e dolorosa destas experiências. Só uma pressão política contínua conseguirá vencer a inércia da administração pública no tratamento das novas experiências que sejam ensaiadas.

O desafio, em termos de análise económica, consiste em ter uma forma coerente de olhar para o conjunto das atividades desenvolvidas e avaliar como se relacionam entre si. Considere-se para o efeito o seguinte modelo simples. Tem-se dois agentes principais: cuidados de saúde primários, onde o decisor crucial é o médico de família (ou o centro de saúde, se se quiser pensar em termos de unidade de prestação de cuidados de saúde), e os cuidados diferenciados, os hospitais enquanto unidade prestadora de cuidados. As variáveis relevantes, de difícil quantificação empírica, são o esforço de prevenção desenvolvido ao nível dos cuidados de saúde primários, o nível de referenciação dos cuidados de saúde primários para os cuidados diferenciados, e o esforço do hospital em procurar ser mais eficiente (maior produtividade). O nível de referenciação depende do esforço de coordenação de ambas as partes, hospitais e centros de saúde. A figura 15.1 ilustra os efeitos em presença[87].

---

[87] Para a sua formalização analítica, veja-se Barros e Martinez-Giralt (2003).

15. CUIDADOS DE SAÚDE PRIMÁRIOS

Figura 15.1: **Elementos centrais na atividade dos cuidados de saúde primários**

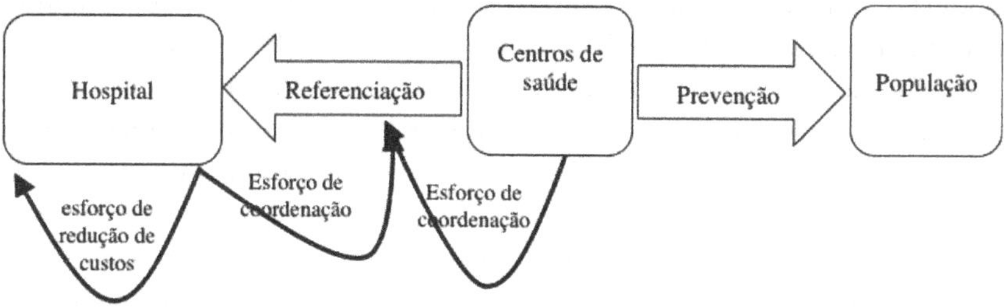

Fonte: Elaboração própria.

De um ponto de vista de incentivos das partes envolvidas, falar em articulação não é suficiente. Os centros de saúde têm um interesse claro em referenciar doentes para os hospitais sempre que possível. Esse interesse é maior se os médicos de família forem remunerados por capitação, pois torna mais atrativo ter mais doentes na sua lista, remetendo sempre que possível o doente para o hospital, em lugar de gastar tempo e recursos a tratá-lo. Por seu lado, o hospital, se for pago de acordo com a produção que realiza, como se procura atualmente fazer, tem todo o interesse em fomentar essa referenciação dos cuidados de saúde primários, sobretudo se forem casos relativamente pouco complicados face à casuística global do hospital.

Se a gestão do hospital tiver que escolher entre dedicar esforços a procurar uma melhor articulação com os centros de saúde para evitar uma referenciação excessiva ou procurar diminuir os seus custos médios, o fato de ser remunerado de acordo com a produção realizada leva-o a considerar o segundo aspecto prioritário, negligenciando o primeiro. A articulação ira resumir-se a uma avalanche de referenciação para os hospitais, incluindo casos que poderiam ser tratados com vantagem nos cuidados de saúde primários. Essa vantagem será de comodidade para o doente, e económica para o sistema de saúde como um todo, dado que o custo de tratamento é, em média e regra geral, para o mesmo problema clínico, menor no centro de saúde do que no hospital. Obviamente, há casos de referenciação em que não existe qualquer possibilidade de escolha, e o doente tem que ser necessariamente tratado no hospital. Os argumentos que se apresentam reportam-se aos casos em que existe a alternativa de local de tratamento.

Em suma, a capitação aos médicos de família, em lugar de promover a prevenção por parte do médico, pode unicamente estimular uma referenciação para os hospitais, que é mutuamente benéfica para centros de saúde e hospitais, aumentando portanto os custos globais do sistema de saúde.

Para atuar sobre estes eventuais mecanismos perversos, dois caminhos são passíveis de ser percorridos: por um lado, a integração dos centros de saúde

ECONOMIA DA SAÚDE

e/ou grupos de médicos de família com o hospital (ou hospitais) de referência – a ideia de unidades locais de saúde; ou, por outro lado, o estabelecimento de fluxos financeiros sempre que ocorre uma decisão de referenciação.

Apesar de em Portugal se ter optado sobretudo pela primeira linha de atuação, a segunda opção, definição de fluxos financeiros associados com uma decisão de referenciação para o hospital, não seria sequer uma originalidade portuguesa. No Serviço Nacional de Saúde inglês existiu essa possibilidade, em que os médicos de clínica geral pagavam, do orçamento colocado à sua disposição, os cuidados hospitalares que eram prestados aos doentes que com eles se encontravam associados. Esse sistema, iniciado nos anos 90 foi abandonado no final dessa década, existindo atualmente um sistema que se procura relacionar as remunerações dos clínicos gerais com a qualidade dos cuidados prestados (medida por um conjunto de indicadores).

Assim, o enfoque na integração funcional da gestão de centros de saúde e hospitais será provavelmente a via de mais fácil aceitação pela população e pelos profissionais de saúde envolvidos, mas o seu sucesso em todas as dimensões relevantes depende do modo de pagamento que seja definido. Com gestão integrada, o pagamento prospectivo não é necessariamente a melhor via, uma vez que leva a esforço de prevenção sub-óptimo. Por seu, sem integração e optando por definir preços associados com os fluxos de referenciação, as regras são mais complexas para acomodar os diferentes incentivos presentes, embora seja possível defini-las de forma a que o resultado final seja idêntico ao de integração funcional da gestão dos centros de saúde e dos hospitais.

As propostas das Unidade de Missão dos Cuidados de Saúde Primários tinham implicações para a articulação entre cuidados de saúde primários e hospitais: financiamento global baseado em capitação ajustada e a contratação de atividades de prevenção e promoção da saúde; em alguns casos, os grupos de médicos podem vir a ter orçamento próprio e comprar cuidados aos hospitais; e, prevê-se que devam existir nos hospitais médicos que possam ter o papel de elo de ligação com os médicos de família.

Como hipóteses de partida para uma discussão mais detalhada, tome-se como dado que existem situações clínicas que tanto podem ser tratadas no hospital como no centro de saúde (pelo médico de família). Os centros de saúde (ou as unidades de saúde familiar) decidem sobre o nível de atividades de prevenção que desenvolvem e sobre a referenciação que realizam de casos para o hospital (sendo a alternativa tratarem do doente). O hospital, por seu lado, procura organizar-se por forma a ser eficiente nos cuidados que presta, significando que procura obter o menor custo unitário por doente tratado. Para uma mesma condição clínica que possa ser tratado quer no centro de saúde quer no hospital, admite-se que o custo de tratamento no hospital é superior. O pagamento ao

15. CUIDADOS DE SAÚDE PRIMÁRIOS

hospital pode ter uma de duas formas: pagamento prospectivo ou por reembolso de custos. O pagamento aos cuidados de saúde também se pode revestir de duas formas: capitação ou por ato realizado.

Duas questões economicamente relevantes neste contexto são: qual o efeito de passar de uma gestão separada de centros de saúde e hospitais para uma gestão integrada? E, é possível alcançar os mesmos resultados de uma gestão integrada com um mecanismo de pagamentos adequado?

Na passagem para uma gestão integrada, o efeito sobre os esforços de prevenção, sobre o grau de referenciação do centro de saúde para o hospital e sobre os custos médios por doente tratado no hospital, vai depender do sistema de pagamento que é aplicado a cada uma das partes.

Se o hospital for pago por orçamento prospectivo e o centro de saúde (ou as unidades de saúde familiar) for pago por capitação, então a integração funcional da gestão de centros de saúde e hospitais leva a um aumento das atividades de prevenção a uma diminuição da referenciação para o hospital e o custo médio por doente tratado no hospital aumenta (pois os casos mais simples que anteriormente eram referenciados para o hospital deixam de o ser).

No caso de o hospital ser pago por orçamento prospectivo e os centros de saúde serem pagos por ato realizado, o efeito da integração é ambíguo em todas as variáveis de interesse (prevenção, referenciação e custos unitários).

Se, numa situação alternativa, o hospital for pago em modalidade de reembolso de custos e os centros de saúde forem pagos por capitação, a mudança para uma gestão integrada não altera as decisões relevantes quanto a prevenção, referenciação e procura de menores custos médios no hospital. O quadro 15.1 as diferentes possibilidades.

QUADRO 15.1: **Efeito de passagem para integração funcional da gestão**

Centro de saúde → Hospital ↓	Capitação	Pagamento por ato
Pagamento prospectivo	Nível de prevenção: aumenta Taxa de referenciação: diminui Custos médios do hospital: aumentam	Nível de prevenção: efeito ambíguo Taxa de referenciação: efeito ambíguo Custos médios do hospital: efeito ambíguo
Reembolso de custos	Nível de prevenção constante Taxa de referenciação constante Custos médios do hospital: constantes	Nível de prevenção: não diminui Taxa de referenciação: diminui Custos médios do hospital: diminuem

Fonte: Barros e Martinez-Giralt (2003).

Quanto à segunda questão colocada, é possível obter o mesmo resultado da gestão integrada desde que com gestão independente se pague na margem, pela

ECONOMIA DA SAÚDE

referenciação realizada pelo centro de saúde. O elemento central para definir esse pagamento é o custo hospitalar evitado por se tratar no centro de saúde.

Resulta desta discussão que a desejada articulação entre centros de saúde e hospitais tem aspectos complexos que devem ser considerados, e que estão normalmente ausentes da discussão, sobretudo se se pretender ter uma utilização de recursos eficiente e racional.

15.3 Referenciação – evidência para Portugal

Relativamente à referenciação entre cuidados de saúde primários e hospitalares, existem em Portugal três estudos relevantes para uma melhor compreensão do problema. Barreiro (2005) debruça-se sobre as características da comunicação entre os dois níveis de cuidados, e sua qualidade, recolhendo a informação junto de médicos de família. Ponte *et al.* (2006) avaliam a taxa de referenciação, bem como a qualidade dessa mesma referenciação. Utilizam para o efeito 400 referenciações realizadas em 2004 do Centro de Saúde Senhora da Hora para o Hospital Pedro Hispano (decorrendo assim a análise no contexto da Unidade Local de Saúde de Matosinhos). Como regularidade, estes autores estudos encontraram uma qualidade avaliada como razoável das cartas de recomendação. Por outro lado, a ausência de informação de retorno num número substancial de casos sugere ainda a existência de lacunas no processo de comunicação entre cuidados primários e secundários. Infelizmente, não há uma avaliação sobre a adequação dos casos de referenciação (ou de não referenciação). Roque (2008), inquirindo médicos quer num conjunto de centros de saúde quer no hospital que com eles se relaciona, fornece uma visão complementar, além de inquirir diretamente sobre o grau de referenciação. Uma primeira conclusão retirada é a de concordância de todos os médicos, estejam no hospital ou no centro de saúde, com a existência de debilidades na comunicação atualmente existente, o que se encontra em linha com os resultados dos estudos anteriormente realizados para Portugal.

Mais interessante é o fato de 78% dos médicos em centros de saúde e 85% dos médicos no hospital considerarem que a referenciação poderia ser menor caso houvesse maior comunicação entre as partes (o que está em consonância com os principais motivos para referenciação encontrados em Ponte *et al.* (2006): orientação para o tratamento e/ou para o diagnóstico). Existem, pois, indícios de uma sobre-referenciação, o que está de acordo com o previsto pelo modelo de análise desta relação proposto por Barros e Martinez-Giralt (2003). Um pagamento puramente prospectivo e independente da atividade, não havendo qualquer mecanismo de internalização do custo imposto pela referenciação, levará a uma referenciação excessiva dos cuidados de saúde primários

15. CUIDADOS DE SAÚDE PRIMÁRIOS

para os secundários. Naturalmente, esta evidência preliminar necessita de ser aprofundada com trabalhos de investigação futuros.

15.4 As Unidades de Saúde Familiar

A evolução mais significativa dos últimos anos nos cuidados de saúde primários em Portugal foi a criação das unidades de saúde familiar (USF). Esta alteração tem como objetivo aproximar a estrutura de prestação de cuidados de saúde do cidadão, ao mesmo tempo que introduz uma flexibilidade de organização e gestão face à estrutura de prestação de cuidados de saúde primários baseada nos centros de saúde tradicionais. Adicionalmente, também o sistema de retribuição é alterado, passando a ter uma componente baseada na atividade desenvolvida.

O projeto de transformação previa que houvesse um pagamento de base capitacional ajustada, bem como a elaboração de contratos com verbas próprias para o desenvolvimento de atividades como a promoção da saúde (atividades de prevenção). Não se avançou contudo com a possibilidade de as USF receberem orçamentos que seriam por si geridos, em nome dos utentes, na aquisição de cuidados hospitalares (por exemplo).

De um ponto de vista de organização económica do sector, as unidades de saúde familiar trazem duas novidades fundamentais. Por um lado, a noção de flexibilidade na organização do trabalho de equipa, permitindo uma melhor capacidade de resposta do Serviço Nacional de Saúde às necessidades de saúde da população que é servida. Por outro lado, o papel dado à remuneração no desempenho profissional, com a definição de pagamentos prospectivos com base nos atos realizados.

A alteração no enquadramento do financiamento dos cuidados de saúde primários segue, em termos de princípios gerais, a filosofia de pagar de acordo com a atividade desenvolvida segundo preços estabelecidos prospectivamente. Não se estabelece porém um sistema em que a unidade de saúde familiar se assume como gestora de um orçamento, em representação dos cidadãos que cobre.

O principal objetivo da criação das USF centra-se na necessidade de alargar a cobertura efetiva de cuidados de saúde primários a toda a população residente em Portugal, e os tornar mais efetivos no seu papel de porta de entrada do cidadão doente no Serviço Nacional de Saúde (esperando-se, nomeadamente, uma atitude mais activa em termos de prevenção).

Importa, por isso, discutir em que medida o enquadramento delineado permite, ou não, alcançar os objetivos pretendidos.

Tome-se, em primeiro lugar, o aspecto de cobertura. Na medida em que as receitas (orçamento) da USF são resultantes do número de pessoas cobertas, há um claro incentivo de cada USF em alargar a sua base de cidadãos. Daqui resulta

ECONOMIA DA SAÚDE

um provável alargamento da cobertura efetiva da população pelos cuidados de saúde primários.

Por outro lado, na medida em que o contato regular com os doentes leva a uma informação e conhecimento sobre a situação clínica destes, a possibilidade de exclusão dos casos mais problemáticos não pode ser à partida eliminada.

O pagamento de acordo com a atividade realizada, por seu lado, estimula à realização de mais atos. A avaliação de que se faça de um aumento de atividade das USF tem que distinguir dois aspectos substancialmente distintos – por um lado, uma melhor organização da atividade e uma melhor cobertura aumentam a acessibilidade da população aos cuidados de saúde, devendo daqui decorrer um aumento da utilização dos serviços de saúde (maior atividade das USF) que corresponde à satisfação de necessidades de saúde que não se encontravam anteriormente satisfeitas. O efeito de acessibilidade é um efeito positivo do ponto de vista do bem-estar social.

Em contraponto, existe a possibilidade de indução de atividade – realização de atos que não são necessários segundo a melhor prática clínica mas que permitem um maior rendimento à USF. Este é um efeito negativo do ponto de vista social.

O sistema de remuneração das USF afecta potencialmente todas as três áreas de atividade dos cuidados de saúde primários (prevenção, tratamento e referenciação).

Gouveia, Silva *et al.* (2006) procederam a uma avaliação prévia do impacto desta transformação, em termos das necessidades de financiamento do Serviço Nacional de Saúde. De um ponto de vista económico, diversos efeitos podem estar associados à criação das USF. Desde logo, se há uma melhor organização e gestão, para o mesmo volume de recursos utilizado devem-se alcançar melhores resultados de saúde para a população. Ou, para alcançar os mesmos resultados, são exigidos menos recursos. É um efeito de eficiência pura. Por outro lado, sendo as USF de menor dimensão poderão eventualmente perder-se economias de escala, caso em que se teria um aumento de custos, para um mesmo volume de atividade. Por fim, caso a maior proximidade à população venha resolver problemas de acesso a cuidados de saúde, a atividade total correspondente pode aumentar e com ela os custos totais (apesar de correspondendo agora a maiores custos, e obviamente a maiores benefícios).

A análise realizada por Gouveia, Silva *et al.* (2006) utiliza os centros de saúde que se encontravam abrangidos pelo regime remuneratório experimental (RRE) como representativos do que será o funcionamento das USF. A comparação do seu desempenho com o dos centros de saúde convencionais permite ter uma ideia dos efeitos potenciais da criação das USF. Nessa avaliação são incluídos diversos aspectos, nomeadamente consultas realizadas, medicamentos prescritos e meios complementares de diagnóstico e terapêutica utilizados. Os autores concluem que o custo médio de uma consulta será cerca de 14% menos numa USF. Como se prevê um aumento do número de consultas por utente (até porque uma das motivações para a criação das USF é facilitar o acesso a cuidados de saúde/consultas necessárias, a poupança orçamental por utente é menor. Interessante é o efeito de alteração da composição do custo total que é previsto: aumenta a componente de vencimentos dos médicos, sendo porém mais do que compensado por uma menor utilização de MCDT e de medicamentos.

Do ponto de vista técnico, Gouveia *et al.* (2006) apresentam estimativas da função custos, evidenciando o modo como os custos médios evoluem com a escala da unidade bem como com a sua natureza (estar, ou não, sob o RRE), para além de outros fatores de controle das diferenças de custos. Um aspecto metodológico importante que é tratado explicitamente pelos autores, embora seja frequentemente ignorado noutras análises, é a possibilidade dos candidatos às USF serem à partida mais produtivos. Caso esta possibilidade de autosseleção não seja tida em conta, uma comparação simples iria sobre-estimar os verdadeiros efeitos do contexto USF. Distinguir entre o que é produtividade intrínseca dos participantes nas (primeiras) USF do que são diferenças devidas ao diferente enquadramento da atividade (incluindo a componente remuneratória) é crucial nesta avaliação. Usando uma base de dados da Região de Saúde de Lisboa e Vale do Tejo, os autores encontram evidência de autosseleção, pois os médicos mais produtivos apresentam uma maior probabilidade estimada de se candidatarem a uma USF. Houve, por isso, uma correção das estimativas brutas, chegando-se na versão corrigida a uma vantagem de 9,91€ para um custo médio global de 68,59€ por consulta (ou seja, 14,4%).

15.5 Conclusão

Os cuidados de saúde primários são reconhecidos de uma forma geral como um dos pilares fundamentais dos sistemas de saúde atuais. O seu papel é especialmente preponderante em países onde esteja implementado um Serviço Nacional de Saúde em que o médico de família é o primeiro ponto de contato da população com sistema de saúde, e onde cabe aos cuidados de saúde primários acompanharem a população de uma forma próxima.

Em Portugal, apesar da tradição do Serviço Nacional de Saúde ser a de ter centros de saúde geridos de forma independente de outras instituições, nomeadamente dos respectivos hospitais de referência, estão em curso dois tipos de transformação. A primeira transformação consiste na integração numa mesma organização de gestão de centros de saúde e do hospital que lhe serve de apoio, levando a uma gestão e financiamento comuns.

ECONOMIA DA SAÚDE

Embora certamente apelativo à primeira vista por criar um processo de decisão centralizado, que terá maior capacidade para internalizar os efeitos de decisões de uns sobre o funcionamento de outros, é importante recordar que há, pelo menos, três efeitos relevantes: sobre o nível de prevenção realizado, sobre o grau de referenciação de doentes dos cuidados de saúde primários para os cuidados diferenciados (hospitalares) e sobre a procura de eficiência técnica do hospital (minimização do custo por doente). Neste campo é importante reconhecer que sistemas de pagamento e modo de governação (integração ou gestão independente) são interdependentes. Adicionalmente, há mais de uma maneira de atingir os mesmos objetivos, já um sistema de preços adequadamente estabelecido tem capacidade para replicar os efeitos de uma integração de gestão.

Em termos de evolução da realidade portuguesa, existe a integração funcional entre cuidados de saúde primários e cuidados hospitalares através das unidades locais de saúde, não havendo contudo uma avaliação que preencha as três dimensões referidas. O aspecto mais visível de evolução no campo dos cuidados de saúde primários foi a criação de unidades de locais de saúde, que atingiam o número de 357 em finais de 2012, cobrindo cerca de quatro milhões e quatrocentos mil residentes em Portugal. A avaliação prévia de efeitos financeiros sugere ganhos relativamente marginais, significando que a vantagem desta reforma terá de assentar sobretudo na melhoria de estado de saúde da população e num maior acesso a cuidados de saúde primários.

Exercícios

15.1 O Governo português criou em 2006 a "Unidade de Missão para os Cuidados de Saúde Primários". Uma das propostas contidas no relatório inicial foi a introdução de um pagamento aos clínicos gerais baseado em capitação ponderada. Discuta as vantagens e desvantagens desta regra de pagamento.

15.2 Uma proposta apresentada para o desenho do sistema de saúde incluía a integração organizacional entre níveis de prestação de cuidados (gestão conjunta, para uma regra de financiamento comum, de centros de saúde e hospitais). Se quer os centros de saúde quer os hospitais forem pagos de acordo com um sistema de reembolso de custos, quais seriam as alterações esperadas em termos de ações de prevenção, referenciação dos centros de saúde para os hospitais e esforço de eficiência para diminuição de custos, associadas com a passagem de uma gestão feita separadamente para uma gestão integrada? Explique intuitivamente os efeitos presentes.

Capítulo 16
Listas de espera

16.1 Introdução

A existência de listas de espera é um dos aspectos mais controversos no funcionamento de um sistema de saúde, de elevada sensibilidade política e dando regularmente lugar a programas especiais de recuperação de listas de espera. Constituem, de um ponto de vista económico, um mecanismo de racionamento da procura alternativo ao preço.

As listas de espera encontram-se sobretudo em sistemas de saúde em que o seguro é público e as contribuições são recolhidas por via de impostos, havendo simultaneamente um preço praticamente nulo no momento de consumo de cuidados de saúde e tentativas de contenção de despesa via limitação da oferta. Sempre que a procura excede a oferta e o preço não é relevante para equilibrar o mercado, têm que ser encontrados mecanismos de equilíbrio. O tempo de espera é um desses mecanismos de racionamento da procura. Antes de descrever alguns aspectos económicos relevantes, é útil compreender como funciona um sistema com listas de espera.

16.2 Listas de espera e tempo de espera

Para perceber o porquê da formação de listas de espera e sua relação com o tempo de espera, é útil alguma formalização adicional. Os doentes chegam ao sistema de saúde de forma aleatória, e dependendo do seu estado clínico, demora mais ou menos tempo a tratá-los (consomem também mais ou menos recursos consoante o seu estado, mas para o problema de listas de espera interessa-nos sobretudo o fator tempo). Só este mecanismo leva a que existam

ECONOMIA DA SAÚDE

listas de espera, mesmo que o tempo médio de tratamento (aleatório) seja idêntico ao tempo médio entre chegada de doentes.

Vejamos o funcionamento de listas de espera com um exemplo simples. Suponha-se que cada doente chega de meia em meia hora, mas cada tratamento ou consulta demora ou 45 minutos com probabilidade 1/2, ou 15 minutos com probabilidade 1/2. Qual o tempo médio de espera? Em média, cada consulta demora meia hora, pelo que o tempo médio de espera parece ser zero. Só que esta forma simples de olhar para o tempo de espera está errada.

Suponhamos que é a segunda consulta do dia. Com probabilidade 1/2, a primeira consulta demorou 15 minutos, e o tempo de espera para a segunda consulta é zero; com probabilidade 1/2 a primeira consulta demorou 45 minutos, e teve que esperar 15 minutos para ser atendido. O tempo médio de espera até ser atendido é 1/2 (0+15) = 7,5 minutos. Se for a terceira consulta da manhã, tem-se como tempo médio de espera:

$$1/4 \times 0 + 1/4 \times 0 + 1/4 \times 0 + 1/4 \times 30 = 7,5 \text{ minutos} \tag{16.1}$$

em que o primeiro termo vem de as duas primeiras consultas terem sido rápidas, o segundo vem de a primeira consulta ter sido rápida e a terceira demorada, o terceiro termo vem da troca de papéis entre a primeira e segunda consultas do termo anterior e o quarto termo resultado quando ambas as consultas prévias são demoradas.

Repare-se igualmente que há ocasiões em que o sistema não está ocupado (às vezes, se o médico tem uma sucessão de consultas curtas, há um espaço de tempo livre entre consultas).

Um tratamento detalhado da teoria da formação das listas de espera está fora do que se pretende neste curso. A intuição fundamental já foi transmitida pelo exemplo. Sem realizar a respectiva de demonstração, é possível estabelecer os seguintes resultados gerais. Seja W o tempo total de espera de um doente no sistema de saúde, incluindo o tempo de espera e o tempo de tratamento. Seja Wq o tempo médio de espera na lista. Seja l o tempo médio entre entradas de doentes no sistema. Seja m o tempo médio de tratamento. Os processos estocásticos subjacentes seguem uma distribuição exponencial. Seja Lq o número médio de doentes em lista de espera e Ls o número médio de doentes em tratamento. Admitindo que o sistema está numa situação de estado estacionário, mostra-se que:

$$Lq = l^2/(m^2 - ml) = r^2/(1 - r), r = l/m \tag{16.2}$$

$$L_s = r, L_q = Wql, L_s = W_s l \tag{16.3}$$

Sendo $r = l/m$, retira-se:

$$Wq = Lq/l = l/(m^2 - ml) \qquad (16.4)$$

Embora não demonstrando formalmente o resultado, a intuição é relativamente fácil de apresentar. Suponha-se que um doente entra no sistema de saúde. Quando ele sai, acabado o tratamento, estarão, em média, no sistema L doentes. Admitindo que a lista de espera é gerida de forma sequencial (quem chega primeiro, é tratado primeiro), só doentes chegados depois dele estão à espera para serem tratados. Se um indivíduo demora em média W unidades de tempo a percorrer o sistema, e l é o número de novos doentes por unidade de tempo, chegam ao sistema desde que o doente de referência entra até que sai lW doentes. Logo, $L = lW$.

Realce-se ainda que para o sistema ter um estado estacionário é necessário que $l < m$ ($r < 1$), o tempo médio entre entradas é menor que o tempo médio entre saídas. De outro modo, a lista de espera estará sempre a aumentar. A probabilidade de o médico estar livre num determinado momento é $1-r$. No estado estacionário, é também verdade que o número médio de doentes efetivamente tratado por unidade de tempo é l. De outro modo, o sistema não seria estacionário pois o número de indivíduos que entra seria diferente do número de doentes saídos do sistema. A lista de espera estaria a aumentar ou a diminuir. Sendo m o número médio de doentes que o sistema tem capacidade de servir por unidade de tempo, então o sistema está desocupado $1 - l/m$ do tempo. Esta necessidade de ter tempo desocupado surge da aleatoriedade das chegadas ao sistema de novos doentes.

Antes de prosseguir para análise de dois modelos formais, a descrição realizada até este ponto permite ilustrar um aspecto importante do funcionamento das listas de espera e da marcação de consultas.

Considere-se um planeador social que tem como argumentos da sua função objetivo o tempo de espera de um doente médio e o tempo que os médicos estão desocupados. Ambos os elementos entram de forma negativa na função de utilidade. Admitam-se as habituais hipóteses de regularidade sobre a função de utilidade, que é repre-sentada por:

$$U = U(Wq; 1 - l/m) \qquad (16.5)$$

Considere-se a seguinte forma funcional:

$$U = -a \ln W_q - b \ln (1 - m/l) =$$
$$= -a \ln l + a \ln(m(m-l)) - b \ln(m-l) + b \ln m \qquad (16.6)$$

ECONOMIA DA SAÚDE

em que a e b são parâmetros de ponderação de cada aspecto. Admita-se que o planeador social tem a capacidade de influenciar m (através de investimento em mais serviços de saúde, por exemplo). A maximização da função de utilidade gera:

$$m = l(a + b)/(2a) \qquad (16.7)$$

E se $b > a$, tem-se $m > l$. Ou seja, para haver um estado estacionário na lista de espera, é necessário que a importância dada à desocupação dos médicos seja maior que a importância dada ao tempo de espera. De outra forma, a escolha de m será tal que a lista de espera desaparece. Fazendo um pouco de estática comparada, é fácil de estabelecer que com o aumento da importância do tempo de espera dos doentes, o planeador social procura aumentar m, o que por outro lado aumenta o tempo de inatividade dos médicos (e leva a custos superiores). Há, por isso, motivos económicos para que o tempo de espera não seja nulo, em equilíbrio.

A redução a zero das listas de espera não é um objetivo adequado, assistindo-se por isso ao desenvolvimento de um conceito que permite alguma fila de espera como parte do processo de gestão de recursos: o tempo de espera clinicamente aceitável, definido como o tempo de espera que não gera uma deterioração irreversível do estado de saúde do doente, ou acarreta um elevado custo de um estado de baixa saúde. Num sistema de prestação de cuidados de saúde pelo sector público, o tempo de inatividade associado com a aleatoriedade da procura e do tempo de tratamento seria suportado pela despesa pública em saúde, enquanto num sistema de saúde com prestadores privados de cuidados de saúde são estes que suportam os custos de momentos sem procura.

Para lidar com o problema das listas de espera, Cullis, Jones e Propper (2000) referem cinco formas de actuação: Primeiro, a utilização de outros mecanismos de limitação da procura; segundo, a expansão da oferta. A oferta, para uma mesma capacidade física, pode ser expandida com menor tempo de tratamento. Mas acelerar o tempo de tratamento tal que para o mesmo equipamento mais pessoas são tratadas pode ter custos em termos de qualidade de tratamento; terceiro, a criação subsídios à procura de solução no sector privado. Deve-se contudo ter em atenção a alguns potenciais problemas. Por um lado, a existência de indução da procura como forma de aproveitar esses subsídios. Por outro lado, a expansão do sector privado ser feito com desvio de recursos do sector público, por exemplo tempo dos médicos, o efeito líquido da provisão privada nas listas de espera é ambígua. Um outro problema é a qualidade da produção no sector público. A expansão do sector privado pode tirar do sector público os casos que mais facilmente exercem pressão para a qualidade do sector público. Finalmente, podem-se levantar objecções com base em argumentos de equidade – o acesso aos cuidados de saúde quando há lista de espera passaria a estar fortemente dependente da capacidade financeira; quarto, encorajar a oferta privada; e quinto, procurar uma melhor gestão da lista espera, nomeadamente através do estabelecimento de prioridades com base na condição clínica (de uma forma mais sistemática e detalhada do que atualmente sucede).

16.3 Efeitos económicos das listas de espera

Nos países em que há um serviço nacional de saúde, uma das questões mais persistentes na discussão pública é o papel de uma alternativa privada a tratamentos em que há listas de espera no sector público. Por um lado, há os que defendem que uma opção privada alivia a pressão sobre o serviço nacional de saúde, melhorando o acesso e a qualidade dos que permanecem no sector público. Os opositores, porém, argumentam que a opção privada significa um desvio de recursos do Serviço Nacional de Saúde. Existem já alguns modelos que procuram avaliar a relação entre a existência de um sector privado e o tempo de espera para tratamento no sector público. Um exemplo é o modelo de Iversen (1997). O médico clínico geral é um agente perfeito do doente nesse modelo. Há dois períodos, com um total de T dias. O tratamento influencia a qualidade de vida mas não o tempo de vida. A utilidade do doente, que depende do número de dias saudáveis em cada período Hi e do consumo xi, que é concentrado num único indicador.

$$U = U(H_1;H_2;x_1;x_2) = U(H_1;H_2;x) \tag{16.8}$$

O indivíduo tem $H_1 = ht$ se escolher tratamento privado, $H_1 = 0$ se escolher tratamento público; e $H_2 = h(T-t)$ se escolheu tratamento (público ou privado) e $H_2 = 0$ se não escolheu tratamento. Se escolhe tratamento público, o efeito de tratamento só é observado no segundo período. O tratamento privado tem efeito logo no primeiro periodo (não há fila de espera no sector privado, por hipótese). O valor h é a proporção de dias saudáveis.

A escolha do doente é entre esperar t dias por tratamento no sector público ou procurar tratamento imediato no sector privado. O tratamento no sector público não tem custos para o indivíduo. Caso escolha tratamento no sector privado tem que pagar um preço p.

Construindo a procura e oferta neste mercado, é obtido por Iversen (1997) o seguinte resultado:

> "Sem racionamento na admissão à lista de espera, o efeito de um sector privado sobre o tempo de espera num sector público é em geral indeterminado. Se a procura do tratamento público em relação ao tempo de espera for suficientemente elástica, pode haver um aumento do tempo de espera."

ECONOMIA DA SAÚDE

Neste modelo, a capacidade de oferta é determinada endogenamente. O serviço nacional de saúde determina o orçamento do hospital, actuando como líder de Stackelberg.[88] Neste contexto, quanto maior for a elasticidade da procura de tratamento privado face ao tempo de espera, maior será o tempo de espera no hospital público quando existe a opção de tratamento privado. A razão para este efeito está em que uma procura elástico de tratamento público torna possível uma significativa redução na despesa pública através do aumento do tempo de espera no sector público.

Este efeito surge num enquadramento em que o serviço nacional de saúde determina o orçamento tendo como função objetivo a utilidade de decorrente do tempo de espera no sector público e o número de doentes que necessitam de tratamento no sector público.

A ausência de racionamento significa que todos os que aceitem o tempo de espera existente no sector público têm a possibilidade de entrar na lista de espera. Na presença de racionamento, alguns doentes que preferiam ser admitidos na lista de espera pública são dirigidos para outro tratamento. Se houver racionamento, o resultado obtido em Iversen (1997) é:

"Quando há racionamento na lista de espera e os médicos que trabalham no sector público também trabalham no sector privado, a existência do sector privado levará a um aumento no tempo de espera para tratamento no sector público. Se os médicos do sector público não forem os mesmos do sector privado, o sector privado não terá qualquer efeito no tempo de espera."

Um outro aspecto relevante, em termos de lista de espera e existência de sector privado, é a preocupação por vezes expressa de que este vá buscar ao sector público apenas os casos de menor gravidade, deixando no sector público os casos mais complicados (e de maior custo). Com um modelo destinado a avaliar este efeito atribuído à existência de um sector privado em concorrência com um sistema público que tem lista de espera, Barros e Olivella (2005) encontram que tal não é necessariamente verdade, mesmo que os médicos que estão presentes num e noutro sector sejam os mesmos e unicamente orientados para os rendimentos que auferem. O motivo para esse resultado está em que os doentes com menor gravidade são também aqueles que têm menor interesse em mudar para o sistema privado. Considere-se o seguinte exemplo.

A função de utilidade de um doente é:

$$U = A - tm \tag{16.9}$$

sendo A a utilidade na ausência de doença, t o tempo de espera na lista de espera no sector público e m o grau de gravidade da doença. O doente pode optar por ir ao sector privado, se sugerido que aí seja tratado, a um custo s.

---

[88] Para o desenvolvimento deste conceito, veja-se um livro de texto de microeconomia.

A decisão do doente sobre o sector onde é tratado é determinada pela seguinte condição de indiferença, em que para uma gravidade de doença que excede m_c opta pelo sector privado.

$$A - s = A - tm_c \qquad (16.10)$$

O tempo de espera é tomado como sendo:

$$t = m_c - m_h + 1 - m_{max} \qquad (16.11)$$

em que m_{max} representa o limite superior dos doentes que recebem a proposta de tratamento no sector privado e m_h é o limite que determina a entrada na lista de espera. A maior gravidade possível está normalizada para 1, sem perda de generalidade.

Da resolução destas duas condições, tem-se que:

$$s = m_c(m_c - m_h + 1 - m_{max}) \qquad 16.12)$$

define implicitamente m_c.

O valor m_{max} é determinado pelo problema de escolha do médico:

$$\max_{m_{max}} s(m_{max} - m_c) - 1 = 2a(m_{max}m_{max} - m_cm_c) \qquad (16.13)$$

sendo a um parâmetro de custo de tratamento. O custo de tratar a qualidade m é am. Obtendo a condição de primeira ordem deste problema.

$$\partial V/ \, \partial m_{max} = s - am_{max} - (s - m_ca) \, \partial m_c/ \, \partial m_{max} = 0 \qquad (16.14)$$

Pelo que a escolha óptima de m_{max} e o valor crítico de m_c que a ela está associado resulta da resolução simultânea de:

$$(s - am_{max})(2m_c - m_h + 1 - m_{max}) = (s - am_c)m_c \qquad (16.15)$$

$$m_c(m_c - m_h + 1 - m_{max}) = s \qquad (16.16)$$

Tome-se o seguinte conjunto de valores para os parâmetros: $m_h = 0{,}25$; $s = 0{,}55$; $a = 0{,}55$. A solução vem: $m_c = 0{,}821$ e $m_{max} = 0{,}902$. O valor médio da gravidade de casos em cada um dos grupos é 0,555 no sector público e 0,861 no sector privado. Assim, não é verdade que, em média, o sector privado fique apenas com os casos mais simples. Mas este resultado também não é universal. Faça-se $s = 0{,}25$; o recurso ao sector privado torna-se mais barato. Então, $m_c = 0{,}363$; $m_{max} = 0{,}423$. A gravidade média em cada um dos grupos é agora. 0,645 no sistema público e 0,393 no sistema privado. Assim, a priori, não se sabe qual o efeito que a manipulação da lista de espera pode ter sobre a

ECONOMIA DA SAÚDE

composição da lista de espera do sector público, quando existe um sector privado onde os mesmos médicos do sector público atuam. Ou seja, os médicos têm preferência pelos casos mais simples por terem menor custo de tratamento. Porém, só os casos de maior complexidade, dentro do conjunto de doentes a quem é oferecida a possibilidade de escolher tratamento privado, preferem esta última opção. O sector privado, concorrente com o sector público, e empregando os mesmos médicos, que têm como único objetivo a sua remuneração, em geral não capta os casos mais simples. O sector privado tanto pode ter um índice de gravidade clínica média superior como inferior ao do sector público.

16.4 Evidência em Portugal: os anos 1999 – 2001

Em Maio de 1999, estimava-se que houvesse cerca de 81 mil utentes do Serviço Nacional de Saúde em lista de espera, com um tempo que espera que excedia o clinicamente aceitável. Esse número subiu nos anos subsequentes para cerca de 120 mil pessoas, tendo sido renovadas as promessas de eliminação de listas de espera por parte do Governo que entrou em funções em 2002. No entanto, a informação disponível para uma correta apreciação da situação praticamente não existe (ou subsistem dúvidas sobre a sua fiabilidade). Por esse motivo, a discussão centra-se na informação pública para o período 1999/2000.

Em 1999, apenas quatro patologias (hérnias, varizes, cataratas e fracturas de anca) eram responsáveis por 2/3 dos casos em lista de espera. Para dar resposta a este problema, que ganhou entretanto grande visibilidade política, foi lançado o Programa de Promoção do Acesso.[89] O Programa de Promoção do Acesso (PPA daqui em diante) foi criado pela Lei 27/99, e complementado com outras peças legislativas.[90]

O programa foi aplicado nas cinco regiões de saúde portuguesas, sendo coordenado pelas Administrações Regionais de Saúde. Em Abril de 2000, o número de casos em lista de espera era ainda de 73 300, estando programada a realização de 22 636 cirurgias até 31 de Dezembro desse ano. Contudo, a execução do Programa de Promoção do Acesso a 31 de Dezembro de 2000 indicava um total de cirurgias planeadas de 38 365, das quais 11 453 não correspondiam a reais necessidades de intervenção.[91] As cirurgias realizadas foram 18 872, cerca

[89] Curiosamente, já anteriormente, em 1995, tinha existido um programa para o mesmo fim, o PERLE – Programa de Específico de Recuperação das Listas de Espera. Posteriormente a este programa for criado o PECLEC, um outro programa de redução de listas de espera.

[90] Outras referências são os Despachos nºs 50804/99 e 19138/99, o Decreto-Lei nº 285/99 e Portarias 787/99 e 818/99.

[91] Todos os valores referidos sobre as listas de espera e o Programa de Promoção de Acesso constam do Relatório de Primavera 2001 do Observatório Português dos Sistemas de Saúde, uma vez que não foi possível consultar estes números junto de uma fonte oficial.

16. LISTAS DE ESPERA

de 70% do total programado (líquido dos casos expurgados). Em termos de execução, o quadro 16.1 apresenta os principais números disponíveis. Em termos de avaliação do programa de acesso, estes números são pouco claros. Em primeiro lugar, não são compatíveis entre si, apesar de serem originários da mesma fonte – tomando os valores programados para os hospitais do SNS e para o sector privado, constata-se uma diferença importante entre os números imputados a 31 de Dezembro de 2000 e os valores de meados do ano. Uma interpretação possível, avançada no Relatório de Primavera 2001 do Observatório Português dos Sistemas de Saúde, é a de que nestes últimos valores se encontram ainda incluídos os casos de intervenção desnecessária.

QUADRO 16.1: **Programa de Promoção do Acesso – execução**

	Programadas	Realizadas	
ARS Alentejo	1 084	823	91,8%
ARS Norte	8 264	6 738	81,5%
ARS Centro	8 116	4 815	55,4%
ARS Lisboa e Vale do Tejo	7 397	4 041	57,6%
ARS Algarve	1 650	691	46,2%
Total ARS	26 511	17 577	66,3%
Misericórdias	2 100	646	31%
Privados	2 300	556	24%
Mutualidades	1 320	93	7%
Instituições Privadas de Solidariedade Social	395	0	0%
Total privado	6 115	1 295	21%

Fonte: Observatório Português dos Sistemas de Saúde – Relatório de Primavera 2001.

De acordo com o quadro 16.1, o sector privado não teve capacidade de resposta suficiente. Não se sabe porém se por falta de capacidade técnica, em sentido estrito, se por dificuldades de relacionamento com o SNS (custos de transação). A forte resposta do sector público levanta algumas questões, como o que sucedeu às intervenções programadas no âmbito da atividade normal do hospital e qual a taxa a que se verificaram novas admissões nas listas de espera. Não se sabe igualmente que casos, em termos de complexidade, foram incluídos nas intervenções realizadas ao abrigo do Programa de Promoção do Acesso (PPA). Uma visão complementar a esta pode ser obtida com a análise contida no Relatório de Atividades da Agência de Acompanhamento da Região Centro (1999)[92].

---

[92] A discussão que se segue baseia-se em Barros e Olivella (2001).

ECONOMIA DA SAÚDE

O PPA programa não é mais do que colocar em leilão (a concurso) listas de doentes que se encontram à espera de intervenções cirúrgicas. Tanto instituições privadas como instituições públicas (clínicas e hospitais) podiam concorrer para realizar as operações em causa. Uma vez que o leilão tem associado propriedades de incentivos importantes em termos económicos, é interessante ver como os agentes económicos (prestadores de cuidados de saúde) reagiram.

QUADRO 16.2: **Resultados do Programa de Promoção do Acesso**

	Cataratas		Varizes		Prótese de anca	
	Número	Preço	Número	Preço	Número	Preço
Sector Público	333	177 600	112	203 300	10	690 800
Sector Privado	132	206 300	78	250 000	19	780 000
% Privado	28,4%	41,0%	65,5%		28,4%	41,0%

Fonte: Relatório da Agência de Contratualização da Região Centro 1999.
Nota: valores em escudos; 1 euro = 200,482 escudos.

Devido à falta de informação para as outras regiões de saúde, a análise é baseada nos resultados fornecidos por uma única região de saúde. É pois necessário cuidado na generalização destes resultados a todo o programa. Ainda assim, a análise é informativa e indicativa do que terá sucedido.[93]

Deve ser referido que embora os hospitais públicos (pertencentes ao Serviço Nacional de Saúde) tenham regras estritas sobre o horário de atividade, existem bastantes horas em que o equipamento existente é sub-utilizado. Esta capacidade excedentária pode ser utilizado pelo hospital público para concorrer ao PPA. O quadro 16.2 apresenta, para os três tipos de intervenção mais frequentes, a combinação público-privado, bem como os preços praticados por cada sector. Estes valores não podem, naturalmente, ser generalizados a todo país e a outras intervenções. São, no entanto, sugestivos de vários aspectos interessantes.

Em primeiro lugar, a participação do sector privado é significativa. O PPA não só motivou uma maior atividade no sector público como gerou uma resposta do sector privado. Mostra que o enquadramento económico pode influenciar de forma relativamente rápida e significativa a organização da atividade médica. Em segundo lugar, os preços apresentados pelo sector público são inferiores aos do sector privado, mas não muito mais baixos (a maior diferença de preços na pequena amostra disponível não excede os 15%).

---

[93] Todos os dados foram obtidos no Relatório de Atividades 1999 da Agência de Contratualização de Cuidados de Saúde do Centro.

Tendo em atenção que a atividade privada tem que pagar todos os custos de atividade, incluindo o custo de oportunidade do espaço ocupado, e que a contabilidade do sector público tipicamente não contempla esses custos, é razoável pressupor que a diferença de preços provavelmente não reflete as verdadeiras diferenças de custo entre os dois sectores.

Esta evidência tem que ser tomada pelo que realmente é: uma resposta a um programa específico criado com o objetivo de reduzir as listas de espera. Mostra, com alguma clareza, que os prestadores de cuidados de saúde reagem aos incentivos financeiros. O que por si sugere que a utilização de incentivos financeiros é um aspecto importante do funcionamento do sector da saúde. Alguns desses incentivos serão implícitos. Por exemplo, a opção que é dada aos médicos de poderem trabalhar quer no sector público quer no sector privado influi nos incentivos que defrontam. O fato de os mesmos médicos que operam ao abrigo do programa de promoção do acesso serem os mesmos que decidem a dimensão das listas de espera introduz incentivos implícitos. Outros incentivos são explícitos, como os prémios de produtividade.

Mais recentemente, em Tribunal de Contas (2005), é apresentada uma visão independente do programa de recuperação de lista de espera PECLEC, lançado em 2002. De acordo com os elementos apreciados, corroborou-se a evidência anteriormente descrita, de tanto o sector privado como o sector público terem respondido aos incentivos financeiros do novo programa. Para além disso, o estudo sugere que numa minoria de casos poderá ter surgido uma situação de redução da atividade normal. Contudo, não é possível discriminar se o decréscimo da atividade normal se encontra associada ao desvio de recursos para aproveitamento do programa de recuperação de listas de espera, ou não. Globalmente, a dinâmica das listas de espera segundo este programa não parece diferir de modo substancial do que foi observado no imediatamente anterior.

16.5 Estudo de um caso: Litotrícia

Embora mais antigo, é ainda relevante o estudo de Simões e Pinto (1993) sobre o exercício de atividade privada em hospitais públicos, analisando os efeitos ocorridos na Unidade de Litotrícia dos Hospitais da Universidade de Coimbra. Devido à inatividade de equipamentos durante um largo período do dia, foi acordado entre o hospital e o médico responsável pela Unidade de Litotrícia os parâmetros pelo qual se poderia efetivar a sua utilização para o exercício privado da atividade (limites, horário de funcionamento e custos da atividade). O quadro 16.3 apresenta os números principais dessa experiência.

Constata-se que houve um natural aumento do volume de atividade. Esse incremento no número de doentes tratados deveu-se integralmente ao maior número de horas de operação do equipamento, uma vez que o número de tra-

ECONOMIA DA SAÚDE

tamentos no sector público diminuiu. No que toca à lista de espera, as alterações são muito significativas. Há um aumento do número de doentes em lista de espera, e o número de meses em lista de espera aumenta.

Se o primeiro efeito poderia resultar de um aumento do número de casos tratados com esta tecnologia, como reflexo de um maior número de horas de funcionamento do equipamento, já o aumento do número de meses em lista de espera é menos esperado. No segundo ano de funcionamento, o número de doentes em lista de espera volta a aumentar, mas o tempo médio permanece constante. O rendimento resultante da atividade privada foi partilhado entre o hospital e a equipa médica, segundo as regras acordadas.

No primeiro ano de atividade, a repartição foi de 60% para o hospital e 40% para a equipa médica, passando-se para uma repartição equitativa no ano seguinte. O rendimento da equipa médica foi distribuído entre médico (72%), enfermeiros (10%), secretariado clínico (11%) e pessoal auxiliar de ação médica (7%).

Esta experiência foi posteriormente terminada, não se dispondo de mais informação sobre os resultados subsequentes. De qualquer modo, apenas estes dois anos são suficientes para se confirmar que a resposta do sector privado aos novos incentivos económicos foi rápida e de magnitude substancial.

Constata-se também que a manipulação das listas de espera é um perigo real, embora se possam debater os efeitos de bem-estar daí decorrentes. Em termos de desenho económico de relações contratuais, os efeitos observáveis são facilmente interpretáveis. A diminuição da produtividade no sector público surge como consequência da abertura à atividade privada, podendo resultar ou da manipulação da lista de espera ou do fato de os casos relativamente mais simples se terem transferido para a prestação privada, deixando no sector público apenas os de mais difícil tratamento.

Com a informação disponível não é possível avaliar qual das duas explicações tem maior peso. De um ponto de vista económico, seria interessante ter contemplado como solução possível ao menor incentivo ao esforço no sector público uma remuneração à equipa médica na sua atividade privada dependente do desempenho observado no sector público.

16. LISTAS DE ESPERA

QUADRO 16.3: O caso da Unidade de Litotrícia nos HUC

	1990		1991		1992	
	Número	Δ%	Número	Δ%	Número	Δ%
Total de sessões	687		920	33,9	939	2,1
Sessões públicas	687		613	-10,8	624	1,8
Sessões privadas			307		315	2,6
	Doentes em lista de espera		%		Lista de espera em meses	
	Público	Privado			Público	Privado
1990	118			20		
1991	159	0	34,7	23	0	
1992	251	0	57,8	23	0	
	1990		1991		1992	
	Rend	Δ%	Rend	Δ%	Rend	Δ%
Rendimento total	24732		47720	92,9	55702	16,7
Rendimento	24732		28632	15,7	27851	-2,7
Rendimento da equipa médica			19088		27851	45,9

Fonte: Simões e Pinto (1993);
Nota: * Rendimento em milhares de escudos.

16.6 Os anos mais recentes: o SIGIC

O mais recente programa lançado destinado a resolver o problemas das listas de espera para intervenção cirúrgica foi o SIGIC – Sistema Integrado de Gestão de Inscritos para Cirurgia, lançado em 2004. O SIGIC nasceu como a procura de uma resposta distinta ao problema decorrente de haver um número muito significativo de utentes em espera para cirurgia.

Tradicionalmente, apesar do reconhecimento generalizado dos custos em termos de saúde de um tempo de espera excessivo, não havia informação fiável sobre os tempos de espera e mesmo a dimensão das listas de espera constituía objeto de forte discussão. A existência de programas específicos de recuperação de listas de espera pouco efeito teve sobre a dimensão das mesmas, conforme se discutiu previamente. Esses outros programas procuravam resolver situações acumuladas de pessoas em espera para intervenção com o desenvolvimento de atividade adicional, havendo o pressuposto implícito de que uma vez resolvida a acumulação de casos, o funcionamento normal das instituições seria suficiente para dar satisfação às necessidades de intervenção. Contudo, a

ECONOMIA DA SAÚDE

realidade revelou que tal não era o caso, uma vez que depois de cada programa (ou mesmo durante a execução do programa) se avolumava novamente a lista de espera. O desenvolvimento do SIGIC surge, neste contexto, como uma opção distinta, baseada numa abordagem de natureza mais permanente, que tenha a capacidade de alterar de modo estrutural a resposta do Serviço Nacional de Saúde às listas de espera.

A utilização de um sistema de informação moderno e centralizado é uma atuação enquadrada na experiência internacional de sistemas de saúde com características similares ao português, de que são exemplo a Inglaterra e a Espanha.

A existência de informação detalhada para análise, previsão e planeamento da atividade é um aspecto central para um melhor controle dos tempos de espera para intervenção cirúrgica. Da experiência internacional ressalta que aliada à existência de um adequado processo de planeamento e previsão da capacidade é necessária uma procura constante de eficiência e persistência na atuação, envolvendo a classe médica no objetivo de redução dos tempos de espera.

Outra conclusão genérica da experiência internacional é a de que as listas de espera não são um problema conjuntural, que possa ser resolvido com medidas de curto prazo. É fundamental atuar em função dos fatores de longo prazo que determinam a sua existência.[94]

Em termos cronológicos, o SIGIC arranca em 2004 com a implementação do sistema em oito hospitais nas regiões de saúde do Alentejo e Algarve, tendo sido alargado em 2005 às restantes regiões de saúde do país. Os anos de 2006 a 2008 foram de aperfeiçoamento dos processos de recolha e tratamento da informação, bem como de disseminação e controle de execução das normas do SIGIC por parte das entidades intervenientes.

Os objetivos do SIGIC são estabelecidos em termos de redução dos tempos de espera para cirurgia, o que em si mesmo contribuiu para uma alteração fundamental na discussão pública sobre as listas de espera. Em lugar de se apresentarem e discutirem os números referentes à dimensão da lista de espera, passou-se a discutir os tempos de espera.

Para alcançar os seus objetivos, o SIGIC teve que criar um sistema de informação cuja alimentação é feita de forma rotineira e homogénea em todos os hospitais (ou pelo menos assim se espera que seja), denominado SIGLIC – sistema informático de gestão da lisa dos inscritos para cirurgia. É também esperado que este sistema de informação possibilite uma melhor gestão das cirurgias e com isso uma mais eficiente utilização da capacidade instalada.

---

[94] Para uma revisão dos vários programas internacionais, veja-se Barros *et al.* (2007).

O sistema de gestão das listas de inscritos para cirurgia estabelece a transferências de doentes prioritários em 4 meses e de doentes não prioritários em 9 meses. Com o sucesso do programa estes valores vieram a ser posteriormente reduzidos.

QUADRO 16.4: **Tempos máximos de espera garantidos (SIGIC)**

	De 25.11.2004 a 14.01.2008		Depois de 14.05.2008	
Prioridade	Geral	Oncologia	Geral	Oncologia
1	12 meses	12 meses	9 meses	2 meses
2	2 meses	2 meses	2 meses	1,5 meses
3	2 semanas	2 semanas	2 semanas	2 semanas
4	3 dias	3 dias	3 dias	3 dias

Fonte: Barros *et al.* (2013).

Portugal não se encontra isolado na procura de iniciativas para redução das listas de espera. Outros países com sistemas de saúde baseados em serviços nacionais de saúde apresentam a mesma característica de terem substituído o instrumento preço para equilibrar a procura e oferta de cirurgias pelo instrumento tempo de espera (Barros *et al.* (2007) e Siciliani *et al.* (2013) para uma visão sobre a situação em vários países da OCDE).

A análise quantitativa, constante da auditoria realizada pelo Tribunal de Contas (Tribunal de Contas, 2007) sobre os efeitos dinâmicos das listas de espera no período 2005/2006 assentou na definição de um grupo de controle e de um grupo de tratamento, consoante o momento de adopção do SIGIC. Como as regiões de saúde que primeiro adoptaram o SIGIC têm hospitais de dimensão média relativamente baixa, o grupo de controle nas restantes regiões inclui apenas hospitais considerados comparáveis (o que implicou a exclusão dos grandes hospitais centrais e dos hospitais especializados). A abordagem estatística seguida baseou-se na metodologia "diferença de diferenças", em que se analisa a evolução da diferença entre os dois grupos, sendo a característica diferenciadora entre os dois grupos o momento de adopção do SIGIC.

É igualmente necessário ter em atenção o ponto de partida de cada hospital (grupo de hospitais) na comparação. A figura 16.1 ilustra o problema, usando uma situação hipotética.

ECONOMIA DA SAÚDE

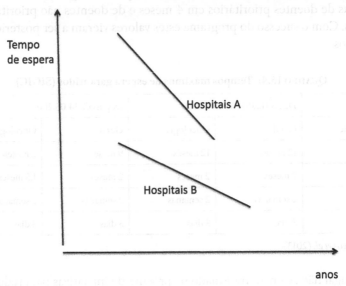

FIGURA 16.1: A metodologia diferença da diferença

Fonte: Elaboração própria.

A figura 16.1 apresenta o tempo médio de espera entre hospitais do grupo A e hospitais do grupo B, sendo a diferença entre os dois grupos o fato de o grupo de hospitais A ter estado sujeito a uma medida de política que não foi aplicada aos hospitais do grupo B. Se compararmos o tempo médio de espera entre hospitais do grupo A e do grupo B, em cada momento, nesta situação fictícia, a conclusão seria a de que a medida era negativa, uma vez que o tempo médio de espera é sempre superior no grupo de hospitais A face ao grupo de hospitais B. Contudo, observando a evolução, vê-se facilmente que a redução do tempo médio de espera é maior no grupo A. Como podem existir outros motivos para que a média do tempo de espera do grupo A seja superior, é a diferença de evolução, controlando para todos os restantes fatores de heterogeneidade entre os dois grupos, que permitirá retirar inferência sobre os efeitos da medida adoptada.

O primeiro aspecto analisado foi o da dinâmica da lista de espera e sua relação com a adopção do SIGIC. Intuitivamente, a hipótese relevante pode ser descrita do seguinte modo: se o SIGIC enquanto instrumento de gestão facilita o funcionamento do hospital, então doentes operados em hospitais onde o sistema foi iniciado há mais tempo deverão ter tempos de espera inferiores (em média).

O impacto do SIGIC foi avaliado também em outras dimensões, abrangendo os aspectos de organização ou os efeitos agregados em termos de produtividade

16. LISTAS DE ESPERA

e de eficiência de custos. Para além dos aspectos de chegada de doentes à lista de espera, são relevantes os aspectos de eficiência na realização das cirurgias: quanto maior for a eficiência, maior será o número de pessoas tratadas num mesmo espaço de tempo, o que permitirá reduzir, para igual número de pessoas em lista de espera, o tempo de espera para intervenção. Dentro da maior capacidade de resposta do hospital, podemos contemplar pelo menos três dimensões importantes: eficiência produtiva, eficiência financeira (ou de custos) e qualidade. Uma análise completa dos efeitos do SIGIC, em termos de impacto sobre os hospitais, obriga a que se investiguem as três áreas: qualidade, eficiência financeira (ou de custos) e eficiência produtiva.

As principais conclusões obtidas pela análise realizada, quanto aos efeitos do SIGIC, indicam que nos anos 2005 e 2006 se registou uma componente de evolução comum a todos os hospitais, não sendo identificável um fator específico que seja a principal explicação da redução do tempo de espera. Em particular, a redução dos tempos de espera parece estar, em parte, associada a ganhos de eficiência, embora não seja, no contexto da informação atualmente disponível, discernível em que medida uma menor procura ou uma alteração da prática médica de referenciação terá contribuído para um menor número de pessoas em listas de espera.

Por seu lado, os hospitais mais eficientes, no sentido de um menor custo unitário por cirurgia realizada, têm menores listas de espera e menores tempos de espera para intervenções cirúrgicas, já que é reflexo de uma melhor capacidade operacional. A eficiência de custos da instituição é relevante para a obtenção de um menor tempo de espera para cirurgia.

Após a adopção do SIGIC, os hospitais aparentam uma maior capacidade para reduzir o número de pessoas em lista de espera e são tratadas mais rapidamente as situações com tempo de espera relativamente mais baixo (de entre os casos de tempo de espera acima de 90 dias). Encontrou-se o resultado esperado de os hospitais com maior percentagem de cirurgias programadas terem melhor desempenho.

Em termos financeiros, a introdução do SIGIC não se traduziu, no período de tempo considerado, num menor custo unitário de intervenção cirúrgica. Não foram detectados ganhos de eficiência em termos de custos que possam ser associados à presença do SIGIC. Em termos de produtividade física do bloco operatório, não há evidência de um aumento dessa produtividade física que esteja sistematicamente associada com a implementação do SIGIC nesses primeiros anos.

Os indicadores de qualidade técnica indiciavam um efeito favorável associado com a adopção do SIGIC, já que apesar de os hospitais do grupo de controlo

ECONOMIA DA SAÚDE

terem melhores indicadores de qualidade técnica face aos hospitais que mais cedo adoptaram o SIGIC, a diferença entre os dois grupos vinha a decrescer.

Para além da análise desenvolvida em Barros *et al.* (2007), importa referir a comparação do efeito potencial de duas medidas na evolução das listas de espera. Pedro (2008) avalia se a transformação de hospitais públicos para o formato EPE (antes SA) teve uma contribuição relevante para a diminuição das listas de espera e como compara o efeito dessa transformação com a eventual contribuição do SIGIC. Na medida em que a transformação em EPE procura alcançar uma maior eficiência no funcionamento do hospital, normalmente interpretada como aumento de produtividade tendo como base os recursos e custos existentes, a maior atividade resultante tenderá a reduzir as listas de espera.

Como existe evidência de uma melhoria de eficiência devido à transformação em hospitais EPE (antes SA), coloca-se a questão de qual terá sido o fator mais determinante – a criação do SIGIC ou as novas de regra de gestão – para a tendência observada de diminuição dos tempos de espera para cirurgia. Sendo este o ponto de partida de Pedro (2008), a metodologia seguida procura diferenciar entre as duas medidas, aproveitando o fato de quer o SIGIC quer a transformação em EPE não ter ocorrido ao mesmo tempo em todos os hospitais.

O modelo de regressão usado tem que discriminar entre efeitos atribuíveis à criação do SIGIC, efeitos atribuíveis à transformação em EPE e outros efeitos que tenham contribuído para a tendência de diminuição da lista de espera nos anos de 2005/2006 (aqueles para os quais existe informação estatística disponível).

A avaliação da contribuição do SIGIC tem que ser feita olhando para o diferencial de evolução do grupo de hospitais que o adoptou cedo (os hospitais das regiões de saúde do Alentejo e Algarve) face ao grupo de hospitais que o adoptou mais tardiamente (os hospitais das restantes regiões de saúde de Portugal Continental). Os mesmos argumentos podem ser apresentados quanto à contribuição da transformação em EPE, em que neste caso a medida que contribuiu, potencialmente, para uma redução das listas de espero é a alteração do modelo de gestão do hospital.

Utilizando um modelo de regressão aplicado a todos os episódios em lista de espera no período entre o segundo semestre de 2004 e o segundo semestre de 2006, usando ainda diversas definições da variável de interesse,[95] as principais conclusões de Pedro (2008, p. 16) são: a) os hospitais que adoptaram primeiro o SIGIC tinham, à partida, menores tempos médios de espera; b) existiu uma tendência de diminuição do tempo médio de espera independentemente de

---

[95] As alternativas consideradas foram a média do tempo de espera para cirurgia, sendo que o doente esperou mais de 3, 6, 9 ou 12 meses.

qualquer uma das medidas (ou seja, devido a outros fatores que não foram explicitamente identificados); c) os hospitais transformados em EPE possuem um menor tempo de espera para cirurgia (em média), embora d) menos pronunciado nos que adoptaram mais cedo o SIGIC. Contudo, quando se analisam os aspectos de tendência, detecta-se uma tendência geral de diminuição dos tempos de espera para cirurgia, que se acentua com a presença do SIGIC e se atenua quando o hospital é transformado em EPE. Há, porém, que ter em atenção a existência de um efeito de composição, na medida em que entre os hospitais a serem convertidos em EPE se incluem hospitais centrais, com elevados tempos de espera para intervenção.

Os primeiros anos do SIGIC não foram pois totalmente conclusivos quanto aos efeitos do programa e sobre o que se encontraria por detrás da melhoria dos tempos de espera para intervenção em cirúrgia, dadas as outras mudanças que ocorreram simultaneamente. Os anos mais recentes permitem uma visão mais completa, e sobretudo avaliar se se produziram efeitos duradouros.

A figura 16.2 apresenta a evolução da mediana do tempo de espera para intervenção em cirurgia, bem como os dois limites de tempo, o anterior a 2008 (mais elevado) e o posterior a 2008 (mais baixo), que determinam a possibilidade de procurar outro hospital para a intervenção (75% do tempo máximo de espera garantido).

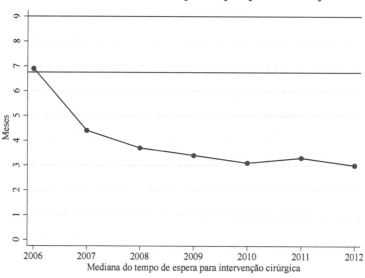

FIGURA 16.2: Mediana do tempo de espera para intervenção

Fonte: Elaboração própria, com base em informação pública do SIGIC.

A evolução anual da mediana do tempo de espera pode esconder uma evolução subjacente em que há um tratamento mais rápido para tempos de espera relativamente baixos, à custa de aumento dos tempos de espera muito longos (que não influenciam a média). É por isso importante complementar a informação da mediana dos tempos de espera com a evolução do valor médio desses mesmos tempos de espera, o que é feito, com base em dados mensais, na figura 16.3.

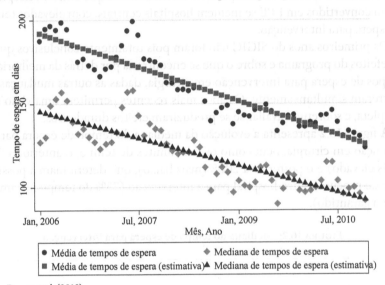

FIGURA 16.3: Medianas e médias do tempo de espera para intervenção

Fonte: Barros *et al.* (2013).

O SIGIC enquanto programa de gestão de listas de espera, tem o seu elemento central na plataforma informática, o SIGLIC. O sistema informático fornece informação detalhada sobre quem está, onde está e há quanto tempo está na lista de espera. Todo o processo foi definido centralmente, sendo a informação recolhida diretamente dos sistemas de informação dos hospitais. É com base nesta informação que se consegue fazer a emissão dos vales para a procura de outra instituição onde o doente pode realizar a intervenção cirúrgica, depois de alcançado 75% do tempo máximo de espera garantido. A circulação de doentes funcionou, durante este período, como uma forma de atividade adicional para os hospitais com capacidade de expandirem a sua atividade mas sem custo financeiro para os hospitais de origem. A criação do sistema informático foi componente estruturante do SIGIC, mas os elementos complementares de organização, como a centralização da informação, definição de objetivos de tempo máximo de espera garantido e a definição e aplicação de regras claras de transferência de doentes, constituíram igualmente fatores determinantes para que se tenha produzido uma resposta duradoura de redução de tempos de espera para intervenção cirúrgica no Serviço Nacional de Saúde.

Desde 2005 que ocorreu uma redução da mediana dos tempos de espera ao mesmo tempo que o número de doentes intervencionados cresceu. Esta evolução só foi possível devido ao aumento da atividade desenvolvida.

Além da redução dos tempos de espera, o SIGIC teve outros dois efeitos, de natureza mais qualitativa, igualmente de assinalar. Teve o efeito de mudar a discussão pública e política sobre listas de espera. A sua visibilidade e pressão pública é hoje menor e incide sobre os tempos de espera (média, mediana ou doente à espera há mais de n meses) e não sobre o número de doentes em lista de espera.

O segundo efeito ocorre ao nível do relacionamento do SNS com os cidadãos e ao nível dos direitos do cidadão doente. O SIGIC permite ao doente em lista de espera obter uma estimativa do tempo previsível de espera até à intervenção programada. Esta estimativa vai sendo atualizada, com informação mais recente da atividade do hospital e sendo consultável por um acesso de internet.

Para os anos mais recentes, não se tem disponível informação tão detalhada, por mês. A OECD Health Data (2019) disponibiliza dados anuais, que a figura 16.4 reproduz para os tempos de espera para consulta de especialidade e para os tempos de espera para intervenção cirúrgica. O indicador dado pela percentagem de casos em que o tempo de espera excedeu 3 meses deve ser lido no eixo da esquerda, enquanto o tempo de espera, medido em dias, avaliado pela média e pela mediana deve ser lido no eixo da direita, ambos para a situação clínica de cataratas. A evolução no tempo de espera para consulta é, porém, bastante mais acentuada. A partir de 2011, os tempos de espera para consulta aumentam rapidamente, e mais rapidamente que os tempos de espera para a intervenção cirúrgica para resolver o problema. Mecanicamente, é de esperar este efeito, dado que se as pessoas têm dificuldade em aceder a consultas, não chegarão tão rapidamente à situação de estarem na lista de espera para a intervenção cirúrgica.

Evolução distinta é observada na intervenção de prótese da anca, em que os tempos médios para consulta começam a aumentar também em 2011, mas o tempo de espera para intervenção reduz-se até 2015, começando depois então também a subir. A rapidez de evolução sugere, à luz do quadro conceptual simples enunciado anteriormente, que é sobretudo incapacidade da oferta e não pressão inesperada da procura que está na origem desta evolução nos últimos anos.

FIGURA 16.4: Tempos de espera – Cataratas

a) Consultas

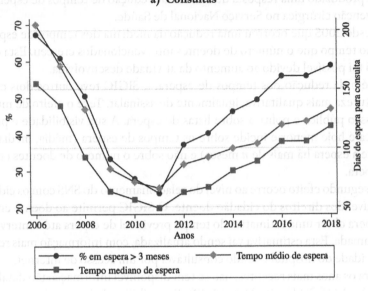

b) Cirurgias

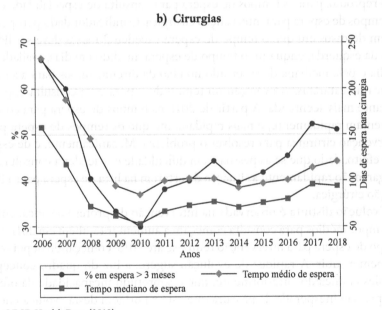

Fonte: OECD Health Data (2019).

Figura 16.5: Tempos de espera – Prótese de anca
a) Consultas

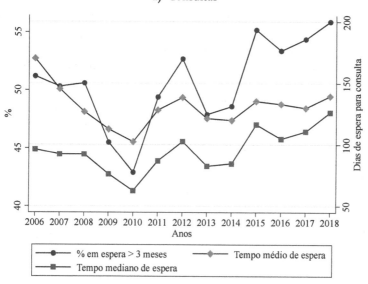

b) Cirurgias

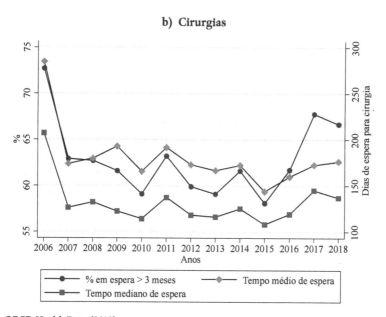

Fonte: OECD Health Data (2019).

ECONOMIA DA SAÚDE

É também útil uma rápida visão internacional, utilizando a mesma fonte de dados, e o mesmo procedimento (intervenção às cataratas), tomando-se como indicador o valor mediano de tempo de espera no ano e fazendo a respectiva média para os anos da sua disponibilidade. Resulta desta comparação que Portugal se encontra entre os países com pior desempenho, embora ainda dentro do primeiro grupo, sem os valores extremos que surgem na Estónia, Irlanda e Polónia.

QUADRO 16.5: Tempos de espera (mediana em cada ano, por ano)

País	Média (dias)	Máximo (dias)	Mínimo (dias)	Observações (anos)
Chile	70,28	93	62	7
Estónia	1003,78	1367	574	9
Hungria	58,48	102	35	6
Irlanda	156,66	232	90	9
Nova Zelândia	49	64	42	8
Polónia	335,83	382	384	6
Portugal	76.33	96	53,1	9
Eslovénia	98,25	137	58	8
Espanha	49,83	65	44	6
Suécia	41,5	46	37	

Fonte: OECD Health Data (2019).

16.7 Considerações finais

Sendo o principal fator de criação das listas de espera a ausência do mecanismo preço para equilibrar a procura e oferta de mercado, resolver o problemas das listas de espera significa encontrar outros mecanismos de equilíbrio de mercado.

Apesar da sua visibilidade mediática, o problema das listas de espera não é tão simples como aparenta. Por um lado, a teoria de filas de espera sugere que em geral não é óptimo uma lista de espera com tempo de espera nulo. Nesse contexto de filas de espera é crucial entender como os diversos elementos afectam a taxa de novos casos por unidade de tempo, bem como o tempo necessário para tratar, em média, um novo caso.

Por outro lado, os incentivos económicos parecem ter também um importante papel no funcionamento das listas de espera, levando à definição de políticas públicas baseadas em incentivos e reações a estímulos de índole económica.

Exercícios

16.1 Explique porque pode não ser óptimo reduzir as listas de espera a zero. (sugestão: construa um exemplo numérico simples, se ajudar a elaborar a resposta)

16.2 É por vezes argumentado que "listas de espera e tempo de espera podem ser o resultado de ações estratégicas por parte de uma gestão do sector público preocupada com custos". Concorda com esta posição? Justifique.

16.3 Uma preocupação comum com as listas de espera e com a atividade do sector privado é que o sector privado tratará apenas os casos mais simples, deixando os casos de maior complexidade para o sector público. Concorda com esta preocupação? Justifique.

16.4 Os programas de gestão de listas de espera envolvem tipicamente a atribuição de mais dinheiro para atividades médicas, embora frequentemente não se observe uma alteração significativa na dimensão da lista ou do tempo de espera. Apresente uma justificação para esta observação.

Capítulo 17
Sistemas de ajustamento para o risco

17.1 Modelos estatísticos de ajustamento ao risco

A procura de maior eficiência na prestação de cuidados de saúde levou à procura de soluções de pagamento a prestadores de cuidados de saúde que os induzissem à procura dessa maior eficiência de uma forma que gerasse menores despesas para as entidades pagadoras. Surge, neste contexto, a ideia de pagamento prospectivo, como foi anteriormente discutido. A aplicação dos princípios de pagamento prospectivo obriga, porém, ao desenvolvimento de sistemas de classificação de doentes que possam ser usados para definir esses pagamentos.

Com a generalização de sistemas de pagamento a prestadores de cuidados de saúde envolvendo elementos prospectivos, surgiu a preocupação com estratégias de seleção de melhores casos por parte dos prestadores, em particular, procurar ter sobretudo situações pouco complexas do ponto de vista clínico, pois têm normalmente menores custos. A passagem dos princípios de pagamento prospectivo para o nível do seguro de saúde significa que a seleção de melhores casos passa a ter a forma de procurar ter como segurados os cidadãos com menor risco de necessitar de cuidados de saúde. Em qualquer das situações, a preocupação com a seleção de indivíduos, dentro de uma população heterogénea, por parte das entidades pagas por métodos de pagamento prospectivo, levou à procura de soluções que evitassem essa seleção. A principal dessas soluções é o chamado ajustamento para o risco, em que se pretende que o pagamento prospectivo seja definido de forma a evitar essa atividade de seleção de casos.

O pagamento totalmente prospectivo reflete custos esperados, não os custos verificados. Contudo, é necessário ter algum tipo de ajustamento para o risco para que existam os incentivos corretos a aceitar todo o tipo de beneficiários,

ECONOMIA DA SAÚDE

sem que ocorram fenómenos de seleção. Existem várias formas de ajustamento para o risco, com o objetivo de diminuir os incentivos à seleção de doentes.

Para ilustrar as questões associadas com o ajustamento para o risco, considera-se um tipo de pagamento prospectivo, o pagamento por capitação, entendido como a definição de um valor definido ex-ante por pessoa coberta.

A grande vantagem de um sistema de capitação como forma de pagamento é que incentiva à "gestão da doença" de um modo global, sem dar preferência a qualquer tipo particular de serviço. Mas um sistema de capitação obriga a um ajustamento para o risco como forma de evitar problemas de seleção de beneficiários. O objetivo dos mecanismos de ajustamento para o risco é aproximar o pagamento per capita à despesa esperada em cuidados de saúde de cada indivíduo.

A definição de um pagamento ajustado para o risco de cada indivíduo tem que procurar incluir os fatores que afectam (ou explicam) as despesas individuais em cuidados de saúde.

Diversos fatores têm sido apontados como relevantes para a previsão das despesas esperadas de um indivíduo: idade, sexo, estado de saúde, fatores socioeconómicos, os preços dos fatores produtivos, o poder de mercado do prestador, a abrangência da cobertura, entre outros. A comparação de diferentes modelos para calcular estes ajustamentos para o risco deve ter em conta critérios como o tipo de incentivos que geram, equidade e a capacidade de aplicação. Ou seja, para além de uma preocupação de eficiência, dada pela análise dos incentivos que o sistema de ajustamento cria, existe uma preocupação de equidade, mas também é importante que o sistema de ajustamento seja suficientemente simples para que possa ser aplicado com transparência. Uma discussão pormenorizada dos modelos de ajustamento para o risco é consultável em van de Ven e Ellis (2000). As grandes conclusões das tentativas de determinação de modelos de ajustamento para o risco são que variáveis demográficas, como sexo e idade, explicam apenas 1 a 3% da variância da despesa total; que diferenças de preços nos fatores produtivos entre zonas geográficas explicam menos de 1%; e utilizando informação sobre episódios anteriores de internamento consegue-se alcançar uma capacidade explicativa entre 10 a 15%.

Uma outra conclusão é que os dois primeiros fatores, por si só, não são suficientemente importantes para eliminar o interesse em seleção de riscos. De uma forma geral, a capacidade de utilizar modelos de regressão para construir o ajustamento para o risco depende do tipo de serviços que é considerado, da população em análise, dos fatores explicativos que são incluídos, da tecnologia médica utilizada, do momento do tempo que é usado para fazer a previsão e do período para o qual se faz a previsão.

Como avaliar o sucesso de uma regra de ajustamento para o risco? O objetivo do ajustamento é evitar situações de seleção por parte das instituições presta-

17. SISTEMAS DE AJUSTAMENTO PARA O RISCO

doras (ou responsáveis pela prestação de cuidados de saúde). Para que isso aconteça basta que a fórmula leve a que os lucros de seleção de doentes tenham um valor inferior aos custos de transação de fazer essa seleção (os custos de transação relevantes incluem não só os valores despendidos em seleção mas também o custo de reputação associado com uma exposição pública dessa situação). Na verdade, não há nenhum guia para o grau de imperfeição admissível num sistema de ajustamento para o risco.

A utilização de variáveis demográficas como o sexo e a idade em modelos de ajustamento para o risco é muito frequente por ser informação facilmente disponível e não ser sujeita a manipulação. O grande problema com a sua utilização é que são previsões pouco precisas sobre o nível de despesa individual. A utilização de despesa realizada no ano anterior também funciona como uma boa variável a incluir em modelos de ajustamento para o risco, mas tem alguns problemas associados. Em concreto, a dificuldade em obter a informação relevante, o criar incentivos incorretos (gastar mais num ano origina maior transferência no ano seguinte), e o tratamento diferente que ocorre para pessoas com doenças crónicas (as diferenças para com as outras serão exacerbadas).

Uma forma proposta de evitar os problemas de incentivos consiste na utilização de informação sobre diagnósticos prévios realizados para a mesma pessoa. O elemento central desta abordagem é a hipótese de que os diagnósticos são um indicador avançado fiável para as despesas com cuidados de saúde. Estes modelos foram inicialmente desenvolvidos para cuidados em ambulatório, embora os avanços mais recentes já incluam a previsão de despesas de internamento.

Outra linha de atuação usa a informação contida nas despesas com medicamentos para avaliar a presença e o custo das condições crónicas na população (já que a componente de medicamentos será a principal forma de tratamento nessas condições crónicas). Como adicionalmente esta informação está, normalmente, acessível muito rapidamente, torna-se bastante atrativa. Tem o óbvio inconveniente de se limitar apenas a um tipo de cuidados de saúde.

Os inquéritos sobre o estado de saúde da população também fornecem informação útil, e levam a uma abordagem de ajustamento para o risco alternativa. Tem algumas vantagens, como o ser independente de haver um contato com o sistema de saúde, e de permitir a inclusão de variáveis socioeconómicas. Há, porém, desvantagens, como o seu custo, a precisão das respostas, a eventual baixa taxa de resposta, etc.

Empiricamente, tem-se verificado que estas medidas de autoavaliação do estado de saúde têm pouca capacidade de previsão das despesas futuras em cuidados de saúde.

A utilização de indicadores de mortalidade em mecanismos de ajustamento para o risco tem sido defendida com base no argumento de que um período ime-

ECONOMIA DA SAÚDE

diatamente antes de morte envolve um elevado volume de despesa em cuidados de saúde. Contudo, se estes custos forem relativamente imprevisíveis, a inclusão desta variável será de pouca utilidade.

Globalmente, o ajustamento para o risco a partir do cálculo de fórmulas de previsão tem-se revelado menos capaz de fazer essa previsão do que se pretendia. Mas há que atender aos objetivos pretendidos e a previsão das despesas esperadas só necessita de ser suficientemente boa para evitar a seleção de doentes por parte dos prestadores. É importante que seja este o objetivo, evitar seleção, porque se o objetivo da previsão for diferente, por exemplo obter uma estimativa do valor a transferir, então bastará conseguir prever um valor agregado para o número de pessoas abrangidas pelo prestador de cuidados de saúde. Não é necessário uma previsão individual das despesas de saúde.

17.2 Um caso português: Hemodiálise

Vale a pena analisar com um caso concreto quais podem ser as vantagens de efetuar seleção de beneficiários. Como ilustração desse processo, considera-se o caso da hemodiálise em Portugal, tratado noutra perspectiva em Vieira (2000), com a simulação de um pagamento prospectivo. A insuficiência renal é uma condição crónica, exigindo o recurso a terapêutica própria, que na análise consideraremos ser a realização de hemodiálise. Existem várias alternativas terapêuticas, como a diálise peritoneal e o transplante hepático, discutidas, por exemplo, em Vieira (2000). Grande parte dos cuidados de hemodiálise em Portugal são fornecidos por entidades privadas. Um desenvolvimento interessante no sistema de saúde português é o pagamento dos cuidados de hemodiálises segundo um sistema prospectivo, aproximado pelo que se chama de pagamento por preço compreensivo (no sentido de abrangente), em vigor desde 2008. O receio óbvio é o de seleção de riscos por parte das entidades prestadoras privadas que fornecem os serviços de hemodiálise.

A questão central tratada é saber qual o lucro máximo passível de ser alcançado sob diferentes hipóteses acerca da informação disponível para o pagador realizar um ajustamento no pagamento e para o prestador selecionar os seus doentes.

O ponto de partida da simulação é admitir que o pagamento realizado é feito numa base capitacional, isto é, o prestador recebe um pagamento fixo por um período de tempo pré-determinado. O pagamento capitacional é ajustado para o risco, usando informação a que o pagador tem acesso (e que também é conhecida do prestador. A capacidade do prestador beneficiar da seleção de doentes que trata depende de três elementos: a) superior informação do prestador sobre as características de risco de cada doente; b) o prestador tem em conta os seus lucros de curto prazo (isto é, consideram-se unicamente os ganhos financeiros

344

no horizonte de um ano); e, c) não há custos para o prestador em excluir doentes do seu plano de tratamento.

Assim, é importante avaliar dois aspectos: quando ganha uma entidade privada por fazer seleção de riscos, por um lado, e que proporção de doentes seria afectada com a existência de seleção, por outro lado. As respostas a estas duas perguntas são dadas no quadro 17.1.

QUADRO 17.1: Seleção de riscos

Pagamento/ /Informação prestador	Despesa média mensal (€)	Despesa Total (€)	Número de Indivíduos	Lucro Esperado (€)	Lucro Efectivo (€)	Lucro esp./ desp. total
Valor real	1711	338838	198	—	—	—
Média/toda	1538	192287	125	21623	21623	11,2%
Média/demografia	1642	179009	109	8938	7522	5,0%
Média/doenças crónicas	1639	178644	109	9717	7881	5,4%
Demografia/ doenças	1688	261689	155	3397	3397	1,3%

unidade: €

	Despesa média nos excluídos	despesa total nos excluídos	Despesa efetiva	
			máximo	Mínimo
Média/demografia	1796	159830	3771	1163
Média/doenças crónicas	1800	160189	3771	1281
Demografia/ /doenças	1794	77144	2580	1351

Fonte: Elaboração própria.

O primeiro caso de seleção consiste no pagamento de acordo com o valor médio por parte do pagador. O prestador conhece exatamente o custo de tratamento de cada indivíduo e seleciona apenas os que dão lucro estritamente positivo. Corresponde à situação de assimetria de informação máxima entre quem paga e quem recebe.

A segunda situação de seleção admite que o pagamento é feito de acordo com o custo médio, mas o prestador consegue selecionar com base no custo esperado, sendo este determinado a partir de fatores demográficos. O valor esperado das despesas médicas usado pelo prestador é o resultante de regressão das despesas em características individuais (ver quadro 17.2).

ECONOMIA DA SAÚDE

Em todos os casos de seleção ocorre um erro de previsão agregado considerável, visível em o lucro esperado ser sistematicamente superior ao efetivo (este último avaliado com as despesas efetivamente realizadas).

QUADRO 17.2: Regressões para seleção de riscos

Constante	553,059	524,858	546,194	526,475
	(4,80)	(4,80)	(5,46)	(5,47)
Idade	-8,92	-8,03	-9,05	-8,18
	(-2,23)	(-2,31)	(-2,20)	(-2,35)
Idade^2	0,08	0,08	0,09	0,08
	(2,42)	(2,60)	(2,37)	(2,62)
Idade (> 65 anos)			11,174	
			(0,53)	
Sexo	-54,68		-47,43	
	(-1,06)		(-0,90)	
Idade × sexo	0,76		0,64	
	(1,54)		(1,45)	
Diabetes			17,21	20,68
			(1,84)	(2,10)
Prob. cardíacos			9,93	
			(0,95)	
R^2	0,0995	0,0990	0,1073	0,1087

Nota. t-rácio entre parêntesis.
Fonte: Elaboração própria

A figura 17.1 ilustra os ajustamentos para o risco, ordenando segundo o verdadeiro custo real os pagamentos que serão realizados de acordo com as diferentes alternativas de ajustamento para o risco: pagamento segundo a média, pagamento segundo os fatores demográficos e custos esperados usando a informação demográfica e de outros problemas de saúde existentes. A figura 17.1 mostra que o fator demográfico e o conhecimento de fatores adicionais (como a existência de problemas cardíacos) não conseguem aproximar de forma razoável os custos esperados de cada indivíduo na amostra.

No painel da esquerda, apresenta-se a capacidade de previsão do custo real com base no conhecimento dos elementos demográficos e das doenças (diabetes e condição cardiovascular), enquanto o painel da direita contém apenas a

17. SISTEMAS DE AJUSTAMENTO PARA O RISCO

informação sobre os elementos demográficos. A linha a tracejado em qualquer dos painéis traduz o valor real do custo. Se um ponto estiver sobre a linha a tracejado tal significa que o custo real é previsto exatamente pelo modelo. A linha horizontal traduz o valor médio sem ajustamento na amostra. Se a entidade que paga os cuidados de saúde estabelecer um preço igual a este custo médio, o prestador tem interesse em selecionar apenas os casos que se encontram abaixo desta linha, rejeitando os restantes. Mas mesmo estando o valor previsto abaixo do valor médio é possível que o custo real esteja acima desse valor. Os pontos mais à direita que se situam abaixo da linha do valor médio mas para os quais o ponto da linha a tracejado correspondente está acima da linha de preço (custo médio global), darão perda ao prestador. Numa situação simétrica, há casos em que o valor previsto se encontra acima da linha de preço pago, mas cujo valor se encontra abaixo. Estes casos traiam um excedente financeiro positivo ao prestador, mas são rejeitados por erro de previsão do respectivo custo.

Estas situações tanto ocorrem quando se tem apenas informação demográfica como quando se tem informação mais completa.

As várias situações de seleção de riscos apresentadas não apresentam um padrão sistemático. Não se pode dizer que se selecione apenas os que têm menor custo esperado (excepto quando o pagamento é feito com base no valor médio e o custo exato de tratamento é conhecido do prestador).

Ainda devido aos erros de previsão, os ganhos de seleção são menores quando o financiador/pagador utiliza um ajustamento demográfico (baseado unicamente na idade) e o prestador baseia as suas decisões de aceitação na informação adicional contida no fato de o indivíduo ser diabético ou não. As conclusões obtidas são claras. A existência de seleção exclui uma proporção significativa de doentes do acesso ao prestador considerado, e esse efeito será tanto maior quanto maior for o conjunto de informação usado pelo prestador.

ECONOMIA DA SAÚDE

FIGURA 17.1: Seleção de riscos

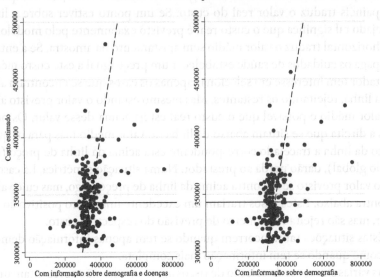

Fonte: Elaboração própria.

No entanto, os ganhos financeiros da seleção de riscos são relativamente modestos, atingindo apenas 10% no caso mais favorável, que ocorre quando o prestador conhece o verdadeiro custo que se irá realizar no caso de cada doente e o pagador estabelece o preço com base no custo médio sem qualquer ajustamento. Quando o financiador/pagador transfere valores monetários de acordo com um ajustamento para o risco demográfico, e o prestador seleciona de acordo com a informação contida nos aspectos demográficos e na presença de outras condições, o ganho associado com uma seleção de riscos corresponde a uns meros 1% do valor total.

Em termos de implicações de política económica, e se nos quisermos basear nesta amostra, os ganhos decorrentes de uma estratégia de seleção são relativamente pequenos. Muito provavelmente não compensam a perda de imagem e reputação resultantes de o prestador vir a ser identificado como selecionando ativamente os seus doentes. O que fica por avaliar é que ganhos de eficiência poderiam resultar na prestação de cuidados de saúde por se efetuar um pagamento por capitação.

17.3 Desenho de regras

A análise estatística do problema de ajustamento para o risco foca nos fatores que podem ser usados para prever a despesa em cuidados de saúde. Uma outra forma de olhar para o problema é ver os fatores de ajustamento como preços a serem usados para guiar as decisões dos agentes económicos.

A questão que se coloca é: dados os elementos de ajustamento para o risco, qual o melhor uso que se lhes pode dar? Em geral, a resposta a esta pergunta não é usar os resultados de uma regressão. Além disso, os pagamentos socialmente óptimos não refletem apenas os custos esperados mas também os processos pelos quais os consumidores escolhem os seguradores/prestadores (quando têm essa possibilidade) e os prestadores distorcem a sua oferta de serviços para selecionar os seus beneficiários.

Um abordagem alternativa à estimação de modelos estatísticos de ajustamento para o risco consiste em desenhar sistemas tais que o incentivo à seleção desapareça. Vários trabalhos propuseram soluções nesta linha, como Encinosa (1998), Glazer e McGuire (2000), Selden (1998) e Shen e Ellis (2001).

O elemento fundamental desta linha de pensamento é que o ajustamento para o risco deve ser visto como uma forma de fixação de preços a indivíduos diferentes e não como um mero problema estatístico. Num importante trabalho, Glazer e McGuire (2000) mostraram que o ajustamento para o risco de base estatística nunca é a política óptima num contexto de regulação com assimetria de informação. O motivo é que os sistemas de ajustamento para o risco habituais usam informação contida em variáveis observáveis mas não fazem da melhor forma possível.

A intuição deste resultado é ilustrada com o seguinte exemplo, apresentado por Glazer e McGuire (2000): considere-se os incentivos de um plano de saúde para oferecer um serviço que atraia os "maus" riscos da população. Pense-se, por exemplo, num tratamento de cancro que pode ser dado com baixa qualidade ou com qualidade elevada. O plano de saúde avalia os custos e benefícios de fornecer um serviço de qualidade elevada. O ajustamento para o risco habitual, devido a uma fraca associação entre os custos e as variáveis observáveis a nível individual, não tem grande capacidade para aumentar os prémios para os indivíduos com risco elevado que valorizem o tratamento contra o cancro. Com o sistema tradicional de ajustamento para o risco, o plano de saúde terá incentivos a escolher o serviço com baixa qualidade de serviço como forma de desencorajar os maus riscos a aderir ao plano de saúde, o que também acaba por prejudicar os bons riscos.

Suponha-se que o grupo de maus riscos tem proporcionalmente mais indivíduos idosos. Então o ajustamento para o risco óptimo pode pagar mais quando se trata de pessoas idosas como forma de repor os incentivos para investir no serviço de qualidade elevada. O peso dado à idade é escolhido pelas suas propriedades de incentivo e não é, em geral, igual ao coeficientes da variável idade numa regressão que explique os custos médios.

ECONOMIA DA SAÚDE

De uma forma geral, o princípio emergente da análise é que o pagamento deve ser ajustado por montante superior ao valor do coeficiente de regressão sempre que valores maiores dessa variável corresponderem a situações de sinal desfavorável (isto é, estarem positivamente correlacionadas com outros fatores, não observáveis, que geram despesas em cuidados de saúde). Naturalmente, se a variável funcionar como sinal de menores custos, então o pagamento deverá ser inferior ao coeficiente de regressão.

Em vários países tem sido discutida a introdução de sistemas de pagamento baseados em capitação ou ajustamentos para o risco, tendo como objetivo criar incentivos para uma maior eficiência na prestação de cuidados de saúde. Essas propostas são usualmente contestadas com base no argumento de que estimulam a seleção dos melhores casos, algo que ficou conhecido na literatura como "cream-skimming". Tal levou ao desenvolvimento de linhas de análise económica que procuram definir sistemas de pagamento que alcancem simultaneamente eficiência na prestação e ausência de incentivos para a seleção de casos.

O trabalho de Barros (2003a) apresenta uma extensão de sistemas lineares de pagamento que obtém esses dois objetivos. O sistema de pagamento proposto pode também ser interpretado como uma transferência fixa no início do período (normalmente um ano), conjugada com um fundo de compensação no final do período, definido de acordo com regras específicas: uma componente que leve a uma penalização em caso de seleção e uma componente ligada à eficiência do prestador.

A forma de evitar a seleção dos melhores casos (menor risco de evento de doença) por parte de quem fica responsável pela prestação de cuidados de saúde tem sido discutida segundo duas linhas de atuação possível: a realização de um pagamento adequadamente ajustado para o risco e a imposição de regulação pró-concorrencial. Neste último caso, destacam-se medidas como regras de aceitação obrigatória de inscrições e a definição de coberturas mínimas a serem oferecidas.

No campo do ajustamento para o risco, encontram-se abordagens empíricas e teóricas de refinamento da maneira como o ajustamento para o risco deve ser realizado e a criação de fundos de partilha dos casos mais complexos (o denominado "high-risk pooling").[96]

Grande parte desta literatura tem-se baseado em simulações sobre dados reais, avaliando em que medida os incentivos/interesse financeiro em realizar uma seleção dos melhores casos é afectada por regras, normalmente especificadas de uma forma *ad-hoc* (no sentido em que não são derivadas de um modelo formal de análise).

---

[96] Veja-se van de Ven e Ellis (2000).

17. SISTEMAS DE AJUSTAMENTO PARA O RISCO

A proposta apresentada em Barros (2003a) é obtida num quadro teórico em que se realiza uma extensão simples no contexto de regras de pagamento lineares, alargando o conjunto de instrumentos à disposição da entidade pagadora. A regra de pagamento baseia-se em informação que está normalmente disponível, evitando-se os custos associados com a definição de um ajustamento para o risco muito detalhado e não promovendo uma corrida à informação entre o pagador e o prestador.

As propriedades a que deve obedecer um mecanismo de ajustamento para o risco encontram-se, por exemplo, em Schokkaert *et al.* (1998): a) não devem existir incentivos para a seleção de casos; b) os prestadores devem ter incentivo a ser eficientes e c) tem que se satisfazer uma restrição orçamental.

A razão pela qual o sistema proposto em Barros (2003a) satisfaz estes requisitos é simples. O problema a ser resolvido pela entidade financiadora tem à partida três objetivos: os cidadãos devem pagar um valor idêntico, qualquer que seja a sua caracterização em termos de risco de doença (considerações de equidade), e, por outro lado, os problemas de risco moral e de seleção de casos devem ser minimizados.

Contudo, no contexto habitual de discussão deste problema, apenas dois instrumentos têm sido contemplados na definição do pagamento: um pagamento fixo e uma proporção dos custos incorridos. A regra de pagamento em Barros (2003a) adiciona um terceiro instrumento – uma componente baseada no risco médio da população. A regra pode ser vista de uma forma simples como estabelecendo um pagamento inicial, igual per capita, com um ajustamento no final do ano, ao nível de cada entidade responsável pela prestação de cuidados de saúde, que faz com que um prestador/plano de seguro/subsistema que realize seleção de casos seja um contribuinte líquido.

17.4* O modelo formal

Em termos de modelo formal, considere-se um Governo com capacidade de estabelecer um sistema de contribuições da população para financiar os gastos com cuidados de saúde. Essas contribuições são determinadas unicamente pelo nível de rendimento e são representadas por $T(Y)$, sendo y o rendimento. Esta $T(y)$ função incorpora já considerações de equidade que existam em termos de financiamento.

O Governo realiza um pagamento aos prestadores de cuidados de saúde, ou à entidade que assume essa responsabilidade (por exemplo, planos de seguro ou subsistemas). Este pagamento, definido em termos per capita, pode ter de ser complementado por um pagamento direto aos indivíduos. Admite-se que esse pagamento direto é idêntico para todos os cidadãos que escolhem um determinado prestador ou plano de seguro. Ou seja, nos pagamentos realizados pelo

ECONOMIA DA SAÚDE

consumidor não se admite discriminação baseada nas características de risco. É esta restrição de igual tratamento de indivíduos com diferentes características de risco que normalmente leva ao interesse na possibilidade de seleção de casos.

Numa primeira fase, o Governo define os parâmetros do sistema de financiamento. Seguidamente, numa segunda fase, a entidade que assume a responsabilidade pela prestação de cuidados de saúde escolhe o valor fixo a ser pago diretamente pelos cidadãos. Os membros da população escolhem então a entidade com que se associam. Numa terceira fase, é determinado o nível de esforço de eficiência na prestação. Finalmente, a Natureza determina se um cidadão individual necessita, ou não, de cuidados de saúde, de acordo com a respectiva probabilidade de ocorrência de um episódio de doença. Nos casos de doença, o cidadão procura cuidados de saúde e os pagamentos relevantes são realizados.

Admite-se que existe seguro completo, como simplificação do modelo. Consideram-se dois estados da Natureza possíveis: doença e saúde. O estado da Natureza com doença tem probabilidade p de ocorrência. Os indivíduos da população diferem na sua probabilidade de doença, sendo essa diferença capturada por uma distribuição de probabilidade $G(p)$, com densidade $g(p)$, para uma população de densidade unitária. As preferências dos consumidores são representadas por uma função $U(.)$ estritamente côncava.

A utilidade esperada de um consumidor j com probabilidade p_j e rendimento y_j é:

$$V_j = U(y_j - T(y_j) - F) - p_j \overline{B} \tag{17.1}$$

onde $\overline{B}$ é o custo em termos de utilidade de estar doente (líquido dos benefícios do acesso a cuidados de saúde).

No que se segue, toma-se $\overline{B} = 0$ sem perda de generalidade. Em caso de doença, um indivíduo tem de receber cuidados de saúde de valor monetário igual a X. Este custo monetário depende do esforço de eficiência exercido, sendo tanto menor quanto maior o esforço e com efeitos marginais decrescentes: $X = X(e)$, $X'(e) < 0$, $X''(e) > 0$. O esforço de eficiência é uma variável não contratável. Realizar esforço de eficiência e tem um custo $c(e)$ por indivíduo, com $c'(e) > 0, c''(e) < 0$ (custo marginal positivo e crescente).

O lucro de uma entidade que assuma a responsabilidade de prestação de cuidados de saúde (por exemplo, uma companhia de seguros) é:

$$\Pi_i = \int [S_i(p_i X(e_i), \chi_i) + F_i - c(e_i) - pX(e_i)] \tilde{g}(p \mid \chi_i) dp \tag{17.2}$$

em que χ_i é o conjunto de probabilidades de ocorrência de doença dos cidadãos associados com a entidade i, e $\tilde{g}(p \mid \chi_i)$ é a densidade de probabilidade de doença restrita ao conjunto $\mathcal{X}_i$. Um exemplo ilustra. Suponha-se que para algum valor da probabilidade p duas entidades partilham de modo igual a densidade de consumidores $g(p)$. Então $\tilde{g}(p \mid \chi_1) = \tilde{g}(p \mid \chi_2) = 0,5g(p)$.

O primeiro termo na expressão (17.2) é a transferência do financiador. O segundo termo é o valor da contribuição paga diretamente pelos cidadãos. O terceiro fator é o custo do esforço de eficiência, admitindo-se que existem rendimentos constantes à escala em relação ao número de cidadãos. O quarto elemento representa os pagamentos esperados com cuidados de saúde relativos aos cidadãos associados com a entidade i e que contraíram doença.

No habitual sistema de capitação, a transferência é proporcional aos custos esperados: $S_i = \alpha p X(e_i)$. É possível mostrar que num sistema puro de reembolso de custos $\alpha = 1$, não existe um incentivo a desenvolver esforço de redução de custos. Para que existam incentivos à poupança de custos (ganhos de eficiência), é preciso ter uma componente prospectiva.

O problema de um planeador social (ou de um financiador atuando de forma a maximizar a utilidade dos seus associados) é dado por:

$$\max_{\{\alpha, e_i, F\}} \int_Y h(y)U(y - T(y) - F)dy$$
$$s.a. \qquad -X'(e_i)\overline{p}_i(1 - \alpha) = c'(e) \tag{17.3}$$
$$F_i = F = c(e_i) + X(e_i)\overline{p}_i(1 - \alpha)$$
$$T(y) = \alpha\overline{p}X(e_i)$$

em que $h(y)$ é a distribuição de consumidores pelo nível de rendimento, e $\overline{p} = \int_0^1 pg(p)dp$.

A primeira restrição traduz o habitual problema de risco moral: só são admissíveis níveis de esforço de ganhos de eficiência que sejam óptimos do ponto de vista da entidade responsável por assegurar a prestação de cuidados de saúde. A segunda restrição traduz o efeito de concorrência entre essas entidades (lucro esperado nulo). A terceira restrição contem a definição do nível de contribuições que tem de ser obtido para financiar as transferências.

A segunda restrição do problema pode ser escrita como:

$$\alpha = 1 - \frac{c'(e)}{-\overline{p}_i X(e_i)} < 1 \tag{17.4}$$

Exigindo que um esforço de eficiência estritamente positivo esteja associado a $\alpha < 1$, ou seja, não ter reembolso total dos custos.

Considere-se agora o problema de seleção de melhores casos ("cream-skimming"). Este problema resulta, como se discutiu, de uma vantagem informa-

ECONOMIA DA SAÚDE

cional da entidade responsável pela prestação de cuidados de saúde face à entidade financiadora. O melhor conhecimento das características de risco dos cidadãos pode-se traduzir numa preferência pelos que têm menores custos esperados de despesas em cuidados de saúde, na presença de um pagamento fixo per capita e igual para todos os cidadãos.

Em termos do modelo que está a ser apresentado, isto significa que a probabilidade de ocorrência de doença é conhecido pela entidade responsável pela prestação de cuidados de saúde, mas não pela entidade financiadora.

Mantendo a simplicidade dos sistemas de transferência lineares, defina-se a transferência per capita como:

$$S_i = \alpha_0 + \alpha_1 \overline{p}_i X(e_i) + \alpha_2 \overline{p} X(e_i) \tag{17.5}$$

sendo o problema da definição do sistema de pagamento a determinação dos parâmetros α_0, α_1 e α_2. O parâmetro α_0 define um pagamento fixo, α_1 define um pagamento proporcional às despesas médicas esperadas no conjunto de cidadãos associados com a entidade i e α_2 define um pagamento associado com as despesas médicas esperadas por indivíduo caso a entidade i tivesse um padrão de características de risco dos seus associados idêntico ao da população em geral, mas avaliado ao custo assegurado pela entidade i.

Para além do problema de risco moral, já presente no caso anterior, há agora que contemplar também o incentivo para a seleção de riscos, pelo que a entidade financiadora tem que definir o sistema de pagamento tal que a entidade responsável pela prestação de cuidados de saúde não tenha vantagem financeira em rejeitar algum tipo de cidadão a favor de outro, quaisquer que sejam as respectivas características de risco. Ou seja, o lucro esperado obtido com uma partição χ_i da população tem que ser idêntico ao obtido com qualquer outra partição χ_j.

O problema a ser resolvido pela entidade financiadora é agora:

$$
\begin{aligned}
&\max_{\{\alpha_0, \alpha_1, \alpha_2\}} && \int_Y U(y - T(y) - F)h(y)dy \\
&s.a. && \int_Y T(y)h(y)dy = \sum_i \int_{p \in \chi_i} S_i \tilde{g}(p \mid \chi_i)dp \\
& && S_i = \alpha_0 + \alpha_1 \overline{p}_i X(e_i) + \alpha_2 \overline{p} X(e_i) \\
& && \Pi_i(\chi_i)/G_i = \Pi_i(\chi_k)/G_k, \forall i,k \\
& && \Pi_i(\chi_i) = 0, \forall i \\
& && -c'(e_i) + (\alpha_1 \overline{p}_i - \overline{p}_i + \alpha_2 \overline{p})X'(e_i) = 0, \forall i
\end{aligned}
\tag{17.6}
$$

17. SISTEMAS DE AJUSTAMENTO PARA O RISCO

Apesar da complexidade aparente deste problema, mostra-se que o sistema óptimo de transferências tem a forma:

$$S_i = \alpha_0 + X(e_i)(\bar{p}_i - \bar{p}) \tag{17.7}$$

Pode-se interpretar este sistema como tendo um pagamento per capita inicial α_0, igual para todos os cidadãos, seguido de um ajustamento ex-post, $X(e_i)(\bar{p}_i - \bar{p})$. Existe substituibilidade perfeita entre α_0 e F, pelo que o seu valor exato depende de considerações do Governo sobre financiar contribuições (α_0 mais elevado) ou diretamente pelos cidadãos (F mais elevado). O financiamento via contribuições está associado eventualmente com maior redistribuição de rendimento e com maiores distorções na economia para recolher os fundos necessários. Terá que ser realizado um balanço destes dois efeitos de sinal contrário, mas que não é relevante para a definição do sistema de pagamento nos seus restantes elementos.

O fundo de ajustamento ex-post é financeiramente equilibrado, no sentido em que as contribuições (positivas e negativas) das diferentes entidades têm valor esperado nulo (tendo no entanto que ser pagos por outra via os custos de funcionamento do próprio fundo). E é também este fundo que introduz o incentivo para a procura de eficiência sem incentivo para a seleção de riscos.

O primeiro termo, $\bar{p}_i X(e_i)$, é simplesmente o valor esperado dos cuidados de saúde dos cidadãos associados com a entidade i, aproximado, por exemplo, pelos custos reais incorridos. O segundo termo, $\bar{p}X(e_i)$, pode ser aproximado pelo rácio de pessoas com episódio de doença na população, multiplicado pelo custo per capita de tratamento que corresponde à entidade i.

Existem várias extensões possíveis e relevantes a este modelo. Por um lado, a consideração de economias de escala, por referência ao número de cidadãos, associados no esforço de eficiência da entidade i. Por outro lado, a existência de vários riscos de saúde. Barros (2003) apresenta essas extensões.

Finalmente, é útil apresentar um exemplo de como este sistema de pagamento poderia funcionar na realidade. Como ilustração, usa-se a definição de pagamentos a fazer às regiões de saúde em Portugal. As regiões de saúde cobrem uma população bem definida, pelo que em rigor o problema de seleção de riscos não se coloca. Permanece, contudo, a questão de risco moral e de incentivos à procura de eficiência na prestação.

Os elementos relevantes estão no Quadro 17.3. As primeiras quatro linhas apresentam os pagamentos reais de despesa em medicamentos para quatro doenças relevantes (diabetes, hipertensão, stress e reumatismo). O segundo conjunto de quatro linhas apresenta o número de doentes em cada uma das situações, estimado com base no Inquérito Nacional de Saúde 1995/1996. A última

ECONOMIA DA SAÚDE

linha apresenta a população abrangida unicamente pelo Serviço Nacional de Saúde em cada região.[97]

QUADRO 17.3: Dados das Regiões de Saúde

	Norte	Centro	Lisboa e Vale do Tejo	Alentejo	Algarve
Despesa (10^3 PTE)					
Diabetes	1 764 693	1 564 275	1 903 490	349 802	177 450
Hipertensão	6 995 754	6 138 305	9 140 239	1 645 603	957 627
Reumatismo	6 920 548	6 071 263	8 304 092	1 340 240	864 940
Stress	5 173 555	4 506 776	6 685 103	1 115 615	564 221
Doentes (número de)					
Diabetes	108 367	81 760	110 899	16 663	8 926
Hipertensão	282 598	313 084	338 145	62 959	35 510
Reumatismo	339 543	384 754	324 382	64 822	28 711
Stress	223 319	181 582	266 706	38 779	20 011
População	2 591 942	1 903 652	2 243 576	345 593	272 499

Fonte: IGIF; Anexo a Barros (2003a).

O quadro 17.4 apresenta a aplicação do fundo ex-post proposto, bem como a sua comparação com um fundo alternativo baseado em valores médios, correspondendo à formulação tradicional de fundos de ajustamento ex-post. Neste último caso, a contribuição per capita é estabelecida como a diferença entre a despesa média global per capita e a despesa média per capita na região em causa. Os valores dos ajustamentos mostram que estes são de magnitude significativa, em qualquer dos tipos de fundo, e até de sinal contrário entre fundos numa das regiões.

---

[97] A população que tem apenas cobertura do SNS difere do total da população em cada região pois admite-se que as pessoas cobertas por outros sistemas de proteção, nomeadamente os sub--sistemas, utilizarão esses serviços para efeitos de cuidados pri-mários, os abrangidos nestas transferências.

356

17. SISTEMAS DE AJUSTAMENTO PARA O RISCO

QUADRO 17.4: Comparação de fundos ex-post

	Norte	Centro	Lisboa e Vale do Tejo	Alentejo	Algarve
Contribuições per capita (10^3 PTE)					
Fundo proposto	-1.620	1.089	0.586	2.215	-2.732
Fundo usual	-1.765	-0.208	1.792	3.069	-0.401
Valor Total (10^3 PTE)					
Fundo proposto	-4 184 872	2 072 898	1 314 632	765 433	-744 591
Fundo usual	-4 575 519	-396 497	4 020 744	1 060 577	-109 305
% do total da despesa					
Fundo proposto	-20.07%	11.34%	5.05%	17.20%	-29.04%
Fundo usual	-21.94%	-2.17%	15.44%	23.83%	-4.26%

Fonte: Anexo a Barros (2003a).

O fundo ex-post proposto não é financeiramente equilibrado nesta aplicação, sendo no entanto o saldo de apenas 1,08% do total, o que se pode considerar um valor reduzido quando comparado com a dimensão dos ajustamentos realizados. Este saldo decorre das diferenças de custos de tratamento por doente entre regiões, o que sugere a presença de ineficiências. Relembre-se que o fundo proposto será financeiramente equilibrado quando ocorre convergência, em equilíbrio, nos custos de tratamento per capita entre regiões.

Ainda não é possível dizer que impacto terão estes desenvolvimentos na aplicação prática de ajustamentos para o risco. É contudo uma área onde certamente se assistirão a desenvolvimentos importantes nos próximos anos.

Em Portugal, apesar da possibilidade de transferência da responsabilidade de garantir o acesso a cuidados de saúde do Serviço Nacional de Saúde para uma outra entidade, mediante uma transferência monetária, ainda não há desenvolvimentos nessa direção. Se, e quando, os houver, a questão de definição de transferências per capita ajustadas para o risco será colocada.

As transferências capitacionais para as unidades locais de saúde poderão seguir estes princípios, sendo que também aí não se coloca a questão de seleção de riscos na população coberto, excepto na medida em que a referenciação de doentes para tratamento fora das unidades de cuidados de saúde da ULS corresponde a uma forma de seleção de riscos.

Há uma outra área onde se realizaram transferências capitacionais: na distribuição regional de recursos para cuidados de saúde primários. A atribuição de fundos do Ministério da Saúde às Administrações Regionais de Saúde procurou seguir padrões de necessidade de cuidados de saúde das populações servidas.

ECONOMIA DA SAÚDE

Embora não haja aqui um problema de seleção, uma vez que a relação beneficiário – Administração Regional de Saúde é determinada inequivocamente pelo local de residência, a diferentes necessidades deverão estar associadas transferências distintas.

Esta diferenciação, ou ajustamento para o risco, é normalmente expressa como a determinação de uma população equivalente em termos de saúde para um valor de capitação fixado exogenamente.

Os modelos de ajustamento de risco, usados para definição de um pagamento capitacional, devem cumprir determinados requisitos: incorporar apenas as características da população que definem necessidades permanentes e de uso; atribuir aos fatores de risco identificados custos relativos eficientes (isto é, custos que correspondam ao mínimo necessário para alcançar o objetivo desejado); e, usar informação facilmente disponível ou que possa ser recolhida sem custos.

De um modo geral, não existe atualmente um modelo de avaliação de riscos de saúde para definição de pagamentos a serem efectuados numa base capitacional que seja universalmente reconhecido como o adequado. Assim, todas as opções acabam por ser criticáveis, sendo necessário em cada caso proceder a um justo balanço entre os vários requisitos enunciados.

O sistema de transferência capitacional deverá, preferencialmente, refletir as necessidades da população servida e não a inércia da despesa passada ou a mera presença de recursos, nomeadamente humanos, para a prestação de cuidados de saúde.

A medição direta das necessidades de cuidados de saúde da população é virtualmente impossível de realizar. Torna-se, assim, essencial "aproximar" essas necessidades de cuidados de saúde por variáveis que com elas estejam correlacionadas. A definição de regras de pagamento com base nos objetivos pretendidos e nos incentivos que criam é uma outra forma de estabelecer mecanismos de ajustamento para o risco nos sistemas de pagamento.

Exercícios

17.1 Explique porque um pagamento prospectivo per capita, num montante fixo, no contexto de uma população heterogénea no que respeita ao risco de doença, criando um incentivo para seleção de riscos.

17.2 Explique porque num sistema de reembolso de custos não existem incentivos para seleção de riscos.

17.3 Explique o que é "ajustamento para o risco".

17.4 Qual é a distinção entre "ajustamento para o risco" estatístico e "ajustamento para o risco" óptimo?

17.5 Descreva um exemplo simples de "ajustamento para o risco" estatístico.

17.6 Descreva um exemplo simples de "ajustamento para o risco" óptimo.

17.7 O balanço entre fornecer incentivos para eficiência e evitar seleção de riscos pode ser mitigado por uma regra de pagamento que pode ser interpretada como um pagamento per capita fixo, igual para todos os membros da população, acrescido de um ajustamento no final do ano. Explique intuitivamente porque este sistema elimina o incentivo para selecionar os melhores consumidores (os que apresentam menor probabilidade de estarem doentes) e mantém os incentivos para a procura de eficiência.

17.8 "A introdução de taxas moderadoras em cuidados de saúde é necessária porque os Governos não têm capacidade de suportar os crescentes gastos com a medicina". Comente esta afirmação.

17.9 "A introdução de sistemas de pagamento prospectivo tem como objetivo a obtenção de ganhos de eficiência. Os seus críticos, porém, apontam que tal sistema leva a uma sub-provisão de qualidade nos cuidados de saúde prestados." Comente a afirmação.

Capítulo 18
Mercados mistos

18.1 Introdução

Uma das características das reformas que têm vindo a ocorrer um pouco por todos os países desenvolvidos é a atuação mais activa dos financiadores/pagadores. Uma das facetas dessa atuação é a definição de um conjunto de prestadores preferenciais, no contexto de adaptação de instrumentos usados inicialmente pelas instituições de "managed care". As ideias de "saúde gerida" (*managed care*) levam-nos rapidamente para estruturas de mercado mistas, em que coexistem prestadores preferenciais e outros prestadores. Por outro lado, quando em sistemas de saúde caracterizados pela existência de um Serviço Nacional de Saúde se permite a existência de prestadores privados, situações similares às de "saúde gerida" emergem. Por exemplo, no caso de hospitais públicos a competir com hospitais privados, os primeiros são um prestador preferencial do ponto de vista do pagador. O consumidor pode escolher um ou outro prestador dependendo das suas preferências e dos preços (e qualidades) oferecidas pelos prestadores. Outro exemplo deste tipo de estrutura de mercado é dado pelas denominadas convenções – há médicos e laboratórios convencionados com a ADSE ou com outros subsistemas, e há médicos que não o estão. Mais uma vez, ocorre a definição de prestadores preferenciais.[98]

É assim interessante analisar como é que funcionam estes mercados. Em particular, é relevante avaliar como diferentes escolhas de sistemas de pagamento e de seguro afectam o equilíbrio de mercado. Será que existem mecanismos com melhores propriedades económicas que outros? que características possuem

---

[98] Para um desenvolvimento do argumento formal, veja-se Barros e Martinez-Giralt (2008).

ECONOMIA DA SAÚDE

esses mecanismos? é necessária a propriedade pública ou basta a noção de prestador preferencial?

Todas estas questões obrigam a um enquadramento distinto daquele que até agora foi usado. Os mecanismos de pagamento foram discutidos sempre no contexto da relação entre um pagador e um prestador. Esse enquadramento forneceu-nos intuições importantes. Contudo nada informou sobre a relevância das interações de mercado. Estas são igualmente importantes, sobretudo depois de se constatar empiricamente que mesmo sistemas de saúde que se pretendem alicerçados no sector público apresentam normalmente um sector privado que não é despiciendo.

18.2 Regras de copagamento e interação de mercado

Como os prestadores atuam num mercado, a definição das regras de copagamento afecta as condições em que os prestadores concorrem uns com os outros. Um aspecto central a ter em consideração é o efeito das regras de copagamento sempre que o consumidor decide utilizar um prestador que não pertence ao conjunto de prestadores preferenciais definido pelo financiador.

Os principais sistemas utilizados tipificam-se em três alternativas. A primeira opção consiste em não dar qualquer reembolso ou qualquer garantia de cobertura de seguro quando um beneficiário de um plano de saúde (público ou privado) escolhe ir a um prestador fora do conjunto de prestadores preferenciais.

Esta definição de copagamento corresponde a um sistema de saúde público, como o espanhol ou o português, em que o recurso a um prestador privado (em vez de se ir aos serviços públicos) significa que o indivíduo tem que suportar o custo integral do tratamento que procurou.

A segunda alternativa define um pagamento do financiador que é idêntico, em valor, ao que seria dado caso o beneficiário tivesse optado pelo prestador preferencial. Esta alternativa traduz a ideia de preços de referência. Regras deste tipo encontram-se no sistema de saúde francês, e no sector farmacêutico, em alguns países. É, aparentemente, o princípio usado pela Comissão Europeia no estabelecimento das regras de mobilidade internacional de doentes – cada sistema de saúde terá que pagar o mesmo que gastaria com o doente caso ele não optasse pela mobilidade internacional permitida e ficasse no país de origem para aí ser tratado.

A terceira alternativa corresponde ao sistema de reembolso tradicional, em que o financiador garante uma taxa de cosseguro, independente do prestador selecionado pelo consumidor.

Para além da análise da interação de mercado entre prestadores sob as diferentes regras, é também interessante olhar para situações em que o prestador preferencial atua como líder, no sentido de fazer as suas escolhas das variáveis estratégicas primeiro e estas escolhas serem observadas pelos restantes participantes no mercado, como normalmente é o caso em sistemas de saúde onde o prestador público assume um papel dominante.

Os prestadores podem escolher os preços e a qualidade dos serviços que oferecem, e essas escolhas vão ser influenciadas pelo sistema de copagamentos especificado pelo financiador. Os consumidores decidem, face aos preços dos prestadores e à cobertura de seguro que lhes é oferecida, que prestador usar. Note-se que esta procura ocorre já depois de realizado o seguro (e pago o prémio de seguro), e no evento de se estar doente. De certo modo, retoma-se o segundo período de decisão tal como apresentado nos problemas de risco moral. Como a intuição fundamental da interação de mercado é fácil de entender sem a consideração explícita dos aspectos de qualidade, ignore-se, por um momento, as escolhas de qualidade. Os consumidores beneficiam de uma cobertura de seguro, pública ou privada, que lhes estabelece as condições de acesso aos prestadores de cuidados de saúde.

Num contexto de liberdade na estratégia de fixação de preços, o sistema de copagamento que gera maiores custos totais, admitindo que a procura total se mantém constante (isto é, as necessidades de cuidados de saúde são exógenas), é o sistema de reembolso, (com uma taxa de cosseguro igual qualquer que seja o prestador selecionado pelo consumidor). O motivo é simples. A existência de uma taxa de cosseguro diminui a sensibilidade do decisor, o doente, sobre o prestador a consultar, pelo que os prestadores têm maior capacidade de cobrar preços elevados. A concorrência entre prestadores é fortemente atenuada pelo efeito de cosseguro.

É tentador pensar-se que o sistema alternativo que menores custos gera é excluir prestadores da lista preferencial. Por exemplo, no caso de medicamentos corresponde à prática existente de nem todos os medicamentos serem comparticipados. Nos medicamentos excluídos, o doente tem que pagar integralmente o preço. O mesmo tipo de situação ocorre quando se recorre a um médico de clínica privada e na ausência de qualquer outro mecanismo de seguro.

Porém, apesar de ser aparentemente a medida mais drástica, atenua de modo importante a concorrência entre as empresas, concedendo uma vantagem artificial aos prestadores preferenciais. Os prestadores considerados preferenciais ganham a capacidade de praticar preços mais elevados do que na situação de igual tratamento de todos os prestadores (quer seja pela ausência de comparticipação quer seja igual comparticipação em termos percentuais).

Resulta, assim, que o sistema de copagamento que gera menor despesa total é o de preços de referência. Este sistema assegura a presença de concorrência na margem, e as empresas tenderão, nas suas estratégias de preços, a praticar preços mais baixos. Existindo preços de referência, em que a referência é dada

ECONOMIA DA SAÚDE

pelo pagamento feito ao prestador preferencial, dois tipos de efeitos ocorrem, em termos de interação de mercado.

Os prestadores que não são prestadores preferenciais sabem que se estabelecerem um preço superior ao preço de referência, os consumidores se os escolherem terão que pagar todo o acréscimo de preço. É, pois, uma procura muito sensível ao preço escolhido por este prestador, já que um prestador não preferencial realizar um determinado incremento no preço traduz-se num aumento igual ao valor pago pelo doente no momento de consumo. É um efeito de pressão concorrencial para os prestadores de cuidados de saúde que se encontram fora do conjunto de prestadores preferenciais, levando a que os preços destes prestadores sejam mais baixos do que seriam numa situação de reembolso com a mesma taxa de cosseguro qualquer que fosse o prestador escolhido pelo consumidor.

Mas este não é o único efeito importante presente. Também o prestador preferencial que serve de referência para o estabelecimento do copagamento realizado pelo financiador sente uma maior pressão concorrencial. Se, por um lado, com a comparticipação e diminuição da sensibilidade da procura resulta um incentivo para o aumento dos preços, por outro lado, há um efeito indireto – ao aumentar o seu preço, o prestador preferencial está também a aumentar o valor do copagamento que o consumidor recebe no caso de escolher o outro prestador. Tal faz com que o consumidor seja menos sensível ao preço fixado pelo prestador alternativo. É um efeito desfavorável ao prestador preferencial. Este tem então um menor incentivo a aumentar o preço, e comporta-se de forma mais concorrencial do que em qualquer um dos outros dois sistemas de comparticipação.

No caso de inexistência de copagamento quando se escolhe um prestador não preferencial, a ausência deste efeito cruzado faz que com o prestador preferencial aumente os seus preços, uma vez que não perderá uma fração significativa da procura para o outro prestador. A ausência da pressão concorrencial acaba por ditar que regras de exclusão do sistema de copagamento acabam por ser contrárias ao objetivo de contenção de custos.

Finalmente, o sistema de reembolso é pior, em termos de custos do sistema, do que o estabelecimento de prestadores preferenciais, já que é o sistema que mais atenua a pressão concorrencial sobre as decisões dos prestadores.

Para discutir esta intuição é especialmente adequado o modelo desenvolvido em Barros e Martinez-Giralt (2002). Neste modelo considera-se que o sistema de seguro, público ou privado, já definiu um conjunto de prestadores preferenciais. O contrato de seguro, explícito ou implícito, determina um copagamento, que pode ser distinto de acordo com o prestador escolhido, consoante este pertença ou não ao conjunto de prestadores preferenciais.

Um exemplo desse tipo de situação ocorre no sistema de comparticipação de medicamentos, quando se tem um sistema de preços de referência.

Como simplificação, admita-se que existem apenas dois prestadores (ou dois medicamentos da mesma classe terapêutica). Os pacientes têm preferências sobre essas duas alternativas, sendo que uns preferem uma e outros a segunda possibilidade (para os preços praticados). Para descrever essas preferências, vemos os prestadores como estando localizados nos pontos extremos de uma linha de comprimento unitário. As diferentes preferências dos pacientes são representadas por distintas localizações ao longo desta linha.

A distância a que um paciente se encontra de cada um dos prestadores constitui uma medida da perda de utilidade por não ter acesso a um prestador com as características preferidas (que podem ser em termos de localização, atenção que dá, tempo de demora até atender, reações (ou percepção destas) ao medicamento, etc.). Em cada momento, todos os pacientes localizados ao longo desta linha procuram uma unidade de cuidados de saúde. Os indivíduos da população que necessitam destes cuidados de saúde encontram-se distribuídos de forma uniforme ao longo desta linha, existindo no total N indivíduos.

A entidade, público ou privada, que garante o mecanismo de seguro tem um acordo/regra especial com o prestador localizado na origem da linha (seja o prestador A). Dessa relação privilegiada, resulta que um indivíduo da população que escolha o prestador A paga uma fração $0 < c < 1$ do preço. Tem-se desigualdade estrita $c > 0$, para evitar situações de seguro completo, em que as decisões dos indivíduos ignoram completamente os preços.

Se um indivíduo decide escolher o outro prestador, prestador B, localizado no outro extremo da linha, terá de obedecer às regras que tenham sido especificadas para essa eventualidade. Três possibilidades são especialmente interessantes: (a) o indivíduo tem que pagar o preço integral desse prestador (ou seja, a cobertura de seguro não abrange outros prestadores para além dos prestadores preferenciais); (b) o indivíduo recebe como comparticipação o mesmo montante que receberia caso escolhesse um prestador do grupo de prestadores preferenciais; e (c) a entidade seguradora oferece a mesma taxa de cosseguro, qualquer que seja o prestador escolhido (implicando que dão na realidade tratamento diferencial entre prestadores em termos de comparticipação relativa de gastos).

Estas três situações diferem apenas no montante de reembolso que os indivíduos recebem quando escolhem o prestador alternativo. A análise do modo como estas alternativas levam a preços de equilíbrio diferentes é de mais fácil exposição quando os prestadores podem estabelecer livremente os seus preços, pelo que se admitirá que existe essa capacidade de decisão por parte dos prestadores.

ECONOMIA DA SAÚDE

Seja o preço estabelecido pelo prestador p_i, $i = A, B$. Por normalização, os custos de produção são nulos. A utilidade de um indivíduo localizado em x quando escolhe o prestador i é dada por:

$$V(A,x) = y - p_A c - tx$$
$$V(B,x) = y - p_B - t(1-x) + I$$

(18.1)

onde y é o rendimento, $tx/t(1-x)$ é o custo de escolher o prestador A/B medido em unidades monetárias, e I é a compensação recebida quando o indivíduo escolhe o prestador não preferencial, prestador B.

É necessário que $I < p_B$ para haver consistência com a hipótese de não se ter seguro completo. De acordo com as alternativas apresentadas, tem-se:

(a) $I = 0$ – sistema puro de prestador preferencial;
(b) $I = (1-c) p_A$ – sistema de copagamento fixo;
(c) $I = (1-c) p_B$ – sistema de taxa de reembolso fixa.

Estes três casos são descritos sumariamente por:

$$I = \alpha(1-c)p_A + \beta(1-c)p_B, \qquad \alpha \in [0,1], \beta \in [0,1]$$

(18.2)

O caso (a) tem ($\alpha = 0$, $\beta = 0$), o caso (b) tem ($\alpha = 1$, $\beta = 0$) e o caso (c) tem ($\alpha = 0$, $\beta = 1$). Um indivíduo irá ao prestador A se $V(A,x) \geq V(B,x)$.

A procura dirigida a cada prestador é determinada pela localização do indivíduo indiferente entre ir ao prestador A ou ao prestador B, sendo então que todos entre o ponto de origem da linha (onde está localizado o prestador A) e o indivíduo indiferente vão ao prestador A, e os restantes ao prestador B. A localização do indivíduo indiferente é dada pelo valor de x que resolve $V(A,x) = V(B,x)$, ou, dada a definição da utilidade,

$$x = \frac{1}{2} + \frac{kp_B - \mu p_A}{2t}$$

(18.3)

onde

$$\mu = c + (1-c)\alpha, \; \mu \in [c,1], \qquad k = 1 - \beta(1-c), \; k \in [c,1]$$

Estes parâmetros são uma outra forma de definir as alternativas, de acordo com o quadro seguinte:

18. MERCADOS MISTOS

Quadro 18.1: Caracterização de regimes

Sistema	α	β	κ	μ
de taxa de reembolso fixa	0	1	c	c
de copagamento fixo	1	0	1	1
puro de prestador preferencial	0	0	1	c

Fonte: Barros e Martinez-Giralt (2002).

A procura dirigida ao prestador A é xN, enquanto a procura dirigida ao prestador B é $(1-x)N$. Os lucros de cada prestador são:

$$B_A = xNp_A, \quad B_B = (1-x)Np_B$$

As condições de primeira ordem para maximização do lucro tendo como variável de decisão os preços dão origem aos seguintes preços de equilíbrio:

$$p_\mu^* = \frac{t}{\mu}, \quad p_B^* = \frac{t}{k}$$

Definindo os pagamentos totais como $T = xNp_A + (1 - x)Np_B$, obtém-se a caracterização constante do quadro 18.2.

Quadro 18.2: Valores de equilíbrio

Sistema	Custo Total	Preços
puro de prestador preferencial	$\left(1+\dfrac{t}{c}\right)\dfrac{t}{2}N$	$p_A = \dfrac{t}{c}, p_B = t$
de copagamento fixo	tN	$p_A = t, p_B = t$
de taxa de reembolso fixa	$\dfrac{t}{c}N$	$p_A = \dfrac{t}{c}, p_B = \dfrac{t}{c}$

Fonte: Barros e Martinez-Giralt (2002).

Para além do custo total para o financiador, importa também avaliar o nível de bem-estar social decorrente de cada um dos sistemas. Como todos os indivíduos são tratados, os pagamentos realizados são uma mera transferência entre agentes da economia. Apenas na medida em que originem uma distribuição de doentes entre prestadores que não minimize o custo de utilidade de não ir ao prestador preferido é que as alternativas levam a efeitos de bem-estar distintos. É também possível argumentar que quanto menor o preço médio, maior o nível de bem-estar social quer por se valorizar mais rendimento nos cidadãos do que

ECONOMIA DA SAÚDE

nos prestadores, quer porque a entidade financiadora ao recolher fundos também gera distorções no funcionamento da economia.

Qualquer que seja a combinação destes aspectos numa medida de bem-estar social, é fácil de verificar que o sistema de copagamento fixo gera o maior nível para essa medida. O sistema de copagamento fixo minimiza o custo de utilidade, tal como o sistema de reembolso puro, uma vez que distribui os indivíduos de igual modo entre prestadores, mas fá-lo a um menor preço pago aos prestadores. Face ao sistema de prestador preferencial, não só tem preços menores, ou pelo menos iguais, como não tem o custo de distorção da escolha do prestador que está presente no sistema de prestador preferencial.

Há, portanto, uma dominância, em termos de bem-estar, do sistema de copagamento fixo, em que um indivíduo ao escolher um prestador fora do conjunto de prestadores preferenciais recebe uma comparticipação da entidade financiadora idêntica à que seria paga por esta última caso a escolha de prestador recaísse sobre um prestador preferencial.

Em termos do exemplo do consumo de medicamentos, a análise sugere que as propriedades económicas de um sistema de preços de referência são mais interessantes, do ponto de vista social, do que as de um sistema de taxa de comparticipação fixa e igual para todos os medicamentos da mesma classe terapêutica (estritamente falando, de todos os medicamentos que concorram entre si para a satisfação de uma determinada necessidade clínica).

Tendo estabelecido as principais características associadas com a concorrência em preços, é agora adequado discutir os efeitos das diferentes regras de copagamento nas decisões de escolha de qualidade dos prestadores. Torna-se necessário definir a ordem pela qual as decisões sobre qualidades e preços são tomadas.

A interpretação natural sobre a sequencialidade, ou simultaneidade, de decisões por parte de produtores de bens ou serviços concorrentes num mesmo mercado decorre da distinção entre decisões de curto prazo (de baixo custo) e decisões de longo prazo (tipicamente associadas com custos elevados).

Um prestador que decide simultaneamente o nível de qualidade dos cuidados de saúde que fornece e o preço que pratica ilustra situações em que a decisão sobre a qualidade é facilmente reversível, ou pelo menos tão facilmente como o preço. Um exemplo é dados pelos cuidados de saúde primários, em que os investimentos em qualidade são relativamente pequenos e praticamente se pode dizer que a qualidade pode variar de uma consulta para a seguinte, dependendo do tempo e atenção dedicados pelo médico.

Em contraste, considerar decisões sequenciais aproximam melhor a descrição dos cuidados de saúde diferenciados, em que as decisões de qualidade, como equipamentos pesados, são tipicamente decisões de longo prazo.

18. MERCADOS MISTOS

Qualquer que seja a sequencialidade de decisões, as mesmas características qualitativas estão presentes. Quando se tem um sistema de cosseguro, com uma mesma taxa para qualquer dos prestadores, a concorrência em preços é fortemente atenuada. Os prestadores irão estabelecer preços elevados. Adicionalmente, a qualidade dos cuidados de saúde prestados torna-se a principal forma de atrair doentes. Em consequência, os prestadores irão investir fortemente em qualidade num sistema de reembolso.

O sistema de preço de referência (ou copagamento fixo) tem propriedades interessantes. Este sistema de copagamento não altera, na margem, o incentivo do prestador não preferencial a estabelecer preços mais agressivos. Como se referiu, a diferença importante está nos incentivos dos prestadores preferenciais, que tendem a ser mais agressivos que no sistema de cosseguro. Usando mais fortemente o instrumento preço, os prestadores tenderão a utilizar com menor intensidade o fator qualidade, pelo que esta será menor do que no caso de cosseguro.

Com decisões sequenciais, há ainda uma distorção adicional, que funciona no sentido de diminuir a qualidade dos cuidados de saúde fornecidos por ambos os prestadores.

Em termos de propriedades de bem-estar, em situações de decisões simultâneas, o óptimo social é replicado com um sistema de preços de referência. As outras alternativas de sistema de copagamento originam uma qualidade excessiva por parte dos prestadores preferenciais, nada se podendo afirmar sobre os prestadores não preferenciais.

Uma outra implicação desta análise é que, para certos sistemas de copagamento, a qualidade não será a mesma em todos os prestadores. Em concreto, o prestador preferencial tenderá a exibir maior qualidade do que o prestador privado puro. Esta característica é normalmente vista como sendo indesejável e injusta. No entanto, tal resulta da escolha livre dos consumidores em determinado enquadramento de copagamentos, o que pelo menos permite questionar esse tipo de objecções.

Estes resultados estão também ligados à discussão sobre os efeitos de risco moral nos mercados de cuidados de saúde. O risco moral é normalmente visto como levando a demasiada quantidade consumida devido à existência de seguro que isola o consumidor do preço no momento de consumo. Nessa discussão, tipicamente não há qualquer referência à escolha do prestador. Na realidade, a escolha do prestador é o resultado de uma tensão básica na sociedade, já que se tenta equilibrar o princípio da liberdade de escolha com a necessidade de conter os custos com cuidados de saúde a níveis razoáveis. Esta discussão mostra que existe um problema de risco moral (potencial) na escolha do prestador. No sistema de cosseguro (taxa de reembolso fixa), tem-se aparentemente maior

ECONOMIA DA SAÚDE

seguro. No entanto, este sistema de copagamento significa que há uma menor sensibilidade ao preço por parte dos consumidores.

O problema de risco moral, dado que a quantidade total procurada de cuidados de saúde é fixa, surge através dos preços mais elevados e da qualidade acima do nível socialmente óptimo. Comparando o sistema de cosseguro com o sistema de preço de referência, o consumidor paga mais, em valor absoluto, no primeiro sistema do que no segundo. Uma vez que os preços de equilíbrio num e noutro sistema de copagamento são diferentes, o risco suportado pelos consumidores é também diferente e é maior no caso de sistema de reembolso. Para além deste efeito de risco moral, existe um outro. No sistema de prestador preferencial, em que a escolha de um prestador fora do conjunto de prestadores preferenciais significa ausência de copagamento, as escolhas dos consumidores vêm distorcidas face ao que seriam as escolhas socialmente óptimas. Significa que existe um custo (não monetário) suportado pelos doentes. A imposição de copagamento nulo para prestadores fora do conjunto de prestadores preferenciais pode ter custos elevados em termos de liberdade de escolha. Até este ponto, a discussão estabeleceu que excepto em alguns casos especiais, o livre funcionamento do mercado entre prestadores maximizadores do lucro (independentemente de serem públicos ou privados) não leva à afectação de recursos socialmente óptima (nomeadamente em termos de escolha do nível de qualidade, uma vez que com a quantidade global fixa, os preços determinam apenas a distribuição de rendimento).

Uma vez que a qualidade é frequentemente um aspecto central da análise do funcionamento dos mercados de cuidados de saúde, é necessário discutir aspectos de regulação neste mercado. Em concreto, considere-se uma intervenção governamental em que se estabelece quer o copagamento quer a qualidade e o preço do prestador preferencial (seja por regulação ou por operação direta). Faz também sentido pensar que este prestador preferencial tem um papel de liderança no mercado.

Admita-se que a intervenção governamental pretende estabelecer o nível de qualidade óptima do prestador público e escolher a regra de copagamento tal que o prestador privado selecione o nível correto de qualidade. Tanto o sistema de preços de referência como o sistema de prestador preferencial permitem atingir esse objetivo. Ou seja, a vantagem de ser líder no mercado, conjuntamente com o fato de ser um prestador público e de se escolher o sistema de copagamento constituem um conjunto de instrumentos suficiente para se alcançar a afectação de recursos socialmente óptima. Uma vez que dois dos sistemas de copagamento permitem atingir a afectação de recursos socialmente óptima, é necessário impor um critério adicional para escolher entre eles. Usando o montante de pagamentos feitos ao prestador como critério de seleção,

18. MERCADOS MISTOS

no sentido em que o sistema que originar menores pagamentos é preferido, então um sistema de preços de referência revela-se superior.

Finalmente, é útil discutir algumas implicações desta análise para a organização de sistemas de saúde. Todos os governos da União Europeia têm procurado formas de conter as despesas com cuidados de saúde. Têm sido impostos controles diretos e indiretos sobre os prestadores em países onde os copagamentos têm um papel importante. Em vários países encontramos controles sobre preços (medicamentos, diária em episódios de internamento hospitalar), enquanto noutros países esses controles não estão presentes. Alterações nos copagamentos têm sido frequentes, embora tipicamente limitadas a alterações de valor, mantendo a sua estrutura constante (que é normalmente de taxa de cosseguro, independente do prestador selecionado). Os copagamentos são selecionados tendo em mente a cobertura de seguro. Não há qualquer atenção dada ao papel dos mecanismos de copagamento como forma de influenciar o equilíbrio de mercado. De acordo com a análise desenvolvida, verificar que a maior parte desses episódios de contenção de custos via alteração do valor dos copagamentos falhou não é totalmente surpresa. A estrutura do sistema de copagamentos foi quase sempre mantida na mesma, enquanto os resultados sugerem que alterar a sua estrutura teria um maior impacto.

O mercado que mais se aproxima da descrição apresentada é o mercado farmacêutico. Os preços de referência presentes em vários países europeus são bastante similares ao esquema com o mesmo nome. Num sistema de preços de referência, um único preço é estabelecido pelo segurador. Qualquer valor acima deste preço tem que ser pago pelo consumidor. As companhias farmacêuticas têm liberdade para fixar preços nos países em que se adoptou o sistema de preços de referência.

Um dos objetivos subjacentes à adoção de um sistema de preços de referência foi a promoção de concorrência no mercado. Vários países optaram por este sistema, como a Nova Zelândia, a Alemanha, os Países Baixos, a Dinamarca, a Suécia e a Itália.

Os prestadores (laboratórios farmacêuticos) argumentaram contra o sistema de preços de referência na base de que distorce a decisão clínica e limita a liberdade de escolha. A análise do comportamento neste mercado mostra que a esse respeito, distorção da decisão clínica, o sistema de preço de referência funciona tão bem como um sistema de reembolso, adicionando-lhe a vantagem de uma maior concorrência entre prestadores. Também mostrou que a exclusão de prestadores do sistema de reembolso introduz, de fato, distorções nas decisões clínicas, que podem ser vistas como uma limitação da liberdade de escolha.

Embora o mercado farmacêutico seja um bom exemplo de aplicação deste quadro económico, outros exemplos relevantes podem ser encontrados. Um deles

ECONOMIA DA SAÚDE

é as consultas de clínica geral em alguns países (Irlanda, França, Portugal e Suécia) estarem associadas com copagamentos destinados a controlar o excesso de consumo. Sempre que os médicos tiverem algum controle sobre os preços que praticam, nomeadamente em clínica privada, a análise sugere que um sistema de taxa de cosseguro deve ser alterado para um sistema de copagamento segundo preços de referência.

18.3 O modelo de negociação de Nash

Numa discussão da literatura sobre modelos de negociação explícita aplicados ao sector da Saúde, Barros e Martinez-Giralt (2006) apresentam um modelo simples de negociação entre um pagador/financiador e um prestador que ilustra os principais efeitos. Em termos teóricos, os modelos de negociação simples podem ser transpostos de forma quase direta: maior poder de negociação e maior valor das alternativas em caso de falhanço da negociação permitem ao prestador de cuidados de saúde obter preços mais elevados. O modelo básico de negociação contempla a divisão de um valor S entre um financiador e um único prestador de cuidados de saúde. A solução de negociação de Nash, o conceito de solução mais usado, define um preço tal que:[99]

$$p^* = \operatorname{argmax}_p \Omega = V(p)^\delta \Pi(p)^{1-\delta} \qquad (18.4)$$

onde $V(p)$ é o excedente para o financiador ($V'(p) < 0$ – quanto maior o preço pago, menor o excedente para o financiador), $\Pi(p)$ é o lucro para o prestador ($\Pi'(p) > 0$ – quanto maior o preço maior o excedente obtido pelo prestador de cuidados de saúde), e δ é um parâmetro relacionado com o poder de negociação relativo do financiador. Sempre que o excedente total $S = V(p) + \Pi(p)$ for constante, a solução de negociação de Nash implica:

$$V(p^*) = \delta S \qquad (18.5)$$

Logo, quanto maior o poder de negociação, maior a fração do excedente que é obtida. Este modelo simples não tem em conta o valor das situações alternativas em caso de falhanço das negociações. A solução de negociação de Nash foi facilmente adaptada para esse tipo de situação. Suponha-se que o financiador tem um valor alternativo $\overline{V}$ e o prestador de cuidados de saúde tem lucro $\overline{\Pi}$ quando as negociações entre eles falham. Então, a solução de negociação de Nash é dada pelo valor:

[99] Para mais detalhes sobre a solução de negociação de Nash veja-se Osborne e Rubinstein (1990), ou Binmore *et al.* (1992).

$$p^* = \arg\max_p \Omega = \left(V(p) - \overline{V}\right)^{\delta} \left(\Pi(p) - \overline{\Pi}\right)^{(1-\delta)} \tag{18.6}$$

Tomando outra vez o caso de excedente total fixo, o processo de negociação de Nash implica:

$$V(p^*) = \overline{V} + \delta\left(S - \overline{\Pi} - \overline{V}\right) \tag{18.7}$$

Ou seja, o financiador vê assegurado pelo menos o valor da situação alternativa, acrescido da proporção δ do excedente livre para negociação (líquido do valor das situações alternativas de cada uma das partes da negociação). Quanto maior o valor da alternativa exterior do financiador (resp. do prestador de cuidados de saúde) menor (resp. maior) será o preço de equilíbrio da negociação.

Os trabalhos empíricos existentes podem ser interpretados dentro deste enquadramento, já que tentam identificar as fontes de poder de negociação do financiador, do prestador de cuidados de saúde, ou o impacto de variações nas alternativas exteriores.

Os trabalhos teóricos normalmente fornecem mais estrutura às funções $V(.)$, $\Pi(.)$ e $\overline{V}$, $\overline{\Pi}$. É essa contextualização que adapta os modelos de negociação para as particularidades do sector da saúde.[100]

O trabalho empírico sobre as implicações de negociação em saúde é ainda recente e pouco extenso. Apesar de existirem negociações explícitas entre financiador e prestadores de cuidados de saúde quer em países com serviços nacionais de saúde (como o Reino Unido e o Canadá) quer em países com um papel preponderante de sistemas de seguro privado (como os Estados Unidos), uma diferença crucial é identificada: quando se está na presença de um serviço nacional de saúde, as negociações tomam normalmente lugar entre o financiador (Governo ou planos de saúde) e associações profissionais (nomeadamente, médicas). É uma negociação em regime de monopólio bilateral. Em contraste, nos sistemas alicerçados em seguros de saúde, os planos de saúde negoceiam com os prestadores de cuidados de saúde num contexto de concorrência, fazendo-se uso das alternativas exteriores para influenciar os preços resultantes da negociação.

De um modo geral, os poucos estudos empíricos realizados sugerem que a utilização de processos de negociação explícitos por parte dos financiadores permite-lhes obter preços mais baixos dos prestadores, e que esses preços não são obtidos à custa de uma menor qualidade de prestação de cuidados.

Por exemplo, no Reino Unido, e de acordo com Propper *et al.* (2002), os médicos de clínica geral com capacidade de canalizar dinheiro em nome dos seus

---

[100] Para mais detalhes, o leitor interessado deverá consultar Barros e Martinez-Giralt (2006).

ECONOMIA DA SAÚDE

doentes registaram um aumento significativo do seu poder de negociação face aos hospitais. Esse maior poder de negociação reflectiu-se em melhores condições para os doentes.

Quanto à fonte do poder de negociação, a análise que tem sido feita dos seus fatores determinantes indica que a dimensão e a existência de alternativas exteriores são de fato uma forma de reforçar o poder de negociação, embora esta última tenda a ser mais importante.

18.4 Seleção de prestadores

Já foi discutido anteriormente que uma das tendências atuais, dentro e fora das instituições de "managed care", é a de novas formas de arranjos contratuais com prestadores de cuidados de saúde por parte do financiador/pagador. Uma questão que naturalmente se coloca é que tipo de mecanismo contratual deve ser utilizado pelo financiador. Em particular, é possível pensar em comparar três modos alternativos de contratar com prestadores de cuidados de saúde: uma negociação simultânea e conjunta com todos os prestadores, uma negociação separada, mas simultânea, com os prestadores ou contratos abertos/convenções.[101]

Iniciando a discussão com negociação separada com cada um dos prestadores, as possíveis vantagens são o ganhar poder negocial, e consequentemente menores preços pagos, por isolar os prestadores. Existe, por outro lado, a desvantagem de se incorrerem em maiores custos de transação (é necessário negociar com vários prestadores, em lugar de negociar apenas com uma entidade). Se os prestadores forem essencialmente similares, então em equilíbrio, não é possível encontrar uma configuração em que apenas um prestador é escolhido como prestador preferencial. No caso de negociação conjunta com todos os prestadores, o financiador negoceia com o conjunto dos prestadores.

Por contratos abertos entende-se a situação em que o financiador anuncia publicamente as condições em que está disposto a aceitar prestadores como preferenciais. As condições fundamentais são os requisitos mínimos de qualidade e o preço a ser pago. De certa forma corresponde ao que encontramos em Portugal sobre a forma de convenções. É um tipo de negociação em que uma das partes, o financiador, faz uma oferta que pode ser aceite ou não por parte da outra parte, os prestadores.

O objetivo principal destas negociações é a obtenção de melhores preços do que os que resultariam pelo livre funcionamento do mercado. O resultado final e a comparação vai depender de qual o valor monetário a ser repartido na negociação.

---

[101] A análise formal é desenvolvida em Barros e Martinez-Giralt (2008).

A intuição para os resultados obtidos é a seguinte: quando não há um excedente significativo sobre o qual negociar, então ter um processo específico de negociação é a melhor forma de contratar preços com os prestadores. Contudo, quando o excedente que existe para ser repartido é bastante elevado, então o financiador obtém melhores resultados através de contratos abertos. O anúncio do preço que está disposto a pagar, deixando que sejam os prestadores a decidir se aceitam ser prestadores preferenciais, ou não, é um mecanismo substituto de uma forte posição negocial.

Destas considerações resulta que sempre que existir um excedente significativo a ser partilhado, então deverá observar-se uma opção, por parte do financiador, a favor dos contratos abertos/convenções. Por outro lado, esta implicação é independente do número de prestadores desde que o excedente por doente seja constante.

18.5 Com quem negociar?

Uma das formas contratuais ainda muito corrente nos serviços de saúde é o preço por ato. A entidade financiadora paga um montante pré-determinado por um serviço prestado (ou cuidado dispensado) a um doente.

Um exemplo do problema em causa é o sector de hemodiálise em Portugal. O sector público não dispõe da capacidade suficiente para tratar todos os pacientes com insuficiência renal crónica. O recurso ao sector privado constitui uma fração muito substancial do mercado. No entanto, o Serviço Nacional de Saúde tem a responsabilidade financeira de assegurar o acesso da população aos cuidados de hemodiálise. Estes dois fatos, conjuntamente, levam a que o Serviço Nacional de Saúde tenha que contratar com o sector privado o preço a ser pago por cada sessão de diálise. Para além da diálise renal, existem outras especialidades médicas e exames de diagnóstico que são pagos de acordo com este sistema. Tipicamente o valor de cada ato (sessão de hemodiálise, teste realizado, exame feito, etc.) ou um pagamento por doente é estabelecido entre o Serviço Nacional de Saúde e uma associação representativa dos prestadores.

A situação na hemodiálise é, porém, particularmente interessante em termos de análise das forças económicas em presença nestas negociações. Dois prestadores ganharam considerável poder de mercado e alcançaram uma posição de dominância no mercado. Embora não exista, na medida do nosso conhecimento, informação precisa sobre o número de doentes tratados por cada uma das empresas presentes neste mercado, estima-se que estas duas empresas tenham a seu cargo cerca de dois terços das clínicas de hemodiálise existentes em Portugal.

Dado que as clínicas destas empresas são também as que apresentam maior capacidade instalada, é razoável esperar que cerca de 70% dos doentes sejam

ECONOMIA DA SAÚDE

tratados por estas duas empresas. O restante mercado privado é constituído por pequenas empresas.

Adicionalmente, as duas maiores empresas são multinacionais verticalmente integradas, operando com custos marginais inferiores (já que vendem os consumíveis e equipamento às restantes empresas portuguesas, desde que tenham uma margem positiva nesse negócio, é razoável pressupor que os seus custos marginais de tratamento serão menores que os das restantes empresas).

Num passado recente, o Serviço Nacional de Saúde tinha um processo de determinação de preço que essencialmente consistia na negociação com as duas empresas dominantes, sendo depois o preço acordado alargado a todos os outros prestadores. Assim, mesmo que a negociação seja formalmente conduzida com a associação sectorial, na prática o resultado é determinado pelo interesse das duas maiores empresas no mercado.

A questão económica interessante é saber se o Serviço Nacional de Saúde conseguiria obter melhores condições (preços mais baixos) negociando com uma associação verdadeiramente representativa de todas as empresas presentes no mercado ou negociando apenas com as duas maiores empresas. À primeira vista, a negociação com as duas empresas dominantes, que são também as mais eficientes em termos produtivos, parece levar à obtenção de menores preços, já que essas empresas podem acomodar preços mais baixos devido aos seus menores custos. Negociar com uma associação representativa implicaria ter em consideração os interesses das empresas mais pequenas, relativamente mais ineficientes, tendo como consequência preços mais elevados.[102]

Esta visão, no entanto, ignora o fato de que as empresas mais eficientes podem ser negociadores mais duros, e com isso obter um preço mais elevado, que é depois aplicado a todas as empresas. O poder negocial resulta dos lucros que obteriam no caso de as negociações falharem.

Admitindo que os doentes têm que ser tratados, mesmo se à custa de pagamentos diretos em caso de falhar a cobertura de seguro público, as empresas prestadoras mais eficientes têm relativamente lucros mais elevados no funcionamento do mercado privado caso não seja estabelecido acordo. Assim, serão mais exigentes nas negociações com o Serviço Nacional de Saúde do que uma associação sectorial, uma vez que esta última terá a sua posição negocial enfraquecida pelos parcos lucros que as empresas menos eficientes terão em caso de as negociações falharem. A negociação com as empresas mais eficientes pode beneficiar todos os prestadores e levar a um maior despesa por parte da entidade pagadora.

---

[102] Uma apresentação formal do argumento pode ser consultada em Barros e Martinez-Giralt (2005b).

O argumento depende crucialmente da hipótese feita sobre o que acontece em caso de as negociações com o sector privado falharem. Se, em alternativa, se admitir que os doentes não serão tratados pelos prestadores com que se está a negociar, então o reforço do poder negocial dos prestadores associado com a exclusão das empresas menos eficientes do processo negocial não se verifica. Existe apenas um efeito: o das empresas mais eficientes estarem dispostas a aceitar um preço mais baixo. Neste caso, o Serviço Nacional de Saúde beneficia de negociar apenas com os prestadores mais eficientes.

A implicação deste argumento é que na presença de condições clínicas que têm necessariamente que ser tratadas e na ausência de alternativas de tratamento, a negociação com uma associação representativa de todas as empresas do sector é mais vantajosa, para o financiador, do que negociar apenas com as empresas mais eficientes.

Exercícios

18.1 Explique intuitivamente porque é que a existência de alternativas exteriores é uma fonte importante de poder de negociação quando um terceiro pagador negoceia preços diretamente com os prestadores.

18.2 Explique porque a manutenção de capacidade não utilizada no sector público pode ser vantajosa quando os prestadores privados são contratados para prestar cuidados de saúde num contexto que não é concorrência, prevalecendo a negociação.

18.3 Defina o que constitui um "mercado misto" em cuidados de saúde.

18.4 Considere um mercado em que coexistem um prestador público e um prestador privado de cuidados de saúde. Os prestadores estão localizados nos extremos de um segmento de dimensão unitária. Os consumidores estão distribuídos uniformemente ao longo do segmento, e o número total de consumidores é 1000. A utilidade de um consumidor localizado no ponto x do segmento de ir adquirir cuidados de saúde ao extremo j é dado por $U_0 = Y - tx - p_0 + I_0$ se for ao prestador localizado em 0, e $U_1 = Y - t(1 - x) - p_1 - I_1$ se for ao prestador de cuidados de saúde localizado em 1, em que p_j é o preço cobrado pelo prestador localizado em j e I_j é a compensação (reembolso) fornecida pelo Serviço Nacional de Saúde. Para simplificar a apresentação, admita a hipótese que os custos de produção são nulos.

a) Encontre o consumidor indiferente entre ir ao prestador localizado em 0 e ir ao prestador localizado em 1.

b) Defina a procura dirigida ao prestador localizado em 0 e a procura dirigida ao prestador localizado em 1.

ECONOMIA DA SAÚDE

c) Mostre que a procura dirigida ao prestador localizado em 0 depende positivamente do nível de reembolso recebido no caso do prestador localizado em 0 ser selecionado e negativamente do reembolso recebido pelo doente no caso do prestador localizado em 1 ser escolhido.

d) Suponha que o Serviço Nacional de Saúde fornece a mesma cobertura de seguro qualquer que seja o prestador selecionado, fazendo o doente pagar uma fração c do preço (reembolsando por isso uma fração $(1 - c)p_j$ quando escolhe o prestador j). Quais são os preços de equilíbrio?

e) Suponha agora que o Serviço Nacional de Saúde cobre apenas a prestação de cuidados de saúde pelo seu próprio prestador (o localizado em 0), à taxa c. Os doentes que escolherem o prestador localizado em 1 têm que pagar o preço completo pedido por este prestador. Quais são os preços de equilíbrio?

f) Finalmente, considere o caso em que o Serviço Nacional de Saúde fornece a mesma cobertura, qualquer que seja o prestador selecionado, e que essa cobertura é igual a $(1 - c)p_0$. Determine os preços de equilíbrio.

g) Em que caso são os preços menores? Explique intuitivamente porquê. (sugestão: pense em termos do efeito marginal das políticas de preços dos prestadores de cuidados de saúde no nível de reembolso prestado pelo Serviço Nacional de Saúde).

h) Com base nos resultados acima, discuta as implicações de introduzir um sistema de preços de referência na venda de medicamentos, partindo de um sistema de reembolso puro. Sistema de preços de referência significa que um produto é tomado como referência para determinação do nível de reembolso. Uma fração do preço do prestador de referência é paga pelo consumidor. Se escolher um outro medicamento, o doente paga todo o valor correspondente à diferença entre o seu preço o valor de reembolso de referência.

Capítulo 19
Mercado do medicamento

19.1 Introdução

O presente capítulo foca nos aspectos económicos do medicamento, em particular o funcionamento do mercado do medicamento, abrangendo o comportamento dos seus diversos intervenientes (consumidores, Estado, farmacêuticos, médicos, produtores, etc.).

A aplicação da teoria económica ao mercado farmacêutico tem muitas facetas, sendo especialmente apropriada para analisar situações em que há interação estratégica entre as empresas. A utilização da teoria económica permite identificar efeitos que de outro modo poderiam ser ignorados, ou mal compreendidos.

Um primeiro exemplo de análise económica aplicada ao sector do medicamento é dado pela realização de ensaios clínicos pós-aprovação do medicamento para introdução no mercado. A realização desses ensaios tem sido denominada Fase IV. Atualmente, não existe qualquer obrigação para que as companhias farmacêuticas realizem estes ensaios de Fase IV, e existe a percepção de que não terão grande interesse em os realizar. Os consumidores, pelo contrário, teriam vantagem em que fosse produzida essa informação (Angell, 2004).

Ora, na verdade, esta percepção poderá estar simplesmente errada. Implícita na visão expressa está a noção de que mais informação só pode beneficiar os consumidores por permitir uma decisão mais informada. Contudo, ignora um aspecto importante: as estratégias de preços das companhias farmacêuticas são também diferentes consoante a informação disponível para o consumidor, e ajustando-se poderão conduzir a um equilíbrio final distinto.

O seguinte exemplo, meramente teórico, procura ilustrar a intuição subjacente. O exemplo contém os seguintes elementos. Os doentes beneficiam mais,

ECONOMIA DA SAÚDE

em termos do seu estado de saúde, quando a qualidade do medicamento é maior (entendida não como qualidade farmacêutica, avaliada nos ensaios de biodisponibilidade, e sim nas dimensões de segurança e efetividade). Suponha-se que existe, para determinada patologia, um medicamento para o seu tratamento. Surge, posteriormente, um outro medicamento alternativo, cuja qualidade tanto pode ser superior como inferior ao do medicamento já existente. Em média, a qualidade será similar – isto é, na ausência de mais informação, a melhor estimativa da qualidade do novo medicamento iguala a do medicamento já presente no mercado. Os dois medicamentos são então substitutos bastante próximos, levando a uma forte concorrência em preços entre as duas companhias farmacêuticas. Sendo os dois produtos bastante similares em termos da sua qualidade, o preço assume uma importância fundamental no processo de escolha, o que leva cada empresa a praticar um preço baixo, como forma de levar a que o seu produto seja escolhido. No limite em que os dois medicamentos sejam substitutos perfeitos entre si e os consumidores adquiram o medicamento de preço mais baixo, o preço praticado seria muito próximo do custo de produção.

Neste contexto, se houver um ensaio clínico ao novo medicamento, irá ser estabelecida com maior rigor a sua qualidade. Ou seja, o teste clínico determinará se a qualidade do novo medicamento é superior ou inferior à do medicamento previamente existente. Qualquer que seja o resultado, ambas as companhias irão beneficiar dessa informação. Do teste resultará sempre uma diferença de qualidade entre os dois medicamentos. Essa diferença de qualidade leva a que a companhia farmacêutica com o produto de maior qualidade tenha a oportunidade de estabelecer um preço superior sem que tal estratégia de preços leve à perda de toda a procura.[103]

Mas se a empresa de qualidade superior aumentar o seu preço, então a outra empresa também fica com uma folga para conseguir aumentar o seu preço, e manter uma procura do seu produto. Nestas circunstâncias, qualquer uma das empresas acaba por praticar um preço superior ao que existiria caso o ensaio clínico não tivesse sido realizado. É claro que a companhia farmacêutica detentora do medicamento com maior qualidade tem um preço e resultados comerciais melhores. No entanto, a nova informação, ao aumentar a diferenciação entre os dois medicamentos alivia a concorrência através do preço entre eles. O medicamento de maior qualidade será preferencialmente utilizado por quem tenha uma maior valorização por essa qualidade, concentrando-se o

---

[103] Em Portugal, como forma de diminuir o tempo de acesso ao medicamento e penetrar no mercado, a procura de um preço baixo poderá sobrepor-se a este aspecto de um preço mais elevado quando se provem benefícios adicionais. É ainda possível que o preço de lançamento em Portugal seja condicionado pela estratégia internacional da companhia farmacêutica.

19. MERCADO DO MEDICAMENTO

outro medicamento no grupo de consumidores para os quais o preço tem um peso relativamente mais importante na decisão. Naturalmente, este efeito será tanto mais importante quanto maior for a sensibilidade do decisor/prescritor a diferenças de preços, que é também função da comparticipação fornecida pelo Serviço Nacional de Saúde (quanto maior for a comparticipação, menor a sensibilidade às diferenças de preços).

Note-se ainda que estes efeitos económicos decorrem unicamente da constatação de uma diferença de qualidades entre os dois medicamentos, não sendo relevante, para que ocorra, se o novo medicamento tem maior ou menor qualidade do que o medicamento já existente.

Esta argumentação coloca em questão a ideia de que as companhias farmacêuticas não têm interesse em realizar voluntariamente ensaios clínicos, mesmo depois de introduzir os medicamentos no circuito comercial e mesmo sem ser com o objetivo de aprovação de novas indicações.[104]

Curiosamente esta implicação encontra suporte em trabalho aplicado, pois Azoulay (2002) encontra uma relação positiva entre ensaios clínicos e lucros das empresas. Evidência de casos concretos sugere também a importância deste tipo de efeitos. Segundo Gronqvist e Lundin (2006), foram realizados diversos ensaios clínicos comparando o medicamento Nexium (esomeprazol) da Astra-Zeneca com outros concorrentes, tendo-se encontrado que para algumas indicações terapêuticas o Nexium apresenta vantagem, enquanto para outras não.[105]

O fato de se estabelecer superioridade para o medicamento da AstraZeneca permitiu que tivesse um preço superior, sendo que os autores reportam, referindo o Swedish Pharmaceutical Benefits Board, que na ausência de uma vantagem demonstrada sobre o Losec (omeprazol), o preço do medicamento teria de baixar em cerca de 50%. Idealmente, para corroborar de forma mais completa as implicações derivadas do modelo teórico, teria que se verificar que na ausência dos testes *ambos* os preços, do Nexium e dos mais diretos concorrentes, iriam ser mais baixos.

Com este pequeno exemplo de aplicação de análise da decisão de agentes face a incentivos económicos pretendeu-se ilustrar a forma como a economia ajuda a melhor compreender o funcionamento do sector do medicamento.

19.2 Inovação

O sector do medicamento tem como uma das suas características fundamentais a inovação. Todos os anos são criados, produzidos e colocados à disposição da população novos medicamentos.

---

[104] O desenvolvimento formal destes ideias é apresentado em Gronqvist e Lundin (2006).
[105] Para as referências de suporte, veja-se Gronqvist e Lundin (2006).

ECONOMIA DA SAÚDE

Esta capacidade de inovação resulta de avultados investimentos que são realizados pelas companhias farmacêuticas, ao longo de um demorado processo de pesquisa e desenvolvimento. No decurso desse processo, há um crivo permanente sobre os efeitos e consequências dos novos produtos desenvolvidos.

DiMasi *et al.* (2016) usaram os resultados de um inquérito sobre os custos de desenvolvimento de 106 novos medicamentos de 10 companhias farmacêuticas para estabelecer uma estimativa do custo de levar até ao mercado um produto novo.

Os custos de desenvolvimento de um novo produto têm que contemplar também as incertezas do processo de investigação e desenvolvimento. Essas incertezas traduzem-se no fracasso de muitas das linhas de investigação iniciadas.

QUADRO 19.1: **Custos de investigação e desenvolvimento**

Fase de teste	Custo médio	Custo mediano	Desvio padrão	Probabilidade de entrada na fase	Custo esperado
Fase I	25,3	17,3	29,6	100,0%	25,3
Fase II	58,6	44,8	50,8	59,5%	34,9
Fase III	225,4	200,0	153,3	21,1%	154.0
Total					114,2

Unidade: Milhões de dólares, preços de 2013.
Fonte: DiMasi *et al.* (2016).

Comparando com as estimativas dos mesmos autores cerca de uma década antes (DiMasi *et al.* 2003), ocorreu uma clara redução nas probabilidades de entrada em cada fase (59,5% para a fase II nas estimativas mais recentes, 71% anteriormente; 21,1% para a fase III face a 31,4% anteriormente).

Quanto mais avançada a fase clínica, maior o custo médio e maior o custo médio esperado (que não é mais do que o custo médio ajustado pela probabilidade de se vir a atingir essa fase).

Para além dos custos diretamente incorridos, as empresas que fazem investigação farmacêutica investem fundos durante um longo período de tempo. Esse investimento financeiro tem também um custo de oportunidade – o rendimento que poderia estar a ser obtido em aplicações alternativas desses fundos. A ideia base pode ser vista com um exemplo muito simples. Suponhamos que para obter um resultado num ano é preciso investir 1000€. Qual o custo no final do ano? Em termos de custo de oportunidade, este é dado pelos 1000€ acrescidos do rendimento que se teria numa aplicação alternativa de fundos. Se por exemplo colocasse num depósito a prazo que rendesse 4% ao ano, o custo de oportuni-

19. MERCADO DO MEDICAMENTO

dade intertemporal de investir 1000€ agora é não ter 1040€ daqui a um ano (1000€ + 4% x 1000 €).

Para calcular este custo de oportunidade, DiMasi *et al.* (2003) obtêm estimativas da duração das diferentes fases, sendo que em média, o tempo decorrido entre o início dos ensaios clínicos e a aprovação para introdução no mercado é de 90,3 meses (cerca de 7 anos e meio).

QUADRO 19.2: **Custos financeiros de investigação e desenvolvimento**

	Duração média (em meses)	Tempo médio até à próxima fase (em meses)	Custos financeiros	Valor esperado do custo financeiro
Fase I	33,1	19,8	49,6	49,6
Fase II	37,9	30,3	95,3	56,7
Fase III	45,1	30,7	314,0	66,4
Total				100,4

Unidade: milhões de dólares.
Fonte: DiMasi *et al.* (2016).

Também a duração média de cada fase do processo de investigação e desenvolvimento aumentou bastante entre os dois estudos de DiMasi *et al.* (2003, 2016), com o aumento de 12 meses nas fases I e II e de 15 meses na fase III. Ou seja, pelo menos mais três anos adicionados ao tempo de I&D de um novo medicamento.

É agora necessário avaliar qual o custo de desenvolvimento de um novo medicamento tendo em atenção que nem todos chegam ao mercado. A taxa de sucesso é estimada em 21,5%. Em cada 100 tentativas, apenas cerca de 21-22 são bem sucedidas. Ou seja, por cada caso de sucesso existem (100-21,5)/21,5 fracassos, cujo custo deve ser adicionado a cada sucesso. Em termos de custos diretos, tal corresponde a 282 milhões de dólares (=60,6 vezes 100/21,5) e, incluindo os custos financeiros, o total dos custos diretos são cerca de 467 milhões de dólares.

É ainda necessário contemplar os custos da fase pré-clínica (descoberta e desenvolvimento inicial). Muitos dos custos desta fase não podem ser facilmente atribuídas a moléculas específicas. DiMasi *et al.* (2003) estimam que desde que uma nova molécula é sintetizada até ao momento em que é iniciada a fase de teste em humanos decorrem cerca de 52 meses (mais de 4 anos).

Juntando todos os elementos, os custos diretos incorridos são cerca de 1395 milhões de dólares, e as estimativas incluindo os custos financeiros são cerca de 2558 milhões de dólares, a valores de 2013. São 2280 milhões de euros (con-

ECONOMIA DA SAÚDE

vertendo à taxa de câmbio €/USD a 31.12.2019). Note-se ainda que os custos financeiros do capital empatado no processo são cerca de metade do custo económico.

Além das estimativas produzidas por DiMasi et al. (2016), outras abordagens e momentos temporais originam valores da mesma ordem de grandeza, indicando um custo crescente de obter e colocar um produto inovador no mercado.

QUADRO 19.3: Estimativas de custo de um novo produto

Autores	Período de referência	Custo de um novo produto
DiMasi et al. (2003)	1983-1994	715M€
Adams e Brantner (2006)	1989-2002	774M€
Adams e Brantner (2010)	1985-2001	1070M€
DiMasi e Grabowski (2007)	1990-2003	1070M€
Gilbert et al (2003)	2000-2002	1515M€
O'Hagan e Farkas (2009)	2009	1961M€
Paul et al. (2010)	2007	1604M€
Mestre-Ferrandiz et al (2012)	1997 – 1999 (início)	1337M€
DiMasi et al (2016)	2000-2013	2280M€

Fonte: DiMasi et al. (2016). Valores convertidos para euro à taxa de câmbio de 15 de julho de 2019.

Sendo a inovação um processo que obriga ao investimento de um elevado volume de recursos e em que existe uma enorme incerteza quanto ao resultado final, para que ocorra inovação é forçoso que exista alguma forma de remunerar os investimentos realizados e compensar os investidores pelos riscos assumidos.

Se o produto da inovação for dificilmente imitável em si mesmo, quem conseguir alcançar essa inovação dispõe de uma característica única, podendo então obter o retorno dos investimentos realizados. Contudo, no caso dos medicamentos, tal como para muitos outros bens, a imitação de um novo produto é relativamente fácil. Assim, há a instituição de uma proteção de patente, como forma de permitir a recuperação dos investimentos realizados em investigação e desenvolvimento de novos produtos. A proteção de patente fornece à entidade que alcançou a inovação uma situação de monopólio (é o único que pode vender o produto) durante um número pré-especificado de anos.

As patentes são, pois, um elemento fundamental do processo económico que conduz à obtenção de inovações.

Para melhor se ver a sua importância, admita-se por um momento que deixava de existir a proteção de patente. Qual seria o resultado? Num primeiro momento, significaria que muitas empresas poderiam iniciar a produção de medicamentos atualmente disponibilizados apenas por uma empresa (a detentora da patente). Essa dispersão da produção por diversas empresas, com o aumento substancial da concorrência, iria certamente traduzir-se em menores preços, como forma de os novos produtores conseguirem colocar os seus produtos, e logo uma maior acessibilidade financeira ao medicamento. A população beneficiaria, à custa dos lucros das empresas. Ora, se há este atrativo, o que impede então que se anule a proteção de patente? Para responder a esta questão é necessário antecipar o que sucederia em termos de incentivos à inovação.

Não existindo proteção de patente, uma companhia farmacêutica que investisse no desenvolvimento de novos produtos seria facilmente imitada. Teria o custo do investimento e não teria retorno diferente de todas as outras empresas que optaram por ser meras imitadoras. Neste contexto, cada companhia tem preferência por ser imitadora. Se todas ficam à espera de alguma outra inove, para depois copiarem o produto, o resultado final é a inexistência de qualquer inovação. A ausência de proteção de patente, numa perspectiva dinâmica, conduziria à ausência de inovação, o que originaria um nível de saúde e de bem--estar da população inferior ao que subsiste na presença de patente.

Vejamos formalmente estes elementos. Suponha-se, como exemplo, uma situação simples em que duas companhias farmacêuticas presentes no mercado, têm lucros iguais a 1 inicialmente. Cada uma destas empresas tem a oportunidade de realizar um investimento na procura e desenvolvimento de novos produtos. Esse investimento tem um custo de 6 e cria valor de 10. Como não há proteção de patente (a hipótese de partida), a empresa que não investe na obtenção da inovação pode imitar a inovação e alcançar para si metade do valor gerado. A empresa que investe em inovação, por seu lado, obtém apenas um retorno igual ao investimento realizado e inferior ao resultado de não inovar.

A escolha da estratégia empresarial óptima encontra-se descrita no quadro 19.3, em que se representa as opções de cada empresa "não investir" e "investir" em investigação e desenvolvimento. Em cada célula, correspondendo a um par de decisões, encontra-se indicado em primeiro lugar o resultado da empresa A, seguido do resultado da empresa B. Por exemplo, caso haja investimento da empresa A no desenvolvimento de novos produtos mas não da empresa B, que se limita a imitar, a empresa A obtém um resultado de 5-6=-1, enquanto a empresa B alcança 5.

ECONOMIA DA SAÚDE

Quadro 19.4: Sem proteção de patente

		Empresa B	
		"não investir"	"investir"
Empresa A	"não investir"	(1, 1)	(5, -1)
	"investir"	(-1, 5)	(-1, -1)

Fonte: Elaboração própria.

Neste caso muito simples, é fácil constatar que qualquer uma das empresas obtém resultado igual ou melhor quando escolhe "não investir" face a "investir". Não haverá, por isso, inovação neste mercado, embora essa inovação tenha um valor social positivo, já que a inovação gera um benefício de 10 para um custo de 6 para a indústria (caso uma das empresas inove). A este valor apropriado pelas empresas acresce o valor social que seja eventualmente gerado.

Introduza-se agora a possibilidade de uma patente, que evita a possibilidade de imitação. Nestas circunstâncias, se uma das companhias inovar, alcança um benefício líquido do investimento de 4 (=10 – 6). Se ambas procurarem e alcançarem a inovação, repartem o mercado, ficando cada empresa com -1 (=5 – 6). A nova matriz de resultados é dada pela quadro 19.4.

Quadro 19.5: Com proteção de patente

		Empresa B	
		"não investir"	"investir"
Empresa A	"não investir"	(1, 1)	(0, 4)
	"investir"	(4, 0)	(-1, -1)

Fonte: Elaboração própria.

Agora, cada empresa tem interesse em obter a inovação (desde que a outra não o faça). Torna-se claro que a patente cria um interesse no investimento e na obtenção do novo medicamento. A proteção de patente leva a que uma das empresas tenha interesse em desenvolver atividades de investigação e desenvolvimento.

As situações reais são, obviamente, mais complexas que esta descrição simples, já que o investimento é feito ao longo do tempo. Em geral, não há certeza sobre quem alcança primeiro o novo medicamento, caso haja mais do que uma companhia a investir e existem múltiplas empresas a realizar esforços de investigação e desenvolvimento de novos produtos em paralelo. Contudo, o aspecto central permanece válido nesses contextos mais gerais: a proteção de patente é essencial para que quem obtém produtos inovadores possa ser recompensado pelo seu esforço, e na ausência dessa possibilidade de recompensa, dificilmente existiria inovação quando a imitação é tecnicamente possível.

Um segundo aspecto associado à patente é esta ter que possibilitar pagar não só a inovação conseguida, mas também o risco das tentativas falhadas. À medida que a obtenção de novos produtos se revela cada vez mais difícil e que um maior número de tentativas fracassa então maior tem de ser a remuneração da inovação. Sendo, em geral, o direito de patente determinado na legislação de cada país, e internacionalmente, por um número de anos limitado, uma evolução no sentido de maiores custos de obtenção de produto bem sucedido leva as companhias farmacêuticas a necessitarem de preços mais elevados durante o período de proteção de patente. Daqui resulta que parte do aumento de preço em novos produtos farmacêuticos que são introduzidos no mercado decorra da necessidade de dar sinais que se continue a investir em investigação e desenvolvimento de novos medicamentos.

Apesar da predominância do sistema de patente como forma de garantir um retorno ao investidor que aposta em investigação e desenvolvimento, este não é um sistema perfeito do ponto de vista da análise económica. Por um lado, o incentivo privado à inovação (a obtenção de lucros de monopólio durante o período de tempo em que vigora a patente) é inferior ao valor social gerado pelo novo produto. Por outro lado, a situação de monopólio implica um preço superior (e utilização inferior) face ao que seria socialmente desejável, uma vez alcançada a inovação.

Ambos os efeitos são facilmente apresentados recorrendo ao conceito de curva da procura anteriormente introduzido e que traduz a valorização marginal de cada unidade consumida (representada pela recta $[P'01]$ na figura 19.1), a área que lhe está subjacente representa o valor total atribuído pela sociedade a cada nível de consumo.

Considerando o valor gerado por um novo medicamento que tenha um custo unitário c de produção, em termos sociais o medicamento deve ser usado até ao ponto em que o seu benefício terapêutico (medido em termos monetários) se torna idêntico ao custo dos recursos usados para o produzir (o que sucede no ponto 0 da figura 19.1). Assim, o valor social gerado pelo medicamento é dado pela área $[P'c0]$. Havendo uma proteção de patente, a companhia farmacêutica que obtenha o novo medicamento estabelece (ou é-lhe estabelecido um preço por regulação) P^m. O laboratório produtor da patente tem, neste caso, um lucro dado pela área $[P^m c21]$, que cobrirá os custos de investigação e desenvolvimento do novo produto.

Do valor gerado, a sociedade (os consumidores) retêm $[P'P^m1]$. Face a todo o valor social potencial do novo medicamento, pelo fato de haver patente perde-se $[012]$, por o consumo ao preço de monopólio (situação de patente) ser inferior ao consumo ao preço concorrencial (c), e nessas unidades de consumo de diferença entre as duas situações o valor marginal do consumo do medicamento (dado pela curva da procura) ser superior ao seu custo médio de produção. Há aqui um primeiro fator de ineficiência das patentes.

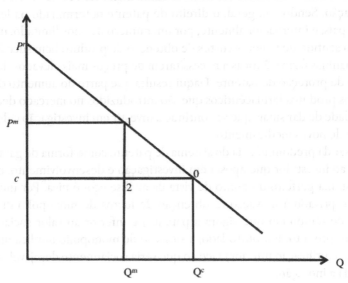

FIGURA 19.1: Valor de novos medicamentos

Fonte: Elaboração própria.

Quanto ao segundo aspecto, de incentivos à procura da inovação, uma empresa privada tem interesse em obter a inovação desde que o custo das atividades de investigação seja inferior ao retorno que terá (dado pelos lucros [$P^m c 21$]). Contudo, de um ponto de vista social, valerá a pena procurar a inovação desde que o seu custo, mesmo excedendo [$P^m c 21$], seja inferior a [$P^c 0$]. Poderão, pois, existir situações de novos produtos que seria bom do ponto de vista social introduzir, mas que do ponto de vista privado não interessa procurar. O sistema de patentes não é, portanto, um sistema perfeito do ponto de vista social em termos de dinâmica da inovação. Antes de referir uma das alternativas propostas, é importante salientar que a existência de seguro de saúde, público ou privado, que cobre, ainda que parcialmente, a despesa farmacêutica dos consumidores, introduz elementos adicionais.

Se essa cobertura de seguro de saúde levar a um maior nível de consumo e se, em particular, originar situações de consumo em que o benefício é inferior ao custo unitário de possibilitar esse consumo, então a contenção de consumo gerada pelo preço de situação de monopólio não é necessariamente má.

19. MERCADO DO MEDICAMENTO

Porém a existência de seguro de saúde introduz um efeito de risco moral no consumo, que pode facilmente levar a que o benefício privado da inovação seja superior ao seu benefício social. E nessa situação haverá pressão privada para introduzir a inovação apesar de ter valor socialmente negativo. A figura 19.2 ilustra os efeitos da presença de risco moral no consumo de cuidados de saúde.

Na presença de seguro, o preço pago pelo cidadão será inferior ao preço recebido pela empresa que introduz o novo produto, sendo a diferença paga pelo segurador (público ou privado). Este preço pago pelo cidadão é facilmente inferior ao custo associado com a investigação, desenvolvimento e produção do novo produto. O benefício social gerado pelo novo produto é dado pelas áreas A+B, admitindo que o custo relevante é c. No entanto, no ponto de consumo, há utilização do novo produto mesmo quando o custo excede o valor desse consumo (área D), pelo o benefício social líquido é A+B-D. Nesse ponto de consumo, o benefício privado é B+C (os lucros da empresa). Bastará que A+B-D < B+C para que o incentivo privado a introduzir o novo produto seja superior ao incentivo social quando existe este efeito de risco moral de excesso de consumo.

FIGURA 19.2: **Valor de novos medicamentos com efeito de risco moral**

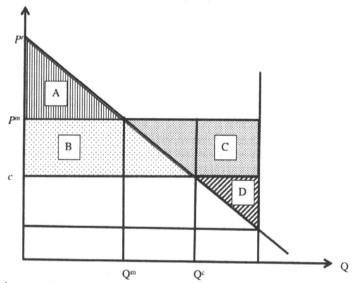

Fonte: Elaboração própria.

Em alternativa a um sistema de patentes, Shavell e Ypersele (1999) apresentam um sistema de fundos de investigação ou de prémios. Este sistema evita a distorção de monopólio (preço excessivo depois de obtida a inovação), mas não é claro qual o impacto em termos de incentivo social versus incentivo privado.

ECONOMIA DA SAÚDE

A incerteza associada com o processo de desenvolvimento de novos produtos está bem visível nas decisões recentes de uma das grandes companhias farmacêuticas, a Merck, em descontinuar o desenvolvimento já em fase avançada de uma vacina contra a SIDA (Setembro de 2007) e anteriormente de um medicamento contra a insónia (Março de 2007), conforme relatos saídos na imprensa:

"A multinacional farmacêutica Merck interrompeu os ensaios clínicos em grande escala de uma vacina contra a sida, porque esta não evitava nem sequer reduzia a gravidade das novas infecções" Público 29.09.2007.

"O ensaio clínico, iniciado nos finais de 2004, envolvia 3000 voluntários não infectados, sobretudo localizados nos Estados Unidos e na América Latina. O ensaio clínico era a segunda de um sistema de três fases que é exigida pela Food and Drug Administration [entidade reguladora do medicamento nos Estados Unidos] antes de autorizar a introdução no mercado de qualquer vacina ou medicamento.

Os resultados finais do ensaio não eram esperados antes do final de 2008. Mas na primeira avaliação intermédia de 1500 voluntários, concluiu-se que já era óbvio que vacina não estava a funcionar. (...) Das 741 pessoas que receberam pelo menos uma dose da vacina, 24 casos de infecção foram registados depois de os voluntários terem sido seguidos durante cerca de 13 meses. Esse valor deve ser comparado com as 21 infecções dentro de um conjunto de 762 pessoas que receberam injeções de um placebo." The New York Times 22.09.2007 (tradução nossa).

"Merck cancela o desenvolvimento de um novo medicamento para a insónia: A Merck e o seu parceiro dinamarquês, H. Lundbeck, anunciaram o fracasso no desenvolvimento de um novo medicamento para dormir, seguro e eficaz, cancelando o seu produto conjunto, gaboxadol. Efeitos secundários pouco usuais – incluindo alucinações e desorientação – surgiram nos estudos realizados. O medicamento também falhou um ensaio quanto à sua eficácia." The New York Times 29.03.2007 (tradução nossa).

Estas decisões revelam a importância do confronto entre os benefícios esperados de um novo medicamento e o seu custo. Face aos poucos ganhos em saúde que estavam a ser detectados, a presunção da companhia farmacêutica terá sido a de exclusão do medicamento de mecanismos de cobertura de seguro, reduzindo drasticamente o seu mercado potencial. Com essa redução, deixou de compensar incorrer nos custos ainda necessários para vir a colocar o medicamento no mercado.

Os custos que a empresa teve até ao momento, com o desenvolvimento destes novos produtos, ficam perdidos, e terão de ser compensados com as margens futuras em outros produtos que a empresa venha a desenvolver.

Esta decisão ilustra também um outro aspecto crucial da análise económica. Poderá ser estranho pensar que a empresa "deitou fora" milhões de dólares nessas tentativas de criação de novos produtos, uma vez que abandonou o seu desenvolvimento. É certamente verdade que esse esforço não será recuperado.

Porém, para a decisão de continuar, ou não, o desenvolvimento de um novo produto, esses custos passados são irrelevantes. De um ponto de vista económico, deve-se perguntar qual o custo de oportunidade de continuar a desenvolver os produtos, independentemente dos custos já tidos que não sejam recuperáveis. Esse custo de oportunidade é dado pelo retorno alternativo que será obtido aplicando os fundos que ainda seriam necessários (para levar ao mercado os novos produtos) noutros usos. Ora, nesta análise, é fácil verificar que o custo passado não tem qualquer papel para essa decisão de continuação e pode ser, por isso, ignorado. Este tipo de custos é o que em economia se designa por custos afundados.

19.3 Genéricos

Finalizado o período da patente atribuído a um medicamento, há a presunção de que a empresa inovadora recuperou os custos associados com a inovação, não se justificando a manutenção de uma situação de proteção face à concorrência de outras empresas. Por esse motivo, terminado o período de proteção de patente, assiste-se à entrada de produtos similares, resultantes da imitação, os denominados genéricos.

Por definição, os genéricos são produtos que possuem bio-equivalência com o medicamento original. Têm como objetivo levar a que a produção seja realizada do modo mais eficiente possível, e que a concorrência entre as diferentes companhias leve a menores preços. De um ponto de vista económico, os medicamentos genéricos têm um papel de através do aumento de concorrência originarem menores preços no mercado, não por regulação e sim por livre concorrência entre fabricantes de um mesmo produto. A vantagem de deixar à concorrência no mercado em vez de regular o preço, como sucedeu durante o período de patente, está em as empresas terem interesse em garantir o mais baixo custo de produção como forma de terem uma vantagem face aos concorrentes e reduzirem preços para ganharem vendas.

Um medicamento para ser considerado medicamento genérico tem que cumprir, de forma cumulativa, quatro requisitos fundamentais: similitude com um medicamento de referência, a patente (direitos de propriedade industrial) ter terminado quanto à substância activa ou quanto ao processo produtivo, ter as mesmas indicações terapêuticas do medicamento de referência e ter demonstrado a sua bioequivalência para com o medicamento de referência (tendo essa demonstração de ser feita com estudos de biodisponibilidade).

ECONOMIA DA SAÚDE

Sendo verdade que um aumento do número de empresas que coloca à disposição um determinado medicamento aumenta a concorrência, não se deve, porém, ignorar que a presença, isolada, no mercado do medicamento original, usualmente designado por medicamento de marca, cria aos olhos dos médicos e dos doentes uma diferenciação deste medicamento face às alternativas de produtos genéricos que surjam. Essa diferenciação pode ser meramente psicológica, por parte dos doentes, ou decorrente do hábito de prescrição, por parte dos médicos. O elemento importante do ponto de vista do funcionamento económico do mercado do medicamento, é que para um mesmo preço do medicamento de marca e do medicamento genérico, haverá um grupo de doentes que prefere (ou o seu médico, por eles) o medicamento de marca, enquanto que para outros prevalece uma indiferença entre as duas alternativas.

Estes últimos irão então utilizar o medicamento que ofereça um menor custo, seja medicamento de marca ou medicamento genérico. Quanto ao primeiro grupo, mesmo que haja alguma diferença de preço entre o medicamento de marca e o medicamento genérico (sendo mais elevado o primeiro) poderá optar por usar o medicamento de marca, dada a sua preferência por esse produto.

Assim, num mercado onde existe, ainda e apenas, o medicamento de marca, a companhia farmacêutica procura estabelecer o preço do seu medicamento tendo em conta todos os doentes que pretende alcançar. Quando a patente expira e surgem medicamentos genéricos, a companhia farmacêutica defronta um dilema: baixar os preços, concorrendo diretamente com os produtores de medicamentos genéricos por todos os doentes presentes no mercado, ou, em alternativa, optar por manter ou mesmo subir os preços, se for possível, procurando captar unicamente os doentes com uma elevada preferência pelo medicamento de marca. Estes estarão na disposição de pagar mais para continuarem a usar o medicamento ao qual atribuem maior valor. Caso escolham esta segunda alternativa, observa-se no mercado o que é designado por "paradoxo dos genéricos": uma subida de preços dos medicamentos de marca (ou pelo menos não descida), quando ocorre entrada de medicamentos genéricos a preço mais baixo.

Conceptualmente, este efeito é explicado por durante o período de patente o medicamento de marca gerar uma reputação/ fidelização que lhe permite no período pós-patente, e quando enfrenta concorrência, aumentar o seu preço, concentrando as suas vendas nos grupos de consumidores que estão dispostos a pagar mais. Em contrapartida, os consumidores desse medicamento que são sensíveis ao preço adquirem-no aos produtores de genéricos. É natural que esta fidelização vá desaparecendo à medida que o hábito de utilizar medicamentos genéricos se vá instalando na população.

Uma outra explicação potencial decorre das regras de fixação do preço dos genéricos. Se este último estiver de alguma forma ligado ao preço dos medi-

19. MERCADO DO MEDICAMENTO

camentos de marca, um produtor com medicamentos de marca que também tenha interesse no lançamento de um produto genérico poderá subir o preço do medicamento de marca com o intuito estratégico de assegurar um preço de genérico mais elevado. Esta opção será tanto mais interessante para o produtor do medicamento de marca quanto maior for a intensidade da preferência pelo seu medicamento face à concorrência de produtos genéricos e quanto mais amplo for o grupo que apresenta essa preferência. Admitindo que a importância destas duas características diferirá eventualmente de medicamento para medicamento, poderemos encontrar, em Portugal, reações diferentes, entre medicamentos, à entrada dos medicamentos genéricos.

É também a potencial relevância desta preferência pelo medicamento de marca que ditou uma majoração na comparticipação dada pelo Serviço Nacional de Saúde aos medicamentos genéricos, face aos medicamentos de marca, como forma de fomentar uma maior utilização de genéricos. Com o hábito da utilização de genéricos é natural que ocorra um atenuar da intensidade da preferência pelo medicamento de marca, presente no mercado há mais tempo (na medida em que seja determinada por uma certa desconfiança face ao novo produto e inércia de uso do que já é conhecido).

Em Portugal, por virtude da existência de uma regulamentação de preços, o efeito de subida de preço do medicamento de marca face à concorrência de produtos genéricos não é susceptível de ser tão facilmente observado, sendo, no entanto, possível observar uma sua diminuição (pois mesmo num regime de preços administrativamente fixados, é natural que qualquer proposta de diminuição de preços apresentada pelas empresas seja prontamente aceite por parte das autoridades económicas).

A evidência atualmente disponível para Portugal mostra que a introdução de genéricos contribuiu para uma redução de preços que ultrapassou em larga medida o que seria resultante das medidas administrativas de descida de preços.

A figura 19.3 apresenta um índice de preços de medicamentos genéricos, comparando com índice para o total do mercado. Os índices encontram-se normalizados para 1 no primeiro mês incluído, pelo que o seu valor reflete a evolução do preço face a esse momento no tempo. Cada índice foi obtido pelo rácio da despesa em valor pelo número de embalagens, tal como reportado publicamente pelo Infarmed, incorporando também efeitos de composição de vendas.

ECONOMIA DA SAÚDE

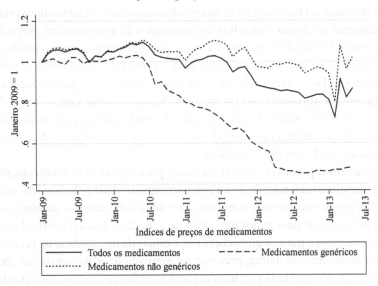

FIGURA 19.3: Evolução dos preços médios dos medicamentos

Fonte: Elaboração própria, com base em informação pública do Infarmed.

A cronologia dos medicamentos genéricos em Portugal inicia-se em 1990,[106] embora só no inicio de 1991 se defina legalmente o que é um medicamento genérico.[107] Subsequentemente, foram sendo adoptadas medidas que procuravam estimular a penetração de medicamentos genéricos no mercado nacional. Em 1992 estabelece-se que os medicamentos genéricos deverão ter preços 20% inferiores ao preço do medicamento de referência.[108] Esta medida pouco efeito surtiu e os medicamentos genéricos não apresentaram crescimento significativo.

Em 2000, é introduzida uma compartição adicional de 10% no preço dos medicamentos genéricos cobertos pelo Serviço Nacional de Saúde.[109] De seguida, em 2001 surge a imposição do preço do genérico dever ser pelo menos 35% inferior ao do preço do medicamento de marca que serve de referência. Em finais de 2002 é criado o sistema de preços de referência.

Segundo o sistema de preços de referência, a comparticipação dos medicamentos de marca é determinada pela diferença de preços face ao genérico que possua o preço mais elevado dentro do grupo homogéneo relevante. Como seria

---

[106] Decreto-Lei 81/90, de 12 de Março.
[107] Decreto-Lei 72/91, de 8 de Fevereiro, que definiu também as condições para a prescrição e dispensa de medicamentos genéricos.
[108] Portaria 623/92.
[109] Decreto-Lei 205/00, de 1 de Setembro.

de esperar, encontra-se um período inicial de arranque, uma fase de rápido crescimento, nos anos de 2003 e seguintes, seguida de uma tendência para a estabilização da tendência de crescimento a partir de 2006. Até 2010, as quotas de mercado em valor e em embalagens dos genéricos foram crescendo de forma regular. Portugal apresentava nesta altura uma quota de mercado de genéricos medida em valor superior à mesma quota de mercado medida em embalagens, sinal de os genéricos terem um preço por embalagem superior à média do mercado.

Esta situação surgia porque a redução de preço exigida aos genéricos e as regras de preços existentes favoreciam a entrada dos produtores de genéricos em produtos de preço elevado e evitavam a concorrência através do preços. A partir de 2010 esta situação altera-se, com diversas medidas adoptadas, quer em termos de reduções de preços por mecanismos administrativos quer por alteração das regras de formação de preços no mecanismo de preços de referência. Instala-se então uma concorrência através do preço que leva a que no agregado a quota de mercado em embalagens ultrapasse a quota de mercado em valor. A primeira mantém uma tendência crescente, enquanto a segunda tem nos últimos anos uma tendência de redução.

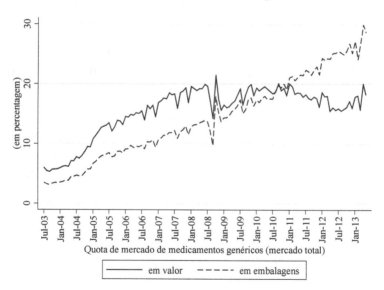

FIGURA 19.4: Evolução do mercado de genéricos

Fonte: Elaboração própria, com base em informação pública do Infarmed.

ECONOMIA DA SAÚDE

São, pois, visíveis dois momentos distintos na evolução dos preços dos medicamentos genéricos. Numa primeira fase, não ocorreu a previsível descida de preços. Os preços dos medicamentos genéricos eram relativamente elevados e estáveis. Contudo a partir de meados de 2010, por virtude de várias medidas legislativas que tiveram o seu ponto mais significativo em outubro de 2010, desde essa data, houve uma redução sistemática dos preços dos medicamentos genéricos. Essa descida teve um abrandamento apenas em meados de 2013, em que o preço médio dos medicamentos genéricos é cerca de 46% do preço médio de Maio de 2010.

Numa interpretação de grandes linhas, o desenvolvimento da participação de medicamentos genéricos no mercado português teve, até hoje, quatro grandes fases. A primeira fase foi de crescimento incipiente, em que apenas se encontrava presente um reduzido número de genéricos. Em resposta a essa primeira, as alterações legislativas tornaram mais atrativa a entrada de medicamentos genéricos, tendo como resposta uma entrada crescente de medicamentos genéricos e ausência de forte concorrência em preço por parte dos genéricos. A terceira fase foi de aproveitamento das boas condições de rentabilidade dos genéricos no mercado português, em que apesar de se ter alcançado uma dimensão razoável não se desenvolveu uma pressão para descida de preços. A quarta fase inicia-se como novo conjunto de alterações legislativas, que vêm dar uma maior importância ao preço praticado por cada laboratório na determinação da sua procura. Essa alteração gerou a descida de preços, voluntária e fruto da concorrência entre os diferentes produtos, que aparenta ter estabilizado os preços médios apenas cerca de três anos depois. A situação a partir da Primavera de 2013 poderá vir a configurar uma quinta fase, de maior estabilidade dos preços dos genéricos a um nível substancialmente mais baixo.

19.4 Sistemas de preços e mecanismos de concorrência

Uma das alterações mais marcantes, na forma de encarar o funcionamento do sector do medicamento, nos últimos anos, foi o conjunto de políticas adotadas com o objetivo de promover a concorrência. Uma maior concorrência é sinónimo de maior número de alternativas para escolha, por parte dos doentes e dos médicos.

No caso do mercado dos medicamentos dispensados em ambulatório, o sistema de comparticipação por parte do Serviço Nacional de Saúde é um importante fator de influência sobre essa concorrência.

Basta pensar que no caso de o Serviço Nacional de Saúde optar por uma comparticipação integral de um medicamento, ou grupo de medicamentos, então o elemento preço deixa de constituir argumento de escolha entre alternativas.

19. MERCADO DO MEDICAMENTO

Embora seja verdade que os preços dos medicamentos sujeitos a receita médica têm que ser aprovados, é igualmente certo que uma maior concorrência levará a uma maior pressão para que as companhias farmacêuticas procurem voluntariamente fixar menores preços. Dois aspectos são aqui relevantes. Por um lado, quanto maior for a taxa de comparticipação do Serviço Nacional de Saúde, menos sensível será o padrão de prescrição face a diferenças de preços entre medicamentos alternativos, e consequentemente menos natural será que as companhias farmacêuticas tenham interesse em preços mais baixos.

Por outro lado, para além do valor da taxa de comparticipação, é igualmente relevante a forma como é determinada essa comparticipação. Um sistema de comparticipação por taxa proporcional ao preço do medicamento (percentagem do preço do medicamento) tem implicações distintas de um sistema de preços de referência.

Os mecanismos de preços de referência constituem uma alteração à forma como o utente participa nos custos de aquisição de medicamentos. Porém, ao contrário do que se possa julgar, a principal vantagem de um sistema de preços de referência encontra-se na forma como este sistema introduz uma maior sensibilidade ao preço por parte dos utentes, o que leva a uma maior concorrência em preços entre as companhias farmacêuticas que apresentam medicamentos alternativos.

A discussão do papel dos preços de referência num sistema de comparticipação por parte de uma entidade seguradora (Estado, subsistema ou companhia de seguros) não pode ser feita sem se perceber primeiro qual o papel da comparticipação e a forma como afecta a formação de preços neste mercado.

A existência de uma comparticipação na despesa com medicamentos da população definida como uma percentagem do preço de venda protege os utentes do risco financeiro (é claramente uma forma de seguro). Em contrapartida, distorce a forma como as companhias farmacêuticas operam no mercado, nomeadamente nas suas decisões sobre preços (relembre-se que os preços fixados administrativamente são preços máximos, sendo duvidoso que reduções de preços sejam recusadas). É relativamente natural admitir que o Estado (Ministério da Saúde ou outro organismo) não tem a informação suficiente para ter a certeza de conseguir fixar de forma economicamente correta todos os preços de todos os medicamentos.

Se a comparticipação dada fosse total, significando que o utente nada pagaria no momento de consumo, e se as companhias farmacêuticas pudessem estabelecer livremente os preços, qual seria o preço de equilíbrio? Os utentes desejariam consumir medicamentos desde que o benefício marginal fosse positivo, uma vez que a cobertura de seguro integral os isolaria completamente do preço. Sendo a procura defrontada pelas companhias farmacêuticas insensível ao preço prati-

ECONOMIA DA SAÚDE

cado, estas procurariam cobrar os preços mais elevados possível. A despesa em medicamentos cobertos pelo SNS seria totalmente pública e excessiva quer por ter preços elevados quer por induzir consumo sem grande valor em termos de contribuição para a melhoria do estado de saúde.

Se, em alternativa, não houver qualquer comparticipação, o utente paga integralmente o preço do medicamento. A decisão de consumo é então tomada tendo em consideração o custo de aquisição do medicamento. Apenas quando o benefício de consumo supera esse custo é o medicamento adquirido (seja porque o médico atuando como agente do doente só prescreve quando o benefício compensa o custo que o doente terá seja porque o doente, após a prescrição realizada pelo médico, toma a decisão de adquirir, ou não, o medicamento), desde que não existam restrições financeiras (ou de riqueza) a essa aquisição. Nestas circunstâncias, as empresas teriam interesse em manter os preços baixos, e tanto mais baixos quanto maior for a concorrência defrontada no mercado. O fator preço é, nestas condições, um elemento crucial na determinação das vendas e da quota de mercado de cada empresa.

Embora as decisões de consumo, nesta circunstância, sejam tomadas de um modo economicamente eficiente quanto ao nível de consumo, não haveria a proteção contra a incerteza do momento e volume de consumo necessário. Globalmente, não haveria eficiência económica devido à ausência de proteção, ainda que parcial, contra essa incerteza.

A realidade, na definição do montante adequado de comparticipação, deixa-nos a meio caminho entre estas duas situações extremas, obrigando a equilibrar a proteção financeira aos utentes com o excesso de consumo e com as estratégias de preços das companhias farmacêuticas.

Os dois casos extremos também ilustram claramente que diferentes sistemas de comparticipação geram diferentes incentivos para as companhias farmacêuticas no que diz respeito aos preços praticados. Estes argumentos foram formalizados na secção 18.1, podendo ser facilmente adaptados para o sector do medicamento (a diferença base sendo que em lugar de haver um prestador que é público, existem medicamentos que recebem comparticipação de uma forma independente do seu preço, e outro, o medicamento cujo preço serve de referência (genérico de preço mais elevado, no caso português), em que a estratégia de preços tem de ter em consideração o que sucede à concorrência que defronta.

Em conclusão, do ponto de vista conceptual, a vantagem dos preços de referência é a de alterar o equilíbrio de mercado, fazendo com que as companhias farmacêuticas tenham interesse em baixar os preços sem que para obter esse efeito se tenha que comprometer a proteção aos utentes.

Um sistema de preços de referência é caracterizado, essencialmente, por a comparticipação do Serviço Nacional de Saúde se encontrar determinada por um valor de referência, em lugar de ser uma comparticipação percentual face ao preço do medicamento. No sistema de preços de referência, quando o preço do medicamento excede o valor de referência, o utente é responsável pela totalidade da diferença entre ambos. De um modo simples, num sistema de comparticipação puro, como foi o seguido em Portugal até 2003, o SNS define uma taxa de comparticipação, uma percentagem a do preço do medicamento, p, tal que o cidadão paga $(1 - a) \times p$. Num sistema de preços de referência, a taxa de comparticipação é aplicada ao preço de referência, p^r, sendo então o pagamento do utente $p - a \times p^r$. Este valor é maior que $a \times p$ sempre que p^r for inferior a p. Pode-se ainda escrever $p - a \times p^r = (p - p^r) + (1 - a) \times p^r$. Ou seja, para além da percentagem $(1 - a)$ do preço de referência, o cidadão paga a diferença entre o preço de venda ao público e o preço de referência.

Em termos de concorrência, esta característica significa que uma redução de preço de 1€ é completa e integralmente absorvida pelo utente. Por seu lado, num sistema de comparticipação percentual, uma redução de 1€ é apenas parcialmente absorvida pelo utente. Por exemplo, se a taxa de comparticipação do Serviço Nacional de Saúde for de 65%, a redução no encargo para o utente será de apenas 35 cêntimos. Daqui resulta que para uma mesma redução de preço se deva esperar uma resposta, em termos de aquisição de medicamentos, mais pronunciada quando se está na presença de um sistema de preços de referência. Em particular, os ganhos de quota de mercado face aos concorrentes serão maiores, para uma igual redução de preço, o que incentiva as companhias farmacêuticas a uma maior utilização do instrumento preço nas suas estratégias comerciais. A maior agressividade em preços irá então resultar em preços mais baixos do que os prevalecentes numa situação de comparticipação percentual.

Um sistema de preços de referência é um caso particular de regras de comparticipação, e deve ser comparado com modos alternativos de definição da comparticipação.

Como as diferentes empresas, cada uma com o seu produto, atuam num mercado único, a definição das regras de copagamento afecta as condições em que os laboratórios farmacêuticos concorrem uns com os outros. Um aspecto central a ter em consideração é o efeito das regras de copagamento sempre que o consumidor decide utilizar um medicamento que não pertence ao conjunto de medicamentos comparticipados.

Os principais sistemas utilizados tipificam-se em três alternativas. A primeira opção consiste em não dar qualquer reembolso, comparticipação ou qualquer garantia de cobertura de seguro quando um beneficiário de um plano de saúde (público ou privado) opta por um medicamento fora do conjunto de medicamentos comparticipados. Esta definição para o sistema de comparticipação corresponde a um sistema de saúde público, como o espanhol ou o português, em

ECONOMIA DA SAÚDE

que usar um medicamento fora do sistema de medicamentos oficialmente comparticipados significa que o cidadão suporta o custo integral.

A segunda alternativa define uma comparticipação que é idêntica, em valor, à que seria dada caso o doente tivesse optado pelo medicamento preferencial. Esta alternativa traduz a ideia de preços de referência, já que qualquer preço acima do valor de referência implica que seja o doente a pagar a diferença de preço.

A terceira alternativa corresponde ao sistema de comparticipação, em que o financiador garante uma taxa de comparticipação igual para todos os medicamentos.

Num contexto de liberdade na estratégia de fixação de preços, o sistema de comparticipação que gera maiores custos totais, admitindo que a procura total se mantém constante (isto é, as necessidades de cuidados de saúde são exógenas), é o sistema de comparticipação, com uma taxa de comparticipação igual qualquer que seja o medicamento selecionado pelo consumidor. O motivo é simples. A existência de uma taxa de comparticipação diminui a sensibilidade do decisor, o doente, sobre o prestador a consultar, pelo que as empresas têm maior capacidade de cobrar preços elevados (o que no caso dos medicamentos com preço máximo aprovado significa que não terão qualquer incentivo a não ter o preço máximo). A concorrência entre companhias farmacêuticas é fortemente atenuada pelo efeito de comparticipação.

É tentador pensar-se que o sistema alternativo que menores custos gera é excluir medicamentos da comparticipação, optando por incluir apenas alguns. Corresponde à prática de nem todos os medicamentos serem comparticipados. Nos medicamentos excluídos, o doente tem que pagar integralmente o preço.

Porém, apesar de ser aparentemente a medida mais drástica, é também a que mais atenua a concorrência entre as empresas, concedendo uma vantagem artificial aos medicamentos preferidos. Os medicamentos incluídos para efeitos de comparticipação ganham a capacidade de praticar preços mais elevados do que na situação de igual tratamento de todos os medicamentos com a mesma indicação terapêutica (quer seja pela ausência de comparticipação quer seja igual comparticipação em termos percentuais). Um mecanismo muito seletivo dos medicamentos abrangidos pela cobertura do SNS teria que ser acompanhado por imposição de preços máximos mais agressivos.

Assim, o sistema de comparticipação que gera menor despesa total é o de preços de referência. Este sistema assegura a presença de concorrência na margem, e as empresas tenderão, nas suas estratégias de preços, a praticar preços mais baixos. Existindo preços de referência, em que a referência é dada preço ou média de preços de empresas no mercado, dois tipos de efeitos ocorrem, em termos de interação de mercado.

19. MERCADO DO MEDICAMENTO

As companhias que não participam na definição do nível de preço de referência sabem que se estabelecerem um preço superior ao preço de referência, os consumidores que os escolherem terão que pagar todo o acréscimo de preço. É, pois, uma procura muito sensível ao preço escolhido pelo laboratório.

É um efeito de pressão concorrencial, levando a que os preços sejam mais baixos do que seriam numa situação em que todos os medicamentos recebem a mesma taxa de comparticipação, qualquer que fosse o medicamento escolhido.

Mas este não é o único efeito importante presente. Também o(s) medicamento(s) que serve(m) de referência para o estabelecimento da comparticipação sente(m) uma maior pressão concorrencial. Se, por um lado, com a comparticipação e a diminuição da sensibilidade da procura resulta um incentivo para o aumento dos preços, por outro lado, há um efeito indireto – ao aumentar o seu preço, a companhia farmacêutica está também a aumentar o valor da comparticipação se for escolhido o medicamento alternativo. Tal faz com que o consumidor seja menos sensível ao preço fixado pelo outro laboratório farmacêutico. É um efeito desfavorável para quem está dentro do conjunto de empresas que determinam o preço de referência. Há então um menor incentivo a aumentar o preço, e cada companhia comporta-se de forma mais concorrencial do que em qualquer um dos outros dois sistemas de comparticipação.

No caso de inexistência de comparticipação quando se escolhe um medicamento fora da lista preferencial, a ausência deste efeito cruzado faz com que o laboratório do medicamento comparticipado aumente os seus preços (uma vez que não perderá uma fração significativa da procura para o outro prestador). A ausência da pressão concorrencial acaba por ditar que regras de exclusão do sistema de comparticipação sejam menos favoráveis ao objetivo de contenção de custos.

Finalmente, o sistema de comparticipação percentual igual para todos os medicamentos é pior, em termos de custos do sistema, do que o estabelecimento de preços de referência, já que é o sistema que mais atenua a pressão concorrencial sobre as decisões dos prestadores.

A análise sugere que as propriedades económicas de um sistema de preços de referência são mais interessantes, do ponto de vista social, do que as de um sistema de taxa de comparticipação fixa e igual para todos os medicamentos da mesma classe terapêutica (estritamente falando, de todos os medicamentos que concorram entre si para a satisfação de uma determinada necessidade clínica).

A importância que o sistema de preços de referência tem vindo a assumir está bem patente na recomendação do estudo da Europe Economics (2005) para que o sistema de preços de referência fosse alargado e baseado em protocolos, por forma a abranger produtos ainda sob patente. Na procura de uma maior concorrência, este estudo defende ainda uma liberalização do preço dos medi-

ECONOMIA DA SAÚDE

camentos genéricos, permitindo que o seu preço de entrada possa ser superior a 65% do preço do produto de marca de referência, procurando assim estimular mais entrada. O estudo propunha igualmente que o preço de referência viesse a ser definido com base no preço do medicamento genérico com preço mais baixo ou com o segundo preço mais baixo. Todas estas propostas procuram fazer com que haja um maior enfoque nos mecanismos de mercado como força "natural" de redução de preços, em lugar de mecanismos administrativos. O atual mecanismo de preços de referência, envolvendo os cinco preços mais baixos de mercado (que podem corresponder a mais do que cinco empresas se houver preços idênticos), fomenta a concorrência em preços também pela visibilidade que resulta de um produto estar incluído neste conjunto.

19.5 A regulação dos preços de medicamentos em Portugal
No conjunto de países da OCDE, Portugal tem sido o país com valor mais elevado em termos de despesas em medicamentos como proporção do PIB, depois da Grécia (que constitui um verdadeiro caso à parte, sendo os preços mais baixos neste país e o consumo per capita bastante elevado). Esta posição relativa de Portugal tem sido uma constante desde os anos 90 do século passado.

No entanto, grande parte do efeito decorre do baixo nível de riqueza de Portugal, já que em termos de despesa per capita em medicamentos, ajustada para o poder de compra de cada país, Portugal ocupa o penúltimo lugar, aspecto que é similar ao que se verifica para o volume global de despesas em saúde, como se viu no capítulo 2.

Os preços dos medicamentos em Portugal estão sujeitos a forte regulação e regulamentação. Tipicamente, os três grandes objetivos da regulação dos preços dos medicamentos são: contenção de custos, maior eficiência e assegurar a equidade no acesso.

Em Portugal, as principais medidas têm passado pela regulação dos preços dos medicamentos (nalguns casos, desregulação, como sucedeu com os medicamentos não sujeitos a receita médica). Antes de passar a uma descrição mais detalhada da realidade nacional, vale a pena referir que outras actuações seriam possíveis. Um exemplo disso é a utilização de orçamentos para medicamentos, por doente, atribuídos aos médicos.

A utilização de orçamentos para a prescrição de medicamentos tem sido adoptada em diversos países (Reino Unido, Alemanha e Itália, por exemplo). Embora, em princípio, este tipo de medidas permita conter a despesas com medicamentos, várias desvantagens têm sido apontadas. Por um lado, leva a um racionamento baseado na ordem de chegada e não na necessidade – os doentes tratados no início do ano terão mais facilmente medicamentos prescritos do que os tratados quando o orçamento se encontra perto de estar esgotado. Por outro

19. MERCADO DO MEDICAMENTO

lado, o médico tem um incentivo a referenciar mais frequentemente, nomeadamente a enviar o doente para o hospital, o que em si poderá aumentar os custos do sistema de saúde como um todo.

É hoje claro que é sempre necessário algum tipo de restrição de acesso, pois num contexto em que o decisor (o doente, ou o médico enquanto seu agente) não suporta qualquer custo tenderá a consumir em excesso, de um ponto de vista social, e as companhias farmacêuticas, sabendo da baixa sensibilidade do consumo ao preço, tenderão também a procurar estabelecer preços mais elevados para os seus produtos.

Assim, face aos recursos limitados existentes surge a intenção de inverter a tendência de excesso de consumo a preços elevados, o que tem sido tentado quer procurando mecanismos que tornem os decisores mais sensíveis ao preço quer procurando regular diretamente os preços dos produtos farmacêuticos.

Há ainda quem defenda que face aos ganhos de saúde associados com o consumo de medicamentos é preferível pagar a mais do que a menos, para não se reduzir o fluxo de novos medicamentos que chega ao mercado (Towse, 2003).

Os critérios que devem presidir à fixação dos preços são a inovação e relevância terapêutica, por um lado, e a vantagem económica, por outro lado. A taxa de comparticipação, atribuída pelo Ministério da Saúde, não é igual para todos os medicamentos, existindo diversos escalões de comparticipação.[110]

Existe ainda a possibilidade da revisão de preços, que passa pela revisão trimestral do preço de referência (com eventual redefinição dos grupos de referência) e pela revisão administrativa (que tem sido concretizada de forma *ad-hoc*, e sem relação com a variação dos preços nos países de referência para o estabelecimento do preço inicial). Contrariamente ao que ocorre em outros países, não é usado em Portugal uma regulação que fixe preços via limitação dos lucros das companhias farmacêuticas.

Para além da determinação dos preços dos medicamentos que entram no mercado, existem também mecanismos administrativos de revisão periódica dos preços. Em particular, dentro do quadro do sistema de preços de referência, ocorre uma revisão trimestral dos seus valores. O preço de referência é definido com base no medicamento genérico de preço mais elevado dentro do mesmo grupo. Os grupos de medicamentos são definidos atendendo à sua homogeneidade em termos de substância activa, dosagem e apresentação farmacêutica.

A fixação do preço máximo de cada medicamento autorizado para introdução no mercado português tem registado diversas alterações ao longo dos anos.

---

[110] À data de Setembro de 2013, o escalão A tem uma comparticipação do SNS de 90%, o escalão B de 69%, o escalão C de 37% e o escalão D de 15%. Os pensionistas de baixos rendimentos recebem uma comparticipação adicional.

ECONOMIA DA SAÚDE

O sistema tem-se baseado na comparação internacional de preços, havendo variação no número e nos países incluídos nessa comparação internacional, bem como na regra utilizada.

Antes de 2007, o preço do medicamento novo em Portugal era formado com base no valor mais baixo registado no conjunto de três países (Espanha, França e Itália). Em 2007, as novas regras então publicadas alteraram os países para quatro, adicionando a Grécia ao conjunto de países de referencia, e sendo o preço a média dos preços destes quatro países.

Na sequência do Memorando de Entendimento assinado em maio de 2011, as regras voltam a alterar-se, sendo redefinidos os países e a forma de cálculos, que afeta quer os preços dos medicamentos quer os preços dos medicamentos já presentes no mercado.

E, em resultado, em 2012, os países de referencia passaram a ser Espanha, Itália e Eslovénia. A revisão anual de 2013 volta a alterar os países de referência para Espanha, França e Eslováquia. A regra a seguir voltou a ser o preço mais baixo do conjunto dos países de referência.

No que se refere aos genéricos, se em 2007 era fixado que o preço dos genéricos devia ser pelo menos 35% inferior ao preço dos medicamentos de marca de referência (percentagem que passava a 20% no caso do preço do medicamento de referência ser inferior a 10 €), as regras mais recentes, também acompanhando a execução dos compromissos assumidos no Memorando de Entendimento de maio de 2011, estabelecem que o primeiros medicamento genérico tem que apresentar um desconto de 50% face ao medicamento de marca de referencia.

Crisóstomo (2005) identificou constrangimentos decorrentes dos diversos mecanismos de fixação de preços no sector farmacêutico: (i) a regra que determina o preço de referência (igual ao do genérico de preço mais elevado) é limitadora da concorrência; (ii) o efeito de comparação internacional de preços tende a desaparecer ao longo do tempo, já que qualquer alteração de preço nos países de referência não tem qualquer papel depois da aprovação do primeiro preço; (iii) as reavaliações de preços têm-se limitado a decisões ad-hoc.

Estas limitações apontadas em 2005 encontram-se em 2013 ultrapassadas. O mecanismo de fixação do preço de referência foi revisto e tornou-se indutor de forte concorrência no mercado, como se apresentou. A comparação internacional de preços, em consequência dos compromissos assumidos no contexto do apoio financeiro internacional a Portugal iniciado em Maio de 2011, tornou-se mais activo, com revisões anuais efetivas dos preços e do conjunto de países que serviu de referência a essa comparação internacional.

Uma das características atuais dos mecanismos de determinação de preços para efeitos de comparticipação pelo Serviço Nacional de Saúde é envolver a denominada avaliação económica, para além dos aspectos técnicos propriamente

19. MERCADO DO MEDICAMENTO

ditos do medicamento. Esta barreira adicional, de natureza económica, tem uma racionalidade subjacente.

Na economia em geral, a adopção e uso continuado de novas tecnologias é deixado à livre decisão dos cidadãos. Quando um novo jornal é lançado, cabe a cada potencial leitor decidir se adquire ou não; quando um novo telemóvel é lançado, apresentando funcionalidades até aí inexistentes, cabe aos potenciais utilizadores decidir se o adquirem ou não. A avaliação económica é realizada por cada potencial utilizador, não existindo um processo centralizado de avaliação das suas vantagens (benefícios) e desvantagens (custos). O que justifica então que no caso dos medicamentos exista uma avaliação económica, a ser apresentada junto da entidade reguladora competente, o Infarmed, para que um novo medicamento seja comparticipado?

É natural, dadas as características do produto que é o medicamento, a exigência de eficácia, segurança e qualidade. Mas dessas exigências não decorre, inevitavelmente, a necessidade de uma avaliação económica. A razão dessa exigência surge pela divergência na decisão de prescrição e utilização, entre a avaliação privada e a avaliação social do valor do medicamento, quando se está na presença de mecanismos de proteção contra o risco financeiro de situações de doença (seja esse mecanismo decorrente de um sistema público de seguro, como o Serviço Nacional de Saúde português, ou de um sistema de seguro de saúde privado).

Quando, por exemplo, um medicamento é comparticipado a 65% pelo Serviço Nacional de Saúde, mesmo que o decisor crucial (seja ele o médico no momento da prescrição, quando tem em conta os interesses do doente, seja o doente no momento da efetiva aquisição do medicamento) tenha em atenção o preço que é pago, só é relevante nesse instante 35% do preço real, enquanto que de um ponto de vista da sociedade, se terá um custo de 100%. Significa que, ao contrário de outros produtos, da decisão individual de consumo poderá resultar a utilização do medicamento quando o seu benefício (ganho para o doente) é inferior ao seu custo, de um ponto de vista social. Devido à existência de um mecanismo de proteção financeira contra a incerteza dos custos de cuidados de saúde, em particular medicamentos, o funcionamento regular do mercado (decisões individuais de compra, por parte de médicos e doentes, e venda por parte das companhias farmacêuticas) não leva, ao contrário da generalidade dos outros mercados, a decisões corretas de utilização de recursos.

Também a aplicação da avaliação económica à introdução de medicamentos no mercado hospitalar não é totalmente pacífica, havendo quem argumente que se traduzem unicamente numa disponibilização mais tardia de medicamentos. No entanto, apenas por aplicação do argumento de racionalidade económica anterior, o fato de nem o doente nem o médico que prescreve suportarem o

ECONOMIA DA SAÚDE

custo de oportunidade de utilização de recursos na utilização do medicamento em ambiente hospitalar sugere que também neste contexto será relevante a utilização de avaliação económica na introdução de novos medicamentos, determinada pelo Decreto-Lei nº 195/2006, de 3 de Outubro, que estabelece a demonstração do "valor terapêutico acrescentado e da respectiva vantagem económica" como critérios de avaliação.

Importa, contudo, não perder de vista as condições em que esta justificação económica se possa inverter. Um exemplo simples ocorre quando o decisor se identifica mais com os resultados financeiros do hospital do que com os ganhos de saúde dos doentes, num contexto de pagamento prospetivo em que todas as poupanças realizadas revertem a favor de um melhor resultado financeiro do hospital. Nestas condições, o peso dado aos custos de introdução de um novo medicamento face aos seus benefícios poderia ser maior numa avaliação privada do que numa avaliação social, resultando num menor ritmo de introdução de medicamentos inovadores. Importa, por isso, observar e identificar os objetivos e incentivos (enquadramento) dos decisores cruciais para a introdução dos novos medicamentos em ambiente hospitalar.

19.6 A liberalização no sector: os medicamentos não sujeitos a receita médica

Em 2005, foi determinado que a venda de medicamentos não sujeitos a receita médica poderia ser feita fora das farmácias. Ao mesmo tempo, liberalizou-se o preço desses medicamentos. Ocorreu, então, uma dupla liberalização de preços e de entrada na venda dos medicamentos não sujeitos a receita médica. Embora não exista ainda uma evidência sistemática quanto aos efeitos da dupla liberalização dos medicamentos não sujeitos a receita médica, convém distinguir quais as implicações de cada um dos tipos de liberalização.

A liberalização de estabelecimento para venda de medicamentos não sujeitos a receita médica deverá fazer o respectivo preço descer relativamente ao que seria o seu valor na ausência dessa liberdade de estabelecimento. O problema base de qualquer análise é então identificar qual seria esse preço alternativo. O preço que vigorava antes da liberalização de preços e de estabelecimento não fornece uma âncora adequada já que engloba os dois efeitos, não distinguindo entre eles.

Algumas entidades têm procurado fazer a comparação entre preços na farmácia e na parafarmácia que sirvam uma mesma população. Esta comparação não responde à questão de como medir o efeito da liberalização, pois estando as farmácias e parafarmácias em concorrência, também o preço das primeiras será distinto do que seria escolhido caso não houvesse parafarmácias. Um exemplo desse tipo de análise foi publicado no Diário Económico de 16 de Maio de 2008.

19. MERCADO DO MEDICAMENTO

QUADRO 19.5: **Medicamentos não sujeitos a receita médica (exemplo)**

	Halibut	Cêgripe	Paracetamol Generis	Mebocaína Forte	Ilvicon
Farmácia do Colombo	3,77 €	5,15 €	0,98 €	5,25 €	3,49 €
Parafarmácia do Colombo	3,35 €	4,04 €	0,90 €	4,38 €	3,20 €
Farmácia do Oeiras Parque	3,10 €	4,45 €	0,95 €	4,80 €	3,75 €
Parafarmácia do Oeiras Parque	3,10 €	4,00 €	0,89 €	3,89 €	n.d.
Farmácia em Campo de Ourique	3,42 €	4,35 €	0,99 €	5,50 €	3,18 €
Parafarmácia em Campo de Ourique	3,35 €	4,25 €	1,00 €	5,30 €	3,00 €
Média das farmácias	3,43 €	4,65 €	0,97 €	5,18 €	3,47 €
Média das parafarmácias	3,27 €	4,10 €	0,93 €	4,52 €	3,10 €

Fonte: Diário Económico, 16 de Maio de 2008.

Admitindo que as farmácias, por venderem medicamentos sujeitos a prescrição médica, servem uma população com menor sensibilidade face ao preço, então a liberalização da abertura de pontos de venda de medicamentos não sujeitos a receita médica tem três implicações base, que podem ser sujeitas a teste empírico: a) os preços nas farmácias e nas parafarmácias deve ser mais próximo do custo do medicamento do que antes da liberalização; b) os preços das farmácias tenderão a aproximar-se dos preços das parafarmácias; c) na medida em que os clientes das farmácias sejam os menos sensíveis ao preço, os preços nas farmácias não serão iguais aos preços das parafarmácias, mas superiores.

Os valores que são tipicamente discutidos na imprensa, diferenças entre farmácias e parafarmácias permitem apenas discutir o terceiro aspecto e afirmar que existem grupos de consumidores diferentes para os medicamentos não sujeitos a receita médica.

Para obter conclusões sobre o impacto, em termos de preço, da liberalização da abertura de locais de venda de medicamentos não sujeitos a receita médica, torna-se necessário confrontar os preços praticados com os custos de realizar a dispensa destes medicamentos. Caso não seja fácil de fazer, então uma forma indireta de análise consiste em confrontar os preços praticados, para os mesmos produtos, entre zonas com pouca concorrência (por exemplo, existir apenas uma farmácia) e zonas geográficas com concorrência entre farmácias e parafarmácias.

ECONOMIA DA SAÚDE

Assim, apesar de sugestivas, as comparações de preços entre farmácias e parafarmácias não são um indicador completo dos efeitos de liberalização de entrada na venda de medicamentos não sujeitos a receita médica.

19.7 Liberalização: a propriedade das farmácias

Uma das mudanças estruturais na década de 2000 no sector do medicamento foi a liberalização da propriedade das farmácias, em que os farmacêuticos perderam a exclusividade (monopólio) dessa propriedade. Como seria de esperar, esta mudança gerou elevada contestação e discussão.

Para iniciar uma discussão do ponto de vista económico desta medida importa desde logo definir o que se entende por propriedade: direito a usar os ativos físicos e a recolher os resultados da atividade. As atividades da farmácia hoje caracterizam-se por duas grandes linhas: a dispensa de medicamentos e o aconselhamento e alerta da população.

A primeira atividade está basicamente estandardizada, já que a percentagem de medicamentos manipulados na farmácia tende a ser residual. Os medicamentos surgem na farmácia já embalados e prontos para serem passados ao doentes. A componente de verificação de conflitos entre medicação prescrita e/ou tomada pelo doente também é cada vez mais resolvida<<f< z por meios informáticos, recorrendo a programas de controle.

Em oposição, a segunda atividade, de aconselhamento dos doentes, é especifica a cada um e implica um conhecimento das circunstâncias particulares de cada pessoa que vá frequentemente à farmácia. Não é um conhecimento padronizado ou susceptível de ser facilmente armazenado e disseminado.

Enquanto na primeira atividade, há cada vez menos vantagem específica em ser farmacêutico, na medida em que o aprovisionamento e agora a política de preços (dado que o regime de preços máximos permite a atribuição de descontos no preço de venda ao consumidor por parte da farmácia) são aspectos genéricos, na segunda atividade, o conhecimento tem necessariamente que ser especializado, e nessa medida fortemente dependente da formação do farmacêutico.

Seguindo o princípio de cada agente económico se concentrar nas atividades para as quais tem formação específica e onde tem capacidade de fazer melhor que outras formações, a separação da direção técnica da propriedade da farmácia pode ser facilmente enquadrável nesse contexto. A abertura da propriedade tem, nesta linha de argumentação, a vantagem de um maior potencial de inovação organizacional, já que abrindo-se o leque de potenciais proprietários abre--se lugar para maior inovação. Tem como desvantagem a existência de objetivos diferentes entre direção técnica e proprietário (embora com a vantagem de clarificar eventuais conflitos éticos que possam existir, e que com coincidência de propriedade e direção técnica nunca se tornam explícitos mesmo que existam).

19. MERCADO DO MEDICAMENTO

Contudo, contra esta liberalização foram apresentados outros argumentos. Por um lado, defendeu-se que o sistema atual produziu bons resultados em termos de cobertura geográfica, qualidade e satisfação dos utentes com o funcionamento das farmácias. A alteração agora realizada quanto à propriedade foi vista como um fator que alteraria os fundamentos para esse bom desempenho do sector da farmácia. A reforçar este argumento existe a evidência de efeitos negativos ocorridos na Noruega e Islândia depois de liberalizações de contornos semelhantes. Em particular, assinalaram-se como consequências negativas a menor formação profissional, a diminuição do aconselhamento profissional aos doentes, uma concentração de farmácias onde existia maior densidade populacional e um aumento dos preços dos medicamentos não sujeitos a receita médica.

A experiência europeia é neste aspecto bastante diversificada, havendo exclusividade da propriedade da farmácia em países como Alemanha, Áustria, Dinamarca, Espanha, Finlândia, França, Grécia, Itália e Luxemburgo, mas com ausência de exclusividade tem-se a Bélgica, a Holanda, a Irlanda e o Reino Unido. Apenas num país, a Suécia, ocorre a situação de a propriedade das farmácias pertencer ao Estado.

A defesa da abertura da propriedade das farmácias para além de quem tiver formação farmacêutica recorreu sobretudo ao princípio de igualdade de tratamento de todas as atividades económicas.

Embora apenas a evolução do sector venha a revelar quais dos argumentos têm mais força, existem ainda assim alguns mecanismos que foram criados para evitar alguns dos efeitos negativos. Por um lado, a concentração extrema a que assistiu nos países nórdicos que liberalizaram a propriedade fica de alguma forma limitada pelas restrições à acumulação de farmácias por um mesmo proprietário. Também o aspecto de qualidade do atendimento tem de ser visto com cuidado, uma vez que dependerá da ética e deontologia profissional, que será aspecto da responsabilidade do diretor técnico e não proprietário.

É certo que uma liberalização da propriedade provavelmente gerará maior instabilidade ao nível dos proprietários: quem achar que pode gerir melhor a farmácia, ou conseguir introduzir inovações organizacionais que baixem custos ou que sejam encaradas favoravelmente por parte da população, poderá substituir o atual proprietário (adquirindo a farmácia), num movimento de renovação das farmácias que ocorrerá de forma descentralizada.

Sendo reconhecido que a distribuição geográfica da farmácias é extensa e relativamente bem distribuído, é relevante também reconhecer que tal se deve a dois fatores: a regulação existente quanto a restrições de abertura de farmácias, e a ausência de subsídios cruzados entre regiões para o estabelecimento de farmácias. Cada estabelecimento é economicamente viável por si. A propriedade

ECONOMIA DA SAÚDE

exclusiva não teve qualquer relevo para este aspecto, nem é de presumir que a ausência de exclusividade de propriedade venha a ter influência.

19.8 O medicamento em ambiente hospitalar

O mercado hospitalar do medicamento é substancialmente distinto do mercado em ambulatório. As grandes diferenças encontram-se desde logo na forma como a procura é determinada, já que em ambiente hospitalar não há qualquer participação do doente na decisão, nem comparticipação financeira no custo. Por outro lado, o contexto do financiamento do hospital é crucial para as decisões tomadas, tendo o médico um papel central (apesar do papel da Comissão de Farmácia e Terapêutica). Finalmente, em ambiente hospitalar há uma maior tradição de utilização de genéricos (face ao ambulatório) e o hospital é usualmente uma porta de entrada de inovações terapêuticas medicamentosas. A aquisição de medicamentos segue também mecanismos próprios, levando a que as noções de concorrência tenham que ser adaptadas ao seu contexto particular.

A caracterização do mercado hospitalar do medicamento é dificultada pela ausência de informação estatística, ainda que haja informação disponibilizada pelo Infarmed sobre este mercado desde Março de 2007, com dados referentes a Janeiro de 2007, apesar de oscilações quanto à representatividade da amostra recolhida. Ainda assim, há diversos aspectos que importa discutir. Desde logo a forma como são determinados os preços.

A fixação de preços no mercado hospitalar funciona de forma distinta da seguida para os medicamentos dispensados em ambulatório. Existem dois mecanismos básicos pelos quais o preço de venda ao hospital se forma. Por um lado, existe o concurso público, onde o principal critério de escolha do medicamento é a vantagem económica. Por outro lado, existe a possibilidade de ajuste direto entre o laboratório farmacêutico e o hospital, atuando como principais critérios a inovação trazida pelo medicamento.[111]

A forma como o hospital é financiado tem enorme importância para o modo como opera o mercado hospitalar do medicamento. Se o hospital for financiado por um sistema de reembolso de custos, tal significa que a entidade financiadora (o Serviço Nacional de Saúde, no caso dos hospitais públicos portugueses) paga todos os custos em que o hospital incorrer. Nesse enquadramento, os decisores do hospital não têm qualquer benefício numa contenção da despesa com medicamentos, seja por via do preço estabelecido ou do consumo realizado, pois,

---

[111] Adicionalmente, o preço no mercado hospitalar não pode exceder o preço grossista no ambulatório, quando neste último mercado houver um preço aprovado.

410

19. MERCADO DO MEDICAMENTO

por definição de sistema de reembolso de custos, todos os custos adicionais são transferidos à entidade financiadora para pagamento.

Em situação oposta encontra-se o hospital que seja financiado por orçamento prospectivo, situação em que é acordada uma verba global a ser paga pela entidade financiadora ao hospital. Qualquer poupança que este último realize é verba que fica disponível para outros fins. Passa a existir um interesse muito claro em conter a despesa com medicamentos (bem como nas restantes componentes da despesa hospitalar).

A evolução em Portugal é facilmente enquadrável neste modelo conceptual. Durante os primeiros anos do Serviço Nacional de Saúde, os orçamentos dos hospitais eram fundamentalmente determinados com base em custos históricos. Era seguido, basicamente, um modelo de reembolso dos custos. Em finais da década de oitenta, com a introdução dos Grupos de Diagnóstico Homogéneo (GDH), houve uma evolução no sentido de uma aproximação a um modelo de financiamento hospitalar de características prospectivas. Contudo, por motivos orçamentais das contas do Estado, as verbas anunciadas como orçamento para os hospitais eram manifestamente insuficientes para fazer face às despesas expectáveis (a menos de uma decisão corte de serviços prestados, com encerramento de serviços no hospital, o que nunca ocorreu). Em consequência, era amplamente reconhecido que, em condições normais de atividade, a maioria dos hospitais teria de receber reforços financeiros. Esta realidade era usualmente designada por "subfinanciamento crónico". A sua principal consequência foi evitar que o modelo de financiamento prospectivo da atividade hospitalar se tornasse uma realidade. A necessidade de reforços financeiros levou a que na prática o sistema de financiamento dos hospitais permanecesse como um sistema de reembolso de custos.

Acresce que à falta de orçamento os hospitais regularmente atrasaram os pagamentos aos laboratórios farmacêuticos, criando enormes dívidas. Essas dívidas foram sendo regularizadas, ainda que parcialmente, através de medidas excepcionais (os sucessivos orçamentos rectificativos apresentados pelos vários Governos incluíam geralmente uma verba importante para esta regularização).

As companhias farmacêuticas, antecipando os atrasos de pagamento por parte dos hospitais públicos, incorporavam, naturalmente, nos preços praticados o custo do pagamento diferido.

No contexto português, em que tradicionalmente faltam fundos aos hospitais, a gestão do medicamento poderá ter tido uma outra racionalidade. Apesar da falta de fundos nos hospitais, não se ouviu falar de salários em atraso. Em contrapartida, as notícias sobre as dívidas à indústria farmacêutica são comuns. Intui-se daqui que os hospitais podem ter utilizado o atraso de pagamentos à indústria farmacêutica, como uma solução parcial à insuficiência de fundos, tanto mais

ECONOMIA DA SAÚDE

que mais cedo ou mais tarde ocorre um "orçamento rectificativo" que liquida essa dívida.

Três questões são importantes neste enquadramento: Uma maior eficiência na utilização dos medicamentos em ambiente hospitalar resolveria o problema de financiamento dos hospitais? Qual o custo adicional decorrente destes atrasos de pagamento? Existe evidência de que os hospitais com maiores dificuldades orçamentais são também os que geram mais dívida?

Embora não se dando aqui uma resposta completa a estas questões, é possível apresentar alguma informação. Olhando para as contas dos hospitais e supondo uma poupança de 50% nos gastos com produtos farmacêuticos, verifica-se que apenas essa poupança com gastos em medicamentos não seria suficiente para reequilibrar as contas dos hospitais.

Relativamente ao custo adicional, calculou-se um indicador único combinando prazo médio de pagamento dos hospitais com valor acumulado da dívida, por forma a ter em consideração quer quanto se deve quer o prazo dessa dívida. Esse indicador é dado pelo desconto que as companhias farmacêuticas estariam dispostas a fazer caso recebessem imediatamente os montantes em dívida. Com os números referentes a 2004, o custo de oportunidade de receber antecipadamente é entre 4,5% e 7,5%, consoante se considere a totalidade da dívida ou apenas a dívida acima de 90 dias. Em termos monetários, estes valores traduzem-se num intervalo entre 15 e 50 milhões de euros, para o ano de 2003.

Resta agora a última questão: será que os hospitais com mais pressão financeira geram mais dívida à indústria farmacêutica? Numa análise preliminar, utilizou-se um modelo de regressão linear para traçar a relação entre o custo adicional da dívida existente à indústria farmacêutica e a pressão financeira sobre o hospital e o seu nível global de custos. Os resultados revelaram que para 2003, e para os hospitais SPA a essa data, um maior custo dos atrasos nos pagamentos referentes aos consumos farmacêuticos estava associado positivamente com a maior pressão financeira. Por outro lado, nos então recém-criados hospitais SA (agora EPE), não se encontrou qualquer relação entre o custo dos atrasos nos pagamentos à indústria farmacêutica e a pressão financeira. Os hospitais aparentaram ter comportamentos distintos, provavelmente devido à "novidade" dos hospitais SA permitir-lhes no seu primeiro ano de operação fugir às "válvulas de escape" tradicionais. Adicionalmente, o efeito dominante no custo dos atrasos de pagamento estava sobretudo associado com o volume da dívida e menos com o prazo médio de pagamento (as diferenças no montante da dívida eram mais pronunciadas e mais relacionadas com a pressão financeira sobre o hospital do que as diferenças no prazo médio de pagamentos entre hospitais).

Este conjunto de observações, sugere que a área da despesa com medicamentos foi usada pela gestão hospitalar como válvula de escape (parcial) para

19. MERCADO DO MEDICAMENTO

a insuficiência de fundos. Significa que a prática de "orçamentos rectificativos" para pagar as dívidas dos hospitais só reforça o interesse nestes comportamentos. A existência acrítica de "fundos especiais" para recuperação de dívidas à indústria farmacêutica funciona como financiamento parcial da despesa com produtos farmacêuticos e tem efeitos perniciosos sobre os incentivos para a instituição procurar ser eficiente nos recursos que utiliza (não haverá fármacoeconomia que ajude).

Os anos seguintes aparentavam ter alterações importantes neste aspecto. A transformação de parte substancial dos hospitais públicos a operar sob as regras do sector público administrativo em hospitais com regras mais próximas do sector privado (os hospitais SA, agora EPE) veio dar nova vida à noção de orçamento prospectivo, através da figura do contrato-programa. A definição de orçamentos aproximados às necessidades reais das instituições, conjugada com um acompanhamento próximo da evolução das situações individuais, nomeadamente dos grandes hospitais, contribuíram para que o orçamento voltasse a ser um instrumento de gestão útil. Como consequência, passou a ser dada mais atenção ao controle de custos em todos os consumos do hospital, incluindo a área do medicamento. Porém, com o passar do tempo, a tradição de criação de dívida voltou a surgir. Em finais de 2009, começaram a emergir as primeiras notícias de novas dívidas dos hospitais à indústria farmacêutica, recomeçando a divulgação de atrasos crescentes nos pagamentos dos hospitais. Com o apoio financeiro internacional e no âmbito da preparação do Memorando de Entendimento a ele associado é feito um levantamento das dívidas do sector público em geral. Na área de atuação do Ministério da Saúde, é então descoberta uma dívida de cerca de três mil milhões de euros (à data de 31 de Dezembro de 2011), sendo uma larga parte desta dívida referente a medicamentos. Retomou-se pois uma regularidade no funcionamento do mercado do medicamento em ambiente hospitalar que aparentemente apenas foi interrompida por poucos anos.

Um desafio para a gestão do Serviço Nacional de Saúde é, por isso, a definição de mecanismos que tenham a capacidade de cortar as vias de crescimento da dívida. Num contexto geral do sector público, para controle da possibilidade de se gerar dívida, foi aprovada a lei 8/2012, conhecida como a lei dos compromissos. Esta regra impede que seja considerado como dívida toda a despesa que não tenha sido realizada de acordo com os procedimentos de autorização definidos. Isto é, na ausência das autorizações legais estabelecidas, se uma empresa vender bens ou serviços ao Estado não terá o direito ao reconhecimento de dívida e seu pagamento.

Tendo sido regularizadas dívidas em 2005, a descoberta de uma dívida "escondida" global de três mil milhões de euros em 2011 significa que em média anualmente se acumulou mais de 400 milhões de euros de dívida.

Esta acumulação da dívida resultou de diversos fatores. Um primeiro aspecto foi a possibilidade de os hospitais EPE (SA, antes da mudança para o estatuto EPE) conseguirem acumular dívidas fora do perímetro orçamental do sector público. Um segundo aspecto que favoreceu o crescimento da dívida resultou de o funcionamento do sector público permitir que as facturas recebidas não fossem imediatamente inseridas no sistema de pagamentos, mantendo-se à margem essa responsabilidade. Um terceiro aspecto é o próprio sistema de financiamento dos hospitais obrigar à existência de dívida. As transferências para os hospitais eram inferiores aos valores orçamentados, pelo que o hospital para cumprir o orçamento tinha que contrair dívida deixando de pagar a fornecedores (com especial destaque para a indústria farmacêutica por se entender que esta teria capacidade de suportar os atrasos de pagamento). Um quarto aspecto é a elevada descentralização das decisões de investimentos avultados, de que são exemplos principais os equipamentos pesados e os sistemas de informação (frequentemente sem garantir a sua interoperabilidade com o resto do sistema de informação do Serviço Nacional de Saúde).

Para o controle da criação de dívida, o aspecto crucial da despesa em saúde é não ser controlável ou integralmente previsível no início do ano. Por outro lado, a lei dos compromissos tem o problema de se basear em fundos disponíveis a três meses, o que dificilmente é compatível com a atividade de gestão, por exemplo, no compromisso de aquisição de serviços como segurança e limpeza, cujos contratos são tipicamente de um ano. Houve, por isso, a necessidade de soluções "criativas" como o fazer contratos de curta duração formal, mas com o entendimento formal de duração mais longa. A lei dos compromissos não era vista nem como condição suficiente nem como condição necessária para a resolução do problema de criação de dívida, embora fosse um instrumento útil para tentar combater a cultura de despesa e dívida existente.

A procura de uma melhor utilização dos recursos disponíveis tem-se traduzido na introdução de mecanismos económicos: avaliação económica, confrontando o ganho terapêutico com os recursos que exige, na adopção de novos medicamentos; criação de centrais de compras de medicamentos comuns a vários hospitais, como forma de ganhar poder de negociação face aos produtores; e, por fim, intervenção governamental, limitando o crescimento da despesa com medicamentos inovadores a um tecto ou não havendo mesmo aprovação de utilização de medicamentos inovadores.

Contudo, as informações mais recentes dão novamente conta de atrasos substanciais e crescentes no pagamento de dívidas dos hospitais às companhias farmacêuticos, podendo vir-se a repetir as situações passadas de medidas especiais para pagamento dessas dívidas.

19.9 Considerações finais

A utilização da análise económica envolve, sobretudo, uma forma de pensar os problemas do sector do medicamento baseada na noção de custo de oportunidade e nas escolhas realizadas pelos diversos agentes económicos.

O sector do medicamento fazendo parte do sector da saúde, funciona num contexto particular. O primeiro passo de qualquer análise económica, sobretudo na área da saúde, é a definição das especificidades próprias, sem contudo esquecer que há princípios gerais que não deixam de ser válidos. A análise económica é aplicável em muitas circunstâncias, permitindo compreender e prever como se realiza a afectação de recursos no sector.

A "economia" do medicamento não se esgota na utilização da avaliação económica para determinar a comparticipação do Serviço Nacional de Saúde no preço dos medicamentos, ou para determinar a sua adopção para consumo hospitalar.

São vários os principais aspectos que importa reter quando se procura utilizar "economia" no estudo do sector do medicamento. A saúde é um objetivo que se procura alcançar, mas ao contrário de outros bens e serviços que consumimos não se adquire. Encarar a saúde como resultado de um processo que combina tempo de cada um com o consumo de cuidados de saúde leva a classificar a saúde como sendo quer um bem de consumo quer um bem de investimento. Leva também a ver a procura de cuidados de saúde como uma procura derivada, intermédia para se alcançar o fim último que é a saúde. Acresce que os mecanismos de proteção contra a incerteza associada quanto ao momento e ao volume de necessidade de consumo de cuidados de saúde têm implicações importantes para a procura destes. Basta pensar que se a proteção for total, e o doente nada pagar no momento de utilizar cuidados de saúde, então tenderá a usar os serviços de saúde mesmo quando tal não se justifica (em termos de os custos sociais de o fazer excederem os benefícios). Naturalmente, existem tipos de cuidados de saúde em que este efeito de maior consumo não ocorre (por exemplo, transplantes), mas outros haverá em que serão muito significativos (por exemplo, consultas médicas). Outros aspectos particulares do sector da saúde, e logo do medicamento, são a delegação de decisões por parte do doente no médico, e os problemas de assimetria de informação.

Se do lado da "procura" existem diferenças assinaláveis, do lado da "oferta" os principais conceitos económicos são válidos. A diferença está, sobretudo, na forma como os enquadramentos dados aos agentes económicos diferem. Por um lado, no caso do medicamento, não é possível esquecer os aspectos associados com a existência de patentes, e com a concorrência de genéricos após o seu término. A racionalidade do sistema de patentes, e a importância da concorrência

ECONOMIA DA SAÚDE

no período pós-patente, é um aspecto importante da economia do medicamento que importa conhecer.

A realidade portuguesa recente apresenta algumas características importantes. Por um lado, numa perspectiva mais ao nível da instituição, as despesas com medicamentos funcionaram como uma válvula de escape do sistema de financiamento hospitalar. Por outro lado, a nível macro, é patente que a larga maioria das medidas adoptadas pelos sucessivos Governos tiveram efeitos quando muito transitórios sobre o crescimento da despesa e do consumo total de medicamentos.

Capítulo 20
Equidade

20.1 Introdução

Até este capítulo, a discussão esteve sobretudo preocupada com a eficiência dos mercados. No entanto, em termos de economia da saúde, é também frequente colocar-se outro tipo de questões, de maior cariz ético. Por exemplo, será que as pessoas têm acesso aos cuidados de saúde de que necessitam? Será que o financiamento das despesas de saúde é feito de modo justo?

Para fazer sentido colocar esta pergunta, tem-se que clarificar em que condições a procura da eficiência económica não responde de forma imediata e positiva.

Estas perguntas obrigam a relembrar a distinção entre análise positiva e análise normativa. A análise positiva procura descrever o comportamento observado dos agentes económicos e quais as características da afectação de recursos. Tem como objecto obter conclusões que possam ser eventualmente testadas, para ver se são verdadeiras ou falsas. Esse teste pode ser feito com base no realismo das hipóteses usadas, na sua capacidade de previsão, na clareza da intuição dada, etc.

A análise normativa tem uma característica diferente. Pretende recomendar qual a melhor decisão, dado o que se conhece em termos de análise positiva da situação em análise. É muito frequente saltarmos de uma análise positiva para uma análise normativa quase inconscientemente. O exemplo mais simples é que quando se afirma que uma solução é mais eficiente que outra (uma afirmação positiva, uma vez que é apenas a comparação entre duas afectações de recursos alternativas), frequentemente se pressupõe que a afectação de recursos mais eficiente deve ser alcançada (o que já é uma afirmação normativa).

ECONOMIA DA SAÚDE

A base da análise de bem-estar em economias de mercado assenta em dois teoremas fundamentais: Primeiro Teorema de bem-estar – O equilíbrio de uma economia de concorrência perfeita é eficiente no sentido de Pareto; e, Segundo Teorema de bem-estar – Qualquer afectação de recursos eficiente no sentido de Pareto pode ser alcançada como resultado de um equilíbrio concorrencial desde que os agentes económicos tenham as dotações iniciais adequadas. Ou dito de outro modo, desde que existam as redistribuições de rendimento adequadas.

Este segundo teorema da economia de bem-estar define um papel importante para os mercados concorrenciais, mesmo quando algumas afectações do equilíbrio de mercado concorrencial são consideradas como não sendo equitativas.

Estabelece também uma separação entre as duas questões, eficiência e equidade, na medida em que qualquer situação equitativa pode ser conseguida com uma situação de utilização eficiente de recursos aplicada depois de realizada a redistribuição de recursos apropriada. A realidade é, naturalmente, mais complexa do que as condições teóricas destes resultados, mas a mensagem principal mantém em muitas circunstâncias a sua validade. Eficiência e equidade não são obrigatoriamente antagonistas e maior eficiência permite procurar obter mais facilmente objetivos de equidade.

Uma alternativa frequentemente proposta para se atingir um resultado mais equitativo consiste em fornecer certos serviços aos pobres a um preço subsidiado. Contudo, este tipo de propostas não é consistente com a ideia de eficiência de Pareto. A distorção de preços cria possibilidades de arbitragem. Intuitivamente, se existem preços diferentes, então as taxas a que os indivíduos estão dispostos a trocar um bem pelo outro são diferentes, o que significa que existe margem para troca de consumo entre os agentes presentes no mercado (mercado paralelo).

Os dois teoremas de bem-estar, conjuntamente com a ineficiência associada com a discriminação de preços, sugere que existe superioridade de esquemas de transferência de rendimento como solução para os problemas de equidade.

Chegando a este ponto, é útil recolocar uma outra pergunta recorrente: será que o modelo de economia concorrencial é uma boa aproximação ao que se passa no sector da saúde? A resposta a esta questão é fundamental para se avaliar da utilidade deste paradigma para lidar com os problemas de equidade. Contudo, como se discutirá mais à frente, as condições em que estes resultados são obtidos serão talvez demasiado fortes, podendo-se recuperar argumentos para redistribuição em espécie.

Como já foi explorado, encontram-se diferenças substanciais entre o modelo teórico de concorrência perfeita e o que se passa nos mercados de saúde: existem barreiras à entrada, existem fortes problemas de informação, está-se frequente-

418

mente numa situação de pequenos números (significando que os agentes económicos possuem poder de mercado), existência de externalidades, existência de outros objetivos que não apenas a procura de lucro, o funcionamento em condições de incerteza, etc. É, por este motivo, útil discutir com algum cuidado alguns conceitos e problemas.

20.2 Necessidade, desigualdade e equidade

Na maior parte da literatura sobre necessidade, a preocupação fundamental é saber se as pessoas recebem o que necessitam, em termos de cuidados de saúde. Logo, é imperioso definir o que é necessidade de cuidados de saúde. Existem disponíveis várias definições na literatura (veja-se Folland, Goodman e Stano (2007) para uma introdução).

Retomando a noção de função de produção de saúde, uma primeira opção é dizer que os cuidados de saúde necessários correspondem ao valor que maximiza a produção de saúde do indivíduo. Esta definição, por si só, tem pouco conteúdo económico. Não só ignora os custos, como também não é razoável pensar que o indivíduo quer sempre o máximo de saúde que é possível produzir. Basta recordar o modelo de Grossman e a escolha de tempo dedicada à produção de saúde. Há, por esta razão, que ter algum cuidado adicional com o modo de definição do que é necessidade de cuidados de saúde.

Surge então de forma natural a introdução de outros aspectos, nomeadamente aspectos que envolvam juízos de valor em termos de comparação interpessoal. Tal é concretizado considerando uma função de bem-estar social, uma função de utilidade do ponto de vista da sociedade.

Com a especificação de uma função de utilidade social, o nível de cuidados de saúde que cada pessoa necessita é o que corresponde à maximização dessa função de bem-estar social, ou de qualquer outro critério de agregação, que pode ser, por exemplo, igualdade de utilidades ou a soma das utilidades individuais.

O focar-se no conceito de necessidade também tem sido central na análise da desigualdade, entendida como equidade horizontal: tratamento igual para pessoas em iguais condições. A passagem de preocupações de satisfazer necessidades para preocupações sobre as desigualdades entre grupos de cidadãos leva naturalmente ao problema de como medir essas desigualdades. A avaliação deste tipo de desigualdade é normalmente realizada com recurso a índices de concentração. O mais conhecido é o índice de Gini, que se generalizou pela sua facilidade de cálculo, mas não é o único índice disponível. A figura 20.1 ilustra o tipo de análise resultante. Para além dos aspectos de despesa e rendimento, as desigualdades também podem ser vistas em termos de estados de saúde, mortalidade, utilização de recursos, etc.

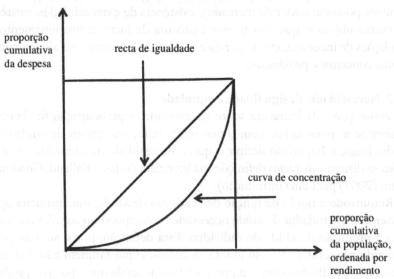

Fonte: Elaboração própria.

Pode-se construir também diversos indicadores de concentração, em que se tem a proporção acumulada do indicador face à proporção acumulada da população ordenada por nível e rendimento. Para definir a noção de desigualdade ou a noção de cuidados de saúde necessários é preciso recorrer à utilização de um conceito de equidade que permita a agregação/comparação entre indivíduos da sociedade. Há pelo menos seis abordagens à noção de equidade distintas:[112] (1) igualdade; (2) direitos; (3) mínimo decente; (4) utilitarismo; (5) maximim (Rawls); e (6) "envy-free".

Tomando equidade como *igualdade*, uma possibilidade é considerar igualdade nos benefícios líquidos (por exemplo, contemplar igualdade no estado de saúde). Discute-se, neste contexto, se se deve falar de igualdade nos recursos disponíveis ou se deve ser igualdade na utilidade alcançada. Uma proposta resultante deste debate foi a de definir igualdade de tratamento para igual necessidade. Por outro lado, também o objetivo de igualdade no estado de saúde não corresponde necessariamente a estes conceitos.

Considerando agora o aspecto de "direitos", uma determinada distribuição é considerada equitativa desde que os direitos de uma pessoa tenham sido adquiridos de forma justa (trabalho, herança, redistribuição). Dá origem a uma utilização de recursos que depende da trajetória que originou a distribuição. Foca nos

---

[112] Veja-se Pereira (1993b).

20. EQUIDADE

meios e não apenas nos fins. Não é integralmente aplicável à discussão na área da saúde. Um exemplo é o grau de equidade numa "herança" de deformação congénita. Não se deixará de tratar um problema genético apenas porque decorre de "herança".

A noção de "mínimo decente" é frequentemente especificada como a provisão de uma quantidade mínima de cuidados de saúde. Em termos de aplicação, tem o problema óbvio de se definir o que é esse mínimo decente.

Num contexto de utilitarismo, a regra de decisão que afecta os recursos aos usos alternativos tem por objetivo maximizar a utilidade esperada. Os problemas com esta abordagem são sobejamente conhecidos. É virtualmente impossível de medir funções de utilidade, além de que o conceito implica a presença de comparações interpessoais de utilidade (há a necessidade de medir a utilidade de cada pessoa numa métrica comum a todas). Com preferência idênticas, este princípio não significa necessariamente minimização das disparidades, uma vez que a afectação socialmente óptima irá depender do conjunto de oportunidades de utilidade. Impondo a restrição de que têm de ocorrer melhorias de Pareto, o conjunto de possibilidades relevante reduz-se. Para alcançar o óptimo social poderá ser necessário recorrer à noção de óptimo potencial de Pareto. Tem que haver uma forma de compensação entre agentes. Esta noção é menos útil no caso da saúde, uma vez que não é possível transferir diretamente "saúde" de uns agentes económicos para outros.

Uma formulação diferente deste tipo de abordagem foi proposta por Sen – a noção de justiça encontra-se associada com as capacidades objectivas das pessoas em realizar atividades (por exemplo, trabalhar ou fazer desporto), em alcançar estados de bem-estar que sejam positivamente valorizados. Esta abordagem olha para o processo de transformação de recursos em resultados finais (bem-estar) e argumenta que é a capacidade de realizar essa transformação que é importante. Em termos de equidade, o interesse está menos em saber se uma pessoa funciona de uma determinada maneira e mais na capacidade individual de o fazer. Até certo ponto, tem algumas semelhanças com a abordagem anterior, equidade como escolha, mas foca não nos bens mas na capacidade.

O critério de *maximin* foi proposto por Rawls, na sua famosa metáfora de escolha sob o véu da ignorância. Cada indivíduo procura maximizar a posição do pior elemento da sociedade antes de saber que posição cada um ocupa. É um conceito que tem igualmente problemas óbvios de operacionalização. Por exemplo, o mínimo é definido em termos de consumo (em geral) ou em termos de saúde e cuidados de saúde?

Por fim, a noção de "envy-free" baseia-se no princípio de que uma distribuição é equitativa se cada pessoa não estiver disposta a ter o cabaz de consumo

ECONOMIA DA SAÚDE

de qualquer outra pessoa.[113] Em termos de implementação, este conceito tem a desvantagem de lhe faltar uma visão do que os outros elementos da sociedade possam considerar como equitativo. Assim, todas estas alternativas têm desvantagens no que toca à sua aplicação prática, pelo que têm sido apresentados vários argumentos a favor de outros conceitos. Por exemplo, "Uma situação é equitativa se for o resultado de escolhas individuais, baseadas num mesmo conjunto de possibilidades de escolha." Esta definição, aparentemente apelativa, tem também problemas. É duvidoso que seja uma definição geralmente aceite, até porque no sector da saúde, a prevalência de incerteza e a falta de informação indivíduo impedem que este faça escolhas informadas. Igualmente a consideração de consumos de "vício" (drogas, álcool, tabaco) questiona a utilização desta definição.

Em alternativa, houve quem propusesse a maximização da saúde como conceito adequado. Uma distribuição é equitativa se e só se maximiza a saúde da comunidade. Também têm sido sugeridas noções como externalidades altruístas – as pessoas preocupam-se com o fato de as outras receberem, ou não, os cuidados de saúde de que necessitam, focando-se então no estado de saúde dos necessitados.

A discussão dos princípios éticos está na base de discussões importantes, como o estabelecimento de prioridades em termos de tratamento. Um exemplo é a teoria dos "fair-innings" proposta por Williams (1997). Esta teoria argumenta que cada pessoa tem direito ético a um determinado tempo de vida. Todos os que receberem menos do que esse tempo de vida são tratados injustamente.

Este argumento leva, naturalmente, a um argumento ético para se dar prioridade aos jovens face aos idosos. Este é um argumento ético diferente do habitual, que se baseia na menor capacidade dos idosos para beneficiar de cuidados de saúde. Mesmo que o benefício marginal de tratamento seja o mesmo, deverá ser dada preferência a um jovem. Uma crítica óbvia a esta teoria é a de que entra em conflito claro com o dever de uma sociedade civilizada em tratar a sua população idosa.

Um pouco fora destas linhas de pensamento encontram-se outras teorias, como a das igualdades de oportunidades substantivas. Segundo essa teoria, justiça implica compensar as pessoas por problemas que não sejam da sua responsabilidade, mas não pelos que sejam provocados por elas. Esta teoria exige a definição do que é escolha individual e do que é exógeno.

Um exemplo de implicação desta teoria é que um gestor terá normalmente maior capacidade de decisão do seu estilo de vida do que um trabalhador manual e como tal receberá menos cuidados de saúde para um mesmo problema

---

[113] Formalmente, $u_i(x_i) \geq u_i(x_j)$ para todo o i e j.

médico (uma vez que poderiam, presumivelmente, ter evitado essa necessidade através do seu comportamento). Também a esta teoria se podem apontar críticas. Por exemplo, não trata bem situações em que as pessoas tomam decisões de que depois se arrependem.

A definição dos conceitos de necessidades de cuidados de saúde a serem satisfeitas, de desigualdades e de equidade não está ainda completamente consolidada. É uma área que, apesar da grande atenção que recebeu nos últimos 30 anos, ainda está em exploração por economistas da saúde, filósofos, médicos, especialistas em ciência política, etc.[114]

20.3 Altruísmo

Um dos aspectos mais importantes relacionados com a equidade é o altruísmo. Normalmente, este conceito é associado aos juízos de valor e à definição do que é um resultado equitativo do ponto de vista social. Porém, existem efeitos económicos importantes resultantes deste conceito que têm uma natureza diferente. Em particular, a existência de altruísmo gera problemas de inconsistência intertemporal nas decisões das autoridades económicas (e de saúde), justificando que a provisão direta de cuidados de saúde seja uma forma de minorar esses problemas.

Coate (1995) analisa as implicações económicas da existência de altruísmo. O altruísmo fundamenta racionalmente a provisão pública de transferências em espécie para os pobres, e não em dinheiro. Em termos de despesas com saúde, a existência de altruísmo significa que existem argumentos de eficiência (e não apenas de justiça social) para que o Estado dê "seguro público" aos pobres, financiado por pagamentos dos ricos.

A intuição fundamental é a de que os pobres poderão ter interesse em não realizar seguro de saúde (usando o dinheiro concedido para tal em outros fins) já que antecipam que no futuro, se necessitarem de cuidados de saúde, a sociedade não lhos negará. Significa isto que a atribuição de um determinado subsídio monetário para a aquisição de seguro não é uma forma adequada de fornecer cobertura aos indivíduos de menores rendimentos. Por outro lado, fornecer o subsídio "em espécie", isto é, providenciar os cuidados de saúde em caso de necessidade, constitui a forma adequada de subsidiar os pobres (no que toca a cobertura de seguro de saúde), de um ponto de vista de eficiência económica.

Suponhamos uma economia com três agentes, dois "ricos" e um "pobre", para além de um Governo, que atua no interesse dos "ricos" (que têm a maioria num processo de votação, por exemplo). Existe a possibilidade de um indivíduo estar doente, com um custo X de cuidados de saúde. O episódio de doença ocorre

---

[114] Para uma introdução e guia para mais desenvolvimentos, ver Williams e Cookson (2000).

ECONOMIA DA SAÚDE

com probabilidade π. Admita-se que os "ricos" são neutros ao risco e que o "pobre" é avesso ao risco, com função de utilidade $u(y)$. O mercado de seguro privado é concorrencial. Os ricos diferem dos pobres no nível de rendimento, $y_r > y_p$, e na função de utilidade, $ur = y + \delta up$.

Considere-se em primeiro lugar o caso em que é credível que não será fornecido apoio em caso de necessidade se não houver cobertura de seguro. Inicialmente, o Governo realiza uma transferência monetária T para o pobre. Este, antecipando que em caso de doença terá que pagar tudo do seu bolso (ou não ter acesso a cuidados de saúde), irá realizar o seguro de saúde. Não há, neste caso, argumento para existir seguro público, já que a política distributiva do Estado e o funcionamento do mercado privado garantem que toda a população obtém cobertura de seguro contra despesas de saúde futuras.[115]

Admita-se, alternativamente, que não é credível que não seja dado apoio ao pobre em caso de necessidade de cuidados de saúde. Comece-se, tal como anteriormente, por supor que é realizada uma transferência monetária para o pobre. Qual a decisão óptima deste último quanto à realização de seguro de saúde? Antecipa que se não fizer seguro completo, terá necessidade de apoio no futuro. Sabendo que os "ricos" são altruístas, se não realizar seguro completo tem um maior nível de consumo se não estiver doente. Se estiver doente, será ainda parcialmente ajudado por uma transferência adicional dos "ricos".

Este resultado será ineficiente do ponto de vista económico. O "pobre" não está isolado do risco. o seu consumo no estado da natureza sem doença é superior. Dado que o "pobre" está doente, se o apoio que é fornecido depende das preferências dos "ricos" pode existir um problema de *free-riding* na ajuda recebida. Tal é suficiente para fazer com que um programa de transferências monetárias não consiga atingir a afectação de recursos socialmente óptima.

Suponha-se agora que o Governo transfere o mesmo montante monetário, mas líquido do seguro (completo). Neste caso é evidente que se pode alcançar a afectação de recursos que resulta no caso de credibilidade de não dar ajuda caso não tenha sido realizado seguro. Mas o resultado é ainda mais forte: existe um nível crítico de "seguro público" parcial tal que o "pobre" adquire a cobertura complementar necessária para se alcançar a afectação eficiente.

Estes resultados apresentam um argumento de eficiência (na proteção contra o risco) para que o Estado forneça seguro público. Existem ainda outras alternativas que podem ser consideradas: manter a transferência monetária e obrigar à realização de seguro, por exemplo. Mas a sua verificação é mais difícil de realizar do que a provisão pública direta.

---

[115] Na realidade, existem outras distorções, já focadas em capítulos anteriores.

Em termos do sector da saúde decorrem daqui fortes implicações, uma vez que o princípio universalmente aceite de que não se quer que alguém fique privado de acesso a cuidados de saúde por falta de condições financeiras: fornece racionalidade com base em argumentos de eficiência para a provisão de seguro público de saúde; para seguro privado, existe ainda uma outra opção. O Governo pode tornar obrigatória a realização de um seguro privado com a cobertura considerada adequada e realizar as transferências apropriadas.

20.4 Evidência Empírica: Portugal e perspectiva internacional

A Constituição da República Portuguesa estabelece o direito à proteção da saúde, e o dever de a defender e promover. Este princípio levou à criação do Serviço Nacional de Saúde, já que o Estado deverá garantir o "acesso de todos os cidadãos independentemente da sua condição económica, aos cuidados da medicina".

A equidade encontra-se claramente definida em termos de acesso. Em 1989, modificou-se o "gratuito" do Serviço Nacional de Saúde para "tendencialmente gratuito", embora já antes fossem permitidas, e praticadas, taxas moderadoras. Há várias interpretações possíveis: acesso igual a bens que promovam a saúde, acesso igual a cuidados de saúde para necessidades iguais, igual oportunidade de acesso a cuidados de saúde. Estas diversas dimensões têm sido exploradas em vários trabalhos aplicados a Portugal.[116] As principais conclusões desses estudos são que o financiamento do sistema de saúde português é ligeiramente progressivo (os pobres pagam proporcionalmente menos). É também constatado que qualquer medida de política que aumente os pagamentos diretos diminui a progressividade. Por outro lado, em termos de equidade n utilização de cuidados de saúde, esta também tem sido caracterizada por iniquidades a favor da população com maiores rendimentos, que usando menos cuidados de saúde também tem menores necessidades.

20.4.1 *Equidade na utilização de cuidados de saúde*

A metodologia de análise habitual baseia-se no cálculo de índices de concentração. Seja Y o rendimento, com função densidade $f(Y)$ e função distribuição $F(Y)$. Seja $g(y)$ a mortalidade (ou outro indicador de estado de saúde ou de utilização de cuidados de saúde) para o nível de rendimento y. Seja $G_m(p) = F_1[g(y)]$ a proporção da mortalidade que é devida a indivíduos com rendimento igual ou inferior a y. Se $g'(y) > 0$, os indivíduos com maior rendimento têm uma fatia mais do que proporcional da mortalidade. Quando

---

[116] Veja-se, entre outros, Pereira *et al.* (1991), Gonçalves (2000) e Bago D'Uva (2010).

ECONOMIA DA SAÚDE

$g'(y) = 0$ para qualquer y, a curva de concentração coincide com a diagonal e há independência. Defina-se o seguinte índice de concentração da mortalidade:

$$C_m = 1 - 2\int_0^1 F_i[g(y)]dF(y) = 1 - 2\int_0^1 G_m(p)dp \qquad (20.1)$$

Este índice tem valor -1 se só os mais pobres morrem e valor +1 se apenas os ricos morrem. Se a mortalidade for independente da distribuição de rendimento, o índice terá valor nulo.

O primeiro índice relevante é o índice de concentração da utilização (consumo de cuidados de saúde), C_u, que mede em que grau a utilização de cuidados de saúde difere de uma situação de proporcionalidade. É definido como o dobro do valor da área entre a curva de concentração da utilização e a diagonal que representa independência da intensidade de utilização face à concentração de rendimento (ou outro atributo que se queira considerar). Se o índice de concentração da utilização estiver situado entre -1 e 0 tem-se concentração da utilização em grupos de menor rendimento, e se estiver em 0 e 1 tem-se concentração da utilização em grupos de maior rendimento.

O segundo índice relevante é índice de concentração de doença, C_s, (de falta de saúde, ou de necessidade de cuidados de saúde), que avalia a medida em que a distribuição de doença difere de uma situação de igualdade. É definido como o dobro do valor da área entre a curva de concentração de doença e a diagonal. Tal como anteriormente se o índice se situar entre -1 e 0, a doença/necessidade de cuidados de saúde encontra-se concentrada em grupos de baixo rendimento enquanto se estiver entre 0 e 1 está concentrada em grupos de elevado rendimento.

Com base nestes dois índices, Le Grand apresentou um índice de iniquidade horizontal, $I_{LG} = C_u - C_s$, que varia entre -2 (quando a iniquidade favorece os grupos de menor rendimento) e +2 (quando a iniquidade favorece os grupos de maior rendimento).

Para medir as desigualdades na utilização de cuidados de saúde associadas com o rendimento, foi sugerido o cálculo do índice de concentração através da fórmula da covariância (Wagstaff *et al.* (1991) e Kakwani *et al.* (1997)): $CI = 2\text{cov}(y_i, R_i)/\bar{y}$ em que y_j é a medida de utilização de cuidados de saúde (por exemplo, o número de consultas realizadas), $\bar{y}$ é o seu valor médio na amostra e R_j é a posição relativa do indivíduo na distribuição de rendimento. Em relação à utilização de cuidados de saúde, a distribuição de doença é geralmente desfavorável aos grupos de menor rendimento. Os pobres são no entanto compensados por uma maior proporção das despesas médicas que lhes são dirigidas.

A evolução temporal de medidas de desigualdade pode dar informação adicional sobre se as medidas de política estão a ter algum resultado. Pereira

20. EQUIDADE

(1996) usa dados sobre mortalidade infantil em Portugal. Embora a mortalidade infantil não seja o único indicador sobre o estado de saúde da população viva, a facilidade de recolha e fiabilidade desta informação tornam-na particularmente atrativa para a realização de estudos.

A aplicação feita por Pereira (1996) usa o rendimento médio da zona de residência. As variáveis são medidas a um nível agregado (distrito). São utilizadas quatro medidas de mortalidade infantil: (a) mortalidade perinatal – morte ocorrida entre as 28 semanas de gestação e os 7 dias de vida; (b) mortalidade neonatal – morte ocorrida nas primeiras quatro semanas de vida; (c) mortalidade pós-neonatal – morte ocorrida entre a quinta semana e os 7 dias de vida; e (4) mortalidade infantil – morte ocorrida durante o primeiro ano de vida.

O índice C_m foi calculado em Pereira (1996) usando a descrição apresentada. Para todos os anos e definições, o indicador tem sinal negativo, o que significa que menores níveis de rendimento médio estão associados com taxas de mortalidade superiores. Por outro lado, quanto mais perto da idade de nascimento é a definição da medida de de mortalidade, menor o grau de desigualdade. O fato mais marcante é o declínio significativo no grau de desigualdade nas duas décadas analisadas, para o qual a melhoria da qualidade de vida e o melhor acesso a cuidados de saúde são explicações possíveis.

É também possível olhar para as desigualdades na prestação, avaliando a distribuição dos benefícios de consumo de cuidados de saúde e para desigualdades no estado de saúde.

O quadro 20.1 apresenta informação sobre este assunto. A principal inferência a retirar desta tabela é a maior concentração de despesa e incapacidades por doença nos escalões de menor rendimento, já que a percentagem da população nos quintis mais baixos da distribuição de rendimento tem proporcionalmente maior participação quer nas despesas em saúde quer em termos de doença suportada.

QUADRO 20.1: Desigualdades no estado de saúde

Quintil de rendimento	População	Despesa	Doentes crónicos	Doentes acamados	Dias de cama
mais baixo	16,8	19,3	21,4	23,3	2,0
segundo	23,5	29,3	27,2	38,7	42,8
terceiro	19,4	17,1	19,3	16,7	16,7
quarto	19,6	16,6	17,0	12,1	10,5
mais elevado	20,8	17,6	15,0	10,1	8,0

Fonte: Pereira e Pinto (1993).

ECONOMIA DA SAÚDE

A população de menores rendimentos é assim mais afectada por problemas de saúde que a população de maiores rendimentos.

Avaliando as desigualdades de necessidade e utilização, Simões, Paquete *et al.* (2008) concluem que as necessidades de saúde das classes de rendimento mais baixos não têm correspondência na respectiva utilização. No caso de consultas de clínica geral, apesar de estas se encontrarem mais concentradas nas populações de menores rendimentos, dá-se também a circunstância de a necessidade apresentar ainda maior concentração nessas populações. Em termos de efeitos líquidos, resulta iniquidade contra quem tem menores rendimentos. No que respeita a consultas de cardiologia e de medicina dentária, a concentração da utilização verifica-se na população de maiores rendimentos enquanto a concentração de fatores de risco ocorre na população de menores rendimentos, resultando daqui um índice de equidade horizontal positivo e mais acentuado face ao encontrado para as consultas de clínica geral. O efeito é ainda mais pronunciado no caso das consultas de medicina dentária.

A literatura mais recente tem procurado avaliar as desigualdades na utilização de cuidados de saúde comparando o índice de concentração da utilização observada com uma utilização esperada face às necessidades de cuidados de saúde, em que essas necessidades de cuidados de saúde são obtidas a partir de modelos estatísticos. Bago D'Uva *et al.* (2007), na sua avaliação de desigualdades em comparação europeia, encontram essencialmente a mesma conclusão: existência de desigualdades contra os estratos da população com menores rendimentos.

Sobre a equidade no acesso a cuidados de saúde, Leite (2009) apresenta uma avaliação da equidade horizontal, usando o Inquérito Nacional de Saúde 2005/2006, e um modelo econométrico de dados de contagem para o número de consultas para definir uma estimativa de necessidade de utilização. O índice de concentração HI é calculado como a diferença entre o índice de concentração na utilização e o índice de concentração da necessidade.

20. EQUIDADE

QUADRO 20.2: Desigualdades na utilização de consultas

	IC de utilização	IC de necessidade	HI
Portugal	0,0106	-0,0268	0,0374
Norte	0,0302	-0,0278	0,0580
Centro	-0,0184	-0,0499	0,0315
Lisboa e Vale do Tejo	0,0030	-0,0433	0,0463
Alentejo	-0,0146	-0,0369	0,0223
Algarve	-0,0349	-0,0279	-0,0070
Açores	0,0548	-0,0112	0,0660
Madeira	0,0559	0,0070	0,0489

Fonte: Leite (2009).

Um valor positivo para o índice HI revela que os cidadãos de maiores rendimentos beneficiam mais do sistema de saúde que os cidadãos de baixos rendimentos, no sentido em que a sua utilização se encontra mais próxima da respectiva necessidade. É usual encontrar-se que os cidadãos de menores rendimentos utilizam mais o sistema de saúde, mas como têm mais necessidade apenas a observação da utilização não é suficiente para inferir as propriedades de equidade. Estas conclusões estão presentes noutros trabalhos que incluem Portugal, como referenciado em Bago D'Uva (2010), em que se encontra desigualdade elevada no acesso a consultas com médicos especialistas. Esse tipo de desigualdade também se encontra presente nas consultas dos cuidados de saúde primários apesar de ser em menor grau, ao contrário que se observa noutros países. A conclusão genérica da revisão de literatura feita em Bago D'Uva (2010) é a persistência de situações de desigualdade que configuram iniquidades quando confrontadas com as necessidades dos indivíduos. Em termos de acesso e utilização de cuidados médicos especializados, são "as mais graves que se observam na Europa" (Bago D'Uva, 2010, p. 107). Ou seja, apesar do caminho que tem sido percorrido, há ainda um elevado grau de iniquidade em Portugal.

20.4.2 *Equidade no financiamento*
Considere-se agora o problema da equidade no financiamento. Existem quatro fontes básicas de financiamento: impostos, seguro social, seguro privado e pagamentos diretos. Pereira e Pinto (1993) ilustram a situação destas fontes de financiamento em Portugal (para o ano de 1990). Todas as fontes de financiamento são progressivas, com exceção dos pagamentos diretos. Estes últimos são claramente regressivos, incidindo de forma relativamente mais importante sobre os indivíduos com menores rendimentos. O seguro social é

ECONOMIA DA SAÚDE

aqui entendido como as contribuições para a ADSE, serviços médicos dos militares, e outros.

A nível internacional, Wagstaff e van Doorslaer (2000) apresentam os principais resultados que têm sido obtidos, decorrentes de um esforço de comparação entre países, através da uniformização de conceitos e metodologia. O quadro 20.3 reproduz esses resultados.

QUADRO 20.3: Fontes de financiamento

País	Impostos diretos	Impostos indiretos	Segurança social	Seguro privado	Pagamentos diretos
Dinamarca (1987)	72,5	12,2	-	1,5	13,8
Finlândia (1990)	51,0	24,0	11,0	0,0	14,0
França (1989)			73,6	6,3	20,1
Alemanha (1989)	10,5	7,2	65,0	7,1	10,2
Irlanda (1987)	28,5	39,3	7,3	10,0	14,9
Itália (1991)	21,0	17,2	39,2	1,8	20,9
Países Baixos (1992)	6,3	5,0	64,6	16,3	7,7
Portugal (1990)	20,7	34,5	6,0	1,4	37,4
Espanha (1990)	30,8	25,5	22,0	2,4	19,3
Suécia (1990)	63,5	8,4	17,8	0,0	10,3
Suíça (1992)	23,9	4,8	6,9	40,5	23,9
Reino Unido (1993)	29,0	35,0	20,0	7,0	9,0
Estados Unidos (1987)	28,1	7,4	13,3	29,2	22,1

Fonte: Table 1 em Wagstaff e van Doorslaer (2000).

Deste quadro, é fácil retirar que há três grupos de países. Aqueles em que o financiamento é feito através de seguro social (França, Alemanha e Países Baixos), aqueles em que o financiamento é feito através do sistema fiscal (Dinamarca, Finlândia, Suécia, Reino Unido, e em alguma medida Portugal e Espanha), e os países que assentam sobretudo no seguro privado (Suíça e Estados Unidos).

Torna-se agora interessante ver quais as propriedades, em termos de progressividade, dos sistemas de financiamento destes países. Para medir desigualdades é tradicional usar-se o índice de Kakwani. De uma forma simples, este índice mede a diferença entre a concentração no pagamento de impostos (ou contribuições) e a concentração na distribuição de rendimento antes de impostos. Se os impostos não alterarem a concentração na distribuição de rendimento, o índice tem valor nulo.

430

20. EQUIDADE

Se uma maior proporção dos impostos cair nos mais ricos, então a concentração nos impostos é superior à do rendimento antes de impostos, e o índice de Kakwani tem sinal positivo. De outro modo, tem sinal negativo. Graficamente, a figura 20.2 ilustra o índice de Kakwani.

FIGURA 20.2: Índice de Kakwani

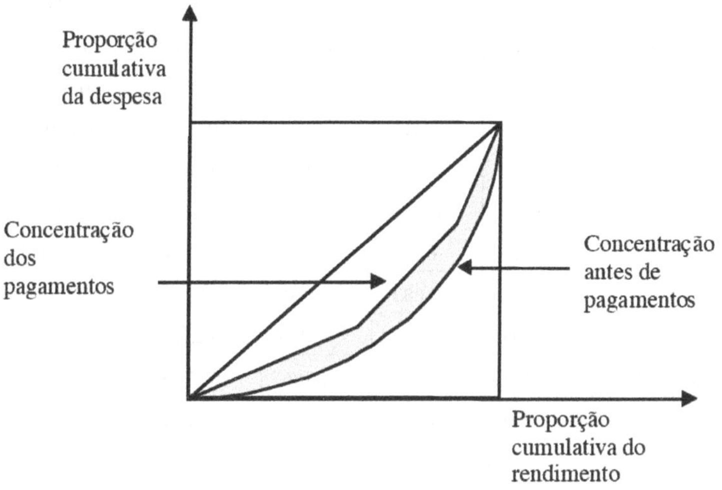

Fonte: Elaboração própria.

Existem algumas regularidades a serem notadas nos dados. Primeiro, o financiamento por impostos diretos é progressivo em todos os países. Segundo, em contraste, os impostos indiretos são regressivos, especialmente em Espanha e no Reino Unido. O financiamento via contribuições sociais é progressivo em todos os países excepto Países Baixos e Alemanha. Mas estes dois países excluem das coberturas por via da segurança social os grupos de rendimento mais elevado. Terceiro, e bastante vincado, é o efeito de regressividade dos pagamentos diretos, especialmente nos países com maior financiamento de fonte privada, os Estados Unidos e a Suíça. Tal decorre de nos restantes países haver redes sociais mínimas com isenção para pagamentos diretos para os grupos de menores rendimentos.

ECONOMIA DA SAÚDE

QUADRO 20.4: Índice de progressividade

País	Impostos diretos	Impostos indiretos	Segurança social	Seguro privado	Pagamentos diretos	Total
Dinamarca (1987)	0,0624	-0.1126	—	0,0313	-0,2654	-0,0047
Finlândia (1990)	0,1272	-0.0969	0,0937	0,0000	-0,2419	0,0181
França (1989)			0,1112	-0,1956	-0,3396	0,0012
Alemanha (1989)	0,2488	-0.0922	-0,0977	0,1219	-0.0963	-0,0452
Irlanda (1987)	0,2666	n.d.	0,1263	-0,0210	-0,1472	n.d.
Itália (1991)	0,1554	-0,1135	0,1072	0,1705	-0,0807	0,0413
Países Baixos (1992)	0,2003	-0.0885	-0,1286	0,0833	-0,0377	-0,0703
Portugal (1990)	0,2180	-0.0347	0,1845	0,1371	-0,2424	-0,0445
Espanha (1990)	0,2125	-0,1533	0,0615	-0,0224	-0,1801	0,0004
Suécia (1990)	0,0529	-0.0827	0,0100	—	-0,2402	-0,0158
Suíça (1992)	0,2055	-0,0722	0,0551	-0,2548	-0,3619	-0,1402
Reino Unido (1993)	0,2843	-0,1522	0,1867	0,0766	-0,2229	0,0518
Estados Unidos (1987)	0,2104	-0,0674	0,0181	-0,2374	-0,3874	-0,1303

Fonte: Table 2 em Wagstaff e van Doorslaer (2000).

Em termos de efeito total, há países onde o financiamento da saúde é realizado de forma progressiva, os grupos da população com maiores rendimentos pagam proporcionalmente mais, e outros onde é regressivo. Portugal inclui-se neste último grupo, essencialmente devido ao peso dos pagamentos diretos.[117]

Um outro aspecto interessante destes números é a relação entre a fonte de financiamento e o grau de progressividade do sistema. Confrontando a percentagem do financiamento que é de origem pública com a progressividade do sistema, verifica-se que quanto maior for a proporção de financiamento público, maior é a progressividade. Este parece constituir um argumento a favor de um maior financiamento público. Mas curiosamente, confrontando a proporção de financiamento público com a progressividade desse mesmo financiamento público, observa-se uma relação inversa. Os grandes problemas decorrem sobretudo da grande regressividade dos pagamentos diretos, o que sugere que a verdadeira questão é entre ter cobertura de seguro e qual a sua abrangência, e não sobre se o financiamento é público ou privado. Em comparação interna-

---

[117] Embora como se tenha visto anteriormente, quando se olha de outro modo para a repartição das fontes de financiamento, não é claro que os pagamentos diretos sejam tão elevados como aqui surgem..

432

20. EQUIDADE

cional, não se encontra uma relação entre a proporção de financiamento através de seguro (seja público ou privado) e o grau de progressividade do financiamento.

Há um conjunto de casos de sistemas de saúde regressivos em termos de equidade no financiamento. Portugal é um desses casos, e o fator determinante é a regressividade associada com os pagamentos diretos. Em geral os pagamentos diretos são responsáveis por algumas passagens de sistemas progressivos se baseados unicamente em seguro (seja público ou privado) para sistemas de saúde com características de regressividade. Há sistemas em que o próprio financiamento público é regressivo, pelo que a opção por um financiamento público, por si só, não é garantia de um financiamento com propriedades de progressividade. Em termos de implicações para Portugal, a principal preocupação devem ser os pagamentos diretos e não tanto se o financiamento é público ou privado, até porque o financiamento privado via mecanismos de seguro é relativamente pequeno.

Na última década a posição do seguro privado alterou-se de forma importante em termos de dimensão, praticamente duplicou a sua (pequena) dimensão e não se conhece, neste momento, quais as características de progressividade do seguro privado.

O quadro reporta os principais resultados.

QUADRO 20.5: Índice de progressividade – simulação da redução de benefícios fiscais

	Taxas de tributação de 2011	Taxas de tributação de 2013
Dedução fiscal de 30%	-0,213	-0,122
Dedução fiscal de 10% + 0%	-0,160	-0,085
Dedução fiscal de 30% e limite à dedução	-0,199	-0,112
Dedução fiscal de 10% + 0% e limite à dedução	-0,150	-0,062

Fonte: Costa (2013).

Como seria de esperar qualquer uma das duas alterações contribuiu para uma menor desigualdade associada com os pagamentos em despesas de saúde.

Das duas alterações, a que tem claramente maior contribuição é a revisão das taxas e escalões do imposto sobre o rendimento. A maior progressividade do imposto sobre o rendimento traduz-se numa menor desigualdade associada com os pagamentos diretos não por proteção dos cidadãos com menores rendimentos e sim por menor proteção dos cidadãos com maiores rendimentos.

ECONOMIA DA SAÚDE

20.4.3 *Despesas catastróficas em saúde*

Uma noção diferente do impacto dos pagamentos privados em despesas de saúde sobre a população é o aumento de pobreza que possa estar associado. Ou seja, em lugar de olhar para indicadores genéricos de desigualdade, dá-se maior relevância às chamadas despesas de saúde catastróficas. Isto é, despesas de saúde privadas que alteram de forma marcada a posição do indivíduo (ou da família) na distribuição de rendimento, levando-o para níveis inferiores à linha de pobreza.

A análise de despesas de saúde catastróficas dá, assim, informação sobre efeitos extremos que possam ocorrer devido às despesas em cuidados de saúde que não são cobertas por qualquer mecanismo de seguro, público ou privado. A diminuição das situações de despesas catastrófica é um indicador de uma melhor proteção das situações de maior vulnerabilidade no seio da população.

Borges (2013) apresenta um cálculo da evolução das despesas catastróficas em Portugal, utilizando para o efeito os Inquéritos às Despesas Familiares realizadas pelo Instituto Nacional de Estatística.

Uma família tem despesas catastróficas quando uma parte substancial do seu orçamento é gasta em despesas de saúde. O que é uma "parte substancial" é crítico para a definição de despesas catastróficas. Borges (2013) usou uma definição que se tornou aceite na literatura internacional: existem despesas catastróficas em saúde quando as despesas excedem 40% da capacidade de pagamento. A capacidade de pagamento é definida como o rendimento líquido ao qual se subtrai as despesas básicas do agregado familiar (ou despesas de subsistência), definidas como o valor mediano das despesas em bens alimentares dentro da amostra analisada. Os cálculos de Borges (2013) foram realizados usando os dados dos Inquérito às Despesas das Famílias de 2000, 2005 e 2010.[118]

---

[118] As amostras em cada ano são 10200 agregados familiares em 2000, 10403 em 2005 e 9489 em 2010.

20. EQUIDADE

QUADRO 20.6: Evolução da proporção de famílias afectadas por despesas catastróficas

Ano	2000	2005	2010
Portugal	5,005	3,177	2,439
Norte	3,527	3,011	2,439
Centro	6,097	3,836	2,485
Lisboa e Vale do Tejo	4,99	4,287	2,264
Alentejo	7,315	5,35	2,749
Algarve	7,794	2,749	1,827
Madeira	5,832	3,964	3,062
Açores	7,331	2,552	3,090

Fonte: Borges (2013).

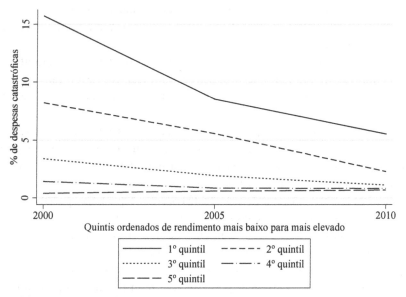

FIGURA 20.3: Despesas catastróficas segundo a classe de rendimento

Fonte: Elaboração própria com base em Borges (2013).

Os valores apresentados na figura e quadro ilustram a evolução positiva registada na última década, em que houve também uma convergência regional clara. Esta evolução ilustra uma capacidade crescente do sistema de saúde português em dar proteção financeira aos cidadãos, mesmo atendendo aos elevados valores dos pagamentos diretos.

ECONOMIA DA SAÚDE

O valor de 2010 é, ainda assim e apesar da evolução observada, elevado em contexto internacional. Xu *et al.* (2007) analisaram 89 países entre 1990 e 2003, tendo calculado uma incidência média de despesas catastróficas de 2,3% com um valor mediano de 1,47%. Portugal foi assinalado nesse trabalho como sendo um dos quatro países do grupo da OCDE com valor mais alto, juntamente com Espanha, Suíça e Estados Unidos.

Em suma, os sistemas de saúde são, em geral, caracterizados por diversos tipos de desigualdades (no acesso e no financiamento), levantando questões éticas para a condução das políticas públicas nesta área.

20.5 Ética e racionamento no acesso a cuidados de saúde

Embora a ética na economia da saúde tenha sido sobretudo reflectida, em termos de discussão e contributos, nas discussões sobre desigualdades, os aspectos de racionamento explícito ganharam mais importância na discussão pública.

O parecer de Setembro de 2012 do Conselho Nacional de Ética para as Ciências da Vida (CNECV) veio propor a discussão e uma metodologia de apoio à decisão de quando seria eticamente adequado limitar o acesso a cuidados de saúde. Este parecer lançou uma discussão técnica mas também uma discussão na opinião pública.

A própria palavra racionamento foi profusamente analisada e discutida no seu significado, tendo sido até proposto a utilização do termo racionalização com a mesma interpretação, essencialmente com que o termo racionalização foi utilizado pelo CNECV.

Sem a pretensão da última palavra ou verdade sobre o tema, ética e racionamento em saúde, a análise económica permite clarificar alguns aspectos do debate. A análise económica não é mais do que a análise da decisão de utilização de recursos escassos entre alternativas possíveis. Para que haja um problema económico é necessário que exista escassez de recursos e que haja a possibilidade de usar de vários modos esses recursos escassos disponíveis. E um elemento central da análise económica é o reconhecimento de que utilizar um recurso para um fim significa que não pode ser usado noutro. Sempre que os objetivos a alcançar implicarem escolhas na utilização de recursos existe racionamento, no sentido de que utilizações alternativas de recursos têm valor positivo. Suponhamos um recurso que pode ser usado numa alternativa A ou numa alternativa B. Ao utilizar esse recurso na opção A por ter maior valor, a opção B está a ser racionada no acesso ao recurso. De certo modo, toda a teoria de escolha económica acaba por ser uma teoria de racionamento óptimo, no sentido de decisão sobre utilização de recursos escassos.

Para que as decisões sobre cuidados de saúde a prestar sejam enquadráveis nesta forma de análise económica é sobretudo necessário que haja um problema

20. EQUIDADE

de escolha de recursos e de benefício associado com cada utilização alternativa desses recursos. Por exemplo, se uma determinada intervenção em medicina implicar utilização de recursos sem qualquer benefício (ou até em detrimento) para o doente, a análise económica indica que esses recursos deverão ser usados de outra forma. Este princípio é suficientemente geral e bem entendido para que seja também reconhecido sob a designação de obstinação terapêutica. A utilização de recursos em opções que produzem benefício social é então um problema do mecanismo de decisão usado ou de incorreta valorização do benefício gerado. Tome-se o exemplo de um doente terminal, em que o próximo ciclo de tratamento não se revela capaz, à luz do conhecimento científico, disponível, de melhorar ou alterar a situação e curso da doença. Se o benefício de continuar o tratamento é nulo para o doente, o que pode justificar a sua continuação? Duas sugestões surgem frequentemente nas respostas a esta questão. Por um lado, o médico não quer desistir ou não quer comunicar essa desistência. Por outro lado, o doente ou a família têm uma esperança, mesmo que pequena, quanto ao resultado do tratamento, não querendo deixar de tentar ou têm desconhecimento sobre a capacidade científica do tratamento (aspecto que poderá justificar as outras duas posições, aliás).

Nesta situação, um processo de decisão sobre a utilização de recursos mais organizado e envolvendo todas as partes poderá levar a uma decisão diferente do que usar recursos sem disso retirar benefício. Ou o mesmo processo de decisão pode reafirmar a importância da esperança criada face à eventual incerteza do conhecimento científico e optar pela continuação do tratamento. Neste caso extremo, o aspecto central estava no mecanismo de decisão. A redefinição do modo de escolha da melhor alternativa de acordo com os princípios éticos explicitados e consensualizados levará a uma melhor decisão do ponto de vista individual e social, podendo até coincidir com a decisão saída de outro processo de decisão anterior, em que não ocorra essa explicitação.

Exercícios

20.1 Equidade em saúde implica igualdade na quantidade de cuidados de saúde consumidos por cada pessoa? Justifique adequadamente a sua resposta.

20.2 Explique brevemente em que consiste a "abordagem de direitos" (*rights approach*) à definição de "necessidade" e as suas implicações para a avaliação de equidade em saúde.

20.3 Qual a distinção entre equidade no financiamento e equidade no acesso a cuidados de saúde?

20.4 Apresente a abordagem de "fair innings" de Williams.

ECONOMIA DA SAÚDE

20.5 Explique brevemente em que consiste o "dilema do Samaritano" e quais as suas implicações para a prestação de cuidados de saúde.

20.6 Defina índice de concentração de doença e índice de concentração de utilização. Explique como é que o índice de iniquidade horizontal de Le Grand é obtido a partir destes dois índices.

20.7 Defina o índice de Kakwani. Explique intuitivamente em que medida este índice mede iniquidades no financiamento de cuidados de saúde.

20.8 Em geral, os impostos diretos e os pagamentos no momento de consumo de cuidados de saúde têm sido progressivos ou regressivos? Explique intuitivamente porque se tem encontrado essa regularidade empírica.

20.9 Apresente as diferenças entre "igualitarismo" e "utilitarismo" enquanto conceitos geradores de funções de bem-estar social e de afectação de recursos de saúde a diferentes indivíduos da sociedade.

Capítulo 21
Análise custo-benefício

21.1 Introdução

No sector da saúde a inexistência, em várias situações, de mercados que permitam determinar a afectação eficiente de recursos de uma forma descentralizada leva à necessidade de usar a análise custo-benefício, nomeadamente no que toca à adopção de novas tecnologias. A utilização da análise custo – benefício no contexto da prestação de cuidados de saúde ganhou a designação de avaliação económica de tecnologias (ou de programas de intervenção).

Ninguém pensa seriamente em realizar uma análise custo-benefício para determinar o número (e tipo) de camisas vendidas numa sociedade. Essa decisão é deixada ao "mercado". O mercado não é uma entidade mágica que resolve tudo, mas um acumular de decisões individuais que origina uma determinada afectação de recursos. No caso das camisas, cada pessoa avalia o benefício (marginal) de comprar uma camisa, compara-o com o custo (marginal) de a adquirir, e decide ou não comprá-la. Qualquer análise custo – benefício adicional seria desperdício de tempo.

Porém, para grandes projetos que são realizados uma única vez, ou para certas decisões de política, não existe um mercado, ou pode ser demasiado custoso deixá-lo atuar livremente, por não levar a uma afectação de recursos eficiente (por exemplo, excessiva tecnologia). Há assim que realizar uma avaliação de impacto para a sociedade de determinada decisão de adopção, ou não, de um novo procedimento ou uma nova tecnologia em saúde.

A lógica subjacente à análise custo-benefício é muito simples. Uma determinada decisão conduz a uma melhoria do bem-estar social se os benefícios a ela associados excederem os seus custos.

ECONOMIA DA SAÚDE

A análise custo benefício aplicada à área da saúde tem recebido a designação de avaliação económica (de tecnologias de saúde ou de intervenções em saúde). Nem sempre é possível, ou necessário, realizar uma análise custo-benefício com todos os elementos que a integram. Também frequentemente é usada a designação genérica de análise custo-efetividade para se referir à aplicação desta metodologia de análise. Devido às dificuldades, ou objeções, à análise custo-benefício, diversas variantes têm sido aplicadas. As variantes mais comuns da análise custo--benefício são a análise de minimização de custos, a análise custo-efetividade e a análise custo-utilidade. Estas variantes distinguem-se pelo sucessivo nível de generalização que envolvem, do mais particular para o mais geral, através de hipóteses que vão sendo sucessivamente alteradas.

A análise de minimização de custos procura, como o próprio termo indica, alcançar o menor custo possível quando se tem que escolher entre duas opções de intervenção (ou de adoção de tecnologias). Como tal, este tipo de análise é relativamente simples. Exige unicamente informação sobre os custos envolvidos. Contudo, tem subjacente uma hipótese bastante forte para que seja válida e adequada como metodologia de apoio à decisão: é necessário que os benefícios obtidos sejam independentes da opção escolhida, ou seja, que qualquer das opções em confronto levará aos mesmos resultados finais de benefício. A não se verificar esta hipótese, a análise de minimização de custos deixará de ser apropriada.

Torna-se, então, proceder à sua generalização, reconhecendo que cada opção disponível terá quer custos quer benefícios distintos. O modo mais simples de considerar a existência de benefícios é incluir na análise uma medida de efetividade das intervenções ou das tecnologias em comparação (por exemplo, anos adicionais de vida, tensão arterial, escala de acuidade visual, escala de mobilidade, etc., consoante o que for relevante em cada situação). Esta medida de atividade pode estar expressa em qualquer escala, pelo que não é possível, em geral, fazer uma comparação direta entre benefícios e custos de cada intervenção.

Se b_i for o benefício resultante da intervenção ou tecnologia i e c_i for o custo associado, calcular a diferença entre benefícios e custos $b_i - c_i$ como contributo da opção i exige que tanto benefícios como custos se encontrem expressos na mesma unidade. Adotando uma medida física de benefícios (resultados), essa condição não se encontra satisfeita. Assim, em alternativa, tornou-se comum o cálculo do custo por medida de resultado, c_i/b_i, que quando a medida de benefício é uma medida de efetividade se traduz na chamada análise custo-efetividade. O critério de decisão implícito é escolher a opção com menor rácio custo-efetividade, uma vez que permite obter o menor custo para alcançar um objetivo. Se a medida de benefício tiver o mesmo valor nas opções em comparação estar-

440

21. ANÁLISE CUSTO-BENEFÍCIO

-se-á de retorno à análise de minimização de custos, que é assim uma versão particular da análise custo-efetividade. Tendo as opções benefícios diferentes, o critério de escolha segundo o rácio custo-efetividade permite obter o maior benefício possível, dentro de um orçamento disponível. Do ponto de vista de decisão económica, com várias opções disponíveis para utilização de recursos e um orçamento global fixo (restrição orçamental, na terminologia técnica), a regra de decisão para maximização do benefício global dada essa restrição orçamental é começar por adotar ou usar a opção que tem menor custo por unidade de efetividade e ir sucessivamente de uma utilização para outra consoante a sua ordenação segundo este rácio.[119]

A análise custo-efetividade permite contemplar de forma explícita uma medida de benefício. Contudo, é frequente olhar-se para os resultados de uma intervenção em saúde (ou utilização de uma tecnologia) como tendo diversas dimensões relevantes, e não apenas uma. Por exemplo, é frequente considerar--se que tanto a longevidade adicional como os ganhos de qualidade de vida são elementos distintos dos benefícios resultantes de uma decisão de utilização de cuidados de saúde (intervenção, ou adoção de tecnologia de saúde) e que não se deve ignorar qualquer deles. Uma análise custo-efetividade obriga a que se escolha uma única medida de efetividade, pelo que uma das dimensões seria certamente ignorada por construção da análise.

A solução para este problema é abandonar a hipótese de que existe apenas uma medida de resultados relevante, e utilizar um indicador que agregue as várias dimensões de benefício. Esse indicador agregado pode ser representado por $U(b_i^1, ..., b_i^n)$ para n dimensões relevantes de cada opção i. Este agregador $U(\cdot)$ é designado, em geral, por utilidade e está origem do termo análise custo-utilidade, em que os resultados são agora medidos e agregados numa escala própria. A análise custo-utilidade é, por isso, uma generalização da análise custo-efetividade ao abandonar a hipótese de apenas uma medida de resultado ser suficiente para traduzir todos os benefícios relevantes.

---

[119] É de referir aqui um detalhe técnico relevante: o benefício adicional de cada incremento de utilização ou consumo de uma opção pode não ser, e frequentemente não será, constante, levando a que a regra deva ser considerada para cada utilização adicional de um recurso. Este detalhe é importante pois leva a que quando, pela utilização mais intensa, uma opção apresenta menor efetividade adicional, se passe para outra opção com maior benefício adicional. O rácio custo-efetividade não é constante para todos os níveis de intensidade de intervenção possíveis. Resulta daqui que, defrontando-se uma restrição orçamental, seja natural ter várias utilizações de recursos em diferentes opções, e não apenas uma. Este argumento é uma aplicação direta dos princípios de decisão ótima de um consumidor com vários consumos que valoriza, sujeito a uma restrição orçamental. A forma habitual de apresentar esse problema leva a uma regra de igualdade de benefício marginal dividido pelo preço de cada opção de consumo (que é o inverso do rácio custo-efetividade).

ECONOMIA DA SAÚDE

A escala desta medida de utilidade é arbitrária, sendo, por facilidade, expressa com frequência no intervalo [0,1]. Por este motivo, não é possível calcular o valor do benefício face ao custo de cada opção por diferença entre valor dos benefícios e dos custos.

Contudo, consegue-se calcular o custo por cada unidade de "utilidade" alcançada, de forma similar aos rácios custo-efetividade.

Como critério de decisão generalizou-se, na comparação entre duas opções, o rácio custo-efetividade incremental (RCEI), calculado como

$$RCEI = \frac{c_1 - c_o}{U(b_1^1, \dots, b_1^n) - U(b_0^1, \dots, b_0^n)}$$

em que, geralmente, $i = 0$ representa uma opção de continuidade e $i = 1$ representa uma nova opção (naturalmente, a mesma metodologia é passível de ser utilizada para comparar quaisquer duas alternativas).

A partir do cálculo deste rácio, quando for inferior a uma valor que seja tomado como referência, designado por μ, então a opção 1 é dita ter benefícios adicionais suficientes para os custos adicionais que apresente, de forma a que seja preferida. Claro que se tiver menos benefícios e mais custos será preterida, e se tiver mais benefícios e mais custos, será preferida, mesmo sem qualquer cálculo adicional. O valor do limiar μ é interpretado como valor monetário por unidade de utilidade (por exemplo, 30 000€ por ano de vida com perfeita qualidade de vida).[120]

A utilização desta metodologia tem-se traduzido, em alguns países, na existência de um valor crítico para o rácio custo-efetividade. Tecnologias que apresentem um valor custo-efetividade acima desse limiar crítico não são comparticipadas pela entidade seguradora (que pode ser um Serviço Nacional de Saúde). A utilização desta abordagem é uma forma de ter em conta o custo de oportunidade de outras intervenções no âmbito de um Serviço Nacional de Saúde com recursos limitados (com uma restrição orçamental ativa). No caso inglês, em que esta função de avaliação de tecnologias é desempenhada pelo NICE, com o limiar crítico é definido em termos do custo por ano de vida ajustado pela qualidade de vida colocado no intervalo de 20 000 a 30 000 libras (22 145 a 33 218 euros, à taxa de câmbio de Julho de 2019) segundo McCabe et al. (2008).

Caso haja um valor μ consensualmente aceite, pode-se passar a uma análise custo – benefício dada por $\mu U(b_i^1, \dots, b_i^n) - c_i$. A comparação das alternativas com o RCEI permite escrever, para a opção 1 ser preferida,

---

[120] Este exemplo de agregador (utilidade) – anos de vida ajustados pela qualidade de vida – será discutido em maior detalhe mais à frente.

21. ANÁLISE CUSTO-BENEFÍCIO

$$RCEI = \frac{c_1 - c_o}{U(b_1^1, \dots, b_1^n) - U(b_0^1, \dots, b_0^n)} < \mu$$

Ou

$$\mu\, U(b_1^1, \dots, b_1^n) - c_1 > \mu\, U(b_0^1, \dots, b_0^n) - c_o$$

Daqui resulta que se a opção de continuidade tem valor positivo, então a nova opção, por ter maior valor que a opção de continuidade para ser preferida, também forçosamente valor global positivo.

Ao usar o valor do limiar μ para estabelecer um ponto de referência para a decisão, está-se a dar o passo necessário para a utilização da análise custo-benefício, com a valorização de custos e benefícios numa mesma escala, usualmente a escala monetária.

Temos assim várias variantes da análise custo-benefício que são casos particulares de uma formulação geral, e como tal são úteis sempre que as hipóteses de trabalho que as validam sejam respeitadas.

21.2 Os passos da análise custo-benefício

O primeiro passo da análise custo-benefício consiste na identificação dos custos. Uma clara e exaustiva identificação de todos os custos relevantes não é uma tarefa fácil. É usual considerar três tipos de custos associados com determinada decisão médica (de uma intervenção em saúde, numa formulação mais geral): custos médicos diretos, custos não-médicos diretos e custos indiretos (custos de produtividade). Os custos diretos incluem todos os custos dos prestadores de cuidados de saúde, incluindo análises e exames, o custo do tratamento propriamente dito, e custo de tratamento de rotina e acompanhamento posteriores. Os custos diretos não médicos são todos os custos monetários que não estão associados com os profissionais de saúde ou bens e serviços de saúde. Incluem transporte, comida especial, etc. Os custos indiretos são todos os custos não monetários do tratamento: tempo gasto, e o seu valor, é o exemplo mais importante.

A análise custo – benefício tem ainda que identificar os benefícios, que no caso de intervenções médicas podem ser classificados em benefícios diretos e benefícios indiretos. Como benefícios diretos tem-se a melhor saúde das pessoas sujeitas a tratamento. Como benefício indireto, podem-se incluir, entre outros, custos médicos evitados devido à prevenção de uma doença, o valor monetário da diminuição de produção evitada, e o valor monetário da perda de utilidade evitada devida ao prolongamento da vida ou de uma melhor saúde durante o tempo de vida restante. O critério da análise custo – benefício é bastante simples:

ECONOMIA DA SAÚDE

$$VA = \sum_{t=1}^{T} \frac{B_t - C_t}{(1 + r)^t} \qquad (21.1)$$

onde B_t são os benefícios no momento t, C_t os custos no momento t, e r a taxa de desconto intertemporal. Em relação à análise de projetos, por exemplo, a grande diferença é que B_t corresponde a benefícios sociais e não fluxos de rendimento. Se $VA > 0$, deve-se avançar com a medida proposta, pois cria um excedente social positivo. Note-se ainda que existe uma hipótese implícita neste critério. Se houver grupos que beneficiam e outros grupos que perdem, como o efeito global para a sociedade é positivo, uma compensação *potencial* do grupo que ganha para o que perde, se feita apropriadamente, teria a capacidade de não deixar nenhum agente da economia em pior situação, em termos de utilidade, do que a inicial. É suficiente que esta compensação potencial seja possível para que se tome como adequada a uma implementação da medida. Não é necessário que essa compensação ocorra realmente.[121] Uma forma alternativa de escrever este critério é:

$$\frac{B}{C} = \frac{\displaystyle\sum_{t=1}^{T} \frac{B_t}{(1 + r)^t}}{\displaystyle\sum_{t=1}^{T} \frac{C_t}{(1 + r)^t}} \qquad (21.2)$$

Esta segunda forma de escrever o critério de análise custo – benefício pode ser enganadora porque não reflete a escala do projeto e porque muitas vezes a classificação de custos e benefícios de um projeto médico é ambígua: parte dos benefícios é evitar custos médicos futuros, que podem ser contabilizados como redução de custos ou acréscimo de benefícios.

Algumas das alternativas de atuação têm uma longa vida útil, o que cria duas dificuldades. Calcular os custos e benefícios no futuro (por vezes, daqui a 20 ou 30 anos) e a seleção de um projeto hoje poder afectar os projetos possíveis no futuro. Segundo, a determinação da taxa de desconto apropriada.

Em termos de decisões de investimento de empresas, a taxa usualmente considerada como relevante é a taxa à qual se podem obter fundos para financiar o projeto (e dependerá do tempo de vida do projeto e do risco envolvido). Para o caso de projetos sociais, existe alguma discussão, mas tem sido aceite que a taxa de desconto social apropriada é determinada pelo custo de oportunidade para o

---

[121] A concretização dessa compensação tem custos de realização e defrontaria o problema de identificação de quem ou de quê, e quem seria compensado.

21. ANÁLISE CUSTO-BENEFÍCIO

sector privado da realização do projeto social. Para projetos médicos, têm existido várias propostas de taxas de desconto apropriadas, sendo que os valores mais correntemente utilizados andam nos 4% a 6%, com predominância dos 5%.

O problema seguinte da análise custo – benefício está na atribuição de valores monetários aos benefícios, pois se não há "mercados", não há preços para os bens e serviços envolvidos. Além de que os preços no mercado privado podem não refletir o valor social marginal.

Para a atribuição de valor à vida humana existem as abordagens discutidas anteriormente, com as dificuldades e objecções então apontadas. Estas dificuldades geram, naturalmente, grande relutância em atribuir valores monetários ao resultado de tratamentos médicos. Verificou-se, por isso, o desenvolvimento de métodos alternativos de avaliar os benefícios dos cuidados de saúde, sendo o mais difundido o dos QALY – *Quality Adjusted Life Years*. Este conceito é uma das contribuições importantes da teoria económica para a análise dos benefícios no sector da saúde.

As medidas clínicas de sucesso são, frequentemente, "estranhas" se analisadas com cuidado. Por exemplo, considere-se, no caso de cancro, como medida de sucesso de um tratamento garantir a sobrevivência por mais 1 ano (expressa tipicamente como a taxa de sobrevivência ao final de um ano). Tomar esta taxa de sobrevivência como medida do benefício recebido tem várias hipóteses escondidas sobre como se deve avaliar os benefícios de cuidados de saúde: sobreviver apenas 6 meses não tem qualquer valor adicional a sobreviver um mês; sobreviver para além do primeiro ano dá sempre o mesmo benefício, qualquer que seja o período de sobrevivência (dois anos ou 10 anos de vida adicional são tratados exatamente da mesma forma); é irrelevante a qualidade de vida e o valor de sobrevivência é igual para todas as pessoas. Os QALYs procuram de alguma forma ultrapassar algumas destas hipóteses escondidas atribuindo pesos aos períodos de sobrevivência, que refletem a sua importância.

21.3 QALY como medida de utilidade

Um QALY é calculado ponderando cada ano remanescente da vida de uma pessoa pela qualidade de vida esperada no ano em questão.

Os QALYs são uma medida usada para avaliar o valor dos recursos (limitados) aplicados em cuidados de saúde. Através da atribuição de um valor na escala zero – um a qualquer estado de doença ou incapacidade normaliza-se e compara-se entre situações distintas. Tipicamente, o valor zero corresponde à utilidade do estado "morto" e ao valor de um corresponde a "perfeita saúde". O valor de um resultado de saúde para um indivíduo é calculado como o produto de dois fatores: o aumento na utilidade do estado de saúde da pessoa vezes o número de anos em que se verifica essa melhoria.

ECONOMIA DA SAÚDE

É frequente a referência ao QALY como um índice de utilidade. Aceitando, por agora, essa associação, a regra de decisão possível é escolher os tratamentos com menor custo por QALY ganho. O uso de QALYs pode ser criticado por dar o mesmo indicador de qualidade de vida a todos os indivíduos. Em alternativa, tem sido proposta a utilização dos *Anos de vida equivalentes* (HYE) como critério na afectação de recursos. Para se ter uma noção dos fundamentos destas (e outras propostas), vale a pena olhar com algum cuidado para a discussão QALY versus HYE.

Seja $(Q_i; T)$ a representação de se viver T anos no estado de saúde Q_i. Tomem-se três estados de saúde: boa saúde, Q^*, morte, Q_D, e um valor intermédio de qualidade de vida, Q_I. Os QALYs são calculados usando, por exemplo, o denominado método de "time trade-off" (TTO),[122] que consiste em perguntar a um indivíduo com $(Q_I; T)$ qual o valor em anos de perfeita saúde que lhe é equivalente. Isto é, pede-se que escolha T^* tal que:

$$(Q_I; T) \sim (Q^*; T^*); T^* < T \qquad (21.3)$$

Por seu lado, o cálculo dos HYE decorre em duas etapas. Na primeira etapa, a pessoa começa com $(Q_I; T)$ e pedem-lhe que escolha p^* tal que:

$$(Q_I; T) \sim p^*(Q^*; T) + (1 - p^*)(Q_D; T) \qquad (21.4)$$

Numa segunda etapa, pergunta-se qual o valor H^* de anos de vida tal que:

$$(Q^*; H^*) \sim p^*(Q^*; T) + (1 - p^*)(Q_D; T) \qquad (21.5)$$

Sendo as preferências transitivas,

$$(Q_I; T) \sim (Q^*; H^*) \qquad (21.6)$$

Como $(Q_I; T) \sim (Q^*; T^*)$ nos QALYs, dado que existe monotonicidade nas preferências, então $T^* = H^*$. Resulta então que ambos os métodos são equivalentes se interpretados como índices de utilidade. Em termos operacionais, é usual os QALYs serem obtidos por:

$$U(Q; T) = V(Q)T \qquad (21.7)$$

---

[122] Existem outros métodos como a utilização de uma escala analógica e o denominado "standard gamble".

sendo $V(Q)$ uma medida de qualidade normalizada para 0-1 (0 – morte, 1 – vida sem problemas de saúde), e em que $V(Q)$ é determinado pelo "time trade-off".

Os QALYs baseiam-se em duas hipóteses que podem levantar objecções: a) o valor para a sociedade é igual à soma dos benefícios de saúde que produz; b) o benefício de saúde em cada indivíduo é a soma dos ganhos em saúde (qualidade de vida) nos anos de vida em que o indivíduo beneficia dos efeitos do serviço de saúde. A primeira objecção remete diretamente para a discussão do capítulo anterior e para a forma como se pode (ou não) realizar comparações interpessoais.

Para utilização dos QALYs não é obrigatório construir os índices de utilidade desde o início. Podem-se usar instrumentos já existentes como o EuroQoL (EQ-5D). Mas é fundamental conseguir transpor as respostas a inquéritos para uma escala que represente as valorizações em termos de utilidade.

O EuroQoL é um sistema de valorização com 5 atributos: a) Mobilidade; b) Autonomia; c) Capacidade de desenvolver atividades usuais; d) Dor/desconforto; e e) Ansiedade/depressão.

Cada atributo tem três níveis, o que origina 243 estados de saúde possíveis (resultante de 3 estados possíveis em 5 dimensões), mais "inconsciente" e "morto". No final, o sistema distingue 245 estados de saúde a quantificar. A quantificação feita com *Time Trade-Off*, a que responderam 30 000 pessoas no Reino Unido. Foi a primeira tabela de valores. Desde então, têm sido construídas e avaliadas as tabelas de valores para vários países. Os estados de saúde do instrumento EQ-5D resultam da combinação dos seguintes fatores:[123]

---

[123] Veja-se Drummond *et al.* (1997), p. 163.

ECONOMIA DA SAÚDE

QUADRO 21.1: EQ-5D

Mobilidade	Autonomia	Atividades habituais
Sem problemas	Sem problemas	Sem problemas
Dificuldades a andar	Alguns problemas para higiene pessoal e vestir	Alguns problemas
Acamado	Incapaz de se lavar e vestir	Incapaz

Dor/desconforto	Ansiedade/depressão	
Sem dor ou desconforto	Sem problemas	
Moderada	Moderada	
Extrema	Extrema	

Fonte: Drummond *et al.* (1997).

A concretização em termos de valores de utilidade encontra-se no quadro 21.1. A utilização dos valores para construir o índice de QALYs é feita do seguinte modo. Os valores são obtidos subtraindo os coeficientes relevantes a 1 (que representa saúde perfeita) Se não é tudo escolha 1, retirar o valor da constante. Se há pelo menos um 3, retirar a outra constante. Uma ilustração simples é usar o valor 12321 para ver a que QALY corresponde:

– 1,000
– 0,081 (primeira constante, não é tudo 1)
– 0,269 (há pelo menos um 3)
– 0,104 (segundo digito)
– 0,094 (terceiro digito)
– 0,123 (quarto digito)
= 0,329

21. ANÁLISE CUSTO-BENEFÍCIO

Quadro 21.2: Valores de QALYs

	Reino Unido	Espanha	Portugal
Dimensão	Coeficiente	Coeficiente	Coeficiente
Constante	0,081	0,024	
Mobilidade			
Nível 2	0,069	0,106	0,305
Nível 3	0,314	0,430	0,890
Autonomia			
Nível 2	0,104	0,134	0,354
Nível 3	0,214	0,309	0,796
Atividade habitual			
Nível 2	0,036	0,071	0,298
Nível 3	0,094	0,195	0,759
Dor/desconforto			
Nível 2	0,123	0,089	0,306
Nível 3	0,386	0,261	0,703
Ansiedade			
Nível 2	0,071	0,062	0,233
Nível 3	0,236	0,144	0,632
N3	0,269	0,291	
D1			-0,437
I2			0,240
I3^2			-0,034

Fonte: Drummond *et al.* (1997), Badia *et al.* (2001), Ferreira *et al.* (2013).

O quadro 21.2 revela que sociedades diferentes dão uma valorização diferente às várias dimensões usadas para medir a qualidade de vida. Para o cálculo dos valores dos coeficientes EQ-5D para Portugal, Ferreira *et al.* (2013) usaram entrevistas com uma amostra de 450 pessoas representativas da população portuguesa. Os entrevistados avaliaram 25 estados de estados, sendo que em cada entrevista são valorizados 7 estados de saúde diferentes.

Esta informação é depois incorporada num modelo econométrico por forma a gerar todas as combinações relevantes para a escala EQ-5D.

A aplicação direta do modelo mais habitual levou ao resultado de ter dois coeficientes que não são estatisticamente diferentes de zero (e ambos na passagem de nível 1 para nível 2). Como esse resultado significa que uma avaliação

ECONOMIA DA SAÚDE

pior não resulta em menor valor da "utilidade", os autores optam por outro modelo em que introduzidas três variáveis adicionais: D1 – número de casos em que há desvio da situação de perfeita saúde (escolha de nível 1) além do primeiro, que substitui o termo constante (variável D1); número de dimensões com nível 2 além da primeira (variável I2) e o quadrado do número de dimensões em nível 3 além do primeiro caso (variável $I3^2$).

A utilização de um modelo econométrico mais complexo decorre do problema de interpretação de ter estados de saúde piores com a mesma valorização de estados de saúde melhores. Contudo, se essa abordagem eliminou coeficientes diretos com o estado de saúde difíceis de interpretar, introduziu aspetos não lineares que geram igualmente dificuldades de interpretação, sendo natural que venham a ser feitos posteriores refinamentos.

A titulo de exemplo, se houver uma resposta 33332, o score é -0,333. Caso o indivíduo piore o seu estado de ansiedade/depressão, passando para 33333, o score desce para -0,496, um efeito esperado. Contudo, se o indivíduo melhorar o seu estado de ansiedade/depressão, o score altera-se para -0,536, um valor inferior à situação supostamente de menor saúde de grande intensidade de depressão/ansiedade.

Assim, a aplicação destes valores em estudos de avaliação económica deverá ser realizada com grande cautela e apenas envolvendo estados de saúde (respostas ao questionário EQ-5D) que não envolvam estas anomalias.

É igualmente interessante a comparação entre escalas de diferentes países. As figuras seguintes comparam os valores da utilidade associados com as escalas Espanholas e do Reino Unido com os valores da escala Portuguesa. Valores acima da diagonal indicam maior valorização na escala do país de comparação do que na escala portuguesa. Os estados de saúde considerados são os apresentados em Ferreira *et al.* (2013).

Desta comparação (figura 21.1 e figura 21.2) observa-se que quer em Espanha quer no Reino Unido há, em geral, uma maior valorização das situações de saúde mais elevada. Na comparação com Espanha é visível também uma melhor valorização na escala portuguesa. A escala de Espanha é, pois, mais acentuada em ambos os extremos. Relativamente à escala inglesa, para estados de saúde piores não há grande diferença.

FIGURA 21.1: EQ-5D: Portugal vs Espanha (25 estados de saúde de referência)

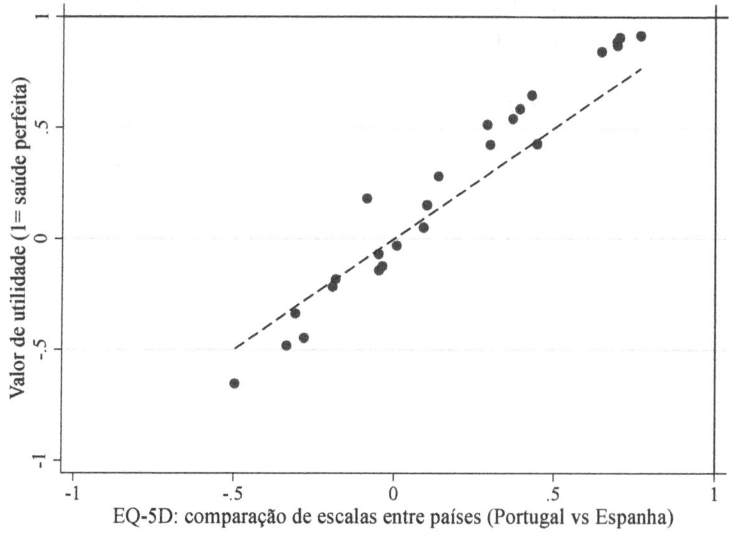

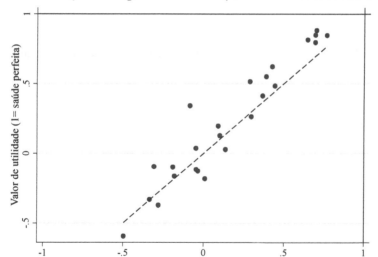

Fonte: Elaboração própria.

FIGURA 21.2: EQ-5D: Portugal vs Reino Unido (25 estados de saúde de referência)

Fonte: Elaboração própria.

Usando uma simulação em que o nível em cada categoria é obtido de uma distribuição uniforme, com um número de casos suficientemente grande para captar todos os 243 estados de saúde, as conclusões são similares no que se refere ao Reino Unido mas acentua-se a subvalorização das "preferências" portuguesas face às de Espanha (figuras 21.3 e 21.4).

FIGURA 21.3: EQ-5D: Portugal vs Espanha (243 estados de saúde por simulação)

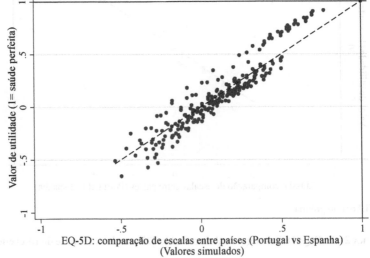

Fonte: Elaboração própria.

FIGURA 21.4: EQ-5D: Portugal vs Reino Unido (243 estados de saúde por simulação)

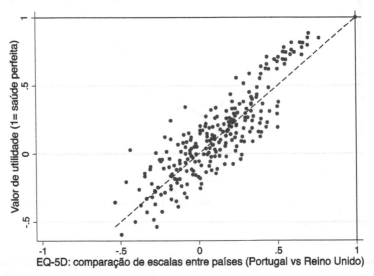

Fonte: Elaboração própria.

21.4 Utilização de estudos de avaliação económica

A questão fundamental na leitura de um estudo de avaliação económica é saber se os resultados são úteis para a tomada de decisão. Para responder a esta questão têm sido propostas várias baterias de perguntas. Não se espera que um estudo de avaliação económica responda adequadamente a todas as questões, mas apenas que a sua aplicação permite apreciar as vantagens e desvantagens do estudo. Existem vários exemplos de *check-list*, têm em geral muitos pontos de contato com as orientações metodológicas publicadas. A preocupação com a utilização dos estudos de avaliação económica levou, em vários países, à criação de orientações metodológicas. Existem vários tipos de orientações, com diferentes objetivos. Os quatro tipos principais de orientações que se estabelecem são orientações metodológicas, orientações para estabelecimento de preços e regras de reembolso, orientações de aprovação e orientações sobre atividades promocionais. As orientações metodológicas têm como objetivo estabelecer um consenso entre investigadores para criarem e realizarem de forma apropriada estudos de avaliação económica, reportando resultados económicos e humanísticos comparáveis entre estudos.

As orientações para estabelecimento de preços e regras de reembolso têm como objetivo determinar o conteúdo, apresentação e avaliação de dados farmacoeconómicos para determinação ou justificação do preço ou nível de reembolso de um determinado medicamento.

As orientações para aprovação estabelecem os standards aceitáveis para que um novo produto seja autorizado a circular no mercado. Podem ser diferentes das orientações para reembolso.

Finalmente, as orientações para atividades de promoção estabelecem os critérios para o uso de dados fármaco-económicos na promoção junto de prescritores e consumidores.

21.5 Um exemplo: Avaliação económica e SIDA

A SIDA é uma doença com elevados custos de acompanhamento (não se pode propriamente falar de tratamento, pelo menos por enquanto). É frequente aparecerem sucessivas propostas de novos fármacos que procuram travar a difusão da doença. Mas também outras medidas são normalmente apresentadas com esse fim.

Uma das propostas mais controversas é a obrigatoriedade de realização de um teste por parte dos casais que se pretendam casar. O objetivo é evitar a propagação da doença entre o casal, admitindo que se um deles tiver SIDA o outro não seja contagiado (precauções tomadas pelo casal).

McKay e Phillips (1991) realizaram uma análise custo-benefício desta proposta. O custo da proposta é fácil de quantificar – custo por teste mais o acon-

ECONOMIA DA SAÚDE

selhamento ao casal vezes o número de casamentos. Os custos estimados são entre 26,2 milhões de euros e 124,7 milhões de euros, consoante o aconselhamento fosse dado apenas aos casais com teste de SIDA positivo ou a todos.

Os benefícios são os custos que são poupados nos casos de SIDA evitados devido à realização do teste. Esta estimativa é mais difícil e depende de várias hipóteses sobre o número de casos que serão identificados com a realização do teste, a taxa à qual a SIDA é transmitida através da atividade sexual dos casais, a proporção de casais que tem relações sexuais antes do casamento (60 a 90%), em que medida o comportamento sexual do casal se altera se souber que um deles tem teste positivo (20 a 80% admite vir a fazê-lo), o valor da vida humana eventualmente poupada (calculada de acordo com o método de capital humano).

Das várias combinações destas hipóteses, calculam o rácio benefício – custo para 32 cenários diferentes, chegando à conclusão de que em 30 dos casos o rácio é superior à unidade e em apenas dois desses cenários é inferior à unidade. Para os casos mais plausíveis, em termos de cenários, o valor do rácio benefício/ /custo encontra-se entre 3,1 e 28,2.

Os autores argumentam que esta é evidência a favor de um programa de teste de positividade ao HIV obrigatório. Mas existem ainda muitos outros custos, nomeadamente custos indiretos, que não se encontram contabilizados: valor da invasão de privacidade, descriminação de que as pessoas com teste positivo são alvo, efeitos psicológicos de um falso teste positivo, etc.

Este é um exemplo de avaliação económica de medidas de política de saúde que não é avaliação económica de medicamentos.

Existem também já várias avaliações económicas envolvendo a realidade portuguesa, nomeadamente associadas à introdução de novos medicamentos. Atualmente em Portugal, tal como noutros países, é exigida uma demonstração das vantagens económicas, via análise de avaliação económica, de novos medicamentos face às alternativas terapêuticas existentes. Essa demonstração deve ser realizada de acordo com orientações metodológicas, tal como descritas no Despacho 19064/99.

Exercícios

21.1 Apresente os quatro principais tipos de avaliação económica.

21.2 Defina o conceito de QALY (*quality-adjusted life year*), explicando a sua utilidade para a avaliação económica.

21.3 Sugira um método para se calcular o valor de um QALY numa população.

21.4 Uma unidade local de saúde procura avaliar os custos de prevenção e de tratamento referentes a homens de meia idade susceptíveis de sofrerem um ataque de coração. Considera-se o impacto de estratégias de prevenção que focam em homens de 50 anos. Os dados existentes indicam que para esta idade, 15 em cada 100 homens esperam ter um ataque de coração até aos 65 anos. A idade média de ocorrência do ataque de coração é aos 60 anos. O custo esperado de tratar um ataque de coração é de 30 000 euros. A unidade local de saúde pode focar nos homens entre os 50 e os 65 anos, promovendo programas de aconselhamento para redução de peso, a um custo de 50 euros por doente por ano. Esses programas reduzem o risco de um ataque de coração em 5 pontos percentuais, pois apenas uma pequena fração de indivíduos é capaz de desenvolver de forma permanente novos hábitos de desporto e alimentares. Este aconselhamento reduz o custo esperado dos cuidados de saúde daqui a 10 anos em 1500 euros (= 0,05 x 30000).

A unidade local de saúde pode igualmente criar um sistema de check-up anual, que inclui testes ao nível do colesterol e tratamento por medicamentos para reduzir os níveis de lípidos, com um custo adicional de 200 euros por ano por doente. A monitorização do colesterol reduz a incidência dos ataques de coração em 20 pontos percentuais. Gera, por isso, um benefício de 0,20 x 30000 = 6000 euros, em termos de custos esperados em cuidados de saúde daqui a 10 anos.

a) as medidas de prevenção de ataque de coração pagam-se a si mesmas? (admita uma taxa de juro de 5% ao ano).

b) Suponha que um doente tem um custo de 100 000 euros em termos de rendimento perdido e custos psicológicos no evento de sofrer um ataque de coração. Tem cada doente interesse financeiro em pagar as medidas de prevenção do seu bolso?

c) Se todos os custos forem considerados, somando os individuais com os suportados pela unidade local de saúde, há interesse nas medidas de prevenção?

(exercício adaptado de Ann Helwege, 1996, Preventive versus curative medicine: a policy exercise for the classroom, Journal of Economic Education, pp. 59-71)

Anexo
Noções básicas de Economia

A análise económica utiliza um conjunto de técnicas analíticas que importa descrever sumariamente, sem prejuízo de um leitor mais interessado dever completar esta apresentação com a consulta de um livro de texto de introdução à análise económica.

A análise económica do comportamento do consumidor tem como ponto de partida um conjunto de conceitos muito simples. Em primeiro lugar, admite--se que os consumidores são capazes de dizer, quando confrontados com uma escolha entre dois cabazes de bens e/ou serviços, se preferem um deles (e qual preferem) ou se ficam indiferentes entre eles.[124]

A partir desta capacidade de comparação, denominada estrutura de preferências, constrói-se uma sua representação sumária, vulgarmente chamada função de utilidade. A função de utilidade não é mais do que um índice segundo o qual cada consumidor classifica o valor que atribui ao consumo de bens ou serviços. Um valor maior do índice indica uma maior utilidade para o consumidor. É habitual admitirem-se algumas propriedades para esta função de utilidade. Em primeiro lugar, maior consumo conduz a maior utilidade.[125] Em segundo lugar, acréscimos de consumo de igual montante levam a acréscimos sucessivamente menores de utilidade.[126]

---

[124] Tecnicamente, os consumidores têm a capacidade de estabelecer uma relação de ordem completa entre quaisquer dois cabazes de bens ou serviços?

[125] Esta hipótese é normalmente designada por hipótese de não saciedade de utilidade marginal positiva.

[126] Tecnicamente, esta hipótese significa que a utilidade marginal de consumir um bem ou serviços é decrescente.

ECONOMIA DA SAÚDE

Estas hipóteses permitem um fácil tratamento matemático das preferências do consumidor. Como exemplo, tomem-se como produtos roupa (x) e comida (y). Seja $U(x,y)$ a função de utilidade que dá para cada nível de consumo de roupa x e comida y um valor da função de utilidade.

Das hipóteses anteriores, tem-se que para $x_1 > x_2$ (aumento do consumo de roupa), $U(x_1, y) > U(x_2, y)$. Se $\Delta > 0$, então da segunda hipótese $U(x_1 + \Delta, y) - U(x_1, y) < U(x_2 + \Delta, y) - U(x_2, y)$ em que o lado direito corresponde a um aumento do consumo de roupa (x) como montante Δ mas partindo de um nível de consumo x_2.

Note-se que neste exercício se manteve o consumo de comida (y) constante. Quando Δ é muito pequeno, aproximando-se de zero ($\Delta \to 0$), estas duas hipóteses são representadas por:

$$\frac{\partial U}{\partial x} \equiv U'_x > 0 \ \text{ e } \ \frac{\partial^2 U}{\partial x^2} \equiv U''_x < 0 \tag{A.1}$$

De forma similar para o consumo de comida, tem-se acréscimos de utilidade positivos mas decrescentes quando esse consumo de comida aumenta, ou seja, em linguagem matemática:

$$\frac{\partial U}{\partial y} \equiv U'_y > 0 \ \text{ e } \ \frac{\partial^2 U}{\partial y^2} \equiv U''_y < 0$$

É usual, na análise económica, proceder-se a uma representação gráfica das preferências dos consumidores, que será especialmente útil na caracterização das escolhas dos consumidores. Tomando o espaço de possíveis consumos de roupa e comida (x, y), é fácil traçar as linhas que traduzem igual valorização, por parte do consumidor, de diferentes cabazes (denominadas curvas de indiferença). Curvas de indiferença mais afastadas da origem correspondem a níveis de utilidade superiores. A figura A.1 ilustra.

ANEXO. NOÇÕES BÁSICAS DE ECONOMIA

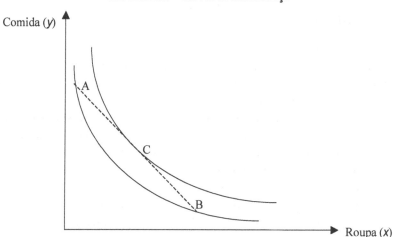

FIGURA A.1. – Curvas de indiferença

A forma das curvas de indiferença é determinada pelas hipóteses admitidas. O ponto A e o ponto B representam cabazes de consumo que dão o mesmo nível de satisfação ao consumidor. Porém, no ponto A o consumidor usa pouco de roupa mas consome muita comida, enquanto no ponto B ocorre a situação inversa. Faça-se agora a seguinte experiência – o consumidor sacrifica uma unidade de consumo de comida, quanto necessita de ser compensado, em termos de consumo de roupa, para manter o seu nível de satisfação constante?

Considerando o ponto A, a diminuição do consumo de comida é relativamente pouco importante, perde pouco em termos de satisfação. Em contrapartida, basta um pequeno aumento de roupa para gerar um aumento razoável do nível de satisfação. Logo, no ponto A, basta um pequeno acréscimo de consumo de roupa para compensar a diminuição de uma unidade de consumo de comida. A situação é oposta no ponto B. Aqui o consumo de comida é baixo e logo a diminuição de uma unidade de consumo origina uma perda de satisfação grande. Como o consumo de roupa já é elevado, maior consumo contribui pouco para aumentar a satisfação. Logo, para compensar a diminuição de uma mesma unidade de consumo de comida, o consumo de roupa tem que aumentar bastante.

Uma outra implicação pode ser vista graficamente – o valor, em utilidade, de um cabaz médio, é melhor, do ponto de vista de satisfação do consumidor, do que a média das utilidades. Em linguagem matemática e considerando um novo cabaz C em que $x_C = 0,5\,x_A + 0,5\,x_B$ e $y_C = 0,5\,y_A + 0,5\,y_B$, então $U(x_C, y_C) > 0,5\,U(x_A, y_A) + 0,5\,U(x_B, y_B)$.

Tecnicamente, a experiência acima traduz-se em dizer que ao longo de uma curva de indiferença:

ECONOMIA DA SAÚDE

$$-\frac{dy}{dx} = \frac{dU/dx}{dU/dy}$$

Esta expressão deve ser lida como o aumento de y (dy) necessário para compensar uma pequena diminuição de x ($-dx$) é igual ao rácio de utilidades marginais, já que ao diminuir uma unidade de x o consumidor perde dU/dx em termos de utilidade, ganhando dU/dy por cada unidade de y que recebe como compensação. Esta magnitude é conhecida como taxa marginal de substituição (TMS). Esta expressão é decrescente em x. O ser decrescente em x significa que quando um consumidor tem muito do bem x o valor marginal em termos de utilidade é pequeno, logo uma pequena redução nesse consumo é facilmente compensada com um pequeno aumento do consumo do outro bem (mais exatamente, o aumento de y para compensar a redução de x é menor do que se x fosse pequeno e como tal tivesse maior valor marginal). A TMS desempenhará um papel importante na caracterização das escolhas de consumidores.

Para caracterizar as escolhas óptimas de consumo torna-se agora necessário especificar hipóteses de comportamento dos consumidores. Admite-se para este efeito que o consumidor deseje obter o máximo valor de utilidade que lhe for possível alcançar. O consumidor encontra-se limitado nas suas escolhas pela capacidade aquisitiva que tem.

Supondo que o consumidor dispõe de um determinado nível de rendimento (M), não poderá gastar mais do que esse montante na aquisição dos bens e serviços que consome (ignoramos, por simplificação os aspectos de poupança, que podem ser consultados em livros de texto de economia). Se p_x for o preço do bem x e p_y o preço do bem y, então

$$M \geq p_x x + p_y y \tag{A.2}$$

Como o consumidor tem sempre acréscimos de satisfação, por consumir um pouco mais, ter-se-á igualdade nesta condição, que é designada como restrição orçamental. É esta condição que determina as combinações de x e y que são passíveis de serem consumidas.

De acordo com a restrição orçamental, o consumidor consegue transformar consumo de x em consumo de y a uma taxa dada pelo preço relativo dos dois produtos. Como ilustração suponha-se que o consumidor abdica do consumo de uma unidade de y. Tem então livre um rendimento adicional igual a p_y. Com este rendimento adicional consegue adquirir p_y/p_x unidades do produto x. Logo, consegue transformar consumo de y em consumo de x a uma taxa p_y/p_x. Graficamente, e no mesmo espaço (x,y) das preferências, a restrição orçamental é uma recta negativamente inclinada, como ilustrado na figura A.2.

Figura A.2. – A restrição orçamental

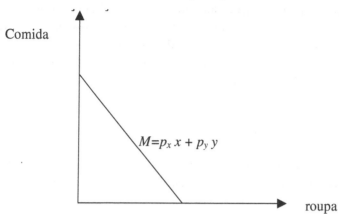

Como base nestes elementos gráficos é agora possível caracterizar a escolha óptima dos consumidores: ocorrerá no ponto da restrição orçamental que toca na curva de indiferença mais afastada da origem, tal como ilustrado pelo ponto C da figura A.3.

Figura A.3. – O ponto óptimo de consumo

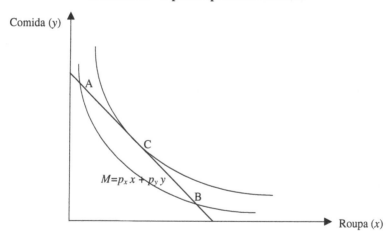

Embora tanto o ponto A como o ponto B sejam também possíveis, em termos de o rendimento disponível do consumidor permitir adquirir as quantidades de x e de y que se encontram associadas a cada um desses pontos, em comparação com o ponto 0 oferecem um menor nível de satisfação ao consumidor. Um consumidor que maximize o seu nível de utilidade escolherá o ponto C.

ECONOMIA DA SAÚDE

Neste ponto verifica-se ainda que a Taxa Marginal de Substituição nas preferências do consumidor de um produto por outro é igual à taxa a que o consumidor consegue transformar consumo de um bem no outro ao longo da restrição orçamental (isto é, iguala o rácio de preços dos produtos).

Analiticamente, o problema do consumidor é o de escolher as quantidades consumidas tendo em atenção o seu nível de rendimento e os preços dos bens ou serviços:

$$\max_{\{x,y\}} U(x,y) \text{ sujeito a } x\, p_x + y\, p_y = M \tag{A.3}$$

A resolução deste problema matemático pode ser encontrado em qualquer livro de texto de micro economia. De forma breve, constrói-se uma função auxiliar:

$$L = U(x,y) + \lambda(M - p_x x - p_y y) \tag{A.4}$$

em que λ é o denominado multiplicador de Lagrange, e constitui uma variável de decisão auxiliar. Os valores de x e y que maximizam esta função têm de satisfazer um conjunto de condições, chamadas condições de primeira ordem. É também necessário considerar a escolha óptima do parâmetro λ. As condições de primeira ordem são:[127]

$$\frac{\partial L}{\partial x} = 0; \quad \frac{\partial L}{\partial y} = 0; \quad \frac{\partial L}{\partial \lambda} = 0 \tag{A.5}$$

que no exemplo apresentado resultam em:

$$\frac{\partial U}{\partial x} - \lambda p_x = 0$$

$$\frac{\partial U}{\partial y} - \lambda p_y = 0 \tag{A.6}$$

$$p_x x + p_y y = M$$

Utilizando as duas primeiras equações para eliminar o multiplicador de Lagrange, os valores óptimos de x e y serão obtidos pela resolução das duas equações seguintes:

---

[127] Tecnicamente, existem ainda condições adicionais, de suficiência para obtenção de um ponto máximo da função, a serem satisfeitas.

ANEXO. NOÇÕES BÁSICAS DE ECONOMIA

$$\frac{\partial U / \partial x}{\partial U / \partial y} = \frac{p_x}{p_y}$$

$$M = p_x x + p_y y \tag{A.7}$$

Estas duas condições são a igualdade entre a TMS e o rácio de preços dos dois produtos (primeira condição) a restrição orçamental do consumidor (segunda condição). Ou seja, definem exatamente o ponto de equilíbrio apresentado graficamente.

A análise de como a procura de um bem reage a alterações de fatores exógenos (nomeadamente, rendimento e preços de ambos os produtos) é mais facilmente descrita com o recurso ao conceito de elasticidade. A elasticidade é uma medida definida de forma independente das unidades em que as quantidades, preços ou rendimento se encontram, e como tal facilita a comparação da importância destas respostas entre produtos e mercados.

A elasticidade é definida como um rácio de variações percentuais. Assim, a elasticidade da variável x ao fator k é definida como:

$$\varepsilon = \frac{dx / x}{dk / k} \tag{A.8}$$

No caso da elasticidades procura-rendimento do bem x, esta é definida como:

$$\eta_x = \frac{dx / x}{dM / M} \tag{A.9}$$

e tem a interpretação de a um aumento do nível de rendimento do consumidor de 1% corresponder uma variação na quantidade procurada do bem x de η%. Uma elasticidade rendimento superior à unidade de um produto significa que face a um aumento do rendimento do consumidor irá corresponder um maior peso da despesa neste bem no total da despesa do consumidor.

Relativamente aos preços, é usual definirem-se as elasticidades procura-preço de forma a que tenham valor positivo. Por exemplo, a elasticidade procura-preço direta é definida como:

$$\varepsilon_x = -\frac{dx}{dp_x} \frac{p_x}{x} \tag{A.10}$$

A interpretação desta elasticidade é a de face a um aumento de 1% no preço do produto x, ocorre uma diminuição percentual na quantidade procurada do

ECONOMIA DA SAÚDE

produto x de ε_x. De modo similar, definem-se elasticidades procura-preço cruzadas. Por exemplo, a elasticidade da procura do bem x face ao preço do bem y é:

$$\varepsilon_{xy} = \frac{dx / x}{dp_y / p_y} \qquad (A.11)$$

Ter um produto com uma elasticidade procura-preço mais elevada do que outro significa que para uma mesma variação percentual do preço, a quantidade procurada altera-se, em termos percentuais, de forma mais pronunciada quando a elasticidade é maior (em valor absoluto).

Usou-se como concretização deste processo de escolha por parte do consumidor o exemplo de roupa e comida. No entanto, o mesmo enquadramento permite tratar outras situações. Duas particularmente relevantes correspondem a interpretações em contexto de decisão intertemporal e em contexto de incerteza.

No primeiro caso, contexto intertemporal, x será o consumo hoje e y será o consumo amanhã. Neste contexto, sabe-se também que o sacrifício de uma unidade de consumo hoje permite um consumo $(1 + r)$, amanhã, em que r é a taxa de juro, sendo este o rácio de preços da restrição orçamental intertemporal.

No segundo caso, a interpretação tem ser igualmente cuidadosa. Toma-se como exemplo a situação em que o consumidor lança uma moeda ao ar, tendo igual probabilidade de sair cara ou coroa. Seja x o consumo que o consumidor deseja ter se sair cara e y o consumo que se terá se sair coroa. O par (x,y) é então um plano de consumos contingentes.

Depois de lançada a moeda apenas um dos consumos se concretizará. Suponha-se que entretanto este consumidor consegue entrar num negócio com um amigo em que promete dar-lhe uma unidade de consumo adicional de x caso saia cara, tendo em contrapartida um aumento do consumo de y caso saia coroa.

Este acordo fornece uma forma de transformar consumo numa contingência em consumo de outra contingência. Define então uma situação análoga à da restrição orçamental anteriormente descrita. Se este mecanismo de troca permitir que o consumo seja idêntico quer saia cara ou coroa, então o consumidor não defronta qualquer incerteza. Obtheve seguro completo, que no caso na figura no espaço (x,y) corresponde aos pontos em que $x = y$, uma linha de 45º nesse espaço.

Para além destas interpretações que se revelarão úteis ao longo do texto, a caracterização da escolha óptima dos consumidores permite também apresentar os efeitos de alterações nos preços e no rendimento.

É fácil concluir, desta caracterização, que um aumento de rendimento permite ao consumidor consumir mais de ambos os produtos. Logo, a quantidade

ANEXO. NOÇÕES BÁSICAS DE ECONOMIA

procurada de bens ou serviços por parte de um consumidor depende da forma positiva do seu nível de rendimento.

Por outro lado, se o preço de um produto diminuir, digamos o produto x, então para as quantidades anteriormente consumidas de bens e/ou serviços, o consumidor passou a ter algum rendimento adicional livre. Em condições normais, o consumidor utilizará esse rendimento adicional para adquirir mais de todos os bens e produtos relevantes. Significa então que a quantidade procurada de um bem ou serviço depende da forma inversa do seu preço: quanto menor o preço maior será a quantidade procurada pelo consumidor.

É daqui possível partir para diversos refinamentos, casos particulares e decomposição de efeitos.[128]

Para os nossos propósitos é suficiente constatar que se deriva a noção de curva da procura – a quantidade procurada depende negativamente do preço do produto; para o mesmo preço, um aumento de rendimento disponível do consumidor traduz-se em maior quantidade consumida.

Graficamente, estes dois movimentos são descritos na figura A.4, no espaço (x,p) em que x é a quantidade procurada e p o preço.

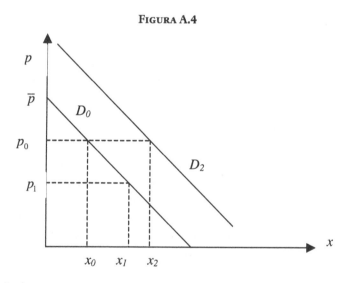

FIGURA A.4

Partindo de uma situação 0, uma diminuição do preço de p_0 para p_1, traduz-se num movimento ao longo da curva de procura até uma nova quantidade x_1. Por seu lado, partindo da mesma situação inicial, um aumento de rendimento traduz-se numa deslocação da curva de procura de D_0 para D_2, levando a que ao mesmo preço p_0, a quantidade procurada seja agora x_2.

---

[128] O leitor interessado deverá consultar um livro de texto de microeconomia.

ECONOMIA DA SAÚDE

Por fim, refira-se que sendo a curva da procura obtida a partir das escolhas óptimas do consumidor, reflete as preferências deste. Na verdade, a curva da procura pode ser vista como a valorização marginal que cada consumidor faz de unidades sucessivas do bem ou serviço.

Assim, uma medida do valor que o consumidor atribuiu ao consumo de um determinado bem é simplesmente a área abaixo da curva da procura, até ao ponto de consumo selecionado. Se a esta valorização se retirar a despesa realizada pelo consumidor tem-se o denominado excedente do consumidor; ilustrado na figura A.4. No caso simples da figura A.5, em que a procura tem uma relação linear inversa com o preço, o excedente do consumidor para o preço p_0 e a quantidade consumida x_0 é dado por:

$$CS = \frac{(\bar{p} - p_0)x_0}{2} \tag{A.12}$$

De uma forma genérica, tendo-se uma curva de procura $D(p)$, em que para cada preço p se consome a quantidade de $D(p)$, o excedente do consumidor é calculado como:

$$CS = \int_{p_0}^{\bar{p}} D(p)dp \tag{A.13}$$

Invertendo $D(p)$ para se obter $p(x)$, o preço que é necessário para que a quantidade consumida seja x, uma outra forma de escrever este mesmo excedente do consumidor é:

$$CS = \int_0^{x_0} p(x)dx - p(x_0)x_0 \tag{A.14}$$

Os conceitos associados com a curva de procura são igualmente bem definidos a nível agregado, já que a curva de procura do mercado não será mais do que a soma de todas as curvas de procura individuais.

A análise do comportamento das empresas baseia-se essencialmente no mesmo tipo de abordagem – definição de uma função objetivo (função de utilidade no caso do consumidor; função lucro no caso de produtores de bens e serviços), definição de restrições à escolha do agente económico (restrição orçamental no caso do consumidor, em que esta é delimitada pelo rendimento disponível do consumidor e pelos preços dos bens ou serviços que o consumidor pretende adquirir, no caso do produtor tem-se a função de produção – relação tecnológica entre fatores produtivos empregues e produto final obtido – e os preços de fatores produtivos e bem final que a empresa vende no mercado) e a hipótese de comportamento racional. Esta última significa simplesmente que o decisor maximiza a sua função objetivo sujeito às restrições de recursos relevantes.

REFERÊNCIAS BIBLIOGRÁFICAS

ACTON, J.P., 1975, "Non-monetary fators in the demand for medical services: some empirical evidence", *Journal of Political Economy*, 83: 595-614.

ACTON, J.P., 1976, "Demand for health care among the urban poor with special emphasis on the role of time", em R. Rosett, editor, *The Role of Health Insurance in the Health Services Sector*.

ADAMS, C.P., Brantner, V.V., 2006. Estimating the cost of new drug development: is it really $802 million? Health Affairs 25 (March/April (2)), 420–428.

ADAMS, C.P., Brantner, V.V., 2010. Spending on new drug development. Health Economics 19 (2), 130–141.

AFONSO, A. e S. Fernandes, 2008, Assessing hospital efficiency: non-parametric evidence for Portugal, WP 07/2008/DE/UECE, ISG, UTL.

AGÊNCIA DE ACOMPANHAMENTO DA REGIÃO CENTRO, 1999, Relatório de Actividades.

AKERLOF, G., 1970, "The Market for Lemons", *Quarterly Journal of Economics*, 74(3): 488-500.

ALMEIDA, A. e J. P. Fique, 2011, "Evaluating hospital efficiency for quality indicators: an application to portuguese NHS hospitals", Faculdade de Economia, Universidade do Porto, Working Paper 435.

ANGELL, M., 2004, "The Truth About the Drug Industry: How They Deceive Us and What to Do About It", Random House, New York.

APES – Associação Portuguesa de Economia da Saúde, 1996, "Financiamento da Saúde em Portugal", Documento de Trabalho nº 4/97, Lisboa.

ARROW, K., 1963, "Uncertainty and the welfare economics of medical care", *American Economic Review*, 53: 941-973.

AZEVEDO, H. e C. Mateus, 2013, "Cost effects of hospital mergers in Portugal", Escola Nacional de Saúde Pública.

AZOULAY, P., 2002, Do Pharmaceutical Sales Respond to Scientific Evidence?, Journal of Economics and Management Strategy, 11: 551-594.

BADIA, X., M. Roset, M. Herdman e P. Kind, 2001, "A comparison of United Kingdom and Spanish general population time trade-off values for EQ-5D health, states", Medical Decision Making, 21: 7, doi: 10.1177/0272989x0102100102

BAGO D'UVA, T., A. Jones e Van Doorslaer, E., 2007, Measurement of horizontal inequity in health care utilization using

ECONOMIA DA SAÚDE

European panel data, Amsterdam, Tinbergen Institute.

BAGO D'UVA, T., 2010, "Equidade no sector da saúde em Portugal", in J. Simões, editor, *30 anos do serviço nacional de saúde*, APES, pp. 83 – 112.

BARBETTA, G.P., G. Turati e A. Zago, 2007, Behavioral differences between public and private not-for-profit hospitals in the Italian National Health Services, *Health Economics*, 16: 75 – 96.

BARREIRO, S., 2005, Referenciação e comunicação entre cuidados primários e secundários, Revista Portuguesa de Clínica Geral, 21: 545 – 553.

BARROS, C., A. Menezes, N. Peypoch, B. Solonandrasana e J. Vieira, 2008, "An analysis of hospital efficiency and productivity growth using the Luenberger indicator", Health Care Management Science, 11: 373 – 381.

BARROS, P.P., 1998, "The black-box of health care growth determinants", *Health Economics*, 7(6). 533-544.

BARROS, P.P., 1999a, "Os sistemas privados de saúde e a reforma do sistema de saúde", em P.P. Barros, C.G. Pinto e C. Batista, editores, *O papel dos sistemas privados de saúde num sistema em mudança*, Lisboa. ANSS – Associação Nacional de Sistemas de Saúde.

BARROS, P.P., 1999b, "Eficiência e modos de pagamento aos hospitais", em P. P. Barros e J.A. Simões, editores, *Livro de Homenagem a Augusto Mantas*, Lisboa. APES.

BARROS, P.P., 2003a, "Cream-skimming, incentives for efficiency and payment system". *Journal of Health Economics*, 22: 419-443.

BARROS, P.P., 2003b, "Random Output and Hospital Performance", *Health Care Management Science*, 6(4): 219-228.

BARROS, P.P., 2003c, "Estilos de vida e estado de saúde: uma estimativa da função de produção de saúde", *Revisa Portuguesa de Saúde Pública*, 3: 7-18.

BARROS, P.P., 2004, "O "mixed-bang" das reformas do sector da saúde pós-2002", *Revista Portuguesa de Saúde Pública*, volume temático 4: 51-56.

BARROS, P.P., 2005, "Análise de eficiência de hospitais portugueses", a publicar em Actas do 8.º Encontro Nacional de Economia da Saúde, Associação Portuguesa de Economia da Saúde.

BARROS, P.P. e C.E. Dismuke, 2003, "Hospital production in a National Health Service: the Physician's dilemma," mimeo, Universidade Nova de Lisboa e Universidade do Minho.

BARROS, P. e J.-P. Gomes, 2000, "Enquadramento macro-económico e condicionantes do mercado de genéricos", *Economia Pura*, Junho.

BARROS, P.P. e J.P. Gomes, 2003, *Os Sistemas Nacionais de Saúde da União Europeia, Principais Modelos de Gestão Hospitalar e Eficiência no Sistema Hospitalar Português*, Estudo do consultor externo produzido no âmbito das auditorias aos Hospitais de Santarém, Nossa Senhora do Rosário (Barreiro) e S. Sebastião (Feira) – Relatório de Auditoria n.º 47/2003 do Tribunal de Contas, disponível para acesso via internet para conhecimento em http://www.tcontas. pt/pt/atos/relauditoria/2003/rel047- -2003estudo.shml.

BARROS, P.P., P. Gomes, J. Jalles e M. Luz, 2007, "Relatório Final – Sistema Integrado de Gestão de Inscritos para Cirurgia," Relatório para o Tribunal de Contas.

BARROS, P., P. Gomes e R. Cristovão, 2013, "Portugal", in L. Siciliani, M. Borowitz e V. Moran (editores), *Waiting time*

REFERÊNCIAS BIBLIOGRÁFICAS

policies in the health sector. what works?, OECD, Paris, France

BARROS, P.P., M.P. Machado e A. Sanz-de--Galdeano, 2008, Moral hazard and the demand for health services: a matching estimator approach, *Journal of Health Economics*, 27: 1006–1025.

BARROS, P., S. Machado e J. Simões, 2011, *Portugal: Health System Review*, Health Systems in Transition, vol. 13(4): 1–156.

BARROS, P.P. e X. Martinez-Giralt, 2002, "Public and private health care providers", *Journal of Economics and Management Strategy*, 11(1): 109-133.

BARROS, P.P. e X. Martinez-Giralt, 2003, "Preventive health care and payment systems", Topics in Economic Analysis and Policy (B.E. Journal), 3(1): artigo 10.

BARROS, P.P. e X. Martinez-Giralt, 2005a, "Bargaining and idle public sector capacity in health care", *Economic Bulletin*, 9(5): 1-8.

BARROS, P.P. e X. Martinez-Giralt, 2005b, "Negotiation advantages of professional associations in health care", *International Journal of Health Care Finance and Economics*, 5(2): 191-204.

BARROS, P.P. e X. Martinez-Giralt, 2006, "Models of negotiation and bargaining in health care", em A. Jones, editor, *Elgar Companion to Health Economics*.

BARROS, P.P. e X. Martinez-Giralt, 2008, "Selecting health care providers: "any willing provider" vs "negotiation"", European Journal of Political Economy, 24(2): 404-414.

BARROS, P., B. Martins, A. Moura, 2012, *A economia da farmácia, o acesso ao medicamento e o memorando de entendimento*, Nova School of Business and Economics, mimeo.

BARROS, P. e L. Nunes, 2011, *10 anos de política do medicamento em Portugal.*

BARROS, P., e L. NUNES, 2010, "The impact of pharmaceutical policy measures: an endogenous break approach", Social Science & Medicine, 71(3): 440-450.

BARROS, P. P. e P. Olivella, 2001, "Managed Health Care. Incentive Theory and Empirical Evidence", em *Coordinación e incentivos en sanidad*, Asociación de Economia de La Salud, pp. 155-170.

BARROS, P.P. e P. Olivella, 2005, "Waiting lists and patient selection", *Journal of Economics and Management Strategy*.

BARROS, P. e L. Siciliani, 2012, "Public--private interface in health and health care", in M Pauly, T. Mcguire e P.P. Barros, editors, *Handbook of Health Economics*, volume 2, Elsevier. (http://dx.doi.org/10.1016/b978-0-444-53592-4.00015-3)

BAUMOL, W., 1967, "Macroeconomics of unbalanced growth: the anatomy of urban crisis", *American Economic Review*, 57(3): 415-426.

BAUMOL, W., 1993, Health care, education and the cost disease. a looming crisis for public choice, *Public Choice*.

BECKER, G., T. Philipson e R. Soares, 2005, "The quantity and quality of life and the evolution of world inequality", American Economic Review, 95(1): 277-291.

BELLOC, N. B. e L. Breslow, 1972, "Relationship of physical health status and health practices", *Preventive Medicine*, 1: 409-421.

BINMORE, K. e P. Dasgupta, editores, 1986, *Economics of Bargaining*, Basil Blackwell, Oxford.

BINMORE, K., M. Osborne, e A. Rubinstein, 1992, "Non-cooperative models of bargaining", in R. Aumann and S. Hart, Handbook of Game Theory, with Economic Applications, North-Holland, Amsterdam, pp. 179-225.

ECONOMIA DA SAÚDE

BORGES, A., "Catastrophic health care expenditures in portugal between 2000 – 2010: assessing impoverishment, determinants and policy implications", MSc. in Economics, Nova School of Business and Economics, Universidade Nova de Lisboa.

BRESLOW, L. e J. Enstron, 1980, "Persistence of health habits and their relationship to mortality", *Preventive Medicine*, 9: 469-483.

CABRAL, M.V. e P.A. SILVA, 2010, *A adesão à terapêutica em Portugal: atitudes e comportamentos da população portuguesa perante as prescrições médicas, os hábitos de saúde e o consumo de medicamentos*. Lisboa: Imprensa de Ciências Sociais.

CABRAL, M.V. e P.A. SILVA, 2009, *O estado da saúde em Portugal*. Lisboa: Imprensa de Ciências Sociais.

CALCOTT, P., 1999, "Demand inducement as cheap talk", *Health Economics*, 8: 721-733.

CAMACHO, T.C. e J.Wiley, 1980, "Health practices, social networks and change in physical health", em Berkman, L. e L. Breslow, editores, *Health and Ways of Living: The Alameda County Study*, New York: Oxford University Press.

CAMPOS, A.C., 2002, "Despesa e défice na saúde: o percurso financeiro de uma política pública", *Análise Social*, 36(161): 1079-1104.

CAMPOS, A.C. e F. Ramos, 2003, "Contas e ganhos na saúde em Portugal: dez anos de percurso", comunicação apresentada no 8.º Encontro Nacional de Economia da Saúde, Outubro, Lisboa.

CARLSEN, B. e O. Norheim, 2004, Introduction of the patient-list system in general practice: changes in Norwegian physicians' perception of their gatekeeper role, Scandinavian Journal of Primary Health Care, 21: 209 – 213.

CARREIRA, C., 1999, "Economias de escala e de gama nos hospitais públicos portugueses. uma aplicação da função de custo variável translog", Documento de Trabalho 3/99, Associação Portuguesa de Economia da Saúde.

CASHIN, C., Y-L Chi, P. Smith, M. Borowitz, S. Thomson, 2014, Paying for performance in Health care, Open University Press.

CHALKLEY, M. E J. Malcomson, 2000, "Government purchasing of health services", capítulo 15 em A.J. Culyer e J.P. Newhouse, editores, *Handbook of Health Economics*, North-Holland.

COATE, S., 1995, Altruism, the Samaritan's dilemma and Government transfer policy, *American Economic Review*, 85(1). 46-60.

COCHRANE, J., 1995, "Time consistent health insurance", Journal of Political Economy, 103(3): 445-473.

COELLI, T., D.P. Rao, C. O'Donnell, e G. Battese, 2005, *An introduction to efficiency and productivity analysis*, 2ª edição, Springer.

COMISSÃO DAS COMUNIDADES EUROPEIAS, 2004, Livro Verde sobre as parcerias público-privadas e o Direito Comunitário em matéria de contratos públicos e concessões, Bruxelas, COM(2004) 327.

COSTA, F.A., 2013, "Equity in the fiscal benefits associated with private health expenditures in portugal, 2000 – 20101", MSc dissertation, Nova School of Business and Economics, universidade nova de lisboa.

CREMIEUX, P.-Y., P. Ouellette e F. Rimbaud, 2005, Hospital cost flexibility in the presence of many outputs: a public-private comparison, *Health Care Management Science*, 8(2): 111-120.

REFERÊNCIAS BIBLIOGRÁFICAS

CRES – Conselho de Reflexão para a Saúde, 1998, *Reflexão sobre a saúde: recomendações para uma reforma estrutural*, Porto.

CRISÓSTOMO, S., 2005, Mecanismos de regulação do preço dos medicamentos em Portugal: análise da evolução dos preços aprovados em 2000, Trabalho técnico-profissional para atribuição do título de especialista em registos e regulamentação farmacêutica pela Ordem dos Farmacêuticos.

CULLIS, J.G., P.J. Jones and C. Propper, 2000, "Waiting lists and medical treatment: analysis and policies", capítulo 23 em A.J. Culyer e J.P. Newhouse, editores, *Handbook of Health Economics*, North-Holland.

CULYER, A.J., 1989, "The normative economics of health care finance and provision", Oxford Review of Economic Policy, 51(1): 34-58.

CULYER, A.J. and J. Newhouse, 2000, "Introduction: The state and scope of health economics", em A.J. Culyer e J.P. Newhouse, editores, *Handbook of Health Economics*, North-Holland.

CUTLER, D., M. McClellan e J.P. Newhouse, 2000, "How does managed care do it?", *Rand Journal of Economics*, 31(3): 526-548.

CUTLER, D. e R. Zeckhauser, 2000, "The anatomy of health insurance", capítulo 11 em A.J. Culyer e J.P. Newhouse, editores, *Handbook of Health Economics*, North-Holland.

DELGADO, M., 1999, "O presente e o futuro dos hospitais portugueses. algumas notas para reflexão", em P.P. Barros e J. Simões, editores, *Livro de Homenagem a Augusto Mantas*, APES, Lisboa.

DESPACHO 19064/99 – Orientações Metodológicas para estudos de avaliação económica de medicamentos.

DIMASI, J., R. Hansen, H. Grabowski, 2003, The price of innovation: new estimates of drug development costs, Journal of Health Economics, 22: 151-185.

DIMASI, J., H. Grabowski, Ronald Hansen, 2015, Innovation in the pharmaceutical industry: New estimates of R&D costs, Journal of Health Economics, 47: 20-33,

DIMASI, J.A., Grabowski, H.G., 2007. The cost of biopharmaceutical R&D: is biotechdifferent? Managerial & Decision Economics 28 (4–5), 285-291.

DRANOVE, D., 1988, "Demand inducement and the physician/patient relationship", *Economic Inquiry*, 26: 281-298.

DRANOVE, D. e W.D. White, 1987, "Agency and the organization of health care delivery", *Inquiry*, 24: 405-415.

DRUMMOND, M., B. O'Brien, G. Stoddart e G. Torrance, 1997, *Methods for the economice evaluation of health care programmes*, 2nd edition, Oxford University Press.

EGGLESTON, K., Y-C Chen, J. Lau, C. Schmid and J. Chau, 2008, Hospital ownershipand quality of care: what explains the different results in the literature, *Health Economics*, forthcoming.

EHRLICH, I. and H, Chuma, 1990, "A model of the Demand for Longevity and the Value of Life Extension", *Journal of Political Economy*, 98(4). 761-782.

EIB – EUROPEAN INVESTMENT BANK, 2005, the EIB's role in Public-Private Partnerships (PPPs), disponível em http://www.eib.europa.eu.

EISENRING, C., 1999, "Comparative dynamics in a health investment model", *Journal of Health Economics*, 18. 655-660.

ENCINOSA, W., 1998, "Risk adjusting health insurance", unpublished manuscript, Agency for Health Care Policy and Research.

ELLIS, R. e T.G. McGuire, 1986, "Provider behavior under prospective reimbursement", *Journal of Health Economics*, 5: 129-151.

ELLIS, R. E T.G. McGuire, 1993, "Supply Side and Demand Side Cost Sharing in Health Care," *Journal of Economic Perspectives*, 7(4): 135-151.

EUROPE ECONOMICS, 2005, Estudo do sistema de comparticipação de medicamentos e a sua adequação à reforma da saúde, incluindo o regime de preços dos medicamentos a comparticipar pelo Estado, Relatório Final. Disponível em http://www.infarmed.pt.

EVANS, R.G., 1974, "Supplier-induced demand: some empirical evidence and implications", em Perelman, M., editor, *The Economics of Health and Medical Care*, MacMillan.

FELDMAN, R. E B. Dowd, 1991, "A new estimate of the welfare loss of excess health insurance", American Economic Review, 81: 297-301.

FELDSTEIN, M., 1973, "The Welfare Loss from Excess Health Insurance", *Journal of Political Economy*, 81(2): 251-277.

FERREIRA, L., P. L. FERREIRA, L. PEREIRA e M. OPPE, 2013, "The valuation of the EQ-5D in Portugal", Qual Life Res, doi 10.1007/s11136-013-0448-z

FOLLAND, S., A. Goodman e M. Stano, 2007, *Economics of Health and Health Care*, 5.ª edição, Pearson Prentice- Hall.

FOLLAND, S. e M. Stano, 1990, "Small area variations: a critical review of propositions, methods and evidence", *Medical Care Review*, 47: 419-465.

FORREST, C.B., P. Nuttings, J. Werner, B. Starfield, S. von Schroder e C. Rohde, 2003, Managed health plan effects on the specialty referral process: result from the Ambulatory Sentinel Practice Network referral study, Medical Care, 41: 242-253.

FORTUNA, A., 2010, "The optimum size of the public portuguese hospital", MSc dissertation, Nova School of Business and Economics, Universidade Nova de Lisboa.

GARCIA, S., M. Manaia e T. Fernandes, 2007, Estimativa do valor do acréscimo de longevidade para algumas regiões de Portugal (1996 – 2004), MPA – Mestrado em Políticas Públicas e Administração, Universidade Nova de Lisboa, Maio.

GERDTHAM, U.-G., J. Sogaard, F. Anderson e B. Jonsson, 1992, "Econometric analysis of health expenditures. a cross-sectional study of the OECD countries", *Journal of Health Economics*, 11. 63-84.

GERDTHAM, U.-G., B. Jonsson, M. MacFarlan e H. Oxley, 1998, "The determinants of health expenditure in the OECD countries", em P. Zweifel, editor, *Health, The Medical Profession and Regulation*, Kluwer Academic Press.

GERDTHAM, U.-G e B. Jonsson, 2000, "International comparisons of health expenditure. theory, data and econometric analysis", em A.J. Culyer e J.P. Newhouse, editores, *Handbook of Health Economics*, North-Holland.

GILBERT, J., Henske, P., Singh, A., 2003. Rebuilding big pharma's business model. InVivo 21 (10), 1–10.Gold, M.R., Siegel, J.E.,

GLAZER, J. e T. McGuire, 2000, "Optimal risk adjustment in a market with adverse selection. an application to managed care", *American Economic Review* 90(4). 1055-1071.

GLIED, S., 2000, "Managed Care", Capítulo 13 em A.J. Culyer e J.P. Newhouse, editores, *Handbook of Health Economics*, North-Holland.

GONÇALVES, L.M., 2008, Análise da eficiência dos Hospitais SPA e SA segundo uma abordagem de fronteira de eficiência, Tese de Doutoramento (em curso), ISCTE.

GOUVEIA, M., 1999, "Sistemas de saúde privados no financiamento", em P.P. Barros, C.G. Pinto e C. Batista, editores, *O papel dos sistemas privados de saúde num sistema em mudança*, Lisboa. ANSS – Associação Nacional de Sistemas de Saúde.

GOUVEIA, M., J.L. Alvim, C.N. Carvalho, J.M. Correia e M.M. Pinto, 2006, "Resultados da avaliação dos hospitais SA", Comissão para Avaliação dos Hospitais Sociedade Anónima, Relatório Síntese para o Ministério da Saúde, não publicado.

GOUVEIA, M. e A.M. Pereira, 1997, Estratégias de reforma do Estado Providência – Saúde e Pensões de Reforma, Forum de Administradores de Empresas, Lisboa.

GOUVEIA, M., S. Silva, P. Oliveira e L. M. Pinto, 2006, "Análise dos custos dos centros de saúde e do regime remuneratório experimental," Relatório para a Unidade de Missão dos Cuidados de Saúde Primários.

GRAVELLE, H., 1999, Capitation contracts: Access and quality, Journal of Health Economics, 18: 315-340.

GRAVELLE, H., 2003, "Measuring income related inequality in health: standardization and the partial concentration index," Health Economics, 12: 803-819.

GRAVELLE, H. e G. Masiero, 2000, Quality incentives in a regulated market with imperfect information and switching costs: capitation in general practice,

Journal of Health Economics, 19: 1067--1088.

GRONQVIST, E. e D. Lundin, 2006, Incentives for clinical trials, disponível em http://ideas.repec.org/p/hhs/hastef/0636.html.

GROOT, W., 2000, "Adaptation and scale of reference bias in self-assessments of quality of life", *Journal of Health Economics*, 19: 403-420.

GROSSMAN, M., 1972a, "The Demand for Health: A Theoretical and Empirical Investigation", NBER.

GROSSMAN, M., 1972b, "On the concept of health capital and the demand for health", *Journal of Political Economy*, 80: 223-255.

GROSSMAN, M. e O. Hart, 1983, "An analysis of the principal-agent problem," *Econometrica*, 51(1): 7 – 45.

GROUT, P., 2005, "Value-for-money measurement in public-private partnerships", in EIB (2004).

GRUBER, J. e M. Owings, 1996, "Physician financial incentives and cesarean section delivery", *Rand Journal of Economics*, 27(1): 99-123.

GRYTTEN, J., F. Carlsen e R. Sorensen, 1995, "Supplier inducement in public health care system", *Journal of Health Economics*, 14: 207-229.

GUASCH, J.L., J.-J. Laffont, e S. Straub, 2008a, "Renegotiation of concession contracts in latin-america – evidence from the water and transport sectors", International Journal of Industrial Organization, 26(2): 421 – 442.

HAKES, J.K. e W.K. Viscusi, 2004, "Dead reckoning: demographic determinants of the accuracy of mortality risk perceptions", *Risk Analysis*, 24(3): 651-663.

HARFOUCHE, A., 2008, "Hospitais transformados em empresas – estudo comparativo", Tese de Doutoramento,

Instituto Superior de Ciências Sociais e Políticas, Universidade Técnica de Lisboa.

HARRIS, J. E., 1977, "The internal organization of hospitals: some economic implications", *Bell Journal of Economics*, 8: 467-482.

HART, O., 2003, "Incomplete contracts and public ownership: remarks, and an application to public-private partnerships", Economic Journal, 113: 69-76.

HARTWIG, J., 2007, Can Baumol's model of unbalanced growth contribute to explaining the secular rise in health care expenditures?, KOF Working Papers.

HOSPITAL DE S. SEBASTIÃO, 2007, Relatório de Actividades.

IGIF – Instituto para a Gestão Informática e Financeira da Saúde, 2000, *Critérios de distribuição de recursos para o ano 2001*, Lisboa.

INA – Instituto Nacional de Administração, 1999, *Avaliação dos Hospitais Fernando da Fonseca e Garcia de Orta*.

INA – Instituto Nacional de Administração, 2002, *Projeto de avaliação de unidades de saúde*.

INE – Instituto Nacional de Estatística, 2005, *Conta Satélite da Saúde*.

IOSSA, E. e D. Martimort, 2008, "The simple microeconomics of public-private partnerships," University of Toulouse, mimeo.

IVERSEN, T., 1993, "A theory of hospital waiting lists", *Journal of Health Economics*, 12: 55-71.

IVERSEN, T., 1997, "The effect of a private sector on the waiting list in a national health service", *Journal of Health Economics*, 16: 381-396.

IVERSEN, T., 2004, The effects of a patient shortage on general practitioners' future income and list of patients, *Journal of Health Economics*, 23: 673 – 694.

IVERSEN, T. e H. Luras, 2000, Economic incentives and Professional norms: the case of general medical practice, *Journal of Economic Behavior and Organization*, 43: 447 – 471.

IVERSEN, T. e H. Luras, 2006, Capitation and incentives in health care, Capitulo 25 in Jones (2006), pp. 269-278.

JACOBSON, L., 2000, "The family as a producer of health – an extended Grossman model", *Journal of Health Economics*, 19: 611-637.

JENSEN, G.A. e M.A. Morrisey, 1986, "The role of physicians in hospital production", *Review of Economics and Statistics*, 68: 432-442.

JOHANESSON, M., P.-O. Johanesson e R. O'Connor, 1996, "The value of private safety versus the value of public safety", *Journal of Risk and Uncertainty*, 12: 263-275.

JONES, A., 2006, editor, *The Elgar Companion to Health Economics*, Edward Elgar.

KAKWANI, N., A. Wagstaff e E. van Doorslaer, 1997, "Socio-economic inequalities in health: measurement, computation and statistical inference," *Journal of Econometrics*, 77: 87-103.

KENKEL, D., 1995, "Should we eat breakfast?", *Health Economics*, 4: 15-29.

KRISTENSEN, S.R., M. Bech, J. Lauridsen, 2013, Who to pay for performance? The choice of organizational level for hospital performance incentives, University of Southern Denmark, Health Economics Papers, 2013:5.

LEU, R.E., 1986, "The public-private mix and international health care costs", em A.J. Culyer e B. Jonsson, editores, *Public and Private Health Services*, Basil Blackwell, Oxford.

LEITE, J.P., 2009, "Are we getting there? The pursuit of health equity in Portugal", MSc dissertation, Nova School of

REFERÊNCIAS BIBLIOGRÁFICAS

Business and Economics, Universidade Nova de Lisboa.

LIMA, M.E., 2000, "A produção e estrutura de custos dos hospitais públicos. uma aplicação de um modelo translogarítmico", Documento de Trabalho 2/2000, Associação Portuguesa de Economia da Saúde.

LONG, J.S., 1997, *Regression Models for Categorical and Limited Dependent Variables*, Advanced Quantitative Techniques in the Social Sciences, Sage Publications.

LOPES, A., 2008, "Internal medicine in the Portuguese hospitals", Master in Economics, Faculdade de Economia, Universidade Nova de Lisboa.

LOPES, H. e P. Magalhães, 2006, "Estudo sobre percepções e atitudes em relação ao financiamento do SNS," CESOP, publicado em Simões, J., P.P. Barros e J. Pereira, coordenadores, *A sustentabilidade financeira do Serviço Nacional de Saúde*, Ministério da Saúde – Secretaria Geral.

LOURENÇO, O., 2007, *Unveiling health care consumption groups – a latent class approach in the Portuguese health data context*, Tese de Doutoramento, Faculdade de Economia, Universidade de Coimbra.

LUCENA, D., M. Gouveia e P.P. Barros, 1995, *Financiamento do sistema de saúde em Portugal*, Documento de Trabalho, Ministério da Saúde, Março.

LUCENA, D., M. Gouveia e P.P. Barros, 1996, "O que é diferente no sector da saúde?", *Revista Portuguesa de Saúde Pública*, 14(3): 21-23.

MARINI, G., M. Miraldo, R. Jacobs e M. Goddard, 2008, Giving greater financial independence to hospitals: does it make a difference? The case of English NHS trusts, *Health Economics*, 17(6): 751-775.

MARTIMORT, D. e J. Pouyet, 2008, "To build or not to build: normative and positive theories of public – private partnerships," International Journal of Industrial Organization, 26(2): 393-411.

MEMORANDUM OF UNDERSTANDING, 2011, Portugal: Memorandum of Understanding on specific economic policy conditionality.

MCCABE, C., A. Culyer a K. Claxton, 2008, the NICE cost-effectiveness threshold: what i tis and what it meand, Pharmaceconomics, 9: 733 – 744.

MCGUIRE, T.G. e M. Pauly, 1991, "Physician response to fee changes with multiple payers", *Journal of Health Economics*, 10: 385 – 410.

MCKAY, N. e K. Phillips, 1991, "An economic evaluation of mandatory premarital testing for HIV", *Inquiry*, 28: 236-248.

MEDOFF, M., 1988, "An Economic Analysis of the Demand for Abortions", *Economic Inquiry*, 26(2): 353-359.

MEDPAC – Medicare Payment Advisory Commission, 2000, *Report to the Congress*, Medicare Payment Policy, available at http:// www.pprc.gov

MENDO, P., J.C. Martins, J.S. Lucas e J. Urbano, 1992, *Proposta de Financiamento*, não publicado.

MESTRE-FERRANDIZ, J., Sussex, J., Towse, A., 2012. The R&D Cost of a New Medicine. Office of Health Economics, London, UK.

MONTEIRO, R.S., 2005, "Public-Private Partnerships: some lessons from Portugal" in EIB (2004).

MOREIRA, S., 2008, "Análise da eficiência dos hospitais – empresa: uma aplicação de data envelopment analysis", Banco de Portugal, *Boletim Económico da Primavera*, pp. 127-150.

MORITZ, S., T. Bates, S. Henderson, S. Humphreys e M Michell, 1997, "Variation in management of small invasive breast cancers detected on screening in the former South East Thames region: observational study", *British Medical Journal*, 315: 1266-1272.

MOORE, M. e W.K. Viscusi, 1990, *Compensation Mechanisms for Job Risks*, Princeton. Princeton University Press.

MOSSIALOS, E., 1997, "Citizens' views on health care systems in the 15 member states of the European Union", *Health Economics*, 6(2): 109-116.

MUURINEN, J., 1982, "Demand for Health: A generalised Grossman model", *Journal of Health Economics*, 1: 5-28

NEWHOUSE, J.P., 1970, "Toward a theory of nonprofit institutions: an economic model of a hospital", American Economic Review, 60(1): 64-74.

NEWHOUSE, J.P., 1977, "Medical care expenditure: a cross-national survey", *Journal of Human Resources*, 12: 115-125.

NEWHOUSE, J.P., 1992, "Medical care costs. how much welfare loss?", *Journal of Economic Perspectives*, 6: 3-21.

NEWHOUSE, J.P., 1993, *Free for All? Lessons from the RAND Health Insurance Experiment*, Harvard University Press, Cambridge, MA.

NYMAN, J. e R. Maude-Griffin, 2001, "The welfare economics of moral hazard", *International Journal of Health Care Finance and Economics*, 1: 23-42.

OBSERVATÓRIO PORTUGUÊS DOS SISTEMAS DE SAÚDE, 2001, *Relatório de Primavera*, Lisboa.

OCDE, 1994, "The reform of health care systems", *Health policy studies No. 5*, OECD – Paris.

OCDE, 2005, *Modernizing Government: the way forward*, OECD Paris.

OECD, 2019, *OECD Health Data*, OECD – Paris.

O'Hagan, P., Farkas, C., 2009. Bringing Pharma R&D Back to Health. Bain & Company, Boston, MA.

OLIVEIRA, M., 2004, "Modelling demand and supply influences on utilisation: a flow demand model to predict hospital utilisation at the small area level", *Applied Economics*, 36(20): 237-251.

OLIVEIRA, M. e C.G. Pinto, 2005, "Health care reform in Portugal: an evaluation of the NHS experience", *Health Economics*, 14: S203 – S220.

OKUNADE, A., M, Karakas e C. Okeke, 2004, "Determinants of health expenditure growth of the OECD countries: jackknife resampling plan estimates", *Health Care Management Science*, 7(3): 173-183.

OSBORNE, M., e A. Rubinstein, 1990, *Bargaining and Markets*, New York, Academic Press.

PAIVA, R., 1993, "Eficiência técnica e eficiência de afectação no sistema hospitalar português", Actas do III Congresso da APES.

PAUL, S.M., Mytelka, D.S., Dunwiddie, C.T., Persinger, C.C., Munos, B.H., Lindborg, S.R., Schacht, A.L., 2010. How to improve R&D productivity: the pharmaceuticalindustry's grand challenge. Nature Reviews Drug Discovery 9 (3), 203–214.

PAULY, M.V., 1988, Is medical care different? old questions, new answers, *Journal of Health Politics, Policy and Law*, 13(2): 227-237.

PAULY, M.V. e M. Redisch, 1973, "The not--for-profit hospital as a physician's co-operative", *American Economic Review*, 63: 87-100.

PAULY, M.V. e M.A. Satterthwaite, 1981, "The pricing of primary care physi-

cians' services: a test of the role of consumer information", *Bell Journal of Economics*, 12: 488-506.

PEDRO, A., 2008, "Portuguese public hospitals: were SIGIC and private management effective in reducing waiting times?", Mestrado em Economia, Faculdade de Economia, Universidade Nova de Lisboa.

PEREIRA, J., 1993a, "Economia da Saúde. Glossário de termos e conceitos", Documento de Trabalho 1/93, Associação Portuguesa de Economia da Saúde. Atualizado em 2004.

PEREIRA, J., 1993b, "What does equity in health mean?", *Journal of Social Policy*, 22(1): 19-48.

PEREIRA, J., 1996, "The time-trend of economic inequality in infant mortality – Portugal 1971-1991", *Revista Portuguesa de Saúde Pública*, 4(4).

PEREIRA, J. e C.G. Pinto, 1993, "Portugal", em E. van Doorslaer, A. Wagstaff e F. Rutten, editores, *Equity in the finance and delivery of health care: an international perspective*, Oxford University Press.

PHELPS, C., 1995, "Welfare loss from variations: further considerations", *Journal of Health Economics*, 14: 253-260.

PHELPS, C.E., 2000, "Information diffusion and best practice adoption", capítulo 5 em A. J. Culyer e J. P Newhouse, editores, *Handbook of Health Insurance*, Vol. 1A, North-Holland.

PHELPS, C. e C. Mooney, 1992, "Correction and update on 'priority setting in medical technology assessment'", *Medical Care*, 30: 744-758.

PHELPS, C. e S. Parente, 1990, "Priority setting in medical technology and edical practice assessment", *Medical Care*, 28: 703-723.

PINTO, A.S., editor, 2003, *Experiência de Gestão – Comunicações apresentadas no 2.°*

Fórum de Economia da Saúde realizado em 25 de Fevereiro de 2002 no Porto, Faculdade de Medicina da Universidade do Porto.

PONTE, C., G. Moura, A. Cerejo, R. Braga, I. Marques, A. Teixeira, A. Jul, M. Vaz e J. Trancoso, 2006, Referenciação aos cuidados de saúde secundários, Revista Portuguesa de Clínica Geral, 22: 555-568.

PORTELA. Conceição e Miguel Pinto, 2005, Sistema de preços de referência e impacto sobre a despesa farmacêutica em Portugal, Revista Lusófona de Ciências e Tecnologias da Saúde, 2(2): 53-58. Disponível em http://revista-saude.ulusofona.pt.

PREYRA, C. e G. Pink, 2006, "Scale and scope economies through hospital consolidations", *Journal of Health Economics*, 25(6): 1049 – 1068.

PRICE WATERHOUSE COOPERS, 2004, Developing public-private partnerships in new europe.

PRICE WATERHOUSE COOPERS, 2005, Delivering the PPP promise – a review and PPP issues and activity, disponível em http://tinyurl.com/mespope.

PROPPER, C., B. Croxson, e A. Shearer, 2002, "Waiting times for hospital admissions: the impact of GP fundholding", *Journal of Health Economics*, 21 (2): 227-252.

RASMUSEN, E., 1989, *Games and Information – an introduction to game theory*, Blackwell.

REGO, G., R. Nunes e J. Costa, 2010, "The challenge of corporatisation: the experience of portuguese public hospitals", *European Journal of Health Economics*, 11: 367-381.

REIS, V.P., 1999, "O Sistema de Saúde Português: donde vimos, para onde vamos", em P.P. Barros e J. Simões,

editores, *Livro de Homenagem a Augusto Mantas*, APES, Lisboa.

REIS, V.P., 2004, "A intervenção privada na prestação pública: da expansão do Estado às parcerias público – privadas", volume temático 4: 121-136.

RIBEIRO, J.M., 2004, "Reforma do sector público hospitalar: programa de empresarialização de 34 hospitais portugueses", *Revista Portuguesa de Saúde Pública*, volume temático 4: 65-77.

RICE, T.H., 1983, "The impact of changing Medicare reimbursement rates on physician induced demand", *Medical Care*, 21(8): 803-815.

RICE, T., 2006, The physician as the patient's agent, capítulo 24, pp. 261-268, in Jones (2006).

RIED, W., 1998, "Comparative dynamic analysis of the full Grossman model", *Journal of Health Economics*, 17: 383-425.

ROBERTS, J., 1999, "Sensitivity of elasticity estimates of OECD health care spending: analysis of a dynamic heterogeneous data field", *Health Economics*, 8(5): 459-472.

RODRIGUEZ-ALVAREZ, A. e C. Lovell, 2004, Excess capacity and expense behaviour in National Health Systems: an application to the Spanish public hospitals, *Health Economics*, 13(2): 157-169.

RODRIGUEZ-ALVAREZ, A., V. Fernandez e C. Lovell, 2004, Allocative inefficiency and its cost: the case of Spanish public hospitals, *International Journal of Production Economics*, 92(2): 99-111.

ROEMER, M.I., 1961, "Bed supply and hospital utilization: a national experiment", *Hospitals-J.A.H.A.*, 35: 988-993.

ROQUE, F., 2008, "Communication between primary care centres and hospitals: some evidence", Master in Economics,

Faculdade de Economia, Universidade Nova de Lisboa.

ROSENAU, P. e S. Linder, 2003, Two decades of research comparing for-profit and nonprofit health provider performance in the United States, *Social Science Quarterly*, 84(2): 219-241.

ROTHSCHILD, M. e J.E. Stiglitz, "Equilibrium in Competitive Insurance Markets: An Essay on the Economics of Imperfect Information," *Quarterly Journal of Economics*, 90(4): 629-650.

SATTERTHWAITE, M.A., 1979, "Consumer information, equilibrium industry price, and the number of sellers", *Bell Journal of Economics*, 10: 483-502.

SANTANA, P., 1996, "Utilização dos cuidados hospitalares. Uma abordagem da geografia da saúde", em A. Vaz, C.G.Pinto, F.Ramos e J.Pereira, editores, *As reformas dos sistemas de saúde*, APES, Lisboa.

SELDEN, T., 1989, "Risk adjustment for health insurance. theory and implications", *Journal of Risk and Uncertainty*, 17: 167-180.

SCHOENBORN, C.A., 1986, "Health habits of U.S. adults, 1985: The Alameda Seven revisited", *Public Health Reports*, 101(6): 571-580.

SCHOLLAERT, E., G. Dhaene e C. van de Voorde, 1998, "Risk adjustment and the trade-off between efficiency and risk selection: an application of the theory of fair compensation," *Health Economics*, 7(5): 465-480.

SCOTT, A., 2000, Economics of general practice, pp. 1175-1200, in Culyer and Newhouse (2000).

SHAIN, M. e M.I. Roemer, 1959, "Hospital costs relate to the supply of beds", *Modern Hospital*, 92: 71-73.

SHAVELL, S. e T. Ypersele, 1999, Rewards versus intelectual property rights, NBER Discussion Paper 6956.

cians' services: a test of the role of consumer information", *Bell Journal of Economics*, 12: 488-506.

PEDRO, A., 2008, "Portuguese public hospitals: were SIGIC and private management effective in reducing waiting times?", Mestrado em Economia, Faculdade de Economia, Universidade Nova de Lisboa.

PEREIRA, J., 1993a, "Economia da Saúde. Glossário de termos e conceitos", Documento de Trabalho 1/93, Associação Portuguesa de Economia da Saúde. Atualizado em 2004.

PEREIRA, J., 1993b, "What does equity in health mean?", *Journal of Social Policy*, 22(1): 19-48.

PEREIRA, J., 1996, "The time-trend of economic inequality in infant mortality – Portugal 1971-1991", *Revista Portuguesa de Saúde Pública*, 4(4).

PEREIRA, J. e C.G. Pinto, 1993, "Portugal", em E. van Doorslaer, A. Wagstaff e F. Rutten, editores, *Equity in the finance and delivery of health care: an international perspective*, Oxford University Press.

PHELPS, C., 1995, "Welfare loss from variations: further considerations", *Journal of Health Economics*, 14: 253-260.

PHELPS, C.E., 2000, "Information diffusion and best practice adoption", capítulo 5 em A. J. Culyer e J. P Newhouse, editores, *Handbook of Health Insurance*, Vol. 1A, North-Holland.

PHELPS, C. e C. Mooney, 1992, "Correction and update on 'priority setting in medical technology assessment'", *Medical Care*, 30: 744-758.

PHELPS, C. e S. Parente, 1990, "Priority setting in medical technology and edical practice assessment", *Medical Care*, 28: 703-723.

PINTO, A.S., editor, 2003, *Experiência de Gestão – Comunicações apresentadas no 2.°*

Fórum de Economia da Saúde realizado em 25 de Fevereiro de 2002 no Porto, Faculdade de Medicina da Universidade do Porto.

PONTE, C., G. Moura, A. Cerejo, R. Braga, I. Marques, A. Teixeira, A. Jul, M. Vaz e J. Trancoso, 2006, Referenciação aos cuidados de saúde secundários, Revista Portuguesa de Clínica Geral, 22: 555-568.

PORTELA. Conceição e Miguel Pinto, 2005, Sistema de preços de referência e impacto sobre a despesa farmacêutica em Portugal, Revista Lusófona de Ciências e Tecnologias da Saúde, 2(2): 53-58. Disponível em http://revistasaude.ulusofona.pt.

PREYRA, C. e G. Pink, 2006, "Scale and scope economies through hospital consolidations", *Journal of Health Economics*, 25(6): 1049 – 1068.

PRICE WATERHOUSE COOPERS, 2004, Developing public-private partnerships in new europe.

PRICE WATERHOUSE COOPERS, 2005, Delivering the PPP promise – a review and PPP issues and activity, disponível em http://tinyurl.com/mespope.

PROPPER, C., B. Croxson, e A. Shearer, 2002, "Waiting times for hospital admissions: the impact of GP fundholding", *Journal of Health Economics*, 21 (2): 227-252.

RASMUSEN, E., 1989, *Games and Information – an introduction to game theory*, Blackwell.

REGO, G., R. Nunes e J. Costa, 2010, "The challenge of corporatisation: the experience of portuguese public hospitals", *European Journal of Health Economics*, 11: 367-381.

REIS, V.P., 1999, "O Sistema de Saúde Português: donde vimos, para onde vamos", em P.P. Barros e J. Simões,

ECONOMIA DA SAÚDE

editores, *Livro de Homenagem a Augusto Mantas*, APES, Lisboa.

REIS, V.P., 2004, "A intervenção privada na prestação pública: da expansão do Estado às parcerias público – privadas", volume temático 4: 121-136.

RIBEIRO, J.M., 2004, "Reforma do sector público hospitalar: programa de empresarialização de 34 hospitais portugueses", *Revista Portuguesa de Saúde Pública*, volume temático 4: 65-77.

RICE, T.H., 1983, "The impact of changing Medicare reimbursement rates on physician induced demand", *Medical Care*, 21(8): 803-815.

RICE, T., 2006, The physician as the patient's agent, capítulo 24, pp. 261-268, in Jones (2006).

RIED, W., 1998, "Comparative dynamic analysis of the full Grossman model", *Journal of Health Economics*, 17: 383-425.

ROBERTS, J., 1999, "Sensitivity of elasticity estimates of OECD health care spending: analysis of a dynamic heterogeneous data field", *Health Economics*, 8(5): 459-472.

RODRIGUEZ-ALVAREZ, A. e C. Lovell, 2004, Excess capacity and expense behaviour in National Health Systems: an application to the Spanish public hospitals, *Health Economics*, 13(2): 157-169.

RODRIGUEZ-ALVAREZ, A., V. Fernandez e C. Lovell, 2004, Allocative inefficiency and its cost: the case of Spanish public hospitals, *International Journal of Production Economics*, 92(2): 99-111.

ROEMER, M.I., 1961, "Bed supply and hospital utilization: a national experiment", *Hospitals-J.A.H.A.*, 35: 988-993.

ROQUE, F., 2008, "Communication between primary care centres and hospitals: some evidence", Master in Economics,

Faculdade de Economia, Universidade Nova de Lisboa.

ROSENAU, P. e S. Linder, 2003, Two decades of research comparing for-profit and nonprofit health provider performance in the United States, *Social Science Quarterly*, 84(2): 219-241.

ROTHSCHILD, M. e J.E. Stiglitz, "Equilibrium in Competitive Insurance Markets: An Essay on the Economics of Imperfect Information," *Quarterly Journal of Economics*, 90(4): 629-650.

SATTERTHWAITE, M.A., 1979, "Consumer information, equilibrium industry price, and the number of sellers", *Bell Journal of Economics*, 10: 483-502.

SANTANA, P., 1996, "Utilização dos cuidados hospitalares. Uma abordagem da geografia da saúde", em A. Vaz, C.G.Pinto, F.Ramos e J.Pereira, editores, *As reformas dos sistemas de saúde*, APES, Lisboa.

SELDEN, T., 1989, "Risk adjustment for health insurance. theory and implications", *Journal of Risk and Uncertainty*, 17: 167-180.

SCHOENBORN, C.A., 1986, "Health habits of U.S. adults, 1985: The Alameda Seven revisited", *Public Health Reports*, 101(6): 571-580.

SCHOLLAERT, E., G. Dhaene e C. van de Voorde, 1998, "Risk adjustment and the trade-off between efficiency and risk selection: an application of the theory of fair compensation," *Health Economics*, 7(5): 465-480.

SCOTT, A., 2000, Economics of general practice, pp. 1175-1200, in Culyer and Newhouse (2000).

SHAIN, M. e M.I. Roemer, 1959, "Hospital costs relate to the supply of beds", *Modern Hospital*, 92: 71-73.

SHAVELL, S. e T. Ypersele, 1999, Rewards versus intelectual property rights, NBER Discussion Paper 6956.

cians' services: a test of the role of consumer information", *Bell Journal of Economics*, 12: 488-506.

PEDRO, A., 2008, "Portuguese public hospitals: were SIGIC and private management effective in reducing waiting times?", Mestrado em Economia, Faculdade de Economia, Universidade Nova de Lisboa.

PEREIRA, J., 1993a, "Economia da Saúde. Glossário de termos e conceitos", Documento de Trabalho 1/93, Associação Portuguesa de Economia da Saúde. Atualizado em 2004.

PEREIRA, J., 1993b, "What does equity in health mean?", *Journal of Social Policy*, 22(1): 19-48.

PEREIRA, J., 1996, "The time-trend of economic inequality in infant mortality – Portugal 1971-1991", *Revista Portuguesa de Saúde Pública*, 4(4).

PEREIRA, J. e C.G. Pinto, 1993, "Portugal", em E. van Doorslaer, A. Wagstaff e F. Rutten, editores, *Equity in the finance and delivery of health care: an international perspective*, Oxford University Press.

PHELPS, C., 1995, "Welfare loss from variations: further considerations", *Journal of Health Economics*, 14: 253-260.

PHELPS, C.E., 2000, "Information diffusion and best practice adoption", capítulo 5 em A. J. Culyer e J. P Newhouse, editores, *Handbook of Health Insurance*, Vol. 1A, North-Holland.

PHELPS, C. e C. Mooney, 1992, "Correction and update on 'priority setting in medical technology assessment'", *Medical Care*, 30: 744-758.

PHELPS, C. e S. Parente, 1990, "Priority setting in medical technology and edical practice assessment", *Medical Care*, 28: 703-723.

PINTO, A.S., editor, 2003, *Experiência de Gestão – Comunicações apresentadas no 2.° Fórum de Economia da Saúde realizado em 25 de Fevereiro de 2002 no Porto*, Faculdade de Medicina da Universidade do Porto.

PONTE, C., G. Moura, A. Cerejo, R. Braga, I. Marques, A. Teixeira, A. Jul, M. Vaz e J. Trancoso, 2006, Referenciação aos cuidados de saúde secundários, Revista Portuguesa de Clínica Geral, 22: 555-568.

PORTELA. Conceição e Miguel Pinto, 2005, Sistema de preços de referência e impacto sobre a despesa farmacêutica em Portugal, Revista Lusófona de Ciências e Tecnologias da Saúde, 2(2): 53-58. Disponível em http://revista-saude.ulusofona.pt.

PREYRA, C. e G. Pink, 2006, "Scale and scope economies through hospital consolidations", *Journal of Health Economics*, 25(6): 1049 – 1068.

PRICE WATERHOUSE COOPERS, 2004, Developing public-private partnerships in new europe.

PRICE WATERHOUSE COOPERS, 2005, Delivering the PPP promise – a review and PPP issues and activity, disponível em http://tinyurl.com/mespope.

PROPPER, C., B. Croxson, e A. Shearer, 2002, "Waiting times for hospital admissions: the impact of GP fundholding", *Journal of Health Economics*, 21 (2): 227-252.

RASMUSEN, E., 1989, *Games and Information – an introduction to game theory*, Blackwell.

REGO, G., R. Nunes e J. Costa, 2010, "The challenge of corporatisation: the experience of portuguese public hospitals", *European Journal of Health Economics*, 11: 367-381.

REIS, V.P., 1999, "O Sistema de Saúde Português: donde vimos, para onde vamos", em P.P. Barros e J. Simões,

editores, *Livro de Homenagem a Augusto Mantas*, APES, Lisboa.

Reis, V.P., 2004, "A intervenção privada na prestação pública: da expansão do Estado às parcerias público – privadas", volume temático 4: 121-136.

Ribeiro, J.M., 2004, "Reforma do sector público hospitalar: programa de empresarialização de 34 hospitais portugueses", *Revista Portuguesa de Saúde Pública*, volume temático 4: 65-77.

Rice, T.H., 1983, "The impact of changing Medicare reimbursement rates on physician induced demand", *Medical Care*, 21(8): 803-815.

Rice, T., 2006, The physician as the patient's agent, capítulo 24, pp. 261-268, in Jones (2006).

Ried, W., 1998, "Comparative dynamic analysis of the full Grossman model", *Journal of Health Economics*, 17: 383-425.

Roberts, J., 1999, "Sensitivity of elasticity estimates of OECD health care spending: analysis of a dynamic heterogeneous data field", *Health Economics*, 8(5): 459-472.

Rodriguez-Alvarez, A. e C. Lovell, 2004, Excess capacity and expense behaviour in National Health Systems: an application to the Spanish public hospitals, *Health Economics*, 13(2): 157-169.

Rodriguez-Alvarez, A., V. Fernandez e C. Lovell, 2004, Allocative inefficiency and its cost: the case of Spanish public hospitals, *International Journal of Production Economics*, 92(2): 99-111.

Roemer, M.I., 1961, "Bed supply and hospital utilization: a national experiment", *Hospitals-J.A.H.A.*, 35: 988-993.

Roque, F., 2008, "Communication between primary care centres and hospitals: some evidence", Master in Economics,

Faculdade de Economia, Universidade Nova de Lisboa.

Rosenau, P. e S. Linder, 2003, Two decades of research comparing for-profit and nonprofit health provider performance in the United States, *Social Science Quarterly*, 84(2): 219-241.

Rothschild, M. e J.E. Stiglitz, "Equilibrium in Competitive Insurance Markets: An Essay on the Economics of Imperfect Information," *Quarterly Journal of Economics*, 90(4): 629-650.

Satterthwaite, M.A., 1979, "Consumer information, equilibrium industry price, and the number of sellers", *Bell Journal of Economics*, 10: 483-502.

Santana, P., 1996, "Utilização dos cuidados hospitalares. Uma abordagem da geografia da saúde", em A. Vaz, C.G.Pinto, F.Ramos e J.Pereira, editores, *As reformas dos sistemas de saúde*, APES, Lisboa.

Selden, T., 1989, "Risk adjustment for health insurance. theory and implications", *Journal of Risk and Uncertainty*, 17: 167-180.

Schoenborn, C.A., 1986, "Health habits of U.S. adults, 1985: The Alameda Seven revisited", *Public Health Reports*, 101(6): 571-580.

Schollaert, E., G. Dhaene e C. van de Voorde, 1998, "Risk adjustment and the trade-off between efficiency and risk selection: an application of the theory of fair compensation," *Health Economics*, 7(5): 465-480.

Scott, A., 2000, Economics of general practice, pp. 1175-1200, in Culyer and Newhouse (2000).

Shain, M. e M.I. Roemer, 1959, "Hospital costs relate to the supply of beds", *Modern Hospital*, 92: 71-73.

Shavell, S. e T. Ypersele, 1999, Rewards versus intelectual property rights, NBER Discussion Paper 6956.

REFERÊNCIAS BIBLIOGRÁFICAS

SHEN, Y. e R. Ellis, 2001, "Cost minimizing risk adjustment", ISP working paper, Boston University.

SICILIANI, L., M. Borowitz e V. Moran, (eds.), 2013, *Waiting time policies in the health sector: what works?*, OECD Health Policy Studies, OECD. doi: 10.1787/9789264179080-en

SIMÕES, A.P, A.T. Paquete e M. Araújo, 2008, "Equidade horizontal no acesso a consultas de clínica geral, cardiologia e medicina dentária em Portugal", Revista Portuguesa de Saúde Pública, vol. 26(1): 39-51.

SIMÕES, J., 2004a, "A avaliação do desempenho de hospitais", *Revista Portuguesa de Saúde Pública*, volume temático 4: 91-120.

SIMÕES, J., 2004b, *Retrato Politico da Saúde – dependência do percurso e inovação em saúde: da ideologia ao desempenho*, Almedina.

SIMÕES, J. e P. Barros, 2007, Portugal: Retrato do Sistema de Saúde, *Health Systems in Transition*, 9(5), European Observatory on Health Systems and Policies.

SIMÕES, J., P. Barros e J. Pereira (Coords.), 2008, A Sustentabilidade Financeira do Serviço Nacional de Saúde, Ministério da Saúde – Secretaria Geral, Lisboa.

SIMÕES, J., P.P. Barros, S. N. da Silva, e S. Valente, 2009, "Análise e parecer sobre o processo de criação e desenvolvimento das parcerias para a construção de hospitais em regime de financiamento privado e avaliação comparada do desempenho do Centro de Reabilitação do Sul, em São Brás de Alportel", Relatório final da equipa de análise estratégica para o acompanhamento externo de modelos de gestão hospitalar

SIMÕES, J. e M.M. Pinto, 1993, "Clínica privada em hospitais públicos – estudo de um caso", em Actas do III Encontro Nacional de Economia da Saúde.

SLOAN, F., 2000, Not-for-profit ownership and hospital behaviour, Capítulo 21, pp. 1142 – 1174, em A.J. Culyer e J.P. Newhouse, editores, *Handbook of Health Economics*, volume I, Elsevier Science, B.V.

SORENSEN, R. e J. Grytten, 1999, "Competition and supplier-induced demand in a health care system with fixed fees", *Health Economics*, 8: 497-508.

TOWSE, A., 2003, "The efficient use of pharmaceuticals: does Europe have any lessons for a Medicare drug benefit?", *Health Affairs*, 22(3): 42-45.

TRIBUNAL DE CONTAS, 2005, *Auditoria ao Programa Especial de Combate às Listas de Espera Cirúrgicas – PECLEC*, Relatório 15/05.

TRIBUNAL DE CONTAS, 2006, *Relatório Global de Avaliação do Modelo de Gestão dos Hospitais do SEE (2001-2004)*, Relatório 20/06-Audit.

TRIBUNAL DE CONTAS, 2007, *Auditoria ao acesso aos cuidados de saúde do SNS – Sistema Integrado de Gestão de Inscritos para Cirurgia SIGIC*, Relatório 25/07 – 2ªS, Processo nº 50/05 – AUDIT.

VAN DE VEN, W. e R. Ellis, 2000, "Risk adjustment in competitive health plan markets", capítulo 14 em A.J. Culyer e J.P. Newhouse, editores, *Handbook of Health Economics*, North-Holland.

VAN DE VEN, W. e van Vliet, R., 1995, "Consumer information surplus and adverse selection in competitive health insurance markets: an empirical study", *Journal of Health Economics*, 14: 149-169.

VAN DE VOORDE, C., E. van Doorslaer e E. Schokkaert, 2001, "Effects of cost sharing on physician utilization under favourable conditions for supplier-induced demand", *Health Economics*, 10: 457-471.

VAZ, I., 2007, O contributo dos prestadores privados na eficiência do sector e PPP, comunicação no VI Fórum Saúde Diário Económico.

VENTURA, J., E. Gonzalez-Fidalgo e A. Carcaba, 2004, Efficiency and program-contract bargaining in Spanish public hospitals, *Annals of Public and Cooperative Economics*, 75(4): 549-573.

VIEIRA, M., 2000, *Análise de um sistema capitacional de financiamento dos cuidados de saúde em doentes com insuficiência renal crónica terminal*, Dissertação de Mestrado, Faculdade de Economia da Universidade de Coimbra.

VISCUSI, W.K., e J. Aldy, 2003, "The value of a statistical life: a critical review of market estimates throughout the world," Journal of Risk and Uncertainty, 27(1): 5-76.

WAGSTAFF, A., 1986, "The Demand for Health: Some new empirical evidence", *Journal of Health Economics*, 5: 195-233.

WAGSTSAFF, A. e E. van Doorslaer, 2000, "Equity in health care finance and delivery", Chapter 34 em em A.J. Culyer e J.P. Newhouse, editores, *Handbook of Health Economics*, North-Holland.

WAGSTAFF, A., E. van Doorslaer, and P. Paci, 1991, "On the measurement of horizontal inequity in the delivery of health care," *Journal of Health Economics*, 10(2): 169-205.

WEDIG, G. J., 1988, "Health status and the demand for health," *Journal of Health Economics* 7:151-163.

WILLIAMS, A., 1987, "Health economics: the cheerful face of the dismal science?", em A. Williams, editor, *Health and Economics*, 1-11, MacMillan.

WILLIAMS, A., 1997, "Intergeneration equity: an exploration of the 'fair innings' argument", *Health Economics*, 6: 117-132.

WOLFE, J. R., 1985, "A Model of Declining Health and Retirement", *Journal of Political Economy*, 93(6): 1258-1267.

ZWEIFEL, P., F. Breyer e Kifmann, 2005, *Health Economics*, Oxford University Press, Oxford.

ZWEIFEL, P. e W. Manning, 2000, "Moral hazard and consumer incentives in health care", capítulo 18 em A. J. Culyer e J. P Newhouse, editores, *Handbook of Health Insurance*, Vol. 1A, North-Holland.

XU, K., D. EVANS, G. CARRIN, A.M. AGUILAR-RIVERA, P. MUSGROVE e T. EVANS, 2007, "Protecting households from catastrophic health spending", *Health Affairs*, 26(4): 972-983, doi: 10.1377/hlthaff.26.4.972